主编简介

颜运秋，男，湖南攸县人，博士，博士后，中南大学升华特聘教授、博士生导师，教育部新世纪优秀人才，中南大学公益诉讼研究中心主任，湖南省碧水蓝天环境公益保护中心理事长，兼职律师，农工民主党党员。主要研究方向为环境法学、经济法学、诉讼法学，长期专门研究公益诉讼，被誉为“中国公益诉讼第一人”。中南财经政法大学（原中南政法学院）本科毕业，获法学学士学位（1993）；诉讼法学专业硕士研究生毕业，获法学硕士学位（1996）；中南大学经济法方向博士研究生毕业，获博士学位（2006）；南京大学法学院博士后流动站出站（2009）。1993 年分配到湘潭大学法学院从事教学科研工作，1997 年破格晋升为法学讲师，2002 年晋升为法学副教授，2006 年通过“高层次人才”项目调入中南大学法学院，2007 年晋升为中南大学法学教授，并取得博士生导师资格。主持国家重点和一般项目、教育部哲学社会科学研究重大课题攻关项目、最高人民检察院检察理论研究重点课题、中国法学会部级法学理论研究重点课题和司法部国家法治与法学理论研究项目等课题 10 余项，公开发表学术论文 200 余篇，出版个人专著 6 部，提出立法建议并被采纳 8 项。

余彦，男，江西南昌人，中共党员，法学博士，广东外语外贸大学博士后，广东国际战略研究院研究员，广东省人民代表大会常务委员会立法研究所实务部工作人员，湖南省碧水蓝天环境公益保护中心理事、执行主任，长沙市环保局法律顾问单位顾问团成员。主持课题多项，参与国家级、省部级课题多项，公开发表法学论文多篇，部分论文被中国人民大学复印报刊资料、中国法学会环境法内刊全文转载。

卓越法律人才培养计划丛书

民事诉讼法典型案例评析

颜运秋 余彦 主编

前　言

为了贯彻实施教育部、中央政法委员会《关于实施卓越法律人才教育培养计划的若干意见》(教高〔2011〕10号)文件精神，建立和完善中南大学法学实践教育基地，培养具有坚定的中国特色社会主义法治理念、良好的法律职业道德、宽口径的知识结构、较强的法律实践能力和组织管理能力、开阔的国际视野的应用型、复合型高素质法律职业人才，根据《中南大学卓越法律人才教育培养计划》和《中南大学法学实践教育基地建设方案》，中南大学法学院卓越法律人才教育培养办公室决议分批出版一套中南大学卓越法律人才教育培养计划丛书。

《民事诉讼法典型案例评析》就是第一批中南大学卓越法律人才教育培养计划丛书中的一本。本书按照最新修改的民事诉讼法的体例和内容，收集了典型的民事诉讼法案例，每一部分先介绍案例的基本情况，再从法理和法律规定等角度对案例进行分析。为确保知识的完整性，本书还对案例所涉及的相关基本知识做了介绍，是学习民事诉讼法的重要参考书。

本书由中南大学升华特聘教授、博士生导师颜运秋和余彦博士担任主编，负责本书的结构布局、体例格式、写作进度和统稿校对等全面工作。本书的主要作者有律师、大学教师、博士研究生和硕士研究生。各章具体分工如下：王力编写第一章、第十一章和第十四章部分内容；周晓明编写第二章；余彦编写第三章和第十五章；张金波编写第四章；翟艳编写第五章和第十六章；李明耀编写第六章部分内容和第十章；肖灵敏编写第六章部分内容；杨志华编写第七章、第八章和第九章；罗婷编写第十二章；冯思羽编写第十三章；匡昭编写第十四章部分内容；马驰升编写第十七章；颜运秋编写第十八章。

主编　颜运秋

2016年6月

前言

目 录

第一章　民事纠纷解决机制与民事诉讼法适用范围

第一节　典型案例及其评析

【案例一】　洪文琴等诉洪献忠确认民办学校举办者身份、出资纠纷案

2000 年 3 月 18 日，安徽省黄山市教育委员会向歙州学校颁发了《安徽省社会力量办学许可证》。根据登记管理机关黄山市民政局核准登记的民办非企业单位(法人)登记申请表记载，举办者为洪敬秋、洪献忠，开办资金来源为：洪敬秋 450 万元，洪献忠 50 万元。2000 年 9 月，歙州学校开始招收第一批学生，现为小学、初中、高中十二年一贯制学校。学校开办后，洪敬秋历任歙州学校校长、总监，系歙州学校的法定代表人。2007 年 1 月 17 日，洪敬秋因车祸死亡。洪文琴与洪敬秋为夫妻关系，两人生育一子洪绍轩。洪善华、方爱香是洪敬秋的父母。2007 年 2 月 4 日，经歙县教育局组织召开歙州学校董事长人选协调会，决定在新董事长确定前由洪文琴代理董事长。2007 年 12 月 29 日，黄山市民政局向歙州学校发出责令改正通知书，责令其于 2008 年 1 月 31 日前办理法定代表人变更手续。歙县人民政府办公室发文成立歙州学校法人变更工作领导小组。黄山市教育局于 2008 年 1 月 28 日核准同意歙州学校变更董事长，同年 2 月 1 日又发文撤销同意变更董事长的核准意见。2008 年 2 月 3 日，黄山市民政局发文同意变更歙州学校法定代表人为洪献忠。洪文琴与洪绍轩为变更歙州学校法定代表人等事项与洪献忠产生纠纷，遂诉至黄山市中级人民法院，请求依法确认洪文琴、洪绍轩是歙州学校的举办者，确认洪献忠不是歙州学校的举办者。

黄山中院审理认为，民办学校的举办者身份和出资份额确认纠纷，系自然人基于投资行为引起的、平等主体之间基于财产和人身关系产生的纠纷，属于民事法律调整的范围。洪敬秋出资举办歙州学校发生在婚姻关系存续期间，其出资的财产应为夫妻共同财产，其出资后依法就其出资份额在歙州学校享有相应权益。《中华人民共和国继承法》(以下简称《继承法》)第二十六条第一款规定，夫妻在婚姻关系存续期间所得的共同所有的财产，除有约定的以外，如果分割遗产，应当先将共同所有的财产的一半分出为配偶所有，其余的为被继承人的遗产。《中华人民共和国民办教育促进法》(以下简称《民办教育促进法》)等法律、法规没有规定民办学校的出资份额不能分割或继承。按照民法理论，洪敬秋的出资行为所产生的财产权益应当可以分割和继承。洪敬秋在学校的创办过程中通过其行为自认其出资额为350万元而否定了登记的450万元数额，故对洪敬秋的出资应认定为350万元。洪文琴、洪绍轩主张其享有歙州学校260万元出资、占52%份额的诉讼请求应予支持。洪文琴、洪绍轩诉请承继举办者的身份，无法律明确规定，洪文琴、洪绍轩可以依据《民办教育促进法》及其他法律、法规的规定向相关部门申请办理。据此判决：确认洪文琴、洪绍轩享有歙州学校出资260万元、52%的出资份额；驳回洪文琴、洪绍轩其他诉讼请求。

歙州学校、洪献忠不服，向安徽省高级人民法院提起上诉。安徽高院二审认为，依据《民办教育促进法》有关规定，举办者是身份权，确认或否定(变更)民办学校举办者身份(资格)，是我国法律赋予有关行政主管部门的特有的权力，属行政许可内容，不能通过民事诉讼程序予以解决。洪文琴、洪绍轩就举办者身份(资格)确认提起本案民事诉讼不妥，应裁定驳回起诉，原审判决以驳回(其他)诉讼请求方式处理该纠纷不当，应予以纠正。2011年12月20日，安徽高院裁定：驳回洪文琴、洪绍轩要求确认洪文琴、洪绍轩是歙州学校举办者，以及洪献忠不是歙州学校的举办者的起诉。

本案评析：诉讼请求与民事诉讼审理范畴

本案焦点在于确认或否定(变更)举办者身份(资格)的诉讼请求是否属于人民法院民事诉讼审理范畴，笔者认为，该问题涉及两个方面：

(一)关于确认或否定民办学校举办者身份(资格)的问题

根据《民办教育促进法》第九条的规定，举办民办学校的个人，应当具有政治权利和完全民事行为能力。该法第十二条规定，申请筹设民办学校，举办者应当向审批机关提交举办者的基本情况等材料。该法第十三条规定，审批机关应当自受理筹设民办学校的申请之日起30日内以书面形式作出是否同意的决定。依上述规定，审批机关即政府教育行政部门对民办学校举办者身份的审查属于实质审查，该行政机关需要对举办者提交的材料内容的真实性、合法性进行审查。实质审查注入和体现了相关行政机关的意志，因此，确认或否定举办者身份（资格）属于政府教育行政部门行政权限范畴，包含了行政许可内容。故确认或否定举办者纠纷不属于人民法院民事诉讼受理范围，应当由政府教育行政主管部门解决。

（二）关于民办学校举办者的变更问题

本案中，依据审批机关黄山市教育局的审批和黄山市民政局的登记，歙州学校举办者为洪敬秋、洪献忠。现洪文琴、洪绍轩提起诉讼要求确认其歙州学校举办者身份（资格），实质是要求人民法院对歙州学校举办者进行变更。根据《民办教育促进法》第五十四条规定，民办学校举办者的变更，须由举办者提出，在进行财务清算后，经学校理事会或者董事会同意，报审批机关核准。我国《民办非企业单位登记管理暂行条例》第十五条规定，民办非企业单位的登记事项需要变更的，应当自业务主管单位审查同意之日起30日内，向登记管理机关申请变更登记。依此，变更民办学校的举办者，应当由民办非企业单位的审批机关（业务主管单位）和登记管理机关处理，包含行政许可内容，属于行政机关行政权限的范畴，不属于人民法院民事诉讼受理范围。人民法院不能通过民事判决变更审批机关的行政行为。人民法院在审理民事案件过程中，应当以审批机关审核批准的民办学校举办者为准，审批机关批准的举办者以外的当事人请求变更为民办学校举办者的，人民法院不能受理。当事人可向有关行政机关申请解决。

【案例二】　广西展览馆诉广西自然博物馆房屋侵权纠纷案

再审申请人广西壮族自治区展览馆（以下简称展览馆）因与被申请人广西壮族自治区自然博物馆（以下简称自然博物馆）、一审被告广西壮族自治区博物馆（以下简称博物馆）的房屋侵权纠纷，不服广西壮族自治区高级人民法院〔2011〕桂民一终字第83号民事裁定，向最高人民法院申请再审。

展览馆申请再审称：（1）二审裁定认定事实错误。1979年5月23日广西壮族自治区文化局、广西壮族自治区机关事务管理局及展览馆三方在财产交接时，已确认博物馆暂时占用的仓库、317平方米简易展棚及627平方米土地等财产，均为向展览馆借用的事实。此后展览馆向博物馆发函要求归还仓库，博物馆复函承认借用财产。1987 年 4 月 24 日广西壮族自治区机关事务管理局作出了《关于展览馆要求收回博物馆借用两栋仓库处理问题的意见》，也明确了博物馆借用的事实。博物馆使用展览馆房屋等财产无法律依据，应将侵占的财产归还。(2) 二审裁定适用法律错误。展览馆提供的证据证明了博物馆借用建筑物及占用土地的事实，双方之间系平等民事主体之间的民事纠纷，应由人民法院受理。展览馆起诉符合民事诉讼法的规定，二审裁定认为不属于人民法院受理民事案件范围无法律依据。请求法院再审，撤销二审裁定，维持一审判决。

自然博物馆提交书面意见认为，博物馆与展览馆原同属一个系统，隶属原广西壮族自治区文化局。博物馆从 20 世纪六七十年代开始即使用争议房屋、土地，由此产生的纠纷是行政指令、体制变动引起的，属于历史遗留问题，不属于人民法院受理民事案件范围，二审裁定驳回展览馆的起诉是正确的。展览馆再审申请缺乏事实与法律依据，请求予以驳回。

最高人民法院经审理后认为，本案纠纷不属于人民法院受理民事案件的范围，应由行政部门处理。况且南宁市人民政府于 2007 年 12 月 28 日作出南府行决字〔2007〕4 号《广西展览馆与广西博物馆土地权属纠纷处理决定书》，决定：双方争议 1615.68 平方米土地的使用权属申请人展览馆，争议地上的房屋使用、搬迁事宜，由双方自行协商，或报自治区人民政府有关主管部门协调处理。该处理决定通过行政诉讼程序业已生效，据此，本案纠纷应通过行政途径予以解决。展览馆所诉不符合民事诉讼法的规定，二审裁定驳回其起诉并无不当。

因此，最高人民法院认为，从博物馆(自然博物馆)使用争议建筑物的历史沿革看，自 20 世纪六七十年代经当时双方共同的主管部门广西壮族自治区文化局指定，博物馆开始使用争议库房存放文物(标本)。后期虽然双方的主管部门发生了变化，但房屋使用情况并没有因此改变。虽然展览馆自 1979 年开始就多次要求博物馆返还占用的建筑物及土地，广西壮族自治区机关事务管理局为此也于 1987 年 4 月 24 日向广西壮族自治区人民政府办公厅作出《关于展览馆要求收回博物馆借用两栋仓库处理问题的意见》，提出“博物馆借用展览馆的一栋平房仓库应无条件交回，至于博物馆在展览馆自建的二层楼仓库，可由展览馆给博物馆相应的回建费”的意见，但至展览馆取得《土地使用权证》，并经过行政诉讼等程序，双方房屋纠纷仍未能解决。促使博物馆多年占用展览馆建筑物系早在 20 世纪中期双方共同主管部门广西壮族自治区文化局的领导下形成的历史现状，由此产生的房地产纠纷属于历史遗留问题。根据《最高人民法院关于房地产案件受理问题的通知》第三条“凡不符合民事诉讼法、行政诉讼法有关起诉条件的属于历史遗留的落实政策性质的房地产纠纷，因行政指令而调整划拨、机构撤并分合等引起的房地产纠纷，因单位内部建房、分房等而引起的占房、腾房等房地产纠纷，均不属于人民法院主管工作的范围，当事人为此而提起的诉讼，人民法院应依法不予受理或驳回起诉，可告知其找有关部门申请解决”的规定，展览馆的再审申请不符合《中华人民共和国民事诉讼法》第二百条第二项、第六项规定的情形。依照《中华人民共和国民事诉讼法》第二百零四条第一款的规定，裁定驳回广西壮族自治区展览馆的再审申请。

本案评析：民事诉讼受案范围

本案争议的焦点为涉案纠纷是否属于人民法院民事诉讼案件的受案范围，若属于民事诉讼受案范围，则二审裁定驳回展览馆的起诉是不适当的，反之，二审裁定并无不当。

根据我国民事诉讼法第三条规定：“人民法院受理公民之间、法人之间、其他组织之间以及他们相互之间因财产关系和人身关系提起的民事诉讼，适用本法的规定。”因而，民事诉讼受案范围内的纠纷的显著特征就是主体之间系平等关系，不存在行政隶属，纠纷的内容体现为当事人在财产和人身方面的民事权利义务的争执。本案中，展览馆、自然博物馆和博物馆之间的争执，从表象上来看，各主体之间确为平等主体，争执标的也确为房地产归属，似乎符合民事诉讼法关于适用范围的规定。但是，本案中的房地产权属争议具有特殊性，一般权属纠纷通常涉及的是一方对他方的侵权或者是权利行使过程中产生纠纷，本案纠纷的实质是确定诉争房产的权利归属。本案诉争权属的最终解决，应当由有权机关对房屋产权进行确认。如果要在诉讼中加以解决，则该诉讼程序至少应包含对有权机关确认权利相关行为的审理，这就在实质上加入了对非平等主体之间法律关系的审查。这违背了民事诉讼仅限于平等主体之间的权利义务纠纷的基本原则，不符合我国民事诉讼法的规定。

事实上，关于主体间因本案这类房产权利归属产生纠纷的，我国法律明确给出了其他的处理方式和途径，我国土地管理法第十六条规定：“土地所有权和使用权发生争议，由当事人协商解决；协商不成的，由人民政府处理。”《最高人民法院关于房地产案件受理问题的通知》第三条也规定：“凡不符合民事诉讼法、行政诉讼法有关起诉条件的属于历史遗留的落实政策性质的房地产纠纷，因行政指令而调整划拨、机构撤并分合等引起的房地产纠纷，因单位内部建房、分房等而引起的占房、腾房等房地产纠纷，均不属于人民法院主管工作的范围，当事人为此而提起的诉讼，人民法院应依法不予受理或驳回起诉，可告知其找有关部门申请解决。”本案中，当事人的权属纠纷源于双方基于历史原因都主张权利，需要当地政府重新确定主张相关房地产权利应适用的法律，并依正当程序确认诉争房地产的权属，使得本案纠纷只能依照我国土地管理法的规定，从而排除了人民法院通过诉讼方式解决本案纠纷的可能。可见，本案纠纷不属于民事诉讼的受案范围，而依据民事诉讼法第一百一十九条规定，起诉必须符合的条件之一就是属于人民法院受理民事诉讼的范围。又根据民事诉讼法第一百二十四条规定，依法应当由其他机关处理的争议，告知原告向有关机关申请解决。

因此，最高人民法院认为诉争房产系历史遗留问题，不属于人民法院主管工作的范围，展览馆的再审申请不符合民事诉讼法规定的申请再审的情形。依照民事诉讼法规定，裁定驳回广西壮族自治区展览馆的再审申请是恰当的。

【案例三】 海南固邦建筑材料有限公司诉海南远大混凝土工程有限公司等买卖合同纠纷案

原告海南固邦建筑材料有限公司（以下简称原告）与被告海南远大混凝土工程有限公司（以下简称被告远大公司）、蔡元其买卖合同纠纷一案，海口市某区人民法院依法进行了审理，现已审理终结。

原告诉称，2010 年 5 月 11 日，原告（乙方）与被告远大公司（甲方）签订《粉煤灰购销合同》，合同约定：原告以 220 元/吨的价格向被告远大公司供应二级粉煤灰，每月约 4000 吨。同时，合同第四条约定结算方式为每月结算一次，结算后于 15 号前付清上月货款。如甲方未能如期付款，需要向乙方支付每日 3‰的滞纳金，乙方有权终止合同。合同签订后，原告按时按量向被告远大公司供应了符合质量要求的粉煤灰，但被告远大公司未如约按期付款。截至 2011 年 8 月 15 日，被告远大公司共拖欠粉煤灰款970554. 8 元。原告曾多次向被告远大公司主张债权并分别于 2011 年 11 月 19 日、2012 年 11 月 28 日向被告远大公司发出书面确认函催告其履行债务：被告远大公司尚拖欠原告粉煤灰货款 970544. 8 元、水泥货款 142906. 2 元，共计 1113451 元。2012 年，被告远大公司对上述债务予以确认，但却迟迟未予清偿。2013 年2 月 6 日，被告蔡元其通过银行转账支付原告 150000 元粉煤灰货款，剩余粉煤灰货款 820544. 8 元、水泥货款 142906. 2 元仍未清偿。据了解，被告蔡元其是借用被告远大公司的单位资质，以被告远大公司的名义开展业务的。原告认为，被告远大公司非法出借单位资质，而被告蔡元其在不具备混凝土经营资质的情况下借用他人资质开展经营活动，两被告均存在过错，应承担连带责任。综上所述，原告为维护自身的合法权益，特诉至法院，请求判令：①被告远大公司与被告蔡元其清偿拖欠原告的粉煤灰货款820544.8元、水泥货款142906.2元、违约金1550461元，共计2513912元；②被告远大公司与被告蔡元其承担连带清偿责任；③本案诉讼费由两被告承担。

法院认为，根据原告与被告远大公司签订的《粉煤灰购销合同》第十条约定："在合同执行过程中，如双方发生争议，双方应友好协商解决。如协商不成，可交由供方所在地仲裁机构仲裁。"而根据《企业法人营业执照》的记载，原告的住所地位于海南省海口市，因原、被告在签订合同时，海口仲裁委员会为海南省内唯一的民商事仲裁机构，故依照《最高人民法院关于适用〈中华人民共和国仲裁法〉若干问题的解释》第六条的规定，原告与被告远大公司约定的仲裁条款有效，原告因该合同发生的纠纷应向仲裁机构申请仲裁。综上，依照《中华人民共和国民事诉讼法》第一百二十四条、《最高人民法院关于适用〈中华人民共和国民事诉讼法〉若干问题的意见》第一百三十九条的规定，裁定驳回海南固邦建筑材料有限公司的起诉。

本案评析：诉讼还是仲裁？

由于民事仲裁的受案范围包含在民事诉讼的受案范围之中，可仲裁的事项均可提起民事诉讼，因此一旦有民事纠纷发生，就应当确定是通过民事仲裁解决还是民事诉讼解决。我国仲裁法第四条规定："当事人采用仲裁方式解决纠纷，应当双方自愿，达成仲裁协议。没有仲裁协议，一方申请仲裁的，仲裁委员会不予受理。"我国仲裁法第五条则规定："当事人达成仲裁协议，一方向人民法院起诉的，人民法院不予受理，但仲裁协议无效的除外。"根据该条规定，当事人的仲裁协议能够阻断民事诉讼的发生，换言之，即使某类纠纷属于民事诉讼的受案范围，但是如果当事人就纠纷的解决选择了仲裁，民事诉讼则被排除在纠纷解决机制之外。当然，本条也规定了仲裁协议无效的除外情形，一旦当事人之间的仲裁协议无效，当事人当然可以提起民事诉讼。我国民事仲裁实行一裁终局的裁判制度，仲裁法第五十七条规定："裁决书自作出之日起发生法律效力。"因此，原则上，民事纠纷一经仲裁，就不能再进入民事诉讼程序。但是，仲裁法依然为仲裁中的违法行为保留了民事诉讼救济的渠道，在第五十八条明确规定了符合该条规定的情形之一的，当事人可以向仲裁委员会所在地的中级人民法院申请撤销裁决。

根据原告与被告远大公司签订的《粉煤灰购销合同》第十条约定："在合同执行过程中，如发生争议，双方应友好协商解决。如协商不成，可交由供方所在地仲裁机构仲裁。"而根据企业法人营业执照的记载，原告的住所地位于海南省海口市，因原、被告在签订合同时，海口仲裁委员会为海南省内唯一的民商事仲裁机构，故依照《最高人民法院关于适用〈中华人民共和国仲裁法〉若干问题的解释》第六条的规定，原告与被告远大公司约定的仲裁条款有效，原告因该合同发生的纠纷应向仲裁机构申请仲裁。

第二节　基本知识

一、民事纠纷的解决机制

（一）民事纠纷的概念

民事纠纷，又称民事争议或民事冲突，是指民事主体基于各种原因对民事权益状态或民事权利归属的认识不一致所产生的矛盾，即平等主体之间发生的以民事权利义务为内容的法律纠纷。平等主体之间产生的民事纠纷，从质上说尚未激化为刑事犯罪，从度上说并非是无益之争而是民事权利义务之争。这种权利义务之争可以高度概括为财产权利义务之争和人身权利义务之争。如婚姻家庭冲突、著作权冲突、荣誉权冲突、债权债务冲突、损害赔偿冲突、合同冲突、海损事故冲突、货物买卖冲突、房屋租赁冲突、山田水利冲突、森林草原所有权归属冲突等。

（二）民事纠纷的解决机制

1. 私力救济

私力救济又称自力救济，包括自决与和解，是指纠纷主体依靠自身力量解决纠纷，以维护自己权益的一种纠纷解决机制。自决是指纠纷主体一方强调凭借自己的力量使对方服从。和解是指双方相互妥协和让步。两者的共同点是：纠纷主体都是依靠自我力量来解决争议的，不需要第三者参与，也不受任何规范制约。这种用自力救济解决纠纷的方式，是最原始、最简单的民事纠纷处理机制。它与生产力低下、文明程度不高的人类早期社会密切联系。

2. 社会救济

社会救济包括调解（诉讼外调解）和仲裁，是依靠社会力量处理民事纠纷的一种制度。调解是指双方当事人以外的第三者，以国家法律、法规和政策以及社会公德为依据，对纠纷双方进行疏导、劝说，促使他们相互谅解，进行协商，自愿达成协议，解决纠纷的活动。我国现阶段的调解制度主要是指人民调解委员会调解民间纠纷。仲裁是指在仲裁庭的主持下，在民事冲突双方当事人的参与下，依法对民事冲突居中审理并制作一定法律文书平息冲突的方法。

3. 公力救济

民事纠纷的公力救济，即为民事诉讼，是指人民法院在当事人和全体诉讼参与人的参加下，依法审理和解决民事纠纷的活动，即老百姓所讲的“打民事官司”。相对于人民调解、当事人自我平息、单位(或部门、社区)处理和仲裁机制而言，民事诉讼的最大特点是具有特殊的法律强制性，它是法院凭借国家审判权确定纠纷主体双方之间的民事权利义务关系，并以国家强制执行权迫使纠纷主体履行生效判决和裁定的权威机制。

二、民事诉讼范围内的民事纠纷

(一)民事诉讼范围内民事纠纷应符合的条件

适用民事诉讼法，通过民事诉讼解决的民事纠纷应当符合法律规定的条件。在我国，根据民事诉讼法关于适用范围的相关规定，适用民事诉讼法解决的民事纠纷应当符合以下条件：

1. 主体范围

(1)主体的资格为公民、法人、其他组织。我国民事诉讼法第三条规定：“人民法院受理公民之间、法人之间、其他组织之间以及他们相互之间因财产关系和人身关系提起的民事诉讼，适用本法的规定。”该条规定首先明确了民事诉讼法适用的民事纠纷或者说民事案件在主体上必须满足的一般条件。这是对能够作为人民法院受理的民事诉讼当事人的一般资格要求。根据民事诉讼法的规定，作为民事诉讼当事人主体的应是公民、法人和其他组织，即公民、法人和其他组织均应依照民事诉讼法的规定从事民事诉讼活动。这里的“公民”，是指具有中华人民共和国国籍的自然人。这里的“法人”，是指具有民事权利能力和民事行为能力，依法独立享有民事权利和承担民事义务的组织。法人包括企业法人、机关、事业单位和社会团体法人。这里的“其他组织”，是指尚不具备法人资格的独立的社会组织。

(2)主体不限于中国国籍。我国民事诉讼法第四条规定：“凡在中华人民共和国领域内进行民事诉讼，必须遵守本法。”这就表明，凡在中华人民共和国领域内进行的民事诉讼，都适用本法。因而现行民事诉讼法当然的适用于所有在中国领域内参与民事诉讼活动的人，适用于中华人民共和国全体公民、法人和其他组织自不待言；同时，随着改革开放不断深入和我国社会主义市场经济快速发展，越来越多的外国人和无国籍人在我国参加民事诉讼，民事诉讼法也适用于这些在我国参加民事诉讼的外国人、无国籍人或国籍不明的人以及在我国进行诉讼的外国企业和组织。当然，享有司法豁免权者除外。这一点，从民事诉讼法第五条也可以得到印证，该条规定，除外国法院对中华人民共和国公民、法人和其他组织的民事诉讼权利加以限制的，中华人民共和国人民法院对该国公民、企业和组织的民事诉讼权利，实行对等原则外，外国人、无国籍人、外国企业和组织在人民法院起诉、应诉，同中华人民共和国公民、法人和其他组织有同等的诉讼权利义务。可见通常情况下，外国人、无国籍人、外国企业和组织在人民法院起诉、应诉的，其适用民事诉讼法与我国公民、法人和其他组织并无差别。

(3)主体间应为平等关系。民事纠纷最为突出的特征就是主体之间应当具有平等性，从而把具有从属性、管理性关系的主体之间的纠纷排除在民事诉讼法的适用范围之外。

2. 纠纷内容

根据我国民事诉讼法第三条规定，人民法院受理的民事诉讼内容体现为平等主体之间基于财产关系和人身关系发生的纠纷，换言之，只有以财产关系和人身关系为内容的民事纠纷才是民事诉讼所能解决的纠纷。所谓“财产关系”是指人们在生产、交换、分配、消费等物质财富运转过程中所发生的社会关系。所谓“人身关系”是指基于人格权利和身份权利而发生的没有直接财产内容的社会关系。在我国，形形色色的社会关系与财产和身份有关，它们分别由多个法律部门调整。只有公民之间、法人之间、其他组织之间及他们相互之间在法律地位平等的情况下发生的财产关系纠纷和人身关系纠纷才由人民法院管辖。

3. 纠纷发生的空间

不是所有的民事纠纷都能够在我国依据我国民事诉讼法的规定通过民事诉讼解决，只有在特定空间范围内发生的民事纠纷，才能够依据我国民事诉讼法的规定通过诉讼方式解决。我国民事诉讼法第四条规定：“凡在中华人民共和国领域内进行民事诉讼，必须遵守本法。”由此可见，在中华人民共和国的一切领域内，包括陆地、水域及其地下层和上空所发生的民事、经济、海事海商等纠纷，都属于民事诉讼解决的范围，当事人可以根据民事诉讼法的规定提起民事诉讼。根据领土延伸原则，凡行驶于外国领海的我国船舶和飞行在外国领空的我国飞机上发生的民事纠纷应适用我国的民事诉讼法，当事人可以依法提起民事诉讼。而根据外交豁免原则，凡发生在驻华使领馆及取得了豁免权的外交机构内的民事纠纷，除符合法律规定不予豁免的情形外，我国法院无权管辖，自然不能在我国通过民事诉讼的途径解决纠纷。

值得说明的是，香港、澳门和台湾虽然是中国的神圣领土，但由于历史和现实的原因，对香港、澳门实行"一国两制"，对台湾也将采取类似的办法。《中华人民共和国民事诉讼法》在香港、澳门和台湾不发生法律效力问题，因此，在港澳台地区发生的民事纠纷，不属于可直接依据我国民事诉讼法通过民事诉讼解决的范畴。

(二)通过民事诉讼解决的民事纠纷的具体类型

(1)民法、合同法、婚姻家庭法、劳动法、经济法等调整的社会关系所产生的争议。

①基于民法调整的平等主体之间的财产关系和人身关系产生的案件。

②基于婚姻法调整的婚姻家庭关系产生的案件。

③基于经济法调整的平等主体之间基于经济关系产生的案件。

④基于劳动法调整的劳动合同关系和劳资关系产生的案件。

(2)法律规定的由人民法院审理的特殊类型的案件，如选民资格案件、宣告失踪案件等，也属于民事诉讼法的适用范围。

三、民事诉讼与民事仲裁在解决民事纠纷上的相互关系

在我国，民事诉讼与民事仲裁是两种并列的具有法律效力的民事纠纷解决方式，对于实际解决当事人之间的纠纷来说，民事诉讼是最终的司法救济程序，而民事仲裁也在其中起到了不可替代的作用。作为两种不同的争议解决方式，两者有着共同的特点，但是也有极为明显的差别。

(一)民事诉讼和民事仲裁的共同特点

1.都是民事纠纷解决方式

在民事纠纷解决机制之中，民事仲裁与民事诉讼都是十分重要的组成部分。对于民事主体之间大多数的民事争议，民事主体除了调解与和解的方式之外，既可以通过选择向仲裁机构申请仲裁的方式来解决，也可以通过选择采用向具有管辖权的人民法院起诉。民事仲裁和民事诉讼都是为了公正地解决民事纠纷而存在，在功能、作用上具有相同之处。

2.在民事争议解决的原理上具有共同之处

民事仲裁与民事诉讼都是由独立第三方来居中判断从而解决民事争议

的。仲裁机构基于民事争议事实，独立地居中进行判断，公正地作出裁决。同样，民事主体对于民事纠纷选择向人民法院起诉。人民法院在经过法庭调查、双方当事人的辩论后，基于案件的审理情况，依据法律规定，独立地居中进行裁判，公正地作出判决。

3. 仲裁裁决和民事判决都具有法律效力

仲裁法规定："裁决书自作出之日起发生法律效力。"仲裁裁决和民事判决都是具有法律效力的。生效仲裁裁决和生效判决一样，具有拘束力、形成力和执行力。

(二)民事诉讼与民事仲裁的区别

当然，作为不同的纠纷解决机制，民事仲裁和民事诉讼都有各自的特色，它们之间的主要区别如下：

1. 性质不同

民事诉讼是一种司法制度，司法权是国家权力的重要组成部分，因此，民事诉讼程序既是当事人行使诉权，请求国家保护其合法权益的过程，同时也是国家行使司法权的过程。

而民事仲裁，它是一种准司法制度，仲裁来自当事人的契约。仲裁员的任命、仲裁规则、仲裁所适用的准据法等，主要取决于当事人的合意，但是仲裁裁决的效力和强制执行则必须有法律决定，离不开法律的协助，因此其在纠纷的最终解决上，又具有司法权的性质。

2. 受案范围不同

仲裁法第二条规定："平等主体的公民、法人和其他组织之间发生的合同纠纷和其他财产权益纠纷，可以仲裁。"第三条则规定："下列纠纷不能仲裁：婚姻、收养、监护、扶养、继承纠纷；依法应当由行政机关处理的行政争议。"民事诉讼法第三条则规定："人民法院受理公民之间、法人之间、其他组织之间以及他们相互之间因财产关系和人身关系提起的民事诉讼，适用本法的规定。"由此可见，仲裁和民事诉讼在受理范围、可处理事项上是不同的。相对于民事诉讼来说，仲裁可以处理的民事争议范围要小一些。对于婚姻、收养、监护、扶养、继承等涉及人身关系的民事争议，民事主体一般不可以申请仲裁。可见可仲裁的事项包含于民事诉讼的受案范围，但要小于民事诉讼的受案范围。

3. 基本原则或基本制度不同

仲裁作为一种准司法制度，在很多方面都与民事诉讼相同，如依法审判原则，以事实为依据、以法律为准绳原则，回避制度等。但是仲裁也有自己独特的原则和制度：仲裁实行自愿原则和协议仲裁制度，当事人享有较大的意思自治。同时，仲裁实行或裁或审，一裁终局制度，而法院审理案件则采用两审终审制度，第一审法院作出的判决、裁定，并不当然发生法律效力，当事人可以上诉。

（三）民事诉讼与民事仲裁的关系

由于民事仲裁的受案范围包含在民事诉讼的受案范围之中，因此，可仲裁事项均可提起民事诉讼。所以，一旦有民事纠纷发生，就应当确定是通过民事仲裁解决还是通过民事诉讼解决。

我国仲裁法第四条规定："当事人采用仲裁方式解决纠纷，应当双方自愿，达成仲裁协议。没有仲裁协议，一方申请仲裁的，仲裁委员会不予受理。"根据该条规定，启动仲裁程序，必须是当事人双方的合意或共同的意思表示，必须是双方一致性的选择，体现出双方的自愿。其表现形式是双方在合同中订有仲裁条款，或者虽然在合同中没有仲裁条款，但必须达成专门的仲裁协议，在争议和纠纷发生前或发生后达成协议均可，并且要选定具体的仲裁机构，否则仲裁机构不予受理。诉讼的发生则不需要双方自愿，可以是单方的自主行为。有一方认为其权益受到侵害，即可依法向人民法院起诉，而不需要征求对方的同意。因此，在当事人未对仲裁达成一致意见的时候，仲裁程序无法启动，但是当事人均可以提起民事诉讼以请求法院解决纠纷。

我国仲裁法第五条规定："当事人达成仲裁协议，一方向人民法院起诉的，人民法院不予受理，但仲裁协议无效的除外。"根据该条规定，当事人的仲裁协议能够阻断民事诉讼的发生，换言之，即使某类纠纷属于民事诉讼的受案范围，但是如果当事人就纠纷的解决选择了仲裁，民事诉讼则被排除在纠纷解决机制之外。当然，本条也规定了仲裁协议无效的除外情形，一旦当事人的仲裁协议无效，当事人当然可以提起民事诉讼。

我国民事仲裁实行一裁终局的裁判制度，仲裁法第五十七条规定"裁决书自作出之日起发生法律效力"。因此，原则上，民事纠纷一经仲裁，就不能再进入民事诉讼程序。但是，仲裁法依然为仲裁中的违法行为保留了民事诉讼救济的渠道，其第五十八条明确规定了符合该条规定的情形之一的，当事人可以向仲裁委员会所在地的中级人民法院申请撤销裁决。此外，劳动争议仲裁与农业集体经济组织内部的农业承包合同纠纷仲裁则属于例外，当事人对仲裁裁决不服的，仍然可以向法院起诉。

第二章　民事诉讼基本原则

第一节　典型案例及其评析

【案例一】　广东省食品实业有限公司诉符某仓储合同纠纷案

1999年12月28日，符某分别以未经工商注册登记的“志通贸易有限公司”和“霞记购销部”的名义与广东省食品实业有限公司(以下简称广东食品公司)签订统一格式的《商品冷藏合同》，约定：由符某在广东食品公司冷库租用库位100吨存放水果商品；月度进货计划与租库期限分别为2000年1月为150吨，2000年2月至3月为100吨；处置费为35元/吨，冷藏费为3.20元/吨·日，搬运费为16.80元/吨；符某的商品可发至广东食品公司专用线等。符某在两份《商品冷藏合同》上签名。合同签订后，符某将其物品交付广东食品公司储存。

2001年3月，广东食品公司分别向“志通贸易有限公司”和“霞记购销部”发出一份《询证函》，其内容分别为：截至2000年11月30日，“志通贸易有限公司”欠广东食品公司冷藏费等313279.52元，“霞记购销部”欠广东食品公司冷藏费等100854.08元。符某收取了该两份《询证函》，并在该两份《询证函》中“数据证明无误”处签名。该两份《询证函》确定的冷藏费等款项合计为414133.60元。2001年5月19日、5月20日、6月11日、6月13日、6月22日、6月26日，符某以“志通贸易有限公司”交冷藏费或交现金的名义分别向广东食品公司支付3万元、5万元、3万元、3万元、5万元、5万元，合计24万元。广东食品公司收款后向符某出具了相应的6张收条。据此，符某尚欠广东食品公司冷藏费174133.60元。

2003年3月31日，广东食品公司以符某拖欠冷藏费和铁路专线费等费用为由，向原审法院提起诉讼，请求判令符某支付拖欠的冷藏费用372053.53元和铁路专线费等费用98675.90元，合计470729.43元，及该款从起诉之日起至清偿之日止按银行同期贷款利率计算的利息。符某在原审法院适用简易程序第一次开庭审理时答辩称双方实际只履行了其以“志通贸易有限公司”名义与广东食品公司签订的《商品冷藏合同》。一审法院判决：符某于原审判决发生法律效力之日起10日内清偿冷藏费372053.53元给被上诉人；驳回广东食品公司其他诉讼请求。案件受理费11561元，由广东食品公司负担3471元，符某负担8090元。

符某不服一审判决，向广州市中级人民法院提起上诉。二审诉讼中，符某与广东食品公司均承认双方在2000年12月1日至2002年4月6日期间仍有仓储业务往来，但对该期间的费用是否付清有争议。符某与广东食品公司均没有提供该期间所发生费用的证据。符某否认收到广东食品公司于2001年3月向“霞记购销部”发出的《询证函》，并否认该《询证函》上的签名是其笔迹。广东食品公司遂向二审法院申请作笔迹鉴定。二审法院告知符某需对该《询证函》质证，符某则以广东食品公司在一审诉讼时提供该《询证函》已超过举证期间为由拒绝质证，并表示不同意作笔迹鉴定。经合议庭评议，法院决定采纳广东食品公司的申请，并委托广东省高级人民法院对该《询证函》上的签名是否是符某本人笔迹进行司法鉴定。广东省高级人民法院的鉴定结果为该《询证函》上的签名是符某本人的笔迹。广东食品公司对鉴定结果没有意见。符某仍以该《询证函》超过一审举证期间提供且不属于二审程序中的新证据为由，不同意对该《询证函》鉴定和质证，对鉴定结果不发表意见。

二审法院认为，因“志通贸易有限公司”和“霞记购销部”均未经工商注册登记，不具备法定的民事主体资格，故符某以该二者的名义与广东食品公司所签《商品冷藏合同》的权利义务，应由符某承受。二审法院判决：维持一审法院民事判决主文第二项；变更一审法院民事判决主文第一项为：符某自接到本判决书之日起10日内清偿冷藏费174133.60元给广东食品公司。

本案评析：当事人平等原则

该案件在处理的过程中处处体现了“当事人平等原则”，法院平等地保障了原被告双方行使其诉讼的权利。

其一，在举证责任的分担上，法院严格依法分配，不偏不倚。广东食品公司作为一审的原告，必须提供证据以证明被告符某拖欠冷藏费用和铁路专线费等费用合计47万余元。因为民事诉讼的规则是“谁主张，谁举证”，广东食品公司需要为其主张提供证据，如果没有充分的证据证明其主张，其将面临败诉风险，因广东食品公司的证据并不足以证明符某拖欠其47万余元冷藏费用和铁路专线费用，故二审法院只判决符某支付其冷藏费17万余元。广东食品公司在一审庭审中主张符某支付的24万元是双方在2000年12月1日至2002年4月6日期间发生仓储合同关系而产生的部分费用，也应该为此主张举证。符某在一审中对广东食品公司向“霞记购销部”发出的《询证函》不予质证，在二审中也不同意对该份《询证函》上的签名进行笔迹鉴定，法院认定其放弃对该份《询证函》质证的权利，并由其承担放弃质证的后果。

其二，对广东食品公司在一审庭审中提交的证据的效力的认定问题。符某在一审答辩期间并未提供书面答辩状，而是在庭审中才提出其以“霞记购销部”名义与广东食品公司签订的《商品冷藏合同》没有履行的主张，为了保障双方当事人平等地行使诉讼权利，法院再次给予广东食品公司一定时间的举证期限。因此，广东食品公司在一审第二次开庭前提供了向“霞记购销部”发出的《询证函》，上面有符某的签名，但符某以该《询证函》是第一次开庭后提交的为由，不予质证，二审法院认为“由于符某在原审法院开庭审理时才提出其以‘霞记购销部’名义与广东食品公司签订的《商品冷藏合同》没有履行的主张，故给予广东食品公司一定时间就其反驳符某主张所依据的事实提供证据，才能体现当事人诉讼权利平等的原则”。因此，一、二审法院都认为广东食品公司在一审庭审中提交的证据为有效的证据。

其三，对于符某已支付的24万元的认定上，法院也平等地保障了双方的诉讼权利。对于该24万元，符某认为其支付的是涉案冷藏费，故应从广东食品公司的诉求总额中减去该笔费用；因符某向广东食品公司支付24万元的行为发生在符某签名确认《询证函》所确定的欠款金额之后，故广东食品公司认为该24万元支付的是双方2000年12月1日至2002年4月6日期间发生仓储合同关系而产生的部分费用，而非支付《询证函》所确定的欠款。二审法院认为，广东食品公司应承担举证责任。虽然符某与广东食品公司均承认双方在2000年12月1日至2002年4月6日期间仍有仓储业务往来，但双方均没有提供该期间所发生的仓储费用的证据。因此，应认定上述24万元是符某向广东食品公司支付上述两份《询证函》所确定的欠款，符某应将支付该24万元后的剩余欠款清偿给广东食品公司。至于符某与广东食品公司在2000年12月1日至2002年4月6日期间发生的仓储合同关系，因不属本案调整的范围，广东食品公司可另案诉讼。

在这个案件中，符某与广东食品公司在诉讼过程中享有完全平等的诉讼地位，并不因为符某是自然人，广东食品公司是法人组织而有所区别，他们享有平等的诉讼权利，承担平等的诉讼义务。其次，法院保障和便利当事人平等地行使诉讼权利，为当事人双方平等地提供行使其诉讼权利的机会，这是法院的职责所在。最后，法院在处理该案的过程中，对于双方当事人，没有因为其主体形式和经济状态不同而差别对待，在适用法律上一律平等。任何当事人在民事诉讼中都应当毫无例外地依法行使其法定诉讼权利和履行其法定诉讼义务，法院对此予以保障，只有这样才能真正实现当事人在民事诉讼中的平等。

【案例二】 李某诉奇鑫达电子有限公司专利侵权纠纷案

2007 年 2 月 6 日，李某就其设计的“一种可折叠的 USB 集线器”向国家知识产权局申请实用新型专利，国家知识产权局于 2008 年 6 月 4 日授予李某 ZL200720067077.6 号实用新型专利权，并予以授权公告。李某按期缴纳了专利年费，该专利处于有效状态。

李某指控奇鑫达电子有限公司(以下简称奇鑫达公司)制造、销售涉嫌侵权产品，侵犯其专利权。一审法院将被控产品与李某专利进行比对，被控侵权产品的上述几项技术特征与李某专利的必要技术特征相同，唯一不完全相同之处在于被控产品“折叠 HUB”的 USB 输入件数据线由内延伸至外，但其本身内部也有数据线，且其他四个 USB 输出件的数据线均藏在组件内，因此它没有缺少专利技术特征，并具有专利技术特征数据线在组件内这一技术特征。据此，原审法院认定被控产品“折叠 HUB”(QX—1288)与李某专利保护的技术特征相同，应落入李某 ZL200720067077.6 实用新型专利权保护范围。因此，一审法院认为，奇鑫达公司未经专利权人同意，以经营为目的制造、销售被控侵权产品“折叠 HUB”，构成侵犯李某专利权的侵权行为，应当承担侵权责任。李某请求法院判令奇鑫达公司立即停止侵权行为、销毁侵权产品及专用工具、赔偿经济损失(包括合理开支等)证据充分，予以支持。李某要求奇鑫达公司赔偿损失人民币 8 万元，原审法院考虑奇鑫达公司制造、销售侵权产品的时间和数量以及李某为本案支付的维权费用等因素，予以全额支持。原审法院判决如下：奇鑫达公司立即停止侵犯李某 ZL200720067077.6 号专利权的行为，销毁侵权产品“折叠 HUB”及制造侵权产品的专用工具。奇鑫达公司于判决生效后 10 日内赔偿李某经济损失人民币 8 万元。

奇鑫达公司不服原审判决，上诉称：(1)原审法院违反民事诉讼法的辩论原则，剥夺了奇鑫达公司的辩论权利。①2009年6月16日，奇鑫达公司向原审法院递交了答辩状，这有原审法院签收的《证据目录》为证，原审判决明确说明“奇鑫达公司未答辩”，与事实不符。②辩论权之行使贯穿于诉讼的整个过程，奇鑫达公司向法院递交了答辩材料，行使了辩论权，人民法院就应该在判决书中予以反映。本案中，奇鑫达公司因为客观原因错过了开庭，而非主观原因，且在开庭后及时向法院电话反映情况，并递交了答辩状。虽然错过了法院指定期限，但毕竟是在判决出来之前，应该视作奇鑫达公司对本案的一个“辩论意见”。本着实事求是的原则，人民法院也不应该无视该答辩状的存在而不在判决书中予以反映。(2)原审法院违反了实事求是的基本原则，涉案侵权产品是第三人的专利产品，不是李某的专利产品。一审法院收到的奇鑫达公司提交的《专利证书》和《专利实施许可合同》，权利证书是国家知识产权局授予的，权利是毋庸置疑的。法院既然收到了奇鑫达公司的材料，就不应该无视它的客观存在，毕竟它是国家机关的文书。……综上所述，请求二审法院撤销原审判决，驳回李某的诉讼请求，诉讼费用由李某承担。

根据二审查明的事实，奇鑫达公司授权徐平生向原审法院签收有关诉讼法律文书，2009年4月13日，徐平生签收了起诉状副本、应诉通知书、举证通知书、证据交换通知书、传票等诉讼法律文书。民事诉讼法第一百一十三条规定，被告在收到人民法院送达的原告起诉状副本之日起15日内提出答辩状，被告不提出答辩状的，不影响人民法院审理。第一百三十条规定：被告经传票传唤，无正当理由拒不到庭的，可以缺席判决。奇鑫达公司在收到起诉状副本之日起15日内没有提出答辩意见，在原审法院传票规定的时间内不到庭参加诉讼，因此，原审判决未采纳奇鑫达公司庭审结束后提交的答辩意见并作出缺席判决，并无不当，二审法院予以维持。《最高人民法院关于民事诉讼证据的若干规定》第三十四条规定：“当事人应当在举证期限内向人民法院提交证据材料，当事人在举证期限内不提交的，视为放弃举证权利。对于当事人逾期提交的证据材料，人民法院审理时不组织质证。但对方当事人同意质证的除外。”第四十三条规定：“当事人举证期限届满后提供的证据不是新的证据的，人民法院不予采纳。当事人经人民法院准许延期举证，但因客观原因未能在准许的期限内提供，且不审理该证据可能导致裁判明显不公的，其提供的证据可视为新的证据。”奇鑫达公司未能在原审法院指定的举证期限内提交证据，而是在庭审结束后才向原审法院提交证据，因此，原审法院对该证据不组织质证，没有违反民事诉讼法及有关司法解释的规定。况且奇鑫达公司提交的证据亦不符合《最高人民法院关于民事诉讼证据的若干规定》第四十一条关于“一审程序中的新的证据包括：当事人在一审举证期限届满后新发现的证据；当事人确因客观原因无法在举证期限内提供，经人民法院准许，在延长的期限内仍无法提供的证据”的规定。因此，原审法院没有采纳奇鑫达公司于2009年6月16日提交的答辩状及相关证据材料的做法并无不当，二审法院予以维持。奇鑫达公司上诉认为原审法院剥夺了其辩论的权利，理由不成立，二审法院不予支持。

综上所述，二审法院认为原审判决认定事实清楚，适用法律正确，应予维持。判决：驳回上诉，维持原判。

本案评析：辩论原则

本案的一个主要焦点是原审法院是否违反民事诉讼法的“辩论原则”，是否未保护奇鑫达公司的辩论权利。辩论权利是当事人的一项重要的诉讼权利，当事人，包括民事诉讼的第三人，对诉讼请求有陈述事实和理由的权利，也有对对方当事人的陈述和诉讼请求进行反驳和答辩的权利，当事人可借辩论来维护自己的合法权益。辩论原则应贯穿于民事诉讼的全过程，包括第一审、第二审和再审程序，人民法院应充分保障当事人的辩论权。一方面，人民法院要引导当事人合理地行使辩论权，使当事人的辩论能够真正发挥作用；另一方面，人民法院应当保证当事人有充分行使辩论权的机会，让当事人能够充分发表自己的主张和意见。这种保障，既包括对当事人提供提出实质辩论意见权利的保障，也包括对双方辩论在形式上和程序上的保障。本案中，奇鑫达公司认为一审法院违反民事诉讼法的“辩论原则”，剥夺了其辩论权利。一审开庭时，奇鑫达公司未参与庭审，仅在庭审后提交了答辩状，一审法院签收了该答辩状，但是一审法院在判决书中却说“奇鑫达公司未答辩”。奇鑫达公司认为，辩论权之行使贯穿于诉讼的整个过程，其向法院递交了答辩材料，行使了辩论权，人民法院就应该在判决书中予以反映。二审法院认为，奇鑫达公司于2009年4月14日签收了有关诉讼法律文书。《中华人民共和国民事诉讼法》第一百一十三条规定，被告在收到人民法院送达的原告起诉状副本之日起15日内提出答辩状，被告不提出答辩状的，不影响人民法院审理。第一百三十条规定，被告经传票传唤，无正当理由拒不到庭的，可以缺席判决。奇鑫达公司在收到起诉状副本之日起15日内没有提出答辩意见，在原审法院传票规定的时间内不到庭参加诉讼，因此，原审判决未采纳奇鑫达公司庭审结束后提交的答辩意见并作出缺席判决，并无不当，故二审法院予以维持。奇鑫达公司上诉认为原审法院剥夺了其辩论的权利，理由不成立，二审法院不予支持。可见，辩论原则虽然贯穿于诉讼的全过程，但当事人行使辩论权仍然应遵守民事诉讼法的相关规定，如果违反法律的规定进行辩论，法院可以不采纳当事人的辩论意见。

【案例三】 承利商务中心等诉上海静安地产(集团)有限公司建设工程合同纠纷再审案

上海静安地产(集团)有限公司(以下简称静安公司)系“中华城”项目的建设单位。上海兴宇建筑安装工程有限公司(以下简称兴宇公司)为“中华城”工程的施工承包方，双方就此签有《建筑安装工程施工承包合同协议条款》。1997 年 5 月 15 日，上海兴鑫工程建设有限公司(以下简称兴鑫公司)与兴宇公司签订《中华城工程合作承建协议》，约定对内由合作双方共同承担该项目的施工，双方联合组成“中华城”工程施工项目经理部，兴鑫公司完成总工程量的三分之一。施工期间，兴鑫公司、静安公司曾签订参建静安公司开发建造的东安公寓房屋的《协议书》。2000 年 11 月 2 日，兴鑫公司、静安公司及兴宇公司签署《中华城地下部分工程款结算协调会纪要》，明确经三方商定，兴鑫公司完全退出原兴宇公司、兴鑫公司合作承建的“中华城”项目；由审价单位审计地下室部分的工程款；静安公司以静安丽舍的房屋充抵应支付兴鑫公司施工建设的地下室的部分工程款。同年 12 月 20 日，兴鑫公司和静安公司又签订《协议书》一份，明确静安公司充抵应付兴鑫公司部分工程款的静安丽舍之房屋的具体室号及金额。

2000 年 12 月 27 日，静安公司与兴宇公司自行委托的上海沪中会计师事务所有限公司(以下简称沪中公司)出具沪会中〔2000〕基字第 118 号《审价报告》，审价结论为“中华城”项目 ±0.00 以下部分工程决算价为 18669312 元。静安公司与兴宇公司在《工程审价审定单》上加盖公章作了确认。此前，沪中公司于 1999 年 11 月 23 日出具沪咨中〔1999〕基字第 65 号《审价报告》，审价结论为兴鑫公司施工的“中华城”人防工程工程决算价为 453843 元。静安公司与兴宇公司对此亦加盖公章作了确认。

签约后，静安公司向兴鑫公司支付了部分工程款，交付了部分充抵工程款的房屋。2001 年 9 月 3 日，兴宇公司致函静安公司，称“兴鑫公司持本公司开具的发票向贵公司直接收取了工程款 1000 余万元，已超出我公司所开具发票的总额，鉴于我公司与分包方兴鑫公司尚有债权债务未清讫，为保证‘中华城’项目双方最终决算工作之顺利进行，即日起在本公司没有开具发票给贵公司时，请贵公司对兴鑫公司暂停支付工程款。”此后，静安公司遂停止向兴鑫公司付款。后兴鑫公司诉至法院，要求法院判令静安公司支付工程款9105315元及按每日2.1‰计算自2001年1月1日至2002年4月30日的逾期付款利息；诉讼费、保全费由静安公司承担。

一审庭审中，经法院主持调解，双方当事人达成如下调解协议：兴鑫公司、静安公司确认静安公司尚应向兴鑫公司支付钱款9100000元；静安公司分期将上述钱款支付给兴鑫公司，付款方式如下：本调解书生效之日支付3500000元，2002年11月30日支付2300000元，12月30日支付2300000元，2003年3月30日付清余款；案件受理费60095元、财产保全费50605元，共计110700元，由兴鑫公司负担80652元，静安公司负担30048元；各方无其他争执。

原调解书生效后，静安公司已按调解协议履行完毕。2004年3月22日，原工程审价单位沪中公司向静安公司出具一份更正报告，将“中华城”项目±0.00以下部分工程的审价金额由18669312元更正为15594384元。此后，静安公司委托上海沪港建设咨询有限公司对上述更正报告进行鉴证，结论为更正内容正确合理，符合审价工作客观、公正、公平的原则。静安公司据此申请再审，其认为，由于原审价单位的工作失误，导致兴鑫公司和静安公司在原审调解时以错误的审价报告为基础，进行调解，所达成的调解协议也是错误的，故要求法院再审予以纠正。

2005年4月25日，法院作出〔2005〕沪二中民二(民)监字第59号民事裁定，本案由上海市第二中级人民法院另行组成合议庭进行再审。因再审之前，2003年12月9日，兴鑫公司经工商部门批准，已被注销。法院依法追加该公司三位股东(承利商务中心、绍兴公司和王张兴个人)作为原告进行诉讼。

再审中，因王张兴对沪中公司所作更正报告和上海沪港建设咨询有限公司所作鉴证报告不予认可，故静安公司申请司法鉴定。为此，法院委托上海公信中南工程造价咨询有限公司(以下简称公信中南公司)对原审价报告中的争议部分进行重新审价。2006年3月26日，公信中南公司作出了《司法鉴定报告》，结论为沪中公司原审价报告确实存在差错，沪中公司此后出具的更正报告是正确的，共计调整(降低)造价3074928元，工程总造价由原来的18669312元调整为15594384元。静安公司对公信中南公司的《司法鉴定报告》没有异议。王张兴对法院委托重新审价有异议，对《司法鉴定报告》不予认可。兴宇公司认为本案与其无关，故不发表意见。

再审法院认为，静安公司、兴宇公司和兴鑫公司为本案工程所签订的各项协议书及会议纪要等均系各方当事人的真实意思表示，合法有效，各方均应按约履行。更正后的中华城项目±0.00以下部分工程总造价为15594384元，双方没有争议的人防工程造价为453843元，两项共计16048227元，此即静安公司的应付款总额。静安公司已分别向兴鑫公司支付中华城项目±0.00以下部分工程款9717840元和人防工程款300000元，两项共计10017840元，此即静安公司的已付款总额。应付款总额减去已付款总额，静安公司尚应支付工程款6030387元。

关于静安公司是否应承担逾期付款违约利息。根据《中华城地下部分工程款结算协调会纪要》的约定，静安公司用以房抵款的形式向兴鑫公司支付工程款，但应开具兴宇公司的发票。静安公司已按约支付了部分款项。2001年9月3日，兴宇公司致函静安公司，以兴宇公司与兴鑫公司尚有债权债务未清讫为由，要求静安公司暂停向兴鑫公司支付工程款，静安公司随即停止付款，双方为此涉讼。原审期间，兴宇公司向法院出具《确认书》一份，称现兴宇公司与兴鑫公司之间就内部结算已达成协议，故原2001年9月3日暂停付款函予以取消，其他事项按原《中华城地下部分工程款结算协调会纪要》办理。原审中，静安公司和兴鑫公司对上述事实均未提出异议。据此，再审法院认为，静安公司拒付工程款系兴鑫公司和兴宇公司就内部结算事宜未协商一致造成的，其并非故意违约，且暂停付款的事由直至原审时方才消失，故静安公司不应承担逾期付款的违约责任。

判决如下：撤销〔2002〕沪二中民二(民)初字第88号民事调解；静安公司应于判决书生效之日起10日内支付承利商务中心、绍兴公司和王张兴工程款6030387元。

本案评析：处分原则和法院调解原则

本案体现了民事诉讼法的两个重要原则。

一是处分原则。该原则认为当事人可以在诉讼中对自己的程序性权利和实体性权利自由支配和自由处置。兴鑫公司向法院起诉时，诉求有三：一是要求静安公司支付工程款9105315元；二是按每日万分之二点一计算2001年1月1日至2002年4月30日的逾期付款利息；三是诉讼费、保全费由静安公司承担。一审庭审中，经过法院主持调解后，兴鑫公司与静安公司达成了调解协议，静安公司对自己的实体性权利进行了自由处分：其一，要求静安公司支付的工程款由9105315元减至9100000元；其二，不再要求静安公司一次性付款，而是分4期付清：调解书生效之日支付3500000元，2002年11月30日支付2300000元，12月30日支付2300000元，2003年3月30日付清余款；其三，诉讼费和保全费不再要求由静安公司完全承担，只要求其承担小部分，而由兴鑫公司承担大部分费用。与此同理，静安公司在调解过程中，也对自己的实体性权利进行了处分。此外，静安公司在调解后，按调解协议完全履行了己方的付款义务，在得知原审价报告有误之后，以此为由申请法院再审，这也是对自己程序性权利的积极处分。可见，当事人的处分权贯穿了整个民事诉讼的全过程，包括诉讼阶段和执行阶段。当事人可以处分的内容也具有全面性，不但包括自己依法享有的实体权利，也包括程序上的权利。当然，当事人的处分范围要具有合法性，不违反法律的规定，当事人处分自己权利的后果，也会对法院行使审判权产生的一定的约束。

二是法院调解原则。该案一审庭审中，法院主持双方进行了调解。因此次诉讼确因误会所导致（2001年9月3日，兴宇公司致函静安公司，以兴宇公司与兴鑫公司尚有债权债务未清讫为由，要求静安公司暂停向兴鑫公司支付工程款，静安公司随即停止付款，双方为此涉讼）。原审期间，兴宇公司向法院出具《确认书》一份，称现兴宇公司与兴鑫公司之间就内部结算已达成协议，故原2001年9月3日暂停付款函予以取消。原被告双方在法院的主持下很快达成调解协议。后来，静安公司发现原工程审价单位沪中公司的审价报告存在计算差错，中华城项目±0.00以下部分工程结算造价应由原18669312元调整为15594384元，核减3074928元，该公司以此为由申请再审，要求撤销调解协议书。再审庭审中，法院委托公信中南公司重新进行司法鉴定，认定原工程审价单位沪中公司的审价报告确实存在计算差错，法院予以认定。再审法院认为，“原审中，兴鑫公司和静安公司在沪中公司所作的错误审价报告基础上进行调解，违反了自愿合法的调解原则，由于再审中双方无法达成新的调解协议，故原调解书应予以撤销，由本院根据查明的事实作出判决。”并判定静安公司向兴鑫公司支付工程款6030387元。此处即体现了法院的调解应在自愿合法、事实清楚且是非分明的情况下进行。

【案例四】 江门市某建设公司诉麦某民间借贷纠纷再审案

1996年起，原告麦某出于承包建设公司工程等个人原因，曾多次借款给江门市某建设公司法定代表人何某用于偿还赌债。1998年8月17日，何某因怕赌博等事情败露，畏罪潜逃。同月19日，麦某持内容为“建设公司向麦某借款140万元，利息按月息20厘计算”的借据书证起诉至一审法院，请求被告建设公司偿还140万元借款及利息，诉讼费用由建设公司承担。法院查明，该借据由麦某自己书写，落款处有建设公司原法定代表人何某签名，并盖有建设公司公章。何某犯挪用公款罪，被判处刑罚。公诉机关指控何某挪用公款的数额中，没有将上述140万元借款列入其中。江门市蓬江区法院一审审理认为，建设公司向麦某借款140万元事实清楚，证据充分。判决：建设公司在判决生效之日起10日内清还借款140万元及该款利息给麦某；案件受理费26030元、财产保全费7520元均由建设公司承担。建设公司不服一审判决，向江门市中级法院提出上诉。二审法院审理认为，建设公司的法定代表人何某出具借据给麦某，虽然借款没有在公司入账，但借据上盖有公章，并有法定代表人的签名，应确认借款是建设公司的行为，对借款的事实应予以认定。虽然何某有经济犯罪，但依照《最高人民法院关于审理经济纠纷案件中涉及经济犯罪嫌疑若干问题的规定》第三条关于单位直接负责的主管人员，以该单位的名义对外签订经济合同，该单位对行为人因签订、履行该经济合同造成的后果，依法应当承担民事责任的规定，法院判决：驳回建设公司上诉，维持一审判决。建设公司不服终审判决，向江门市检察院提出申诉，认为“建设公司与麦某之间的借款关系不成立，法院判决认定事实错误，导致适用法律错误”，请求检察机关依法提出抗诉。

江门市检察院立案审查后，提请广东省检察院抗诉，省检察院认为终审判决认定事实与适用法律均有错误，向广东省高级人民法院提出抗诉。抗诉理由是：(1)终审判决认定建设公司与麦某的借款关系成立的主要证据不足。①麦某持有的140万元借据并非法院认定由“建设公司法定代表人何某出具给麦某”的，而是麦某在何某出逃前，以方便联系工作为借口，向何某索取了几张盖有公章的空白便条，并要求何某写下姓名及日期后，自己擅自填写借款内容的。②何某向麦某借款纯属个人行为，与建设公司无关。麦某在明知何某借款是为了偿还赌债的情况下，仍出于承包建设公司工程的个人原因，数次借款给何某。何某每次均以个人名义向麦某出具借条。事实上，建设公司的账目显示从未收到过麦某任何借款。相反，麦某还欠公司70万元借款。(2)终审判决适用法律错误。何某与麦某恶意串通，将个人债务转嫁给建设公司，企图侵害国有财产。依据民法通则第五十八条第一款第四项的规定，属无效民事行为，因此，本案的借据不具有法律效力，建设公司依法不应承担民事责任。

广东省高级人民法院受理本案的抗诉后，指令江门市中级人民法院再审。江门市中级法院另行组成合议庭，对本案公开开庭进行了再审。再审审理认为：麦某提供的书证虽然形式上有建设公司法定代表人何某的签名，亦盖有公章，但书证内容是麦某自己书写的，存在先盖章后书写还是先书写后盖章签名的两种可能性，麦某又无法提供其他相关证据尤其是借据原件，且有关借款事实的细节陈述含糊其辞，不足以反映借款双方的真实意思。原一、二审凭单一证据判决建设公司承担民事责任，属认定事实不清，适用法律不当，依法应予改判。根据有关法律作出再审判决：撤销一、二审判决，驳回麦某的诉讼请求。一、二审案件受理费，财产保全费由原审原告麦某负担。

本案评析：检察监督原则

民事诉讼法第十四条规定："人民检察院有权对民事审判活动实行法律监督。"这是民事诉讼检察监督原则的法律依据所在。根据民事诉讼法第二百零八条的规定："最高人民检察院对各级人民法院已经发生法律效力的判决、裁定，上级人民检察院对下级人民法院已经发生法律效力的判决、裁定，发现有本法第二百条规定情形之一的，或者发现调解书损害国家利益、社会公共利益的，应当提出抗诉。地方各级人民检察院对同级人民法院已经发生法律效力的判决、裁定，发现有本法第二百条规定情形之一的，或者发现调解书损害国家利益、社会公共利益的，可以向同级人民法院提出检察建议，并报上级人民检察院备案；也可以提请上级人民检察院向同级人民法院提出抗诉。各级人民检察院对审判监督程序以外的其他审判程序中审判人员的违法行为，有权向同级人民法院提出检察建议。"可见，检察院如果发现同级人民法院已经发生法律效力的判决和裁定，有民事诉讼法第二百条规定的情形之一的，可以向同级人民法院提出检察建议，也可以提请上级人民检察院向同级人民法院提出抗诉。

根据民事诉讼法第二百条的规定："当事人的申请符合下列情形之一的，人民法院应当再审：(一)有新的证据，足以推翻原判决、裁定的；(二)原判决、裁定认定的基本事实缺乏证据证明的；（三）原判决、裁定认定事实的主要证据是伪造的；（四）原判决、裁定认定事实的主要证据未经质证的；（五）对审理案件需要的主要证据，当事人因客观原因不能自行收集，书面申请人民法院调查收集，人民法院未调查收集的；（六）原判决、裁定适用法律确有错误的；（七）审判组织的组成不合法或者依法应当回避的审判人员没有回避的；（八）无诉讼行为能力人未经法定代理人代为诉讼或者应当参加诉讼的当事人，因不能归责于本人或者其诉讼代理人的事由，未参加诉讼的；（九）违反法律规定，剥夺当事人辩论权利的；（十）未经传票传唤，缺席判决的；（十一）原判决、裁定遗漏或者超出诉讼请求的；（十二）据以作出原判决、裁定的法律文书被撤销或者变更的；（十三）审判人员审理该案件时有贪污受贿，徇私舞弊，枉法裁判行为的。”因此，检察机关的监督权限很大，范围也很广。

本案的情况就是江门市检察院发现同级人民法院江门市中级人民法院的终审判决存在民事诉讼法第二百条规定的情形之一，因而提请上级检察院广东省检察院抗诉。广东省高级人民法院受理本案的抗诉后，指令江门市中级人民法院再审，该院重组合议庭，对本案进行再审，撤销了一、二审判决，驳回麦某的诉讼请求。根据民事诉讼法的规定，检察监督的对象是人民法院的民事审判活动，主要监督法官的审判行为。关于检察监督的内容，通常认为包括三个方面：一是对人民法院作出的生效裁判是否正确、合法实行监督；二是对审判人员在民事审判中的行为进行监督；三是对民事审判活动中的其他行为实行监督。实际上，检察机关认为人民法院作出的已经生效的裁判文书确有错误时，通过抗诉的方式进行监督，是民事诉讼的检察监督原则行使的主要方式，其余两项监督并不常见。

第二节　基本知识

一、民事诉讼基本原则概述

（一）基本原则的概念

民事诉讼法的基本原则，是指在民事诉讼的整个过程中，或者在重要的程序阶段起主导作用的基本准则，它反映了民事诉讼法最基本的精神实质。与民事诉讼法规定的一般原则不同的是：基本原则是整个法律的核心，反映民事诉讼法的核心精神，对整个民事诉讼法都有指导作用；而一般原则是对民事诉讼的某个部分具有指导作用，对其他部分不发挥作用的行为准则，它本身也受基本原则的统帅。民事诉讼法的基本原则亦不同于民事诉讼法规定的具体原则。基本原则具有普遍性，其主要作用在于指导性和统领性；而具体原则是针对民事诉讼法中的某项具体制度而设立的，是法律为贯彻某项具体制度而提出的原则性要求，其作用主要在于适用性。我国民事诉讼法在第一编第一章对基本原则作了规定。我国民事诉讼法基本原则的确定，以我国社会主义的实际情况为出发点，根据宪法的规定，按照社会主义民主和法治的要求，遵循民事诉讼法律制度发展的客观规律，并结合民事诉讼的特点，以确保民事诉讼法基本原则在民事诉讼法中发挥统帅作用。

(二)研究基本原则的意义

第一，研究民事诉讼法的基本原则，有利于对我国民事诉讼法本质的进行理解。如前所述，我国民事诉讼法基本原则是根据我国社会的实际情况而制定的，反映了社会主义民主和法治对民事诉讼法的要求，体现了民事诉讼的特点，这些方面都充分地反映了我国民事诉讼法的性质，反映了我国民事诉讼法的精神实质，因此，研究基本原则有利于对我国民事诉讼法本质的理解。

第二，研究民事诉讼法的基本原则，有利于我们对民事诉讼法全部内容以及具体条款的理解。民事诉讼法基本原则的作用，在于统帅民事诉讼法的具体程序制度，在于对民事诉讼整个过程的指导。因此，民事诉讼法基本原则能够反映出民事诉讼的基本内容和全貌。而民事诉讼法的具体条款，则是民事诉讼法基本原则的具体化。所以，研究民事诉讼法基本原则有利于对民事诉讼基本内容和具体条款的理解。

第三，研究民事诉讼法的基本原则，有利于民事诉讼法的贯彻执行。民事诉讼法所确定的具体程序制度的贯彻执行，须符合民事诉讼法的基本原则；民事诉讼法具体程序制度解决不了的实践问题，可以依据民事诉讼法基本原则所确定的精神予以处理，民事诉讼法基本原则对民事诉讼法的贯彻执行，不仅具有指导意义，在一定情况下还具有适用性。

第四，研究民事诉讼法的基本原则，有利于协调好民事诉讼法与有关法律部门之间的关系。该种意义，一方面表现为民事诉讼法基本原则为国家制定、修改民事诉讼法确定基本准则，另一方面表现为民事诉讼法基本原则为制定其他法律、法规中涉及民事诉讼的有关规定提供依据，防止法律之间出现冲突或不协调。

(三)基本原则的功能

第一，指导民事诉讼立法和法律适用的功能。民事诉讼法的制定必须反映立法目的，而立法目的本身过于抽象，这就需要在立法目的与具体程序规则之间架设桥梁，民事诉讼法的基本原则便承担了这一使命。基本原则的联结，使各项具体程序规则成为围绕立法目的的有机统一体。因此，民事诉讼法的基本原则产生于具体程序规则之前，它是各项具体程序规则的基础和来源，并通过具体程序规则得到贯彻和落实。从法律适用的角度看，民事诉讼法的具体规范往往需要通过法官的解释才能适用于实际的操作环节，不同的法官对于相同的规范可能作出不同的解释，从而导致法律适用的不协调和不统一。民事诉讼法的基本原则是对法官解释权的合理限制，法官对法律条文的解释必须符合基本原则才具有正当性，这当然有利于保证民事诉讼法适用的协调统一。

第二，为诉讼当事人、法院提供行为准则的功能。作为民事诉讼法律规范体系中的重要组成部分，民事诉讼法基本原则是当事人、法院以及其他诉讼参与人进行民事诉讼的基本行为准则，违反基本原则所实施的诉讼行为有可能产生无效的后果。当然，基本原则的概括性与抽象性的特点，决定了基本原则的行为准则功能所发挥的空间相当有限，即主要是在程序规则未对有关诉讼程序问题作出规定或是虽有规定，但程序规则规定模糊或相互矛盾的情况下才表现出这一功能。

第三，帮助和指导人们理解和把握民事诉讼法。基本原则以其概括性和宏观性，体现了民事诉讼法的基本精神和内在规律。掌握了基本原则，也就领会了民事诉讼法的基本精神和内在规律。同时，具体的诉讼规范本身是在基本原则的指引下制定出来的，或者说是反映了基本原则的要求的，因此，把握了基本原则，也就把握了具体规范背后的立法宗旨，就能够纲举目张，从而准确深刻地理解具体规范的内涵。总之，无论是对参加诉讼活动的人，还是对学习民事诉讼法的人而言，基本原则都是理解和把握民事诉讼法各项制度和具体规定的一把钥匙。

（四）我国民事诉讼法基本原则的种类

民事诉讼法的基本原则较多，如何分类常存在争议。最常见的一种分类方法是，根据基本原则是由什么法律予以规定及其适用范围的不同，将其分为共有原则和特有原则两大类。

共有原则是指根据诉讼制度的共同原理和规律确立的，在宪法、人民法院组织法、刑事诉讼法、行政诉讼法中作了相同或类似规定的原则，包括：①民事审判权由人民法院行使的原则；②人民法院对民事案件独立进行审判的原则；③以事实为根据，以法律为准绳的原则；④对当事人在适用法律上一律平等的原则；⑤使用本民族语言文字进行诉讼的原则；⑥检察监督原则；⑦民族自治地方制定变通或者补充规定的原则。

特有原则是指根据民事诉讼自身的特点，仅在民事诉讼法中特别加以规定，反映民事诉讼制度的特殊原理和特殊规律的原则，包括：①诉讼权利平等原则；②自愿、合法调解原则；③辩论原则；④处分原则；⑤支持起诉原则；⑥同等原则与对等原则；⑦人民调解原则。需要说明的是，立法上规定的上述基本原则体系与学理上概括的基本原则体系存在着不同。近年来，学者们已不囿于民事诉讼法的现行规定，而试图从理论的角度重新界定民事诉讼法的基本原则体系。在理论探讨的基础上，对于民事诉讼的基本原则究竟包括哪些，学者们各有各的看法，目前达成共识的原则有：当事人平等原则、辩论原则、处分原则、法院调解原则、检察监督原则。

二、当事人平等原则

（一）当事人平等原则的含义

当事人平等原则，是指当事人在民事诉讼中享有平等的诉讼权利，人民法院审理民事案件应当平等地保障当事人行使诉讼权利。我国民事诉讼法第八条规定："民事诉讼当事人有平等的诉讼权利。人民法院审理民事案件，应当保障和便利当事人行使诉讼权利，对当事人在适用法律上一律平等。"这是当事人平等原则的法律依据。当事人平等原则要求法律应对当事人诉讼权利予以平等分配；司法活动应平等地保护当事人行使诉讼权利。当事人平等原则在民事诉讼法基本原则体系中处于基础性地位，具有重要的作用，体现了民事诉讼法的鲜明特征。

当事人平等原则是公民在法律面前一律平等的宪法性原则在民事诉讼法领域的具体体现。我国宪法要求公民在法律面前一律平等，这一宪法性原则需要在部门法中加以贯彻和落实，而民事诉讼法中规定当事人平等原则正是在民事诉讼领域对公民在法律面前一律平等的宪法原则的落实和体现。当事人平等原则满足了程序性权利平等的要求，保证了当事人双方在民事诉讼中处于平等的诉讼地位。当事人平等原则是程序公正的基本要求，程序公正是民事诉讼程序所追求的重要价值目标，当事人诉讼地位的平等能够保障当事人平等对话，而当事人公平参与的机会，是公正审判的先决条件。当事人平等原则是民事实体法平等原则在民事纠纷解决领域的必然延伸。民事诉讼的过程是平等的民事主体之间通过司法解决民事争议的过程。在民事实体法领域民事主体的平等原则，必然需要在民事纠纷解决领域得到体现和延伸。离开了民事诉讼法的平等保护，当事人在民事实体法中的平等将成为空中楼阁。

(二)当事人平等原则的内容

根据法律规定，当事人平等原则包括以下两方面内容：

(1)当事人的诉讼地位平等。当事人在诉讼中的法律地位取决于当事人双方诉讼权利与诉讼义务的立法分配。由于民事诉讼立法规定，当事人双方平等地享有诉讼权利，同时也应平等地承担诉讼义务，这就决定了在民事诉讼中当事人的诉讼地位完全平等，并无高低之分。当然，诉讼权利平等并不意味着诉讼权利相同，由于诉与被诉的差异导致对当事人双方诉讼权利义务的具体规定有所不同，但这种差异并不会给当事人双方在诉讼中造成实质上的不平等。当事人的诉讼地位平等具体表现为：①民事诉讼法赋予双方当事人相同的诉讼权利。如双方当事人都有委托诉讼代理人、申请回避、收集与提供证据、进行辩论、请求调解或自行和解、提起上诉、申请再审和申诉、申请执行等诉讼权利。②民事诉讼法赋予双方当事人对等的诉讼权利。由于双方当事人在诉讼中处于攻击与防御的对立位置，因而双方当事人还享有相互对等的诉讼权利。如一方当事人有提起诉讼的权利，对方当事人则有提起反诉、进行答辩的权利等。③双方当事人依法平等地承担诉讼义务。诉讼权利的平等必然要求诉讼义务的平等。在民事诉讼中，双方当事人都必须依法行使诉讼权利，遵守诉讼秩序，履行生效的法律文书所确定的义务。总之，当事人诉讼地位的平等就是通过诉讼权利与诉讼义务的平等分配来体现的，没有平等的诉讼权利义务，诉讼地位的平等则无法实现。

(2)人民法院应平等地保障当事人行使诉讼权利。当事人诉讼地位的平等仅仅是立法上的平等，要真正实现当事人平等原则，更需要司法上的平等保护，也就是人民法院在审理民事案件时应平等地保障当事人双方行使诉讼权利。所谓平等保护，即无差别对待，它包括两项基本要求：①法院在诉讼程序进行中应给予双方当事人平等的机会、便利和手段；②法院对当事人双方提出的主张和证据予以平等的关注，并在作出裁判时将双方的观点均考虑在内。没有法院的平等保护，当事人平等原则就难以在诉讼过程中得到落实。当然，平等保护并不完全否定基于合理立法目的的差别对待，如对明显处于弱势的一方当事人提供积极的援助，包括减免诉讼费用、提供法律援助等，使之与强势一方形成实质上的平等，这也是当事人平等原则的要求。

三、辩论原则

（一）辩论原则的概念

辩论原则，是指民事诉讼的当事人就有争议的事实问题和法律问题，在法院的主持下陈述各自的主张和意见，互相进行反驳和答辩，以维护自己合法权益的原则。我国民事诉讼法第十二条规定："人民法院审理民事案件时，当事人有权进行辩论。"这一规定为辩论原则提供了立法依据。辩论原则确立了当事人在民事诉讼中的辩论权。辩论权在民事诉讼中具有重要的意义：一方面，当事人通过行使辩论权，表明自己的主张，反驳对方的主张，能够为法院查明案件事实、正确适用法律提供依据；另一方面，当事人的辩论权也是程序正义的内在要求。通过双方当事人的相互辩驳，使当事人有充分的机会，积极参与到诉讼程序中来，并影响最终的裁判结果，真正体现当事人的程序主体地位。

（二）辩论原则的内容

我国民事诉讼法规定的辩论原则包括以下几方面的内容：

(1)辩论原则贯穿于民事诉讼的全过程。作为民事诉讼法的一项基本原则，除不存在对立当事人的特别程序外，辩论原则广泛适用于民事审判程序之中，包括第一审程序、第二审程序和再审程序。在审判程序的各个阶段，如在第一审程序中，从起诉、受理、审理前的准备直至开庭审理，均应贯彻辩论原则。当然，开庭审理中的法庭调查和法庭辩论是当事人辩论最集中的阶段，但当事人之间的辩论并不仅仅局限于以上阶段，在诉讼程序的各个阶段，当事人双方均可通过法定形式展开辩论。

(2)辩论的范围包括实体与程序两方面的内容。在民事诉讼中，当事人通常围绕实体问题与程序问题展开辩论。实体问题包括案件事实的认定与实体法律的适用两方面。如原告提出诉讼请求所依据的事实是否真实，根据已经认定的事实应该如何适用法律以确定当事人之间的权利义务等。除实体问题外，程序问题也是当事人辩论必不可少的内容，如受诉法院有无管辖权、审判人员应否回避、当事人是否适格等。虽然对实体问题的辩论通常更为当事人所关注，常常成为辩论的核心，但程序问题亦不容忽视。总之，无论是对实体问题还是对程序问题的辩论，均以双方当事人之间存在争议为前提，双方当事人没有争议的事实无须辩论，可直接作为裁判的根据。

(3)辩论可以采用口头和书面两种形式。在民事诉讼中，当事人既可以采用口头形式，也可以运用书面形式进行辩论。在当事人的辩论最为集中的开庭审理阶段，尤其是法庭调查和法庭辩论，主要以口头方式进行辩论，而在其他阶段，当事人则可以通过书面形式行使辩论权，例如原告的起诉状、被告的答辩状等都是书面形式的辩论。

(4)人民法院应当保障当事人充分行使辩论权。对辩论权的保障是人民法院的重要审判职责。一方面，人民法院应严格依照民事诉讼法的规定，为双方当事人行使辩论权提供充分的时间和对等的机会，并通过行使审判权，在辩论过程中进行适度的提问、引导、要求解释与说明等，确保当事人辩论权的全面实现。另一方面，当事人辩论的结果应对法院的裁判构成约束，只有在当事人的辩论中所提出的事实与证据，才能作为裁判的依据。

四、处分原则

(一)处分原则的概念

处分原则，是指民事诉讼当事人在法律规定的范围内，有权依照自己的意志支配其民事权利和诉讼权利，即可以自行决定是否行使或者如何行使自己的民事权利和诉讼权利。处分原则的实质是当事人自由意志的体现，是私权自治精神在民事诉讼领域的应用。在我国三大诉讼法体系中，处分原则是民事诉讼法的特有原则，在刑事诉讼和行政诉讼中当事人都不能享有处分权。因此可以说，处分原则是最能反映民事诉讼制度特性的一项原则。我国民事诉讼法第十三条第二款规定："当事人有权在法律规定的范围内处分自己的民事权利和诉讼权利。"在民事法律关系中，民事主体的地位是平等的，各主体有权按照自己的意志支配自己的民事权利。相对应地，在因民事法律关系发生争议而进行民事诉讼的过程中，诉讼当事人也同样应当享有依法处置自己权利的自由，这是实体法领域民事主体意思自治原则在纠纷解决阶段乃至国家公权主持的民事诉讼活动中的必然要求和延伸。处分原则一方面体现了当事人在纠纷发生后对解决方式的自由选择，另一方面如果当事人选择民事诉讼方式解决纠纷的话，也体现了当事人在民事诉讼中一定程度的意思自治。可以认为，这便是处分原则的理论渊源。

(二)处分原则的内容

在我国民事诉讼中，处分原则的主要内容有：

(1)享有处分权的主体是当事人。当事人是与案件有法律上直接利害关系的人，诉讼的过程及结果直接关系到当事人的程序利益和实体利益，只有当事人才是处分权的享有者。学术界有一种观点认为，类似当事人地位的诉讼代理人也享有处分权，其中法定代理人可以完全代理当事人处分民事权利和诉讼权利，委托代理人只能在当事人特别授权的范围内行使处分权。笔者认为，诉讼代理人代理当事人处分民事权利和诉讼权利的行为是基于其代理权，是当事人处分权的一种自然延伸，并非诉讼代理人本身也享有处分权。

(2)处分原则贯穿于民事诉讼程序的全过程。在民事诉讼的各个阶段，当事人都有权处分其权利。具体包括，在诉讼开始前、诉讼过程中(第一审程序和第二审程序过程中以及二者的过渡阶段)甚至是法院所作裁判生效之后，处分原则都可以有所体现。

(3)当事人处分权行使的范围包括对民事实体权利和程序权利的处分。对民事实体权利的处分，主要体现在三个方面：①当事人在实体保护的范围和方法等方面享有选择权。②在民事诉讼过程中，原告可以变更诉讼请求，被告可以承认原告诉讼请求。③在民事诉讼过程中，双方当事人可以对各自的请求或主张予以妥协，以求达成诉讼和解、调解协议或者执行和解等一致的意思表示。对民事程序权利的处分，主要体现在四个方面：①开启诉讼的选择权。②诉讼策略的选择权。③终结诉讼的选择权。④后续程序的选择权。

(4)当事人行使处分权，表现为积极处分和消极处分两种方式。原告提起诉讼、变更诉讼请求、撤诉，以及被告提起反诉等，都是行使处分权的积极形态。原告不起诉、当事人在一审判决后不提起上诉、执行时效期内不申请强制执行等，都是对自己权利的消极处分。

(5)当事人处分权的行使是相对的，并非是绝对的。我国民事诉讼法规定的处分原则，并不是当事人绝对的自由处分，它还要求当事人行使处分权不得违背法律的规定，不得损害国家、社会、集体和他人的合法权益。民事诉讼法在确立处分原则的同时，还确立了国家干预原则，具体表现为人民法院对当事人实施处分权的行为进行监督，依法进行审查。如，在当事人申请撤诉时，应经人民法院审查同意；当事人达成的调解协议，应经人民法院审查认可，方为有效。当然，国家干预的力度，随着当事人具体处分权的不同也会有所不同。

五、法院调解原则

(一)法院调解原则的含义

法院调解，是指民事诉讼过程中，双方当事人在法院审判人员的主持下，就民事权益争议自愿、平等地进行协商，达成协议，从而解决纠纷的诉讼活动和结案方式。法院调解作为我国民事审判工作的优良传统和成功经验，被我国民事诉讼法加以确定，现行民事诉讼法第九条规定："人民法院审理民事案件，应当根据自愿和合法的原则进行调解；调解不成的，应当及时判决。"

（二）法院调解原则的内容

根据民事诉讼法第九条规定，法院调解原则包括以下几个方面的内容：

（1）人民法院审理民事案件时，应当根据需要和可能，对当事人进行调解。当事人对其民事权利和诉讼权利享有处分权，在诉讼中可以作出某种妥协或让步。这就决定了在民事诉讼中，人民法院可以根据案件的情况而对当事人进行调解，以化解双方的矛盾，消弭双方的分歧，促使双方在互谅互让的基础上达成调解协议。从民事诉讼法的规定来看，调解既是人民法院处理民事诉讼的一种方法，也是一种结案方式。在民事诉讼中，大多数案件都具有可调解性，但也有一些案件在性质上不适合调解。例如，适用特别程序审理的案件、适用督促程序和公示催告程序审理的案件、认定合同无效的案件、认定婚姻无效的案件等。

（2）人民法院的调解活动应当遵循自愿、合法和"事实清楚、是非分明"的原则：①自愿原则。法院调解是在人民法院主持之下，当事人合意解决纠纷的方式，尊重当事人的意愿是法院调解的基础和前提。自愿原则包括程序意义上的自愿和实体意义上的自愿两层含义。前者指用调解的方式解决纠纷，应出于双方当事人的意愿，或取得双方的同意，人民法院不能强制进行。后者指调解达成的协议，也要出于当事人双方的意愿，协议的内容必须是双方真实意思的表示，不带任何勉强的成分。自愿原则要求在审判实践中，对于当事人不愿调解或调解无效的，应当及时判决，不能久调不决。不能因为片面追求调解结案率，不管当事人是否愿意就进行调解；更不能对当事人施加压力，强迫或变相强迫当事人达成协议，以至于侵犯当事人的合法权益。②合法原则。法院调解是人民法院审判活动和当事人处分活动相结合的纠纷解决方式，合法性是其发生法律效力的基础之一。法院调解的合法性包括程序合法和实体合法两层要求。程序合法，是指法院调解的程序要依照民事诉讼法的规定进行。而实体合法则是指调解协议的内容也要符合法律的规定，不得损害国家、集体和他人的合法权益。但这里的"合法"，应理解为以不违反法律的强制性规定为底线。③事实清楚、是非分明的原则。查明案件事实是分清当事人之间是非责任的前提，又是对当事人进行说服教育，做好调解工作，正确解决纠纷的基础和依据。民事案件的事实，包括双方当事人之间的民事法律关系发生、变更或消灭的事实以及双方对此关系发生争议的事实。人民法院的审判人员在调解时必须查明事实，做到心中有数，才能抓住当事人争执的焦点，分清是非，对当事人进行有理有据的调解工作。如果事实不清，是非不明，盲目调解，只能是事倍功半，不能达到调解的目的，甚至使案件久拖不决。

(3)调解原则贯穿于审判程序的各个阶段。无论是第一审程序、第二审程序还是再审程序，无论是按普通程序审理，还是按简易程序审理，凡是能够调解的，人民法院都可以进行调解。

(4)调解不成的，应当及时判决。调解和判决都是解决民事案件的方式，在调解不成的情况下，人民法院应及时采用判决方式解决纠纷，不得久调不决。

六、检察监督原则

(一)检察监督原则的含义

所谓检察监督原则，是指人民检察院有权对民事诉讼活动进行法律监督，人民法院及其他诉讼参与者都应当接受人民检察院的合法监督。人民检察院依照法律规定独立行使检察权，不受行政机关、社会团体和个人的干涉。依法接受人民检察院的法律监督，是中华人民共和国每一个公民、法人和其他组织的义务。我国宪法第一百二十九条规定："中华人民共和国检察院是国家的法律监督机关。"民事诉讼法第十四条规定："人民检察院有权对民事审判活动实行法律监督。"这是检察监督原则的法律依据。

(二)检察监督原则的内容

该原则主要包括以下几方面的内容：

(1)人民检察院有权对人民法院的审判活动进行法律监督，人民法院在民事审判活动中必须接受人民检察院的法律监督。检察监督的首要目的，在于对法院的审判工作进行监督，以防止司法权力的滥用，防止"冤假错案"的发生，确保司法公正。从民事诉讼法的具体规定来看，人民检察院对民事诉讼的法律监督，主要是通过审判监督程序实现的。当然，如果审判人员在审理民事案件时有贪污受贿、徇私舞弊、枉法裁判行为并构成犯罪的，人民检察院还可以根据刑事诉讼法的规定进行立案侦查，依法追究其刑事责任，这也是人民检察院对民事诉讼行使法律监督职能的方式之一。

(2)人民检察院对审判活动进行监督的具体方式，是根据审判监督程序的规定，对于人民法院已经发生法律效力的判决、裁定，人民检察院如果认为有错误的，应当提出抗诉，启动再审程序，并派员出席再审法庭。民事诉讼法第二百零八条规定:“最高人民检察院对各级人民法院已经发生法律效力的判决、裁定,上级人民检察院对下级人民法院已经发生法律效力的判决、裁定,发现有本法第二百条规定情形之一的,或者发现调解书损害国家利益、社会公共利益的,应当提出抗诉。地方各级人民检察院对同级人民法院已经发生法律效力的判决、裁定,发现有本法第二百条规定情形之一的,或者发现调解书损害国家利益、社会公共利益的,可以向同级人民法院提出检察建议,并报上级人民检察院备案;也可以提请上级人民检察院向同级人民法院提出抗诉。各级人民检察院对审判监督程序以外的其他审判程序中审判人员的违法行为,有权向同级人民法院提出检察建议。”人民检察院决定对人民法院的判决、裁定提出抗诉的,应当制作抗诉书。人民检察院提出抗诉的案件,人民法院应当再审,再审时,应当通知人民检察院派员出席法庭。1992 年发布的《最高人民检察院关于民事审判监督程序抗诉工作暂行规定》第十一条以司法解释的方式对此进一步明确:“④检察长、检察员出席法庭的任务是:①宣读抗诉书;②参加法庭调查;③说明抗诉的根据和理由;④对法庭审判活动是否合法实行监督。”

就目前而言,在民事诉讼中,检察监督的对象是法院的民事审判活动和法官的相关行为,而不包括当事人的诉讼活动,也不具体参与通常的民事诉讼活动。当然,值得一提的是,诉讼法学界和司法实务界一直对民事诉讼法是否有必要确立检察监督原则存在争论,还有学者认为民事诉讼中的检察机关抗诉只是一种诉讼程序机制,与监督无关,更谈不上民事诉讼法确立了检察监督原则,实践中要想真正实现检察监督也几乎是不可能的。另外,有人认为民事诉讼法虽然确立了检察监督原则,但是检察监督仅限于检察机关在民事裁判生效后进行抗诉,这种“事后监督”方式是远远不能达到司法监督目的的。这些问题显然都有待进一步深入讨论。当前,已经有人提出了针对国家和集体利益被侵犯而权利主体缺位或者相关权利主体怠于行使权利的情况建立检察机关民事公诉制度的设想,还有人提出检察机关应当有权为了维护社会公共利益而以原告的身份提起民事公益诉讼,这些应该都是丰富和深化检察监督原则内容的有益思路。

第三章　民事诉讼管辖

第一节　典型案例及其评析

【案例一】沈某诉钱某专利使用费纠纷管辖权异议案①

沈某与钱某专利使用费纠纷一案，江苏省扬州市维扬区人民法院于2008年1月3日受理后，因被告钱某提出管辖权异议，江苏省扬州市维扬区人民法院将该案移送江苏省扬州中级人民法院审理。法院受理此案后，被告钱某在提交答辩状期间对管辖权提出异议，认为此案属于发明专利申请公布后、专利权授予前的使用费纠纷，应移送有专利案件管辖权的、被告住所地的福建省厦门市中级人民法院处理。

经审查，法院认为，此案是一起发明专利申请公布后、专利权授予前的使用费纠纷案件，应由具有专利案件管辖权的中级人民法院管辖；被告住所地在福建省厦门市，福建省厦门市中级人民法院具有专利案件管辖权。依照《中华人民共和国民事诉讼法》第十九条第一款第三项、第二十四条、第三十八条，《最高人民法院关于审理专利纠纷适用法律问题的若干规定》第一条第一款第六项的规定，裁定被告对管辖权提出的异议成立，此案移送福建省厦门市中级人民法院处理。

本案评析：级别管辖

此案的难点在于管辖权异议的多次提出以及如何从案情的诸多要件中找到能够对管辖产生影响的要素，从而最终确定管辖法院，具体分析如下：

① 江苏省扬州市中级人民法院〔2008〕扬民三初字第0037号。

(1)原告沈某最先将案件诉至江苏省扬州市维扬区人民法院，此法院为基层法院。江苏省扬州市维扬区人民法院认为自己有管辖权遂开庭审理，被告钱某遂第一次提出管辖权异议。根据法律规定，专利使用费性质的案件应当由中级人民法院审理，江苏省扬州市维扬区人民法院显然认识到了自己的错误，于是将案件移送到江苏省扬州市中级人民法院。

(2)案件移送到扬州市中级人民法院虽然解决了级别管辖的问题，但是地域管辖的问题仍然没有解决。根据“原告就被告”的一般原则，此案应由被告所在地的中级人民法院——福建省厦门市中级人民法院审理。于是，被告钱某再一次提出了管辖权异议。扬州市中级人民法院正是认识到了如果由自己审理势必违反一系列法律规定，于是认定被告钱某的异议成立，将案件进行了移送。

【案例二】 宁夏君信公司诉上海绿谷公司虚假出资案①

宁夏绿谷公司于1998年8月设立，注册资金为1000万元，其股东分别为宁夏药物研究所、上海绿谷公司，出资额分别为700万元、300万元。2000年8月1日，宁夏绿谷公司股东会决议，将公司注册资本由人民币1000万元增加至3800万元，其中上海绿谷公司增资1600万元、宁夏药物研究所增资1200万元，新增加的出资额应于2000年9月30日前分批缴足。

2000年9月26日，宁夏绿谷公司股东会决议，同意宁夏药物研究所将其对宁夏绿谷公司出资的1900万元部分转让给宁夏君信公司(200万元)和临河兴科(100万元)；同意上海绿谷公司将其对宁夏绿谷公司出资的1900万元部分转让给北京大地(300万元)、北京君益润泰(100万元)、上海北融(200万元)。原股东一致同意放弃对本次转让的优先认购权。

2000年10月，上述七名股东订立了《发起人协议》，一致同意设立宁夏博尔泰力公司，该协议对发起人未按规定的期限、数额缴纳出资约定了违约责任，即“每违约1天，违约方应缴付其违约部分出资额的5‰作为违约金给履约方”。

2000年10月26日，宁夏博尔泰力公司设立，注册资本金为人民币3800万元，其前身为宁夏绿谷公司，公司股东为宁夏药物研究所、上海绿谷公司、宁夏君信公司等七家单位。

① 最高人民法院〔2004〕民二终字第260号民事裁定书。

2003年10月21日，原告宁夏君信公司起诉称：被告上海绿谷公司在认购的1900万元股份中虚假出资1307万元，构成对原告等已经足额出资的股东的违约，依据《发起人协议》约定，被告应当承担不足出资的违约责任，违约金为309.3277万元。

在此案一审期间，被告上海绿谷公司提出管辖权异议称：被告公司注册所在地为上海，在宁夏没有任何经营地，为此，宁夏高院对于此案没有管辖权，请求将本案移送至上海有关法院审理。

本案评析：地域管辖

认定本案的管辖问题，需把握住以下几点：

（一）关于发起人协议和股东会决议的定性问题

本案中，宁夏君信公司起诉上海绿谷公司的依据有二，一是2000年8月1日宁夏绿谷公司的股东会决议，即将上海绿谷公司的出资由300万元增资到1900万元；另一个是2000年10月，七家发起人就发起设立宁夏博尔泰力公司而签订的《发起人协议》。关于本案争议的焦点有三：第一，发起人协议的性质。发起人协议能否定性为一种合同？一种观点认为发起人协议不能定性为合同，因为一方面如果公司最终没有被核准登记，则设立行为的后果由所有发起人承担连带责任；另一方面如果公司被核准登记，则发起人为设立公司所实施的行为后果由成立后的公司承担，也就是说存在由新的股东承担责任的后果。另外一种观点认为发起人协议是以发起人的合意为基础的一种契约行为，这种契约对于发起人具有约束力，发起人必须按照协议约定的内容履行各自的义务，如果违约要承担相应的法律责任。笔者认为发起人协议就是一种合同。因为发起人协议仅仅适用于公司设立阶段，是围绕公司设立的问题由发起人订立的协议，此协议在公司成立后或者公司不能成立时，均将失去其效力。具体到本案，宁夏君信公司依据发起人协议起诉上海绿谷公司从内容上看，并没有涉及第三人的问题，因此本案毫无疑问应当将发起人协议定性为合同。第二，宁夏绿谷公司的股东会决议能否认定为合同。合同是数个当事人之间意思表示一致的结果，而股东会决议由于是按照多数票的原则形成的，决议中难免存在赞成与反对，这一点是与合同行为不同的。这是由于股东会决议的形成方法带有团体法的特点，其效力也强烈要求团体法律关系的稳定，而大部分法律行为或者意思表示的一般原则不能适用于股东会决议，因此股东会的决议不能定性为合同，而应当按照独立性法律行为来看待。第三，股东出资义务的性质。值得注意的是上海绿谷公司的出资义务具有双重性质。一方面，出资义务是股东之间的合同义务；另外一方面，出资还是公司法上的法定义务，这项法定义务是对公司的义务，从广义上讲也是对社会的义务。综上，本案的出资纠纷具备合同纠纷的性质。

（二）合同履行地的确认

一种观点认为上海绿谷公司可以在任何地方完成增资的行为，如采取在异地转账、邮寄等行为进而达到出资义务的履行，所以上海绿谷公司的履行地点是不确定的，进而无法确定合同履行地，只能由被告住所地法院管辖此案。另外一种观点则认为增资义务的履行地只能是宁夏绿谷公司的住所地即宁夏银川。因为增资义务的履行不仅仅是资金的交付，只有履行了出资并进行了验资后才能界定上海绿谷公司的增加出资行为是否完成，这样出资义务的履行地就是宁夏绿谷公司所在地。另外一方面，参照合同法第六十二条“履行地点不明确，给付货币的，在接受货币一方所在地履行”之规定，可以确定本案增资义务的履行地就是宁夏博尔泰力公司的所在地银川，所以出资行为的履行地应在宁夏银川，宁夏高级人民法院对本案是有管辖权的。

（三）关于本案原告宁夏君信公司有无起诉权的问题以及本案的处理

在2000年8月1日，宁夏绿谷公司的股东仅仅为宁夏药物研究所和上海绿谷公司，在这种情况下，股东会的决议仅仅对上海绿谷公司以及宁夏药物研究所产生效力，此时宁夏君信公司尚不是股东，故宁夏君信公司不能依照股东会决议主张上海绿谷承担违约责任。2000年10月26日，宁夏绿谷变更为宁夏博尔泰力公司，宁夏君信是其中的一个股东。笔者认为，依据民事诉讼法第一百零八条之规定，原告必须是与本案有直接利害关系的。宁夏君信作为现在的股东，与本案有利害关系，所以有权提起诉讼，但其请求法院能否支持，属于实体审理的范围。另外，如果宁夏君信不能起诉，则也属于不予受理和裁定驳回起诉的问题，但原审被告提起的是管辖权异议申请，并且就管辖权又提起了上诉，则二审法院的审理范围就应当限定在当事人的上诉请求之中。

【案例三】 甲公司诉乙公司厂房买卖纠纷管辖权异议案①

原告甲公司诉称，1993年12月14日，原告与被告上海乙公司的授权代理人丙公司签订了一份购买协议书，由原告购买被告公司开发建造的位于上

① 上海市第二中级人民法院〔1998〕沪二中民初字第31号。

海市嘉定区马陆镇陈宝路的“上海马陆工业城”第#单元工业厂房，房价为281271美元。原告于1993年12月14日和1994年2月7日分两次付清全部楼款。后原告根据被告乙公司提供的第一期厂房工程建造进展情况的报告及工程建造照片发现，其所购的第#单元厂房并未如被告乙公司在上海马陆工业城价目表和简介中所写明的，被安排在第一期工程中建造。为此，原告向被告乙公司质询，被告乙公司称因土地问题而未建造该单元厂房，并拟以他处已竣工之厂房取代之，遭原告拒绝。时至今日，第#单元厂房仍未动工。原告认为，被告乙公司无外销商品房预售许可证，擅自委托他人在境外销售，违反有关法律规定；系争厂房又迟迟未动工，显然不能在合理期限内建成，已严重损害其合法权益，故起诉至法院，要求维护其合法权益。被告乙公司对本案管辖权提出异议，认为应以双方当事人协议选择的法院地为管辖法院。

本案评析：专属管辖

本案的争议焦点在于当事人双方就具体由哪个法院管辖产生分歧，被告乙公司认为该案可以适用协议管辖，因此应由当事人在先协议的法院进行管辖。但是通过分析案情可以看出，被告乙公司承认其与被告丙有限公司之间存在委托代理关系，据此应当认定原告与被告乙公司存在着购房协议书中的相应的权利义务关系。本案是一起房产纠纷案件，根据民法通则第一百四十四条、民事诉讼法第二十五条、第三十四条第一款第一项的规定，因不动产纠纷提起的诉讼，由不动产所在地人民法院管辖，当事人协议选择管辖不得违反专属管辖的规定，法院对本案依法享有管辖权。综上所述，被告乙公司对本案管辖权的抗辩理由不能成立，法院应驳回其管辖异议申请。

【案例四】　珠海市和平物流综合市场有限公司诉北京友盟广告有限公司知识产权合同纠纷上诉案①

上诉人珠海市和平物流综合市场有限公司（以下简称和平物流公司）因侵犯知识产权合同纠纷一案，不服北京市朝阳区人民法院〔2008〕朝民初字第8792号民事裁定，向北京市第二中级人民法院提起上诉。

原审原告北京友盟广告有限公司（以下简称友盟广告公司）以和平物流

① 北京市第二中级人民法院〔2008〕二中民终字第8486号。

公司未按照合同约定履行给付义务为由，诉至原审法院，请求判令和平物流公司支付合同款项40000元并承担违约金。和平物流公司对案件管辖权提出异议，请求将本案移送至广东省珠海市香洲区人民法院审理。原审法院经审查认为，双方当事人在合同中对管辖进行了约定："合同未尽事宜，双方协商解决；协商不成时，任何一方均可向各自所在地人民法院起诉。"该约定不违反法律的规定。友盟广告公司的住所地位于北京市朝阳区，属原审法院辖区，该公司依据合同约定在其住所地提起诉讼，符合法律规定。依据民事诉讼法第二十五条、第三十八条之规定，裁定：驳回被告珠海市和平物流综合市场有限公司对本案管辖权提出的异议。

和平物流公司不服原审裁定，向北京市第二中级人民法院提起上诉。其上诉理由是：友盟广告公司提交的证据材料为复印件，该证据缺乏合法性及真实性；按照合同法的规定，因合同纠纷提起的诉讼，由被告住所地或者合同履行地人民法院管辖。和平物流公司以其住所地及合同履行地均在珠海市为由，请求撤销原审裁定、将本案移送至广东省珠海市香洲区人民法院审理。

本案评析：协议管辖

本案是一起上诉案件，上诉人的上诉主要理由为：友盟广告公司提交的证据材料为复印件，该证据缺乏合法性及真实性；按照合同法的规定，因合同纠纷提起的诉讼，由被告住所地或者合同履行地人民法院管辖。和平物流公司以其住所地及合同履行地均在珠海市为由，请求撤销原审裁定、将本案移送至广东省珠海市香洲区人民法院审理。那么，上诉人的管辖权异议理由能否成立？

根据我国民事诉讼法规定，合同的双方当事人可以在书面合同中协议选择被告住所地、合同履行地、合同签订地、原告住所地、标的物所在地人民法院管辖。友盟广告公司依据其与和平物流公司签订的《公关合作协议》向原审法院提起诉讼，双方在该协议中约定"合同未尽事宜，双方协商解决；协商不成时，任何一方均可向各自所在地人民法院起诉。"友盟广告公司的住所位于北京市朝阳区，其向原审法院提起诉讼符合双方协议中的约定，因此原审法院对本案有管辖权。和平物流公司提出的涉案证据材料缺乏合法性及真实性的问题属于案件实体审理中需要审查的事实情况，因此该公司的相应上诉理由缺乏事实及法律依据，应当不予支持。原审裁定正确，应予维持。

第二节　基本知识

一、管辖的定义及制度价值

民事诉讼法之中的管辖，是指各级法院或同级法院之间受理第一审民事案件的权限和分工。管辖与主管是两个不同的概念，但两者又有着紧密的联系。主管，是确定管辖的前提和基础；管辖，是对主管的体现和落实。没有主管就无法确定管辖，没有管辖，主管的确定就丧失其意义。管辖与管辖权、审判权也不同。审判权，是国家赋予人民法院审理各类案件的权力，是国家权力的重要组成部分；管辖权，是每个人民法院对于某一具体案件进行审理的权限，即对该案有审判的权力。由此可见，审判权是确立管辖权的前提，而管辖权是对审判权行使的落实。因此，从诉讼理论上不得将三者混为一谈，否则在实践中必然造成错误。

管辖的制度价值在于这一制度为某一项具体的民事案件进入到案件受理乃至案件审判阶段提供了桥梁，主要表现在三个方面：①法院能够根据管辖规则清楚地认定自身案件受理范围的权限，使诉讼得以顺利进行。②当事人能够根据管辖规则找到有权管辖的法院进行诉讼，从而顺利行使诉权。③上级法院也有利于根据管辖规则对案件审理进行监督。

二、管辖的原则

管辖规则作为一项规则是人为制定的，必然带有一定的主观性倾向。但其规则若要更趋合理，必须遵循一定的客观管辖原则。当前主要的管辖原则有：

(1)维护国家主权原则。管辖是司法权得以进行的重要桥梁，而司法权又是国家主权的重要组成部分。在民事诉讼尤其是涉外民事诉讼当中，应在合理范围内最大限度地放宽我国法院对相关案件的管辖权，从而使国家主权得以维护，我国公民的利益也得以最大限度的保障。

(2)便于当事人诉讼原则。尽可能为当事人进行诉讼提供便利，不仅是我国民事诉讼立法的指导思想，也是确定管辖的重要指导原则。在具体的立法规定上，民事诉讼法规定大多数一审案件都由基层人民法院管辖；在合同案件上，允许当事人以协议方式选择合同案件的管辖法院。上述规定，都体现了这一原则。

(3)便于人民法院审理、执行原则。管辖规则的最大目的在于选择最适宜审判具体案件的法院进行审理，如果受案法院选择不当，不仅使得当事人费时费力，案件也无法得到合理解决。因此，便于人民法院审理、执行原则也应当成为管辖应当遵循的原则之一。

(4)案件配置均衡原则。在我国，基层法院仅仅负责审理一审案件，而中级以上的法院不仅要承担一部分一审案件，还要负责对下级法院审判工作的指导、监督。这就要使得案件在管辖确定时就要考虑到均衡要素。级别越高的法院，案件的审理相对较少正是对这一原则的忠实反映。

(5)确定性与灵活性相结合原则。为最大程度地明确管辖法院，提高审判效率，管辖规则的确定性应最大限度地予以保障。但是，在一些特殊情况下，根据管辖原则确定的法院却不一定适合审理该具体个案。如我国一些地方已经出现以当地基层法院或中级法院作为被告的案件，根据“任何人不能做自己的法官”原则，这类案件交由当地法院审理显然极不妥当，为使特殊个案得以公正处理，在保证管辖确定性的基础上必须留有一定的灵活性，允许上级法院以裁定选择其他法院的方式进行审理。

(6)管辖恒定原则。管辖恒定，是指确定案件的管辖权，以起诉时为标准，起诉时对案件享有管辖权的法院，不因确定管辖的事实在诉讼过程中发生变化而影响其管辖权。管辖恒定包括级别管辖恒定和地域管辖恒定，前者主要指级别管辖按起诉时的诉讼标的额确定后，不因为诉讼过程中标的额增加或减少而变动。《最高人民法院关于执行级别管辖规定几个问题的批复》规定：“当事人在诉讼中增加诉讼请求从而加大诉讼标的额，致使诉讼标的额超过受诉人民法院级别管辖权限的，一般不再予以变动。但当事人故意规避有关级别管辖等规定的除外。”后者指地域管辖按起诉时的标准确定后，不因为诉讼过程中确定管辖的因素的变动而改变。具体说来，当事人住所地、经常居住地的变更以及案件起诉后行政区域(法院辖区)的变更均不能引起管辖权的变化。管辖恒定原则反映了诉讼经济的要求，同时也能够保持诉讼的稳定性，避免因为管辖确定以后，因为一些原因的出现而发生诉讼不稳定的现象，这会导致当事人的诉累和司法资源的浪费。因此，坚持管辖恒定原则也是管辖的重要原则。

三、管辖的分类

(一)法律上对管辖的分类

按照我国民事诉讼法第一编第二章对管辖所作的规定，通常可以将管辖分为级别管辖、地域管辖、移送管辖、指定管辖四大类。其中，地域管辖还可以进一步划分成六类具体地域管辖：一般地域管辖、特殊地域管辖、协议管辖、专属管辖、合并管辖和选择管辖。

(二)理论上对管辖的分类

在民事诉讼理论上，管辖的分类主要有以下三种：

(1)法定管辖和裁定管辖。这一分类标准在于管辖是由法律直接规定还是由法院裁定确定。法定管辖是由法律直接规定的管辖，如级别管辖和地域管辖。裁定管辖虽然也有法律上的规定依据，但需要由法院来根据具体个案的实际情况来确定管辖，如指定管辖、移送管辖和管辖权转移。裁定管辖更能体现管辖确定中的灵活性。

(2)专属管辖和协议管辖。这一分类的标准在于管辖是由法律强制性规定还是允许当事人协商。专属管辖是指法律明确规定特定类型的案件只能由特定的法院管辖，其他法院均无权管辖，当事人也不能通过协议变更管辖。协议管辖是指尽管法律对案件的管辖已经有规定，但当事人可以通过协议来确定案件的管辖法院，在此情况下，当事人的协议优先于法律的规定。

(3)共同管辖和合并管辖。这一分类的标准在于当事人、诉讼标的与法律辖区之间的联系不同。共同管辖是指对于同一案件，两个及两个以上法院都有管辖权。合并管辖，也被称为牵连管辖或者连带管辖，是指对于某一个案有管辖权的法院由于此案与另一没有管辖权的个案的牵连关系，从而具有对该无管辖权个案具有管辖权的管辖制度。

四、级别管辖

级别管辖，就是按照一定的管辖规则，划分各级人民法院之间受理第一审民事案件的分工和权限。任何一个具体个案要由一个具体法院进行管辖，一般需要同时通过纵向和横向的二维管辖规则认定。相对于关注的横向管辖问题，级别管辖规则主要是为了解决个案的纵向级别管辖问题。在我国主要有四级人民法院：最高人民法院、高级人民法院，中级人民法院和基层人民法院。根据民事诉讼法的规定，各级法院的管辖规则如下：

(一)基层人民法院管辖的第一审民事案件

根据民事诉讼法第十七条的规定，基层人民法院管辖第一审民事案件，但本法另有规定的除外。从这一法条原则加例外的表述方式可以看出，我国绝大多数的个案都由基层人民法院管辖，只有在例外情况，即由中级人民法院、高级人民法院或最高人民法院管辖的特殊第一审民事案件以外，其他一审民事案件都由基层人民法院管辖。

（二）中级人民法院管辖的第一审民事案件

根据民事诉讼法第十八条的规定，中级人民法院管辖下列第一审民事案件：重大涉外案件；在本辖区有重大影响的案件；最高人民法院确定由中级人民法院管辖的案件。相对于基层人民法院负责绝大多数民事案件的一审而言，中级人民法院的受案数量明显减少，但受理的上述三类案件仍然非常重要：

1. 重大涉外案件

非重大的涉外案件仍然有可能由基层人民法院管辖。根据民事诉讼法适用意见第一条的规定，重大涉外案件，是指争议标的额大，或者案情复杂，或者居住在国外的当事人人数众多的涉外案件。

2. 在本辖区有重大影响的案件

实践中有一些民事案件，其影响范围已经超出了某一具体基层人民法院的管辖范围，但没有超过某一中级人民法院的管辖范围，且在该中级人民法院的管辖范围内有重大影响，对于这类案件交由中级人民法院审理显然更为合理。

3. 最高人民法院确定由中级人民法院管辖的案件

目前此类案件主要有：①海事、海商案件；②专利纠纷案件；③著作权案件；④重大的涉港、澳、台民事案件；⑤诉讼标的金额大或者诉讼单位属省、自治区、直辖市以上的经济纠纷案件；⑥证券虚假陈述民事赔偿案件；⑦对于仲裁协议的效力有异议请求法院作出裁决的案件。

（三）高级人民法院管辖的第一审民事案件

根据民事诉讼法第十九条的规定，高级人民法院管辖在本辖区有重大影响的第一审民事案件。从实际情况来看，重大影响通常是指诉讼标的额巨大，由中级人民法院审理较不适宜，从而由高级人民法院进行一审。

（四）最高人民法院管辖的第一审民事案件

根据民事诉讼法第二十条的规定，最高人民法院管辖下列第一审民事案件：①在全国有重大影响的案件；②认为应当由本院审理的案件。最高人民法院作为我国最高级别的法院，其工作主要集中在监督下级法院的审判工作以及审理下级法院一审的上诉案件，故一审案件审理较少。

五、地域管辖

地域管辖，是指按照各人民法院的管辖区域和民事案件的隶属关系来确定管辖法院。地域管辖与级别管辖不同。级别管辖是从纵向划分上、下级人民法院之间受理第一审民事案件的权限和分工，解决某一民事案件应由哪一级人民法院管辖的问题；而地域管辖是从横向划分同级人民法院之间受理第一审民事案件的权限和分工，解决某一民事案件应由哪一个人民法院管辖的问题。但是，二者是有联系的。地域管辖是在级别管辖的基础上划分的，只有在级别管辖明确的前提下，才能确定地域管辖；而要最终确定某一案件的管辖法院，则必须在确定了级别管辖之后，再通过地域管辖来进一步具体落实受诉法院。地域管辖主要根据当事人住所地、诉讼标的物所在地或者法律事实所在地来确定，即当事人住所地、诉讼标的或者法律事实的发生地、结果地在哪个法院辖区，案件就由该地人民法院管辖。

根据民事诉讼法的规定，地域管辖分为一般地域管辖、特殊地域管辖、专属管辖、共同管辖和协议管辖。下面将分别对此进行阐述。

（一）一般地域管辖

一般地域管辖，又称普通管辖，是指以被告住所地为标准，即“原告就被告”原则来确定受诉法院。我国民事诉讼法是以被告所在地管辖为原则，原告所在地为例外来确定一般地域管辖。

原则规定：被告所在地人民法院管辖。

1. 被告为自然人

一般民事案件由被告住所地人民法院管辖，被告住所地与经常居住地不一致的，由经常居住地人民法院管辖。公民的住所地是指该公民的户籍所在地。经常居住地是指公民离开住所至起诉时已连续居住满 1 年的地方，但公民住院就医的地方除外。

《最高人民法院关于适用〈中华人民共和国民事诉讼法〉若干问题的意见》中对下列情况作了补充规定：

（1）双方当事人都是被监禁或被劳动教养的，由被告原住所地人民法院管辖；被告被监禁或被劳动教养 1 年以上的，由被告被监禁或被劳动教养地人民法院管辖；

（2）双方当事人均被注销城市户口的，由被告居住地人民法院管辖；

（3）离婚诉讼双方当事人都是军人的，由被告住所地或者被告所在团级以上单位驻地的人民法院管辖；

（4）夫妻双方离开住所超过 1 年，一方起诉离婚的案件，由被告经常居住地人民法院管辖。

2. 被告为法人或其他组织

被告为法人或其他组织的，一般情况下由被告住所地人民法院管辖。这里的住所地是指法人或其他组织的主要办事机构所在地或主要营业地。被告如为没有办事机构的公民合伙、合伙型联营体，则由注册地人民法院管辖。没有注册地，几个被告又不在同一辖区的，被告住所地的人民法院都有管辖权。

例外规定：原告所在地人民法院管辖。

民事诉讼法规定的四种例外情形是：

(1)对不在中华人民共和国领域内居住的人提起的有关身份关系的诉讼；

(2)对下落不明或者宣告失踪人提起的有关身份关系的诉讼；

(3)对正在被劳动教养的人提起的诉讼；

(4)对正在被监禁的人提起的诉讼。

上述规定中的身份关系，是指与人的身份相关的各种关系，如婚姻关系、亲子关系、收养关系等。

除此之外，《最高人民法院关于适用〈中华人民共和国民事诉讼法〉若干问题的意见》规定的例外情形是：

(1)被告一方被注销城镇户口，由原告所在地人民法院管辖。

(2)追索赡养费案件的几个被告住所地不在同一辖区的，可以由原告住所地人民法院管辖。

(3)非军人对军人提出的离婚诉讼，如果军人一方为非文职军人，由原告住所地人民法院管辖。

(4)夫妻一方离开住所地超过1年，另一方起诉离婚的案件，由原告住所地人民法院管辖。夫妻双方离开住所超过1年，被告无经常居住地的，由原告起诉时居住地的人民法院管辖。

我国法律对离婚诉讼管辖还有特别规定：

(1)在国内结婚并定居国外的华侨，如定居国法院以离婚诉讼须由婚姻缔结地法院管辖为由不予受理，当事人向人民法院提出离婚诉讼的，由一方原住所地或国内的最后居住地人民法院管辖。

(2)在国外结婚并定居国外的华侨，如定居法院以离婚诉讼须由国籍所属国法院管辖为由不予受理，当事人向人民法院提出离婚诉讼的，由一方原住所地或在国内的最后居住地人民法院管辖。

(3)中国公民一方居住在国外，一方居住在国内，不论哪一方向人民法院提起离婚诉讼，国内一方住所地的人民法院都有管辖权。如国外一方在居住国法院起诉，国内一方向人民法院起诉，受诉人民法院有管辖权。

(4)中国公民双方在国外但未定居，一方向人民法院起诉离婚的，应由原告或被告原住所地的人民法院管辖。

(二)特殊地域管辖

特殊地域管辖又称特别地域管辖，是指以被告住所地、诉讼标的所在地、法律事实所在地为标准确定的管辖。我国民事诉讼法确定的特殊地域管辖主要有十类：

(1)因合同纠纷提起的诉讼，由被告住所地或者合同履行地人民法院管辖。

(2)因保险合同纠纷提起的诉讼，由被告住所地或保险标的物所在地人民法院管辖。实践中，如果保险标的物是运输工具或运输中的货物，则可由运输工具登记注册地、运输目的地、保险事故发生地的人民法院管辖。

(3)因票据纠纷提起的诉讼，由票据支付地或者被告所在地人民法院管辖。

(4)因铁路、公路、水上、航空运输和联合运输合同纠纷提起的诉讼，由运输始发地、目的地或者被告住所地人民法院管辖。

(5)因侵权行为提起的诉讼，由侵权行为地或者被告住所地人民法院管辖。

(6)因铁路、公路、水上和航空事故请求损害赔偿提起的诉讼，由事故发生地或者车辆、船舶最先到达地、航空器最先降落地或者被告住所地人民法院管辖。

(7)因船舶碰撞或者其他海事损害事故索赔提起的诉讼，由碰撞发生地、碰撞船舶最先到达地、加害船舶被扣留地或者被告住所地人民法院管辖。

(8)因海难救助费用提起的诉讼，由救助地或者被救助船舶最先到达地人民法院管辖。

(9)因共同海损提起的诉讼，由船舶最先到达地、共同海损理算地或者航程终止地人民法院管辖。

(10)因公司设立、确认股东资格、分配利润、解散等纠纷提起的诉讼，由公司住所地人民法院管辖。这是新的民事诉讼法增加的规定。

(三)专属管辖

专属管辖，是指法律强制规定某类案件只能由特定法院管辖，其他法院无权管辖，也不允许当事人协议变更管辖。与其他法定管辖相比，专属管辖具有优先性、排他性与强制性。专属管辖的相关规定主要有：

(1)因不动产纠纷提起的诉讼，由不动产所在地法院管辖。

(2)因港口作业发生纠纷提起诉讼，由港口作业地法院管辖。

(3)因继承遗产提起的诉讼，由被继承人死亡时住所地或主要遗产所在地(由价值大小来认定)管辖。

(4)为撤销生效判决、裁定、调解书而提起的诉讼。立法机关2012年修订民事诉讼法时增加了第三人撤销之诉(第五十六条第三款)。由于此类诉讼只能向原审法院提起，所以可认为专属于原审法院管辖。

(四)共同管辖与选择管辖

同一诉讼，根据法律规定两个以上法院都有管辖权的，称为共同管辖。选择管辖，是指两个或两个以上人民法院对同一案件都有管辖权时，当事人可以选择其中一个提起诉讼。从以上定义可以看出，共同管辖和选择管辖实际上是一体两面的关系。但是从管辖角度来看，共同管辖是选择管辖的基础。正因为有了共同管辖，选择管辖才成为了可能。

正因为共同管辖情况的存在，使得法院之间争抢或推诿案件的可能性得以出现。为了防止这些不良情况的出现，民事诉讼法第三十五条规定："两个以上人民法院都有管辖权的诉讼，原告可以向其中一个人民法院起诉；原告向两个以上有管辖权的人民法院起诉的，由最先立案的人民法院管辖。"

(五)协议管辖

协议管辖，又称约定管辖，是指双方当事人在合同纠纷或者其他财产权益纠纷发生之前或之后，用协议的方式来选择彼此之间争议的管辖法院。我国新的民事诉讼法第三十四条规定："合同或者其他财产权益纠纷的当事人可以书面协议选择被告住所地、合同履行地、合同签订地、原告住所地、标的物所在地等与争议有实际联系的地点的人民法院管辖，但不得违反本法对级别管辖和专属管辖的规定。"根据这一法条，可以推导出协议管辖具有以下要点：

(1)在审级上，协议管辖的当事人只能就第一审案件协议选择管辖的法院，二审法院不能协议选择；

(2)协议管辖的案件范围有限制，即"合同纠纷"以及"其他财产权益纠纷"；

(3)协议管辖必须以书面形式作出；

(4)在可供选择的管辖法院范围上，当事人协议选择的法院必须是与争议有实际联系的地点的法院；

(5)当事人在协议选择管辖法院时，所选择的法院必须是唯一的、确定的；

(6)在管辖类型上，当事人只能协议变更第一审案件的地域管辖，而不能协议变更级别管辖和专属管辖。

六、裁定管辖

作为法定管辖必要补充的裁定管辖，是指根据人民法院的裁定确定管辖法院。民事诉讼法上规定的指定管辖、移送管辖和移转管辖(即管辖权的转移)都是裁定管辖。

(一)指定管辖

指定管辖是指上级人民法院用裁定的方式，将某一案件交由某一个下级人民法院管辖。我国民事诉讼法第三十七条规定："有管辖权的人民法院由于特殊原因，不能行使管辖权的，由上级人民法院指定管辖。人民法院之间因管辖权发生争议，由争议双方协商解决；协商解决不了的，提请它们的共同上级人民法院指定管辖。"

(二)移送管辖

移送管辖，是指某一人民法院受理民事案件后，发现自己对该案没有管辖权，将案件移送给有管辖权的人民法院审理。移送管辖必须具备下列三个条件：①移送的案件必须是已经受理的案件；②移送的人民法院对案件没有管辖权；③受移送的人民法院对该案有管辖权。移送人民法院的移送对被移送的人民法院具有法律约束力，受移送的人民法院不得再将案件自行移送。如果受移送的人民法院认为移送来的案件本院也无管辖权之时，既不能将该案退回原法院，也不能再移送给其他法院，而只能报请上级人民法院指定管辖。

(三)移转管辖

移转管辖，是指上级人民法院将确有必要并报请其上级人民法院批准的某一个案件的管辖权转移给下级人民法院，或者经上级人民法院的同意，下级人民法院将某个案件的管辖权转移给上级人民法院。移转管辖是级别管辖的一种变通措施。

移转管辖与移送管辖不同：第一，两者的性质不同。移转管辖是有管辖权的人民法院将案件的管辖权转移给原来没有管辖权的人民法院，所转移的是案件的管辖权而非案件；移送管辖转移的是案件，而非管辖权。第二，两者的程序不同。移转管辖中，当上级人民法院经其上级人民法院批准对其管辖的确有必要的案件交由下级人民法院审理时，下级人民法院必须执行，而下级人民法院报请上级人民法院审理的案件，必须报上级人民法院准许，下级法院没有决定权。而移送管辖在同级人民法院之间进行时，不须经上级人民法院批准。第三，两者的作用不同。移转管辖是根据案件审理的实际情况将级别管辖在上下级法院之间进行的一种调整；移送管辖除涉及级别管辖的情况外，也可以在同级人民法院之间进行。

七、管辖权异议与管辖恒定

(一)管辖权异议

管辖权异议，是指人民法院受理案件后，当事人认为受诉人民法院对该案件并无管辖权，而向受诉人民法院提出的不服该法院管辖的意见或主张。管辖权异议制度的确立，有利于维护当事人的正当诉讼权利，有利于上级法院及时、有效地行使监督权，维护管辖秩序，从而保证司法的公正与权威。对管辖权异议的理解，应当重点注意以下几个方面：

1. 管辖权异议的主体

管辖权异议主体，是指在民事诉讼中有权提出管辖权异议的人。民事诉讼法第一百二十七条对管辖权异议主体的表述为“当事人”，在我国民事诉讼法中，当事人的概念外延包括原告、被告、共同诉讼人、第三人。在民事诉讼实务中，提出管辖权异议的往往是被告，被告享有管辖权异议之主体地位在法理上和实务中已得到一致肯定，分歧在于原告、参加诉讼的共同原告和第三人是否享有管辖异议权。

(1)多数观点认为只有被告才享有提出管辖权异议的权利，其理由有：

民事诉讼法第一百二十七条规定，管辖权异议“应当在提交答辩状期间提交”，而在第一审程序中，有权利提交答辩状的当事人只有被告。

民事诉讼法第二百四十三条规定：“涉外民事诉讼的被告对人民法院管辖不提异议，并应诉答辩的，视为承认该人民法院为有管辖权的法院。”该条更明确规定异议主体为被告。

管辖法院是原告自己选择的，应当推定其认可受诉法院的管辖权，否则，其不应向该法院起诉，即使其后来发现受诉法院无管辖权，也可以通过撤诉的方式来否定法院的管辖权，因此，原告无权提出管辖权异议。

必要共同诉讼的原告自己申请参加诉讼，说明其已经承认原告的诉讼行为，那么他应受约束不能再对原告选择的法院提出管辖权异议。

有独立请求权的第三人可以申请参加诉讼，也可以不申请参加诉讼而另行起诉，假如他申请参加诉讼，则表明他承认和接受了法院的管辖，如果他对受诉法院管辖有异议，则完全可以不参加诉讼而另行向有管辖权的法院起诉。无独立请求权第三人在诉讼中通过支持一方当事人的主张来维护自己的利益，其诉讼地位决定其只能依赖原、被告一方，因此，其无权提出管辖权异议。

(2)另一种观点认为，管辖权异议的主体范围，不仅包括被告，还应当包括原告、第三人。理由如下：

民事诉讼法并未明确将管辖权异议的主体限定为被告。“管辖权异议应当在提交答辩状期间提出”之规定，不应视为对其主体的限制条件，而应当理解为对其提出时间的限制。而对于民事诉讼法第二百四十三条，因其是涉外民事诉讼程序的特别规定，其主要目的在于确认默示协议管辖在涉外民事诉讼中的合法性，而默示协议管辖在我国民事诉讼法中无明文规定，故而该条在管辖制度中没有普遍性，据此确定管辖权异议之主体的观点也就失去其前提条件。因此，认为管辖权异议的主体只能是被告的观点是片面的。

原告应当享有提出管辖权异议的权利。一般情况下，管辖法院虽然是原告选择的，但实践中也存在着法院受理原告的起诉后，因特殊情况发生移送管辖、管辖权转移的情形，此时受理案件的法院已非原告所选择的法院了。此种情况下，不能推定原告当然认可相关法院的管辖权，而管辖关系到其程序利益，赋予其管辖异议权无疑对保障其诉权有重要的意义。另一方面，依据法律规定，原告对管辖权异议的裁定享有上诉权，这正是原告作为管辖权异议主体的一种表现。管辖权异议的裁定有两种，一是驳回异议的裁定，二是异议成立而移送至有管辖权的法院审理的裁定。对于后一种裁定不服而上诉的当事人显然是指原告。此时管辖权异议裁定的标的仍为管辖权，因此，原告对管辖权异议裁定的不服，实际上是对法院管辖的异议，只是这种异议的提出方式为上诉。

在必要共同诉讼中，后来参加诉讼的原告也应当有权提出管辖权异议。依据民事诉讼法的规定，在必要共同诉讼中，共同诉讼的原告必须一同参加诉讼，而不能另行起诉，即使不认可提起诉讼的原告所选择的法院，他都必须参加诉讼，若他一参加诉讼即被推定为认可提起诉讼的原告选择的法院，显然是不公平的。而且，根据民事诉讼法第五十三条，“共同诉讼的一方当事人对诉讼标的有共同权利义务的，其中一人的诉讼行为经其他共同诉讼人承认，对其他共同诉讼人发生效力”，提起诉讼的原告选择受理法院的行为，事先并未经共同原告承认，共同原告参加诉讼后，如果不认可受诉法院的管辖权，应有权提出异议。

目前我国的第三人制度还存在较大缺陷，法院基于地方利益考虑，有时甚至存在任意追加第三人，恣意扩张本院管辖权的情形。若不赋予第三人管辖异议权，其很有可能成为地方保护主义的牺牲品。因此，有必要赋予第三人管辖异议权。最后，从管辖权异议制度设置的价值来看，其目的在于监督法院行使管辖权的职权行为，保证诉讼管辖制度的正常，程序正义能够得到实现，而非单为某一方当事人创设某项权利。因此，管辖权异议的主体应当包括原告、被告和第三人。

2. 管辖权异议的客体

所谓管辖权异议的客体，是指在哪些情况下当事人可以提出管辖权异议，即在运用哪些管辖规则的情况下，一方当事人可以主张该法院无管辖权。管辖规则以法律规定和法院裁定为标准，分为法定管辖和裁定管辖。法定管辖包括级别管辖和地域管辖，裁定管辖包括移送管辖、指定管辖和管辖权转移。实践中，当事人提出管辖异议的多数是针对地域管辖，对此，法律和相关的司法解释有明确的规定；根据1995年《最高人民法院关于当事人就级别管辖提出异议应如何处理问题的函》，其态度表明级别管辖亦为管辖权异议的客体。而对于裁定管辖能否成为管辖权异议的客体，理论上则尚未达成一致意见。笔者认为，应针对不同的情形具体分析，不能一概而论。移送管辖的发生有两种途径：一是法院对当事人提出的管辖权异议依法审查，异议成立的，裁定移送至有管辖权的法院审理；二是当事人没有提出管辖权异议，法院依职权审查后认为本院无管辖权，移送至有管辖权的法院。对于第一种移送管辖，依据民事诉讼法一百四十条的规定，当事人可以上诉，也即赋予了当事人对此种移送管辖提异议的权利。对于法院依职权作出的移送管辖，因其是法院的职权行为，为维护法院的权威，有学者认为应禁止当事人提异议。也有学者主张，在实践中法院移送错误的情形还是存在的，应当赋予当事人提管辖权异议，以纠正其错误。笔者认为，对于法院的依职权移送管辖，民事诉讼法第三十六条规定受移送的法院认为受移送的案件依照规定不属其管辖，应当报请上级法院指定管辖，即以指定管辖作为其救济程序，因此，无须再由当事人提异议。

对于指定管辖，大多数学者认为其是法律赋予上级法院的权利，从维护上级法院权威的角度来看，不应赋予当事人管辖异议权。这可避免不同主体行使监督管辖权行为的交叉，防止当事人滥用诉权，实现诉讼经济。管辖权转移，是级别管辖制度中的一项变通性规定，它包括两种情形，一是上级法院审理属于下级法院管辖的第一审民事案件，二是上级法院把本院管辖的第一审民事案件交由下级法院审理。管辖权转移，虽然主要是上下级法院之间审理案件的分工和协调，但是其必然会导致一审法院级别的变化。而一审法院的级别变化，还会导致可能发生的二审之管辖法院的级别变化，从而影响到当事人的程序利益。若当事人对管辖权转移有异议，即对级别管辖的异议，而依据法律规定，当事人对级别管辖是可以提异议的。因此，为切实尊重当事人的意愿，保障其程序利益，应当允许当事人对管辖权转移提出异议。

3. 对管辖权异议的处理

受诉法院收到当事人提出的管辖权异议后，应当认真进行书面审查，必要时需召集双方当事人听证。对当事人所提出的管辖权异议，区别情况作出不同的处理：

当事人就地域管辖权提出异议。经审查，异议成立的，受诉法院依照我国民事诉讼法第三十八条的规定，裁定将案件移送有管辖权的法院处理；异议不成立的，裁定驳回。当事人对裁定不服的，可以在裁定书送达之日起10日内向上一级法院提出上诉。当事人未提出上诉或者上诉被驳回的，受诉法院应通知双方当事人参加诉讼。当事人对管辖权问题申诉的，不影响受诉法院对该案件的审理。

当事人就级别管辖权提出异议。级别管辖是上下级法院之间就一审案件审理方面的分工。受诉法院审查后认为确无管辖权的，应将案件移送有管辖权的法院并告知双方当事人，但不作裁定。受诉法院拒不移送，当事人向上级法院反映并就此提出异议的，如情况属实确有必要移送的，上级法院应当通知受诉法院将案件移送有管辖权的法院；对受诉法院拒不移送且作出实体判决的，上级法院应当以程序违法为由撤销受诉法院的判决，并将案件移送有管辖权的法院审理。

（二）管辖恒定

管辖恒定，是指确定法院对某个案件是否享有管辖权，以起诉时为标准，起诉时对案件享有管辖权的法院，不因据以确定管辖的事实在诉讼过程中发生变化而受到影响。管辖恒定是出于对程序安定的考虑，避免因管辖确定后，由于诉讼中管理因素的变化导致诉讼不安定的现象。管辖恒定既可以避免管辖频繁变动造成的司法资源浪费，又可以减少当事人的诉累，从而保证案件审理的效率。管辖恒定主要包括以下几类：

1. 级别管辖恒定

级别管辖恒定主要指级别管辖按起诉时的诉讼标的额确定后，不因诉讼过程中标的物本身价值的增减而引起管辖法院的变更。但是，如果当事人变更诉讼请求、诉讼标的额或者提起反诉的标的额超出受诉法院的管辖范围时，则不受此限，以免发生规避管辖的情况。

2. 地域管辖恒定

地域管辖恒定是指地域管辖按起诉时的标准确定后，不因诉讼过程中确定管辖的情况变动而受影响。

3. 反诉管辖恒定

反诉管辖恒定是指在诉讼过程中，被告依法提起反诉并被法院受理的，审理本诉案件的法院因此取得了反诉案件的管辖权，即使本诉原告撤回起诉也不影响受诉法院对反诉案件的管辖权。

第四章　审判组织、回避、送达与诉讼费用

第一节　典型案例及其评析

【案例】 长沙市人民检察院关于高某与中英公司承包合同纠纷抗诉案

申诉人高某因与中英公司承包合同纠纷一案，不服长沙市雨花区人民法院一审民事判决，向检察机关申诉。长沙市人民检察院于 2011 年 8 月 4 日向长沙市中级人民法院提出抗诉。长沙市中级人民法院指令雨花人民法院另行组成合议庭进行再审。雨花区人民法院依法另行组成合议庭，公开开庭进行了审理。

雨花区人民法院通过直接送达的方式，将开庭传票和合议庭告知通知书送达双方当事人和长沙市人民检察院。

长沙市人民检察院指派检察员孔某出庭。申诉人高某及其委托代理人李律师，被申诉人中英公司的法定代表人吴某及其委托代理人陈律师到庭参加诉讼。

再审过程中，申诉人高某提出回避申请，要求审判长赵某回避，并要求重新组成合议庭，对本案重新进行审理。高某认为：审判长赵某和中英公司的委托代理人陈律师在休庭期间表现关系亲密。通过两人的口音推断，两人为常德津市同乡。经过法院院长批准，雨花人民法院依法重新组成了合议庭，对案件进行了审理。

长沙市人民检察院抗诉认为，原审判决认定事实的主要证据不足，且现有新的证据，足以推翻原判决。①原审判决认定“中英公司将中英墙漆王厂的全部资产转移交给高某经营”并判决高某归还财产 135000 元，缺乏足够证

据。原审判决认定中英公司将中英墙漆王厂固定资产交给高某使用的证据为5份清单，即原材料清单(清单所列财产价值26342.2元)，成品及包装箱清单(清单所列财产价值15275.4元)，成品漆清单(清单所列财产价值15589.82元)，固定资产清单(清单所列财产价值70840元)，仓库存货清单(清单所列财产价值10229.98元)，共计138277.4元。但是，成品漆清单上明确写有清点的时间为2004年12月6日，而中英公司与高某签订承包合同的时间为2005年2月9日，且该清单上并无高某的签名。故将该清单上的财产认定为“中英实业公司移交给高某经营的财产”缺乏足够的证据。②原材料清单和成品及包装箱清单上只有黄某签字，现有新证据能证明黄某是受中英公司法定代表人吴某指派清点财产的，并非吴某所陈述的“黄某是在帮高某清点财产”，故将原材料清单和成品及包装箱清单上的财产认定为中英公司移交给高某经营的财产亦缺乏足够证据。现有证人闫某证明：“黄某(系高某承包中英墙漆王厂前由吴某聘请的会计人员)受吴某指派清点财产”，依据《证据规则》第六十四条之规定，可以认定黄某是受吴某指派清点财产。

在再审过程中，申诉人高某称：①中英公司的起诉明显超过诉讼时效，诉讼请求不应得到支持。按照双方承包合同第一条的约定，高某的承包期限为三年，即从2005年2月28日起至2008年2月28日止；合同第三条约定，高某应于承包期内的第一年年底上交第一年的利润，故中英公司向高某收取第一年承包利润的时间应该是在2005年12月31日以前。中英公司在原审中诉称，2005年12月30日找高某收取承包金时，高某已将中英墙漆王厂全部资产进行了变卖和转移，故中英公司在此时就已经知道其权利遭受了侵害。依据法律规定，诉讼时效从权利人知道或者应当知道自己的权利被侵害之日起计算。中英公司未提交诉讼时效中断的证据。至2008年1月27日起诉时已明显超过了诉讼时效。②中英公司对财产损失价值的计算缺乏证据，且明显不合理。依据高某与中英公司签订承包合同时的财产交接清单，经高某签字接收的财产价值仅为81069.98元，另有50000多的元财产未经高某签字，高某本人未接收，也未授权任何人签字接收。中英公司要求高某赔偿财产损失135000元的请求，与双方交接时的财产价值明显不符。对于未经高某签字且并未实际接收的财产，高某无须承担任何责任。其次，中英公司计算财产损失应剔除财产折旧的价值，应由专业机构或者专业人员对高某接收的财产进行价值评估。③高某承包中英公司期间的财产损失，有40%属于高某本人，可以高某在中英公司所占股份冲抵中英墙漆王厂的损失。按照高某与中英公司签订的《合作合同》的约定，高某支付了100000元购买了中英公司(中英墙漆王厂)40%的股份，故高某承包的中英墙漆王厂中的40%的财产属于高某所有，高某应向中英公司上缴的承包利润中也应有40%属于其本人所有。中英公司不应将属于高某所有的财产损失计算在其损失范围内。此外，双方在承包合同中约定，高某在承包期内给中英公司造成经济损失，中英公司有权扣除高某在中英公司的股份(有多少损失扣多少股份)，高某向中英公司缴纳的入股金完全可以冲抵损失。

被申诉人中英公司辩称：①根据承包合同，高某的承包期限为三年，即从2005年2月28日起至2008年2月28日止，本案诉讼时效应从2008年2月28日后开始计算，中英公司的起诉没有超过诉讼时效。②关于移交给高某的财产问题。原审中中英公司提供了5份财产清单，以证实清单上的财产(财产价值共计138277.4元)均已移交给高某。其中成品漆清单上的清点时间虽为2004年12月6日，但高某在2004年12月就已实际接管了中英公司，只是到2005年2月9日才与吴某签订承包合同。承包合同中约定的承包经营范围包括了中英公司的全部资产，价值15589.82元的成品漆也包含在承包范围内。其次，原材料清单和成品及包装箱清单上只有黄某签字，黄某是代表中英公司还是代表高某清点财产，应由黄某出庭作证。按照双方所占股份推算，吴某在中英公司的资产应为150000元，如果原材料和包装箱不计算在高某承包经营范围内，则吴某的资产只有80000元，高某出资100000元，也不可能只占40%的股份。

法院认为，①高某与中英公司之间的承包合同系双方当事人之间的真实意思表示，合法有效，双方当事人应按照合同的约定认真履行义务。高某未按合同约定上缴第一年的利润，且在未与中英公司协商并办理好清算、财产交接的情况下单方面终止合同，应承担相应的违约责任。原审审理中，高某经法院合法传唤无正当理由拒不到庭，应视为未提出诉讼时效抗辩，在再审中提出诉讼时效抗辩，法院不予支持。②中英公司要求高某支付承包期内第一年的承包金30000元符合合同约定，应予支持。③中英公司依据5份财产移交清单主张高某应赔偿损失135000元，但这5份财产清单中只有固定资产清单和仓库存货清单有高某的签字，原材料清单、成品及包装箱清单和成品漆清单上没有高某的签字，高某对此不予认可，中英公司又无充分证据证明高某委托他人清点、接受了清单上所列的财产，不能够证明中英公司将这些财产移交给了高某。原审按中英公司提供的财产清单认定全部损失依据不足，抗诉机关的抗诉理由成立，法院予以采信。承包合同履行后，高某对所接收的仓库存货清单及固定资产清单上所列财产应予以返还，鉴于其实际已无法返还，依法应折价予以赔偿。其中仓库存货清单上的财产(油漆产品)可按移交时双方认可的价值10229.98元计算；固定资产清单上的财产可按双方在再审中一致认可的折旧后的价值40000元计算，两项共计50229.98元，加上应支付中英公司的承包金30000元，合计80229.98元。④高某提出在中英公司交纳了100000元入股金，占有40%的股份，可以用入股金冲抵损失。法院审理后认为，双方之间的合作合同纠纷已由高某另行起诉，另案处理，与本案处理的承包合同纠纷属不同的法律关系，对该申诉意见，法院不予支持。

综上所述，原审部分事实认定不清，处理不当，应予纠正。依据《中华人民共和国合同法》第一百零七条、《中华人民共和国民法通则》第一百三十五条、《中华人民共和国民事诉讼法》第一百八十六条之规定，经法院审判委员会讨论决定，判决如下：①撤销雨花区法院一审民事判决；②高某于本判决生效后7日内支付中英公司承包金30000元，返还财产折价款50229.98元，共计80229.98元。③驳回中英公司的其他诉讼请求。

本案评析：审判组织、回避与诉讼费用

(一)关于审判组织

本案属于再审案件，按照法律规定，第二审人民法院发回重审的案件，原审人民法院应当按照第一审程序另行组成合议庭进行审理。关于再审案件审判组织，有几点需要明确：

第一，再审案件只能组成合议庭进行审理，不能实行独任制的审判组织。符合法律规定的，再审案件属于重大或复杂的疑难案件，可以由审判委员会讨论决定，再审合议庭应当执行。

第二，再审案件合议庭按照原审程序的规定组成。本案原审程序为第一审程序，按照法律规定，可以由审判员和人民陪审员组成。但再审案件一般都属于重大或者疑难案件，一般由审判员组成合议庭进行审理。

第三，原审审判人员不得成为再审审判组织的人员，以保证程序正义。

(二)关于回避

再审过程中，申诉人高某提出回避申请，要求审判长赵某回避，并要求重新组成合议庭，对案件进行重新审理。高某认为：①审判长赵某和中英公司的委托代理人陈律师在休庭期间表现关系亲密。②通过两人的口音推断，两人为常德津市同乡。经过法院院长批准，雨花区人民法院依法重新组成了合议庭，对案件进行了审理。

在是否批准申诉人高某回避申请的事项上，有两种意见：

一种意见认为应当批准高某的申请，原因有：高某通过自己的生活经验和感官体验，认识到赵某和对方代理人陈律师属于同乡且关系亲密，认为赵某担任审判长会偏向对方当事人，让案件得不到公正审判。在高某已经对审判组织的公正性产生怀疑的情况下，继续由该审判组织对案件进行审理，即使审判组织做到了公正判决，除非满足了高某的所有诉讼请求，高某提起上诉的概率将会很大，导致浪费诉讼资源。

另外一种意见认为不应当批准高某的申请，理由有：法律规定的回避情形包括是本案当事人或者当事人、诉讼代理人的近亲属；与本案有利害关系；与本案当事人、诉讼代理人有其他关系，可能影响对案件公正审理以及审判人员违反规定会见一方当事人、诉讼代理人，或者接受一方当事人、诉讼代理人的请客送礼的等情形，但本案赵某与陈某之间的关系并不属于法定回避的情形。同时，赵某和陈某之间相互熟悉，纯粹因为工作关系，并非因为是同乡。在没有其他证据的支持下，如果仅仅因为申请人的生活经验和感官体验，认为赵某担任审判长会影响案件的公正审理，就批准其回避申请，将会让法院无法开展工作。

法院采纳了第一种意见，重新组成合议庭对案件进行审理。

（三）关于诉讼费用

（1）诉讼费用的计算。本案属于检察院抗诉案件，无须另行缴纳再审案件受理费和申请费用，再审判决仅对原审受理费的承担作出裁定。原审受理费，根据诉讼请求的金额，按照法定标准计算，为3600 元。

（2）诉讼费用的承担。在本案共计 4810 元诉讼费用的承担上，适用败诉方承担原则。再审判决支持了中英公司的部分诉讼请求，人民法院根据本案的具体情况，高某未按合同约定上缴第一年的利润，且在未与中英公司协商并办理好清算、财产交接的情况下单方面终止合同，应承担相应的违约责任，判决高某承担诉讼费4000 元，中英公司承担诉讼费 810 元。

第二节 基本知识

一、审判组织

我国宪法规定，人民法院是国家的审判机关，依照法律规定独立行使审判权。但在国家审判权的实际运行中，由于人民法院作为抽象的权力主体，其对各类纠纷案件的审理和裁判，需要通过其内部设立的合法的组织形式来实现。"法院审判案件，必须通过一定的具体组织形式进行，这种代表法院对案件进行审理和裁判的组织形式，就是审判组织。"中国当代法院内部存在着三种类型的审判组织，即独任庭、合议庭和审判委员会。根据民事诉讼法和人民法院组织法的规定，由于案件性质和审判程序的不同，它们在具体的审判活动中分别具有不同的适用条件。

（一）独任庭

所谓独任庭，是指由审判员一人独任审理案件。相对于合议庭和审判委员会而言，独任庭具有诉讼成本低、诉讼效率高的特点。在民事诉讼中，人民法院对于下列案件，由审判员一人独任审理：

(1)适用简易程序审理的民事案件。根据民事诉讼法第一百五十七条的规定，适用简易程序的民事案件范围比较小，具体包括基层人民法院及其派出法庭审理事实清楚、权利义务关系明确、争议不大的简单的民事案件或者当事人双方约定适用简易程序的案件。

(2)适用特别程序审理的民事案件。具体包括宣告失踪或死亡案件、认定公民无民事行为能力或限制民事行为能力案件、认定财产无主案件、确认调解协议案件以及实现担保物权案件等，但是选民资格案件和重大、疑难的非诉案件除外。

(3)适用督促程序审理的案件。

(4)适用公示催告程序审理的案件，但判决宣告票据无效的除外。

（二）合议庭

所谓合议庭，是指由三名以上审判人员组成审判集体审理案件的审判组织。审判人员的数量应当是单数。合议庭是我国法院审判案件最基本和最主要的组织形式。与独任庭相比，合议庭有利于发挥审判集体的智慧，弥补个人能力上的不足，保证正确处理案件，提高办案质量。由于法院审理案件所适用的审判程序和审级不同，合议庭组成的情况也有所不同。

1. 第一审案件合议庭的组成

第一审案件合议庭的组成有两种方式：一种是由审判员和人民陪审员组成合议庭。人民陪审员在执行陪审职务时，与审判员具有同等的权利义务。另一种是由审判员组成合议庭。在适用普通程序审理第一审案件时，人民法院可以选择由审判员和人民陪审员组成的合议庭或者由审判员组成的合议庭审理案件，但审理选民资格案件和重大、疑难的非诉案件时，必须选择由审判员组成的合议庭审理案件。

2. 第二审案件合议庭的组成

民事诉讼法和人民法院组织法规定，第二审案件应当由审判员组成合议庭进行审理。人民陪审员不能参加第二审案件的合议庭，这是第二审案件合议庭不同于第一审案件合议庭的特点。其理由是在第二审程序中，合议庭不但需要解决当事人之间的争议，还需要对第一审法院的审判活动实行审级监督。

3. 重审、再审案件合议庭的组成

第二审人民法院发回重审的案件，原审人民法院应当按照第一审程序另行组成合议庭进行审理。人民法院按照审判监督程序进行再审的案件，原来是一审的，按照第一审程序另行组成合议庭；原来是第二审的或者是上级人民法院提审的，按照第二审程序另行组成合议庭。

审判委员会是我国法院内部所特有的一种审判组织，是法院内部对审判工作实行集体领导的组织形式，其主要职责是总结审判经验，讨论和决定重大或复杂的疑难案件，讨论有关审判工作的问题。一般认为，在法院内部设立审判委员会，由审判经验丰富的法官组成的机构来对审判活动进行监督，有利于提高法院审判的整体水平和实现法院司法权的整体独立。

在具体的运作方面，人民法院审理下列案件时，合议庭可以提请院长决定提交审判委员会讨论：①合议庭意见有重大分歧、难以作出决定的案件；②法律规定不明确，存在法律适用疑难问题的案件；③案件处理结果可能产生重大社会影响的案件；④对审判工作具有指导意义的新类型案件；⑤其他需要提交审判委员会讨论的疑难、复杂、重大案件。合议庭应当执行审判委员会的决定。

二、回避

所谓回避制度，是指在民事诉讼中，审判人员以及其他有关人员，在遇有法律规定的情形时，退出某一案件诉讼程序的制度。

回避制度是为了保证案件公正处理所设立的一项制度。一方面，它通过赋予当事人权利，实现对审判权的制约和程序参与，确保裁判者保持公正的立场，有助于当事人从心理上承认司法裁判的公正合理性，亦有助于社会公众对司法裁判权威性产生普遍的信任与尊重。另一方面，建立回避制度能阻却与案件有利害关系或者其他可能影响案件公正处理的人员妨碍诉讼，使案件的公正处理有了基本的保障。

(一)回避对象

需要回避的主体有审判人员、人民陪审员、书记员、执行员、翻译人员、鉴定人和勘验人。这里所称"审判人员"，包括各级人民法院院长、副院长、审判委员会委员、庭长、副庭长、审判员和助理审判员。另外，根据最高人民检察院的规定，检察人员从事民事检察活动，遇有法律规定的情形时，也应当依法予以回避。

(二)回避事由

回避事由，是指法律规定的应当回避的情形。回避的事由主要有以下四种：

(1)是本案当事人或者当事人、诉讼代理人的近亲属。所谓近亲属，是指配偶、父母、子女、兄弟姐妹、祖父母、外祖父母、孙子女、外孙子女。

(2)与本案有利害关系。所谓与本案有利害关系，是指回避对象与案件处理结果有直接或者间接的经济利益或者人身利益。

(3)与本案当事人、诉讼代理人有其他关系，可能影响对案件公正审理。所谓其他关系，是指除上述关系之外的其他亲密关系或者恩怨关系，如同学、战友、师生、同事、邻居等关系。当存在这些关系且可能影响案件的公正审理时，有关人员应当回避。

(4)审判人员违反规定会见一方当事人、诉讼代理人，或者接受一方当事人、诉讼代理人的请客送礼的。

(三)回避方式

1. 自行回避

它是指回避对象在民事诉讼过程中遇有法定的应当回避情形时，主动提出回避申请，要求退出案件的审理活动或者诉讼程序的回避方式。

2. 申请回避

它是指当事人或者法定代理人认为回避对象有法律规定的应当予以回避的情形，以口头或书面的形式申请回避对象退出具体案件审理程序的回避方式。

3. 指令回避

指令回避是指回避对象具有法律规定的应当回避的情形，其本人没有自行回避，当事人及其法定代理人没有申请其回避，院长或者审判委员会应当决定其回避的回避方式。

（四）回避程序

自行回避和指令回避的程序比较简单，这里只介绍申请回避的程序。

1. 回避申请主体以及时间设定

民事诉讼法规定，回避申请主体仅限于当事人及其法定代理人。需要提出回避申请的，应当在案件审理时提出，并说明理由；回避事由在案件开始审理后知道的，也可以在法庭辩论终结前提出。回避申请，既可以采取口头形式，也可以采取书面形式。

2. 回避决定权的设定

被申请回避的人员不同，决定其回避的人员或者组织也不同。院长担任审判长时的回避，由审判委员会决定；审判人员的回避，由院长决定；其他人员的回避，由审判长决定。检察人员的回避，由检察长决定；检察长的回避，由检察委员会作出决定并报上一级人民检察院备案。

人民法院或者人民检察院对当事人提出的回避申请，应当在申请提出的3日内，以口头或者书面形式作出决定。被申请回避的人员在作出决定前，应当暂停参与本案的工作，但案件需要采取紧急措施的除外。

3. 回避的救济

当事人提出回避申请后，人民法院或者人民检察院审查后作出决定。如果申请人对决定不服，可以在接到决定时申请复议一次。复议期间，被申请回避的人员，不停止参与本案的工作。人民法院或者人民检察院对复议申请，应当在3日内作出复议决定，并通知复议申请人。

4. 回避决定作出前所进行的诉讼活动效力问题

审判人员在回避决定作出前所进行的诉讼活动的效力问题，目前民事诉讼法并没有相应明确的规定，实践中做法也不一。对于民事诉讼而言，要遵循直接审理、集中审理原则，理论上诉讼程序应当重新进行，这样才能保证案件的不间断进行，使审判员在审理案件中直接听取当事人提供证据、质证和辩论。但同时，诉讼也要追求效率。因此，可以让当事人对二者价值进行平衡，由其决定原诉讼活动是否有效，诉讼程序是否继续进行；也可以由其申请诉讼程序重新进行，是否准许由作出回避决定的人决定。

三、送达

（一）送达的概念

民事诉讼中的送达，是指人民法院依照法定的方式和程序，将诉讼文书送交给当事人和其他诉讼参与人的行为。送达作为一项诉讼行为，具有以下特点：

(1)送达的主体只能是人民法院。因此当事人和其他诉讼参与人向人民法院或相互递交或传递诉讼文书的行为，不适用民事诉讼法关于送达的规定。

(2)送达的对象只能是当事人及其他诉讼参与人。

(3)送达的内容是各类诉讼文书，具体包括：起诉状副本、答辩状副本、上诉状、传票、通知书、判决书、裁定书、调解书、决定书、支付令等。

(4)送达必须按照法律规定的方式、程序进行，否则，便不能产生送达的法律效力。

（二）送达的意义

(1)送达是民事诉讼法律关系主体行为相互联系的纽带，直接影响着民事诉讼能否正常、按时进行。

(2)依法送达有助于维护法院裁判的正当性。当事人有权接受法院就程序相关事项给予的告知，法院有义务就诉讼相关事项给予当事人以有效的告知，这是民事裁判具有正当性的基本前提。

(3)送达作为法院的一项诉讼行为本身包含了一定的法律后果。人民法院依照法定方式和程序送达诉讼文书后，即产生了诉讼法上的效力，受送达人若无正当理由而耽误诉讼期间或者未按照人民法院的要求为一定诉讼行为，应当承担相应的法律后果。

（三）送达的方式

1. 直接送达

直接送达，是指人民法院将诉讼文书交受送达公民本人、受送达单位的法定代表人或主要负责人或负责收件的人签收，或者交受送达公民的同住成年家属签收，或者交受收送达人的诉讼代理人或其指定的代收人签收的方式。

2. 留置送达

留置送达，是指受送达人拒绝签收向他送达的诉讼文书，送达人依法将应送达的文书留置于受送达人住所即视为完成送达的送达方式。留置送达，送达人可以邀请受送达人所在地的有关基层组织或者受送达人所在单位的代表到场，向他们说明情况，请他们作见证人，在送达回证上写明拒收事由、日期及见证人姓名，最后由送达人、见证人分别签名或盖章，把诉讼文书留在受送达人住所，并采用拍照、录像等方式记录送达过程，即视为完成送达。但是，调解书应当直接送达当事人本人，不适用留置送达。

3. 委托送达

委托送达，是指受诉人民法院将应由亲自送达受送达人的诉讼文书，委托有关人民法院代为送达的方式。委托其他人民法院送达有一个前提条件，即受诉人民法院直接送达诉讼文书有困难，如受送达人居住在外地。

4. 邮寄送达

邮寄送达是指在直接送达有困难时，人民法院通过邮局，将诉讼文书挂号寄给受送达人的送达方式。邮寄送达的，以受送达人在挂号回执上注明的收件日期为送达日期。

5. 转交送达

转交送达，是指人民法院将诉讼文书交受送达人所在机关、单位代收后转交给受送达人的送达方式。遇有下列情况之一的，应由受送达人单位转交：

(1)受送达人是军人的，通过其所在部队团以上的政治机关转交。

(2)受送达人是被监禁的，通过其所在监所转交。

(3)受送达人是被采取强制性教育措施的，通过其所在强制性教育机构转交。

代为转交的机关、单位有义务在收到诉讼文书后，立即交送受送达人签收。转交送达，以受送达人在送达回证上签收的日期为送达日期，而不是以代为转交的机关、单位的收件日期为送达日期。

6. 公告送达

公告送达，是指人民法院在受送达人下落不明，或者以其他方式无法送达的情况下，人民法院发出公告，将送达内容向社会公开，经过法定期间即视为送达的方式。以公告方式送达的，自公告之日起，经过60日，有关诉讼文书即视为送达。

7. 数字化送达

数字化送达，是指经受送达人同意，人民法院采用传真、电子邮件等能够确认其收悉的方式送达诉讼文书，但判决书、裁定书、调解书除外。采用电子送达方式必须符合以下条件：

(1)必须经过受送达人同意。与直接送达、公告送达等六种送达方式不同，电子送达属于受送达人选择适用的方式，而非法定强制适用方式，如果受送达人不同意，则不得以电子方式送达。

(2)电子送达的方式包括传真、电子邮件等。

(3)必须以适当的方式确认受送达人收到了诉讼文书，

(4)以传真、电子邮件等到达受送达人特定系统的日期为送达日期。

(四)送达的效力和送达回证

送达的效力包括：

(1)受送达人实施诉讼行为、行使诉讼权利和履行诉讼义务的起始时间得以确定。

(2)受送达人接受送达后，如果没有按照诉讼文书的要求实施特定诉讼行为，就会承担相应的法律后果。

(3)送达能够引起特定诉讼法律关系的产生或者消灭。

(4)送达是某些诉讼文书发生法律效力的要件之一。

送达回证是法院制作的用于证明受送达人已经收到法院所送达诉讼文书的书面凭证。送达诉讼文书必须有送达回证，由受送达人在送达回证上记明收到日期，签名或者盖章。受送达人在送达回证上的签收日期为送达日期。

四、诉讼费用

(一)诉讼费用的界定

诉讼费用是指民事诉讼当事人向法院交纳的为进行诉讼所必需的费用。主要包括案件受理费；申请费；证人、鉴定人、翻译人员、理算人员在人民法院指定日期出庭发生的交通费、住宿费、生活费和误工补贴。

(二)诉讼费用制度设立意义

1. 防止和减少滥用诉权或无理缠诉

随着社会经济的发展，我国的民事案件数量激增，收取诉讼费用，让民事诉讼当事人承担必要的诉讼成本，可以促使当事人慎重地选择纠纷解决途径，防止当事人滥诉或缠诉。

2. 减少国家的财政支出

人民法院开展审判程序，需要付出一定的人力、物力和财力，目前我国国力尚不足以为公民提供免费诉讼，收取合理的诉讼费用可以减少国家财政支出。

3. 促进当事人自觉遵守法律，主动履行义务

我国诉讼费用负担的一般原则为败诉方负担原则，这一原则增加了违法

成本，促使当事人自觉维护诚信原则，遵守法律，最大可能地避免违法当事人逃避责任，主动履行义务。

4. 维护国家主权和经济利益

国际交往都遵循平等互惠原则和对等原则，在世界各国普遍征收诉讼费用的情况下，如果我国不收取诉讼费用，必然有损国家经济利益。

（三）诉讼费用的交纳标准

1. 案件受理费交纳标准

（1）财产案件受理费，根据诉讼请求的金额或者价额，按照下列标准分段累计交纳：

①不超过1万元的，每件交纳50元；

②超过1万元至10万元的部分，按照2.5%交纳；

③超过10万元至20万元的部分，按照2%交纳；

④超过20万元至50万元的部分，按照1.5%交纳；

⑤超过50万元至100万元的部分，按照1%交纳；

⑥超过100万元至200万元的部分，按照0.9%交纳；

⑦超过200万元至500万元的部分，按照0.8%交纳；

⑧超过500万元至1000万元的部分，按照0.7%交纳；

⑨超过1000万元至2000万元的部分，按照0.6%交纳；

⑩超过2000万元的部分，按照0.5%交纳。

（2）非财产案件受理费。

①离婚案件每件交纳50元至300元。涉及财产分割，财产总额不超过20万元的，不另行交纳；超过20万元的部分，按照0.5%交纳。

②侵害姓名权、名称权、肖像权、名誉权、荣誉权以及其他人格权的案件，每件交纳100元至500元。涉及损害赔偿，赔偿金额不超过5万元的，不另行交纳；超过5万元至10万元的部分，按照1%交纳；超过10万元的部分，按照0.5%交纳。

③知识产权民事案件，没有争议金额或者价额的，每件交纳500元至1000元；有争议金额或者价额的知识产权民事案件，按照财产案件的标准征收。

④劳动争议案件每件交纳10元。

⑤当事人提出案件管辖权异议，异议不成立的，每件交纳50元至100元。

⑥其他非财产案件每件交纳50元至100元。

(3)案件受理费交纳特别规定。

①以调解方式结案或者当事人申请撤诉的，减半交纳案件受理费。

②适用简易程序审理的案件减半交纳案件受理费。

③对财产案件提起上诉的，按照不服一审判决部分的上诉请求数额交纳案件受理费。

④被告提起反诉、有独立请求权的第三人提出与本案有关的诉讼请求，人民法院决定合并审理的，分别减半交纳案件受理费。

⑤依照《诉讼费用交纳办法》第九条规定需要交纳案件受理费的再审案件，按照不服原判决部分的再审请求数额交纳案件受理费。

2. 申请费及其交纳标准

(1)依法向人民法院申请执行人民法院发生法律效力的判决、裁定、调解书，仲裁机构依法作出的裁决和调解书，公证机关依法赋予强制执行效力的债权文书，申请承认和执行外国法院判决、裁定以及国外仲裁机构裁决的，按照下列标准交纳：

①没有执行金额或者价额的，每件交纳 50 元至 500 元。

②执行金额或者价额不超过 1 万元的，每件交纳 50 元；超过 1 万元至 50 万元的部分，按照 1.5% 交纳；超过 50 万元至 500 万元的部分，按照 1% 交纳；超过 500 万元至 1000 万元的部分，按照 0.5% 交纳；超过 1000 万元的部分，按照 0.1% 交纳。

③符合民事诉讼法第五十五条第四款规定，未参加登记的权利人向人民法院提起诉讼的，按照本项规定的标准交纳申请费，不再交纳案件受理费。

(2)申请保全措施的，根据实际保全的财产数额按照下列标准交纳：

财产数额不超过 1000 元或者不涉及财产数额的，每件交纳 30 元；超过 1000 元至 10 万元的部分，按照 1% 交纳；超过 10 万元的部分，按照 0.5% 交纳。但是，当事人申请保全措施交纳的费用最多不超过 5000 元。

(3)申请支付令的，比照财产案件受理费标准的 1/3 交纳。

(4)依法申请公示催告的，每件交纳 100 元。

(5)申请撤销仲裁裁决或者认定仲裁协议效力的，每件交纳 400 元。

(6)破产案件依据破产财产总额计算，按照财产案件受理费标准减半交纳，但是，最高不超过 30 万元。

(7)海事案件的申请费按照下列标准交纳：

①申请设立海事赔偿责任限制基金的，每件交纳 1000 元至 1 万元；

②申请海事强制令的，每件交纳 1000 元至 5000 元；

③申请船舶优先权催告的，每件交纳1000元至5000元；

④申请海事债权登记的，每件交纳1000元；

⑤申请共同海损理算的，每件交纳1000元。

（四）诉讼费用的预交

1. 案件受理费的预交

案件受理费由原告、有独立请求权的第三人、上诉人预交。被告提起反诉，依照《诉讼费用交纳办法》规定需要交纳案件受理费的，由被告预交。追索劳动报酬的案件可以不预交案件受理费。

原告自接到人民法院交纳诉讼费用通知次日起7日内交纳案件受理费；反诉案件由提起反诉的当事人自提起反诉次日起7日内交纳案件受理费。上诉案件的案件受理费由上诉人向人民法院提交上诉状时预交。双方当事人都提起上诉的，分别预交。上诉人在上诉期内未预交诉讼费用的，人民法院应当通知其在7日内预交。依照《诉讼费用交纳办法》第九条规定需要交纳案件受理费的再审案件，由申请再审的当事人预交。双方当事人都申请再审的，分别预交。

2. 申请费的预交

申请费由申请人在提出申请时或者在人民法院指定的期限内预交。

（五）诉讼费用的承担

1. 败诉方承担

诉讼费用由败诉方负担，胜诉方自愿承担的除外。部分胜诉、部分败诉的，人民法院根据案件的具体情况决定当事人各自负担的诉讼费用数额。共同诉讼当事人败诉的，人民法院根据其对诉讼标的的利害关系，决定当事人各自负担的诉讼费用数额。执行案件的执行费用由被执行人承担。债务人对督促程序未提出异议的，申请费由债务人负担。

2. 协商承担

经人民法院调解达成协议的案件，诉讼费用的负担由双方当事人协商解决；协商不成的，由人民法院决定。离婚案件诉讼费用的负担由双方当事人协商解决；协商不成的，由人民法院决定。执行中当事人达成和解协议的，申请费的负担由双方当事人协商解决；协商不成的，由人民法院决定。

3. 撤诉人承担

民事案件的原告或者上诉人申请撤诉，人民法院裁定准许的，案件受理费由原告或者上诉人负担。

4. 自行承担

当事人在法庭调查终结后提出减少诉讼请求数额的，减少请求数额部分的案件受理费由变更诉讼请求的当事人负担。当事人因自身原因未能在举证期限内举证，在二审或者再审期间提出新的证据致使诉讼费用增加的，增加的诉讼费用由该当事人负担。

5. 申请人承担

债务人对督促程序提出异议致使督促程序终结的，申请费由申请人负担；申请人另行起诉的，可以将申请费列入诉讼请求。公示催告的申请费由申请人负担。财产保全措施申请费由申请人负担，申请人提起诉讼的，可以将该申请费列入诉讼请求。

海事案件中的有关诉讼费用依照下列规定负担：诉前申请海事请求保全、海事强制令的，申请费由申请人负担；申请人就有关海事请求提起诉讼的，可将上述费用列入诉讼请求；诉前申请海事证据保全的，申请费由申请人负担；诉讼中拍卖、变卖被扣押船舶、船载货物、船用燃油、船用物料发生的合理费用，由申请人预付，从拍卖、变卖价款中先行扣除，退还申请人；申请设立海事赔偿责任限制基金、申请债权登记与受偿、申请船舶优先权催告案件的申请费，由申请人负担；设立海事赔偿责任限制基金、船舶优先权催告程序中的公告费用由申请人负担。

（六）司法救助

当事人交纳诉讼费用确有困难的，可以向人民法院申请缓交、减交或者免交诉讼费用的司法救助。诉讼费用的免交只适用于自然人。

1. 免交诉讼费用

当事人申请司法救助，符合下列情形之一的，人民法院应当准予免交诉讼费用：

(1)残疾人无固定生活来源的；

(2)追索赡养费、扶养费、抚育费、抚恤金的；

(3)最低生活保障对象、农村特困定期救济对象、农村五保供养对象或者领取失业保险金人员，无其他收入的；

(4)因见义勇为或者为保护社会公共利益致使自身合法权益受到损害，本人或者其近亲属请求赔偿或者补偿的；

(5)确实需要免交的其他情形。

2. 减交诉讼费用

当事人申请司法救助，符合下列情形之一的，人民法院应当准予减交诉讼费用：

(1)因自然灾害等不可抗力造成生活困难，正在接受社会救济，或者家庭生产经营难以为继的；

(2)属于国家规定的优抚、安置对象的；

(3)社会福利机构和救助管理站；

(4)确实需要减交的其他情形。

人民法院准予减交诉讼费用的，减交比例不得低于30%。

3. 缓交诉讼费用

当事人申请司法救助，符合下列情形之一的，人民法院应当准予缓交诉讼费用：

(1)追索社会保险金、经济补偿金的；

(2)海上事故、交通事故、医疗事故、工伤事故、产品质量事故或者其他人身伤害事故的受害人请求赔偿的；

(3)正在接受有关部门法律援助的；

(4)确实需要缓交的其他情形。

4. 司法救助程序

(1)当事人申请司法救助，应当在起诉或者上诉时提交书面申请、足以证明其确有经济困难的证明材料以及其他相关证明材料。因生活困难或者追索基本生活费用申请免交、减交诉讼费用的，还应当提供本人及其家庭经济状况符合当地民政、劳动保障等部门规定的公民经济困难标准的证明。

(2)当事人申请缓交诉讼费用经审查符合规定的，人民法院应当在决定立案之前作出准予缓交的决定。人民法院准予当事人减交、免交诉讼费用的，应当在法律文书中载明。

(3)人民法院对当事人的司法救助申请不予批准的，应当向当事人书面说明理由。

第五章　民事诉讼参加人

第一节　典型案例及其评析

【案例】安徽某业主委员会诉开发公司违约案

原合肥市某信托投资公司(以下简称“信托公司”)与原合肥市常青经济开发公司(后变更为合肥常青企业集团公司，以下简称为“常青公司”)出资成立联营企业——合肥甲房地产开发公司(以下简称甲房地产公司)。甲房地产公司开发了某住宅小区，在尚未综合验收的情况下对外销售了商品房，但甲房地产公司没有按照安徽省及合肥市住宅区物业管理的有关规定，向业主委员会移交住宅区规划图等有关资料，未提供配套公用设施，也未移交物业管理用房、商业用房及物业设施维护费用(包括公用设施专项费、公共部位维护费)。由于甲房地产公司已被吊销营业执照，2002 年 4 月 5 日，某业主委员会起诉要求信托公司及常青公司依法履行上述义务。

本案经合肥市中级人民法院审理后裁定驳回起诉，某业主委员会不服，上诉至安徽省高级人民法院，安徽省高级人民法院就此事请示了最高人民法院。2003 年 8 月 20 日，最高人民法院作出了《关于某业主委员会是否具备民事诉讼主体资格请示一案的复函》以下简称《复函》。安徽省高级人民法院裁定由合肥市中级人民法院进行实体审理。

2004 年 10 月 26 日，合肥市中院作出一审判决判令被告信托公司和常青公司在判决生效两个月内，完成对甲房地产公司的清算，并赔偿某业主委员会 64.29 万元，对于一审法院的这一实体判决原、被告均表示不服气，双方向安徽省高级人民法院提起上诉。

上诉人信托公司称，某业主委员会没有主体资格。理由有：

(1)最高人民法院的《复函》不是司法解释，没有约束力。据报载，省高院之所以裁定被上诉人有民事诉讼主体资格，是源于最高人民法院的一个答复。但据上诉人查《最高人民法院公报》，该答复并未公布。可见，该答复未经最高人民法院审委会讨论并予以公布，因而不是司法解释，没有法律约束力。

(2)上诉人不具备民诉法规定的"其他组织"的条件，不能成为民事诉讼主体。按照《最高人民法院关于适用〈中华人民共和国民事诉讼法〉若干问题的意见》第四十条规定的"其他组织"的条件，首先是合法成立的，指核准登记成立，其次，必须有一定的组织机构和财产。

业委会不具备民诉法规定的上述条件。首先，业委会是经业主大会选举便告成立，成立后向房地产主管部门备案(《物业管理条例》第十条、第十六条)，而不是经核准登记后宣告成立。其次，业委会没有自己独立的财产，它只是业主大会的执行机构(第十五条)，其存在的目的是维护广大业主的利益，自身并无实体权利。

(3)被上诉人不是本案合同当事人或财产所有人。本案房屋买卖合同签订于1993年至1996年之间。原甲房地产公司是1996年注销的，而本案被上诉人是2001年7月份才成立的，因而它不可能成为房屋买卖合同的当事人。同时，房屋买卖合同所涉及的财产及小区的配套设施也属业主所有，被上诉人不是财产所有人，因而从物权的角度来讲，它也不可能成为诉讼当事人。从法律上讲业委会是业主大会的执行机构，是为了维护业主的权益，因此，业委会只能是业主的代表人，而不能成为诉讼当事人。民诉法关于集团诉讼的制度为当事人一方为多数人的诉讼提供了现成的途径。因此请求撤销一审判决，裁定驳回被上诉人的起诉。

某业主委员会对上述理由答辩如下：

(1)最高人民法院《关于某业主委员会是否具各民事诉讼主体资格请示一案的复函》一经作出，就具有司法解释的效力，对各级人民法院审理该类案件具有约束力。上诉人信托公司以其未查到该《复函》为由认为《复函》不是司法解释和没有约束力，显然是强词夺理。

(2)某业主委员会具备民诉法规定的"其他组织"的条件。首先，某业主委员会经小区业主大会选举产生，并到主管部门备案，是依照行政规章成立的，国务院《物业管理条例》第十六条亦有与之明确一致的规定，应当认为是合法成立的。其次，业主委员会是业主自治组织，有自己的章程和职能，有专人负责，具有一定的组织机构。最后，业主委员会不但有自己的财产，而且根据《安徽省城市住宅小区物业管理暂行办法》和合肥市人民政府第六十八号令、第六十八号令的规定，业主委员会对小区业主共同财产有使用权、管理权和所有权。

本案评析：业主委员会是否具有民事诉讼主体资格

某业主委员会是否具有民事诉讼主体资格，这个问题是案件争议的焦点之一。

业主，一般意义上是指物业所有权人。业主委员会是指经业主代表大会选举产生的，代表业主利益，维护业主合法权益的组织。在目前的物业管理和审判实践中，就业主委员会的法律地位学者们争议的焦点主要集中在以下两个方面：

（一）业主委员会可否具有法人资格，成为独立的民事主体

关于业主委员会可否具有法人资格，成为独立人民事主体，我国相关法律法规并未作出明确规定。学界主要有四种观点：

第一种："社团法人说"①。认为业主委员会是独立的社团法人，是完全的诉讼主体。主要理由：业主委员会依照《物业管理条例》等法规规定成立，且经房地产主管部门备案，有自己的章程；业主委员会虽然无经费来源，但绝大部分的业主委员会有自己的财产和经费；有自己的名称、机构和场所；以自己的名义从事民事活动，如对外签订物业管理合同等。所以这种业主委员会经政府有关机关核准后，即具有以自己的名义实施民事法律行为和参加民事诉讼活动的能力，并以自己独立的财产对外承担法律责任。

第二种："非法人组织说"②。该观点认为业主委员会既不是独立法人，也不是其他组织，不享有民事诉讼法中"其他组织"的独立诉讼主体资格，而仅仅是特定民事主体——业主团体的代表机构。理由：首先，业主委员会没有合法的营利途径，业主也不向其缴纳款项，因此，业主委员会并不拥有自己独立的财产，不能独立承担民事责任。其次，业主委员会作为业主大会的执行机构，只是一种内部自治性机构，类似于公司内部的董事会，没有独立的法律地位，不能以自己名义进行法律活动。再次，业主委员会参加诉讼是受权于全体业主，是以业主的代表身份参加诉讼，业主委员会不能领受实体上的权益和承担实体上的义务，其活动的后果将归于全体业主，民事责任最终由全体业主承担。最后，业主委员会成立的目的，只是为了能够代表全体

---

① 姜国辛.业主委员会的法律地位[J].上海审判实践，2005(5)：215.

② 刘兴桂，刘文清. 物业服务合同主体研究[J]. 法商研究，2004(4)：114.

业主对内进行日常的管理事务，对外实施相关的具体行为。因此，业主委员会本身根本不具有独立的民事主体资格，也不能以自己名义从事民事活动。

第三种："社会公益团体说"。该观点认为业主委员会属于社会公益团体，即从事和举办社会福利事业的社会团体。其并不涉及民事权利、义务、责任的承担。持这种观点的主要理由是：业主委员会的组成人员是无偿提供服务的，《物业管理条例》第十六条第二款规定："业主委员会应当由热心公益事业、责任心强、具有一定组织能力的业主担任。"

第四种："其他组织说"①。认为业主委员会属于民法通则及民事诉讼法规定的其他组织，具有民事诉讼主体资格。这种意见在论及业主委员会合法成立、有一定的财产方面所持的理由与第一种观点相同，并承认业主委员会确实不能独立地承担民事责任，不符合法人应具备的条件，但认为在我国，是否能够独承担法律责任也正是法人与其他组织的本质区别，强调业主委员会正是由于不能独立承担法律责任，属于其他组织，其根据民事诉讼法及其司法解释等法律规定具有民事诉讼主体资格。

我国的业主委员会既不是营利性组织，不进行经营活动，也无独立的财产，其名下的财产是全体业主授权其代为保管的公共基金，它本身并无处分权和所有权，不能以此承担民事责任。故将业主委员会定位为法人团体不符合我国法律关于法人条件的规定，因此第一种观点是不能成立的。第二种观点以业主委员会无独立财产为由，绝对否认其诉讼主体资格也是不合时宜的。衡量一个主体是否具有诉讼资格，并非完全依其有无财产为标准，如果诉讼的结果不是以财产为责任基础，就不必有此要求。业主委员会在诉讼中行使的大多是请求权，需要业主委员会承担财产责任的情形在现实中并不多见，法院所作的裁判一般也是支持或者驳回这种请求权，因此没有理由仅仅因为业主委员会无独立财产而否认其诉讼权能。

国外关于业主委员会法律地位之立法模式主要可以归纳为四种模式：其一为法国模式——业主管理组织具有法人资格模式。该模式认为业主委员会具备法人资格。其二为德国模式——业主管理组织不具有法人资格模式。认为由全体业主形成的群体是没有权利能力的团体，不具备法人资格。其三是日本模式——折中模式。在业主群体具备法定条件后就承认其法人资格。其四为美国模式——判例实务上的法人资格模式。美国传统法律及现行法制并不承认业主管理组织(公寓所有人协会)具有法人资格。但随着形势发展及

① 夏善胜.物业管理法[M].北京：法律出版社，2003：134.

法律学说的推动，美国法院在20世纪70年代通过判例承认其具有法人资格。至今，业主管理组织的法人资格已于美国判例实务上获得普遍承认。

本案审判采用了第四种观点“其他组织论”。首先，业主委员会是一个业主团体，是为了代表和维护业主利益而组成的业主自治性管理组织，业主委员会是业主大会的常设机构和执行机构。依法成立的业主委员会在其职责范围内，经业主代表大会授权，有权就与物业管理有关的、涉及全体业主公共利益的事宜，以物业公司或开发商为被告向人民法院提起民事诉讼。业主委员会属于民事诉讼法第四十八条规定的“其他组织”，具有民事诉讼主体资格。《最高人民法院关于适用〈中华人民共和国民事诉讼法〉若干问题的意见》第四十条规定：“民事诉讼法第四十八条规定的其他组织是指合法成立、有一定的组织机构和财产，但又不具备法人资格的组织”。根据该规定，只要是“合法成立、有一定的组织机构和财产，但又不具备法人资格的组织”，就可以称为民事诉讼法第四十八条所规定的“其他组织”，具有诉讼主体资格。

业主委员会具备“其他组织”应具备的几个必要条件：第一，合法成立。物权法第七十五条规定：“业主可以设立业主大会，选举业主委员会。地方人民政府有关部门应当对设立业主大会和选举业主委员会给予指导和协助。”《物业管理条例》第十条规定：“同一个物业管理区域内的业主，应当在物业所在地的区、县人民政府房地产行政主管部门或者街道办事处、乡镇人民政府的指导下成立业主大会，并选举产生业主委员会。但是，只有一个业主的，或者业主人数较少且经全体业主一致同意，决定不成立业主大会的，由业主共同履行业主大会、业主委员会职责。”《物业管理条例》第十六条规定：“业主委员会应当自选举产生之日起30日内，向物业所在地的区、县人民政府房地产行政主管部门和街道办事处、乡镇人民政府备案。”这说明业主委员会是依法成立的组织。第二，有一定组织机构。业主委员会是小区业主自治组织，是小区业主大会的执行机构．其由业主大会选举产生，委员一般由业主担任，主任、副主任在委员中推选产生。业主委员会有健全的组织机构，完善的组织章程，依章程规定处理各项事务。《物业管理条例》《业主大会规程》以及一些地方物业管理规范还对业主委员会委员的任职要求、资格条件、产生办法、人数组成、权利义务、工作职责以及业主委员会的议事规则、办公用房、活动经费等都做了详细规定，因此业主委员会的组织机构是健全与完备的。第三，有一定的财产。业主委员会代表全体业主对下列财产进行管理：物业的共用部位、共用设施、设备和物业管理办公场所、经营用房及由此产生的收益；住宅共用部位、共用设施设备维修基金；业主委员会的办公活动经费等。业主委员会具备《最高人民法院关于适用〈中华人民共和国民事诉讼法〉若干问题的意见》第四十条规定的条件，应属具备民事主体资格的其他组织。在本案中，最高人民法院给安徽省高级人民法院的《复函》中明确指出：业主委员会符合"其他组织条件"，可以自己名义提起诉讼。至此，业主委员会的原告诉讼主体资格已经明确。应该说，业主委员会有一定的财产和经费，主要来源于物业的共用部位、共用设施设备和物业管理办公经营用房及由此产生的收益和住宅共用部分、共用设施设备维修基金以及业主委员会从业主处筹集来的办公活动经费等。因此，业主委员会完全可以归入我国法律规定的"其他组织"中。

其次，从诉讼理论上讲，诉讼权利能力和实体权利能力并不是统一的。现代社会，诉讼权利能力和实体权利能力分离已成为一个普遍性的趋势，诉讼权利能力和实体权利能力实质上是完全独立的，诉讼权利能力并非是实体权利能力的附庸，有民事权利能力的人，必有诉讼权利能力，但并非无前者便无后者，在特殊情形下，没有民事权利能力的人，法律上仍承认其诉讼权利能力。例如，非法人组织是我国民事诉讼法上的概念，我国民法通则并不承认其民事主体地位，这也体现了程序法上的权利能力与实体法上权利能力的分离。民事诉讼当事人的范围突破了民事主体的限制，业主委员会就是这样一个非法人团体。

我国物权法实际上也确认了业主委员会的民事诉讼主体资格。该法第七十八条二款规定："业主大会或者业主委员会作出的决定侵害业主合法权益的，受侵害的业主可以请求人民法院予以撤销。"这种请求撤销之诉在性质上属于以业主委员会作为被告的确认之诉，这实际上是物权法对业主委员会的消极当事人资格作出了确认。另外物权法第八十三条规定："业主大会和业主委员会，对任意弃置垃圾、排放污染物或者噪声、违反规定饲养动物、违章搭建、侵占通道、拒付物业费等损害他人合法权益的行为，有权依照法律、法规以及管理规约，要求行为人停止侵害、消除危险、排除妨害、赔偿损失。"对此，我们可以理解为业主委员会对侵害人提出要求的方式不仅限于自力救济的方式，还应包括通过提起诉讼的公力救济的方式来实现，即业主委员会可依法以原告身份对侵害人提出要求，这一款规定实际上是确认了业主委员会的积极当事人资格。①

① 田春苗. 业主委员会之法律地位新视角探析[J]. 西部法学评论，2009(1)：94.

本案中最高人民法院在《复函》中作出了说明，指出：某业主委员会符合“其他组织”的条件，对房地产开发单位未向业主委员会移交住宅区规划图等资料、未提供配套公用设施、公用设施专项费，公共部位维护费及物业管理用房、商业用房的，可以以自己的名义提起诉讼；开发建设单位以业主委员会不具备民事诉讼主体资格为由提出抗辩不成立。该司法解释不仅将业主委员会划归为“其他组织”之列，而且赋予业主委员会积极当事人的民事诉讼主体资格。

（二）业主委员会可否为业主的公共利益而成为诉讼主体

一般来说，业主的诉讼可以分为三种情况：业主个人诉讼、部分业主诉讼、全体业主诉讼。业主个人诉讼以业主个人名义进行即可；部分业主诉讼可以采取推荐代表的集团诉讼。对此，我国民事诉讼法有相关规定：“当事人一方人数众多的共同诉讼，可以由当事人推选代表人进行诉讼。代表人的诉讼行为对其所代表的当事人发生效力，但代表人变更、放弃诉讼请求或者承认对方当事人的诉讼请求，进行和解，必须经被代表的当事人同意。”“诉讼标的是同一种类、当事人一方人数众多在起诉时人数尚未确定的，人民法院可以发出公告，说明案件情况和诉讼请求，通知权利人在一定期间向人民法院登记。”但对于全体业主的诉讼，是否也适用这种推荐代表的集团诉讼呢？对此，民事诉讼法并未明确规定。本案系属涉及全体业主公共利益的事项，业主委员会作为原告提起诉讼的情况。

第二节 基本知识

诉讼参加人是指参加诉讼，进行诉讼活动的人，也就是指参加诉讼的当事人和相似于当事人的人。当事人中包括共同诉讼人和诉讼中的第三人即有独立请求权的第三人和无独立请求权的第三人。相似于当事人的人是诉讼代理人。①

一、当事人

民事诉讼中的当事人，是指因民事权益发生争议，以自己的名义进行诉讼，并受人民法院裁判拘束的利害关系人。其具有以自己的名义进行诉讼、与案件有着直接的利害关系和受人民法院裁判拘束的特征。

① 孙立泉. 诉讼参加人与诉讼参与人[J]. 法学，1983(6)：17.

(一)原告与被告

原告和被告被称为狭义的当事人。为保护自己的民事权益，以自己的名义向人民法院提起诉讼，从而引起民事诉讼程序发生的人是原告。被告是与原告利益对立的另一方当事人。

1. 当事人的诉讼权利能力与当事人适格

当事人的诉讼权利能力，又称当事人能力。当事人能力即可以作为当事人的资格，指能够以自己的名义要求法院确认其争执的民事权利义务的资格。

当事人适格(正当当事人)与当事人能力(权利能力)不同：①当事人能力是指作为民事诉讼当事人的资格。当事人适格是指对特定的诉讼可以以自己的名义为原告或被告的资格，也就是对具体的诉讼标的有实施诉讼行为的权能。②当事人能力是抽象的，是针对一般诉讼而言。当事人适格是针对特定的民事诉讼而言的。原则上，对作为诉讼标的的法律关系有实体法上管理权或处分权的人有诉讼权能。因此，适格当事人必具有当事人能力，而具有当事人能力者，对某一特定的诉讼未必是适格的当事人。

2. 当事人的诉讼行为能力

诉讼行为能力又称诉讼能力，指可以独立实施有效的诉讼行为的能力。诉讼行为能力，是指当事人能够自己实施诉讼行为、行使诉讼权利和履行诉讼义务的资格，它又称为诉讼能力。有诉讼权利能力，又有诉讼行为能力的人，才能够亲自实施诉讼行为，行使诉讼权利、履行诉讼义务。如果当事人只有诉讼权利能力而无诉讼行为能力，需要由其法定代理人代为诉讼。公民的诉讼权利能力与诉讼行为能力在取得和消灭的时间上不同，而且公民的这两种能力可以分离。当事人的诉讼行为能力与诉讼权利能力具有不同的法律后果。

3. 可作为民事诉讼当事人的其他组织

(1)其他组织的概念。民事诉讼法上的“其他组织”是指不具备法人条件，没有法人资格，但设有代表人或管理人的社会组织。

(2)其他组织作为当事人的条件。根据我国的实际情况，参加民事诉讼的其他组织应具有以下条件：①有相对独立的财产、名称和管理机构的其他组织可以作为当事人进行诉讼。②具有团体性。其他组织是为某一目的依法成立的社会组织，既包括人的组合社团，又包括财产的集合财团。③具有一定的名称和场所。没有名称和场所涉及一系列诉讼程序问题就无法解决，比如不能确定当事人和管辖等。④设有代表人或管理人。

(3)我国进行民事诉讼的其他组织的类型。能够作为当事人的其他组织，有以下几类：①合伙组织；②依法登记领取营业执照的合伙型联营企业；③依法登记领取我国营业执照的中外合作经营企业、外资企业；④经民政部门核准登记领取社会团体登记证的社会团体；⑤法人依法设立并领取营业执照的分支机构；⑥中国人民银行、各专业银行、中国人民保险公司设在各地的分支机构；⑦经批准登记领取营业执照的乡镇、街道、村办企业。

4. 当事人的诉讼权利和诉讼义务

(1)当事人的诉讼权利。根据我国民事诉讼法第五十条第一款和第二款以及第五十一条、第五十二条等条文的规定，当事人在民事诉讼中享有的诉讼权利主要有：请求司法保护、委托诉讼代理人、申请回避、收集和提供证据、陈述、质证和辩论、选择调解、自行和解、申请财产保全或者先予执行、提起上诉、申请执行、查阅、复制与本案有关材料和法律文书以及申请再审等。

(2)当事人的诉讼义务：依法行使诉讼权利、遵守诉讼秩序、履行生效的法律文书等。

(二)共同诉讼人

1. 共同诉讼的概念及其形成

(1)共同诉讼的概念及分类。当事人一方或双方为两人以上的诉讼均为共同诉讼。

争议的诉讼标的是同一的共同诉讼，是必要共同诉讼。争议的诉讼标的是同种类的共同诉讼，是普通共同诉讼。

(2)共同诉讼发生的原因。因后发原因形成的共同诉讼有以下几种情形：①诉讼进行中，原告或被告死亡，由数个继承人或权利义务承担人承担其诉讼权利，数人参加诉讼而形成共同诉讼；②诉讼进行中，追加当事人而形成的共同诉讼；③诉讼进行中，法院将分别提起的诉讼合并审理而形成的共同诉讼。

2. 必要共同诉讼

(1)必要共同诉讼的概念和特点。必要共同诉讼，是指当事人一方或者双方为两人以上，诉讼标的是同一的，法院必须合一审理并合一判决的共同诉讼。其具有以下特征：①当事人一方或双方为两人以上。这是共同诉讼的基本要求。②诉讼标的具有同一性。③法院必须合并审理、合一判决。所谓法院必须合并审理，合一判决，是指对于共同诉讼，法院必须适用同一诉讼程序进行审理，并对共同诉讼人的权利义务作出内容相同的裁判。这是由必要共同诉讼中诉讼标的同一性决定的。

（2）必要共同诉讼的成因。①各共同诉讼人之间存在着权利义务共同关系，如合伙人对合伙财产的共同关系。②各共同诉讼人之间存在着连带债权或连带债务。如承担连带保证责任的保证人与被保证的主债务人之间存在着连带清偿关系。③数人共同致他人损害，他人向数个加害人要求损害赔偿的诉讼。在损害发生前，数人之间既没有共同关系，也没有连带关系，只是因为发生了加害的事实，才使共同诉讼人之间有了连带关系。

（3）必要共同诉讼人的追加。由于在必要共同诉讼中，诉讼标的具有同一性，法院只能合并审理和合一判决，当事人只能一同起诉或应诉，否则当事人将不适格。因此在起诉或应诉时，如果有部分当事人没有参加诉讼，就需要追加当事人。追加当事人的方式有两种：一是由法院依职权进行；二是由法院根据参加诉讼的当事人的申请追加。

（4）必要共同诉讼人的内部关系。由于各个共同诉讼人都是独立的诉讼主体，都有权独立地实施诉讼行为，而他们相互间的诉讼行为又可能会不完全一致，这就产生了如何处理必要共同诉讼人内部关系的问题。我国民事诉讼法以承认原则来处理必要共同诉讼人的内部关系，即共同诉讼的一方当事人对诉讼标的有共同权利义务的，其中一人的诉讼行为经其他共同诉讼人承认，对其他共同诉讼人发生效力。

3. 普通共同诉讼

（1）普通共同诉讼的概念和特征。普通的共同诉讼，是指当事人的一方或双方是二人以上，其诉讼标的同种类，当事人同意合并诉讼，法院认为可以合并审理的诉讼。

普通共同诉讼与必要共同诉讼相比有以下特征：①普通共同诉讼的诉讼标的是同一种类的；②普通共同诉讼中各共同诉讼人与对方当事人之间一定存在两个以上的诉讼请求；③普通共同诉讼是一种可分之诉，共同诉讼人的诉讼行为具有独立性；④法院对案件的合一审理与分别判决。

（2）普通共同诉讼与必要共同诉讼的区别。区别必要共同诉讼与普通共同诉讼，原则上要看共同诉讼人在实体法律关系上是否存在共同关系或连带关系。存在共同关系或连带关系的一般是必要共同诉讼，反之，则是普通共同诉讼。同样，共同诉讼人对诉讼标的的权利义务虽产生于同一事实或法律上的原因，也并非一定构成必要的共同诉讼。普通共同诉讼是一种可分之诉，因此，普通共同诉讼人各自具有其独立性。

（3）普通共同诉讼的构成要件。①有两个以上属于同一种类的诉讼标的。普通共同诉讼属于诉讼客体的合并，并因为诉讼客体的合并，导致诉讼主体的合并。因此要成为普通共同诉讼，必须有两个以上当事人，就两个以上同一种类的诉讼标的向同一法院起诉或应诉。②由同一法院管辖，适用同一诉讼程序。③符合合并审理的目的。普通共同诉讼的目的在于实现诉讼经济，节约司法资源。④法院认为可以合并审理，当事人也同意合并审理。在符合以上条件的情况下，是否合并审理，由人民法院决定，但应征求当事人的同意。如果当事人不同意的，法院不能硬性合并为共同诉讼。

(三)代表人诉讼

1.代表人诉讼的概念与特征

代表人诉讼，指一方或者双方当事人人数众多时，由众多的当事人推选出代表人代表本方全体当事人进行诉讼，维护本方全体当事人的利益，代表人所为诉讼行为对本方全体当事人发生效力的诉讼制度。

代表人诉讼的特征是：①当事人一方人数众多，不可能每个人都参加诉讼。②众多当事人处于相同情况，有相同的利害关系。③由诉讼代表人进行诉讼。④人民法院的裁判对众多当事人均具有法律效力。对于起诉时人数尚未确定的诉讼，人民法院以公告通知权利人进行登记。

2.必要共同诉讼的代表人诉讼

必要共同诉讼的代表人诉讼是指诉讼标的相同的当事人为多数时，为了简化和方便诉讼，由多数的一方当事人从中选出一人或数人代表自己一方当事人进行诉讼，其裁判效力及于自己和所代表的其他必要共同诉讼人的一种制度。

推选必要共同诉讼的代表人须具备以下条件：①被推选的代表人必须与所代表的当事人具有共同的利益；②起诉或应诉的一方当事人必须人数众多；③须就特定的诉讼案件推选代表人。

代表人应当是由全体共同诉讼人推选出来的，并以书面形式向受诉人民法院说明所推选的代表人。代表人在获得诉讼代表权后，就可以代表其他共同利益人起诉或应诉，具有实施诉讼的权能。

3.普通共同诉讼的代表人诉讼

普通共同诉讼的代表人诉讼制度，是对普通共同诉讼制度的扩张，以适应人数众多的共同诉讼的特殊需要，其特点是：①普通共同诉讼是建立这种代表人诉讼制度的基础；②起诉或应诉的一方当事人人数众多，难以用普通共同诉讼审理的；③由共同诉讼人一方共同推定代表人，并以书面形式告知人民法院后，代表人才代表被代表人进行诉讼；④对代表人、被代表人实体权利、义务应当分别判决，不能合一确定。

(四)诉讼第三人

1. 第三人的概念与特征

民事诉讼中的第三人是指对原告和被告所争议的诉讼标的认为有独立的请求权，或者虽没有独立请求权，但案件的处理结果与他有法律上的利害关系，而参加到正在进行的诉讼中来的人。

民事诉讼中的第三人具有以下特征：①从第三人与原被告的相互关系来看，他具有独立的诉讼请求，该请求既不同于原告的诉讼请求，也不同于被告的答辩主张；或虽不具有独立的诉讼请求，但与案件的处理结果有法律上的利害关系；②从与案件的联系来看，第三人是与案件有某种利害关系的人；③从参加诉讼的目的来看，第三人参加诉讼是为了维护自己的合法权益；④从参加诉讼的时间来看，第三人是参加诉讼的主体，而不是起诉或应诉主体。

2. 有独立请求权的第三人

有独立请求权的第三人，是指对他人之间正在争议的诉讼标的有独立的请求权，或者他人之间的诉讼可能给自己的利益带来损失，以本诉中的原告和被告为被告提出独立的诉讼请求，以加入到已经开始的诉讼中来的、除本诉原告和被告以外的第三方面的当事人。

有独立请求权第三人参加诉讼须具备以下条件：①对本诉讼的当事人争议的诉讼标的，主张独立请求权；②所参加的诉讼正在进行；③以起诉的方式参加诉讼。

3. 无独立请求权的第三人

无独立请求权的第三人是相对有独立请求权的第三人而言的，它是指虽对原告与被告之间争议的诉讼标的不主张独立的请求权，但案件的处理结果与他有法律上的利害关系，而申请参加诉讼或者由法院通知其参加诉讼的人。

无独立请求权第三人在诉讼中只是为了维护自己的权益，以免对他人的判决于己不利，他并没有对本诉讼的原告和被告提出实体权利的请求。

无独立请求权的第三人参加诉讼的根据不是对本诉讼当事人主张请求权，而是因为他们之间争议的处理结果与他有法律上的利害关系。

4. 无独立请求权的第三人与有独立请求权的第三人的区别

(1)参加诉讼的根据不同。无独立请求权第三人参加诉讼的根据，是与他人之间案件的处理结果有法律上的利害关系。有独立请求权第三人参加诉讼的根据，是对他人之间争议的诉讼标的有独立请求权。

(2)诉讼地位不同。无独立请求权的第三人是辅助一方进行诉讼的参加人，有独立请求权的第三人的诉讼地位相当于原告。

(3)享有的权利不同。无独立请求权的第三人通常不享有与处分实体权利有关的诉讼权利。有独立请求权的第三人享有原告应享有的所有权利。

(4)参加诉讼方式不同。无独立请求权的第三人参加诉讼的方式，是申请或法院通知其参加。有独立请求权的第三人是以起诉方式参加诉讼。

二、诉讼代理人

(一)诉讼代理人的概念及特点

民事诉讼代理人，是指基于法律规定、法院指定或者当事人的委托授权，在民事诉讼中以当事人的名义为其利益进行诉讼活动的人。

民事诉讼代理人具有以下法律特征：具有诉讼行为能力；以被代理人名义进行诉讼活动；在代理权限范围内进行诉讼活动；诉讼代理后果由被代理人承担。

(二)诉讼代理人分类

1. 法定诉讼代理人

法定诉讼代理人，就是指根据法律规定取得诉讼代理权，代理无民事诉讼行为能力的当事人进行民事诉讼活动的人。与监护人的范围一致，法定诉讼代理人既可以是自然人，也可以由机关、团体或企事业单位担任。

法定诉讼代理的对象，是因年龄或者智力原因而不能正确识别自己行为后果的无诉讼行为能力的人。代理对象的特殊性决定了法定诉讼代理是一种真正意义上的全权代理。为了充分保护被代理人的合法权益，法定诉讼代理人可以实施一切诉讼行为，包括对被代理人程序权利和实体权利的处分。与委托诉讼代理人不同，法定诉讼代理人的代理权并不受被代理的当事人意志的限制。

2. 委托诉讼代理人

委托诉讼代理人，是指基于当事人、法定诉讼代理人的委托，为当事人的利益在授权范围内进行民事诉讼活动的人。

根据我国民事诉讼法第五十八条的规定，委托诉讼代理人的范围包括：律师；当事人的近亲属；当事人所在单位或社会团体推荐的人；经人民法院许可的其他公民。

我国民事诉讼法对于委托诉讼代理人的人数作了规定，即以二人为限。如果委托二人作为诉讼代理人，各自的代理权限均应在授权委托书中分别载明。

3. 委托诉讼代理人代理权的产生和范围

委托诉讼代理人的代理权产生于当事人或法定代理人的授权行为。

为了保证授权行为的确定性和代理权限的明晰性，授权委托行为必须采用书面形式，即必须向人民法院提交由委托人签名或盖章的授权委托书。

(1)一般授权。一般授权，是指属于纯程序性质或者与实体权利关系不甚密切的诉讼权利，如申请回避权、管辖异议权、收集提供证据权、辩论权等。

(2)特别授权。特别授权是与实体权利联系紧密的诉讼权利，如代为承认、变更、放弃诉讼请求，进行和解，提起反诉或者上诉等。

4. 委托诉讼代理人的诉讼地位

委托诉讼代理人参与民事诉讼，是运用自己的经验、学识、技巧等，发挥自己的主观能动性，最大限度地维护被代理人的合法权益。委托诉讼代理人在授权范围内的诉讼行为，对被代理人产生法律效力。在委托诉讼代理人的意见与委托人的意见不一致的情况下，原则上以委托人的意见为准。如果双方意见发生冲突且无法协调一致，委托人可以解除委托，诉讼代理人也可以辞去委托。

5. 委托诉讼代理权的变更与消灭

委托诉讼代理权因下列原因之一而消灭：诉讼结束，代理任务完成；代理人丧失诉讼行为能力或者死亡；代理人辞去委托或者被代理人取消委托。

第六章 民事诉讼证据

第一节 典型案例及其评析

【案例一】 孙某某诉金某某、尹某民间借贷纠纷案

金某某、尹某原系夫妻关系，二人于2012年6月25日离婚。金某某与孙某某曾是生意伙伴，并曾经向孙某某借款，截至2012年5月，金某某共欠孙某某196500元，金某某向孙某某出具了借条。2012年12月底，孙某某又将该196500元的借条交给金某某，并要求金某某重新出具了2张借条，金额分别为5万元、146500元，但借条的落款时间分别为2012年4月26日、2012年5月13日。庭审中，孙某某向法庭提交了金某某出具的2张借条、以及与金某某的通话录音证明所诉事实，通话录音中，金某某承认其向孙某某借款均发生于离婚之前。经质证，尹某认为金某某受孙某某胁迫书写了2张借条；对录音内容被告尹某无异议。孙某某为证实金某某向自己借款的实际时间，申请证人金某、王某出庭作证，并提交了证人邱某的书面证词，证人金某的哥哥与金某某是同学，金某证实2012年5月10日左右，金某某在其家中住过几天，金某某亲口对金某讲其共欠孙某某货款及借款共计18万~19万元。证人王某与孙某某是朋友，其证实2012年，替孙某某向金某某送去1万元，并听孙某某讲该笔钱是金某某借的。证人邱某证实2012年5月上旬，金某某在其家中住了4~5天，期间金某某讲曾向孙某某借钱。经质证，尹某对证人证言不予认可，认为证人均是听说上述事实，并未在场亲历。

原审法院经查明事实后认为，孙某某提交的借条、证人证言、录音资料，形成完整的证据链，足以证明金某某向孙某某借款196500元，且借款行为均发生于金某某、尹某婚姻关系存续期间的事实，该笔借款发生于金某某、尹

某婚姻关系存续期间，尹某应共同承担还款责任。最后判决金某某、尹某于判决生效后10日内偿还孙某某借款196500元。案件受理费和保全费由金某某、尹某负担。

一审判决作出后，被告尹某提出上诉，称一审认定借款事实不清，法院认定债务存在且系夫妻共同债务不当，其提出本案证据不足且存在重大瑕疵，孙某某提交的两张借条已将借款时间进行了修改，无法证实真正的借款关系及借款时间，更不能证明该借款系上诉人与金某某的夫妻共同债务，即使存在借债也应当将债务认定为金某某的个人债务。孙某某提交的证人证言均称是听说金某某向孙某某借款，并非借款关系的在场见证人，不能证实借款事实的存在。请求撤销原判，发回重审或依法驳回孙某某对上诉人的诉讼请求。

二审法院经审理后认为：一审中查明的事实，金某某于2012年12月底在同一天内向孙某某出具了两张借条，金额分别为5万元和146500元，落款时间分别为2012年4月26日、2012年5月13日。而上诉人与金某某于2012年6月25日离婚。对于两笔款项是否发生在上诉人与金某某婚姻关系存续期间的问题，二审法院认为，首先，根据《中华人民共和国合同法》第二百一十条“自然人之间的借款合同，自贷款人提供借款时生效”的规定，自然人之间的借贷属实践性合同，自出借人提供借款时生效。据此，孙某某负有证实款项已实际交付的举证责任。其次，根据原审法院对金某某所做的调查笔录以及相应的录音证据，不能证实金某某认可欠孙某某196500元。综上认定金某某与上诉人离婚前，孙某某与金某某之间存在5万元货款的债权债务关系，该债务为夫妻共同债务，上诉人对此应承担共同还款责任。至于146500元的借条，由于借条形成于金某某离婚后，仅凭证人证言不足以证明孙某某已实际履行了付款义务或借贷关系确实发生在婚姻关系存续期间内，孙某某亦未提交其他充分证据证实借贷关系的发生时间及具体金额，因此该款项不应属于夫妻共同债务，上诉人不应承担还款责任。

本案评析：民事诉讼中证据的分类及其认定

本案属于实践中最普通的民间借贷纠纷。一般而言，普通的民间借贷法律关系较为简单，司法实践中法院一般通过审查当事人提供的借据、收款凭证等物证就能够对案件事实作出准确认定。随着我国经济不断发展，很多地区的民间借贷活动十分活跃，由于借贷合同属于实践性合同，其核心在于借款交付这一事实，一般事前无专门缔约，很多人借机通过要求对方书写借据将其他合法债务关系甚至是非法债务关系转嫁成民间借贷这一形式，因而很容易滋生虚假诉讼等问题。法院在处理民间借贷关系中，就应当严格按照证据规则，对当事人提交的证据进行正确认定，确保案件处理的公平公正。法院对本案的处理，也集中展现了民事诉讼中证据属性、证据种类、证据规则在实践中的运用。

按照对证据的分类，一审原告孙某某提交的由金某某出具的两张借条，和二审中上诉人尹某提交的离婚协议书一份、工商企业查询结果及档案材料一宗和中国工商银行还款凭证八张，均为书证，借条是以其记载的文字内容，来证明双方的债务关系。上诉人提交的证据，也是以文字记载的内容来证明原告主张的债务，不是夫妻共同债务。证人金某、王某以及邱某的证言属于证人证言，证人金某和王某的证言是口头形式，而邱某的证言则是以书面形式呈现。孙某某与金某某两人的录音资料属于视听资料。一审中原告孙某某提交的金某某出具的两张借条、证人金某、王某以及邱某的证言和与金某某两人的录音资料，均是要证明金某某与尹某二人欠款的事实，因此属于本证，而二审上诉人尹某提供的证据，离婚协议书一份、工商企业查询结果及档案材料一宗和中国工商银行还款凭证八张，均是要证明金某某所欠债务，不属于夫妻共同债务，也属于本证。一审中，原告孙某某提交的证据中，两张借条可以直接说明原被告双方的债务关系，因此属于直接证据。而证人证言以及录音资料，不能单独证明债务关系，因此是间接证据。二审中，上诉人尹某提供的证据，离婚协议书只能证明其与金某某于2012年6月25日协议离婚，工商企业查询结果及档案材料一宗只能证明金某某作为法定代表人的企业青岛某皮革制品有限公司依然存续，中国工商银行还款凭证八张只能证明本人的房贷还款情况，不能单独直接的证明金某某的借款不是夫妻共同债务，故也属间接证据。本案的证据中，证人金某、王某以及邱某的证言不是直接来源于案件的事实而是间接听说，因此属于传来证据，其他证据均是直接来源于案件的事实，没有经过其他中间程序，因此属于直接证据。

以上是就本案中出现的证据进行的学理上的分类。具体到本案的处理上，则需要对双方当事人提交的证据进行认证，并根据举证责任规则对当事人的责任进行认定。从本案来看，其焦点在于如何对借款事实以及借款是否发生在金某某、尹某夫妻关系存续期间进行认定。这些事实均需通过证据进行证实，即根据举证责任分配，对当事人提交的证据或法院依职权获取的证据进行综合分析。本案中，孙某某对其主张的两笔欠款负有证实款项已实际交付的举证责任。由于被告金某某承认第一笔5万元的欠款，属于自认，故法院可以直接予以认定。但对于第二笔146000元的欠款，被告尹某予以否认，而且根据孙某某所提供的借据、证人证言等证据，并不能对该笔借款进行证实。由于该部分事实的举证责任由孙某某承担，故二审法院在最后判决中认为仅凭证人证言不足以证明孙某某已实际履行了付款义务或借贷关系确实发生在婚姻关系存续期间，孙某某亦未提交其他充分证据证实借贷关系的发生时间及具体金额，因此该款项不应属于夫妻共同债务，上诉人不应承担还款责任。

【案例二】　某水泥厂诉长宏公司、北湖公司产品质量纠纷案

为扩大生产，某水泥厂与长宏公司签订合同，购买由北湖公司生产的高效减水剂。水泥厂使用了长宏公司所供的产品后，认为所供产品中掺有杂质，致使该厂30立方米的混凝土不凝固，导致建筑工程返工，造成损失。随后，水泥厂将长宏公司和北湖公司诉至法院，要求两公司承担损失41万元。

水泥厂提交的证据有：①水泥厂与施工单位达成的索赔认定书，赔偿金额为4万元；②水泥厂与长宏公司签订的合同，内容有：供应产品为“北湖”牌UNF－5高效减水剂，长宏公司供应的各种外加剂包装不得破损、混装、错装；③《混凝土配合比例通知单》及配合比例电脑查询数据（微机显示数据，并没有显示其往混凝土里掺入了UNF－H高效减水剂）。长宏公司和北湖公司提交的证据有：①2001年9月5日北湖公司发到长宏公司的传真件，内容为：北湖公司发给长宏公司的60吨高效减水剂UNF－5中有部分产品标识为UNF－H，其产品性能与UNF－5完全相同，两种型号皆不具有缓凝作用；②原告所在地技术监督局委托省级建筑质量监督检验站对UNF－H高效减水剂检验（由水泥厂和长宏公司共同抽样、封存并委托检验），经检验凝结时间差达标；③某直辖市技术监督部门对UNF－H减水剂检测报告，检测报告UNF－H结果为合格产品。

案件被受理后，一审法院组成合议庭，公开开庭审理了本案。一审法院判决：①长宏公司赔偿水泥厂经济损失305137元；②驳回水泥厂要求北湖公司承担民事赔偿责任的诉讼请求。

一审法院判决后，长宏公司提出了上诉，二审法院认为：①一审判决事实不清，证据不足、适用法律不当。构成产品侵权的首要条件是产品存在缺陷，而“北湖”产品从生产厂家到牌号商标不存在任何问题，原告收到的也是该合格产品。水泥厂与长宏公司的合同中并未约定产品型号，但一审法院将

提供产品的型号强加给长宏公司。②对产品责任性质并未完全确定，究竟是产品质量不合格还是产品品名不一致，一审判决并未确定。产品责任的赔偿义务主体包括产品的制造者和销售者。在二者同被起诉时，如果产品存在缺陷，应当判明产品生产者的责任。随后，二审法院作出裁定：撤销原审判决，发回重审。经重新开庭审理，一审法院重审认为：①水泥厂与长宏公司签订合同供货的产品为 UNF－5，而在所供产品中掺有标识为 UNF－H 的两袋产品，水泥厂正是在使用这两袋产品时出现生产的混凝土不凝固的情况。②长宏公司存在违反合同约定的行为（指包装破损、混装、错装），应当承担相应的民事责任。③外加剂“UNF－H”和“UNF－5”因尾数“H”“5”不一致而认定不是同一种产品。虽然质量监督部门对送样产品进行鉴定，但不能认定送检样品与水泥厂使用的产品为同一种产品。④北湖公司未提供 UNF－H 的产品生产地有关部门的检测报告。一审法院作出再审判决如下：①驳回水泥厂起诉长宏公司承担责任的诉讼请求；②北湖公司赔偿水泥厂损失 41 万元。

随后，北湖公司提出上诉，要求二审法院撤销原判，驳回水泥厂的诉讼请求。二审开庭时，北湖公司向法院提交了证据有：①某市建设工程质量检测中心出具的证明，证明 UNF－H 高效减水剂已经检测为合格产品；②某建筑材料学院对水泥作出的关于《混凝土外加剂分类、命名和定义》条文解释，阐明该标准对生产企业规格型号不作规定，由企业自行进行编制。③产品原产地检测报告，证明北湖公司生产的 UNF－H 高效减水剂产品符合国家标准，不具有缓凝作用。

二审法院经审理后认定：①北湖公司生产的 UNF－H、UNF－5 两种高效减水剂均不具有缓凝作用。②水泥厂在验收货物时未提出质量异议，在混凝土使用过程中出现不凝结的情况时，既未对原料试样进行封存，亦未能对出现问题的混凝土做出各项检测结论。③经法院调查询问省级有关质量检验部门，导致混凝土不凝结的原因有多种，要对所有的检测项目进行检测，才能得出结论。④水泥厂对北湖公司提交的 UNF－H 高效减水剂地产质检部门出具的证明的客观性无异议。⑤北湖公司及长宏公司对水泥厂主张因产品质量问题造成损害的事实始终提出异议。因此，二审法院认为：①水泥厂没有证据证实造成其损失的原因，而且水泥厂主张北湖公司生产的产品存在质量缺陷及该产品与其财产损害事实之间有因果关系，因缺乏侵权财产损害赔偿的形式要件，所举证据不能证明其主张，故对其请求无法支持。②支持北湖公司的上诉理由。随后，二审法院判决如下：①撤销原判决；②驳回水泥厂对北湖公司、长宏公司的诉讼请求。

本案评析：举证责任分配及其后果

从本案处理来看，本案中需要证明的事实是：生产者的高效减水剂是否存在质量缺陷问题；假如所使用的产品存在问题，那么用户水泥厂是否系因使用了质量缺陷的产品而遭受了相应的损失；同时，该损失与生产商、经销商生产、提供该产品之间是否存在直接因果联系。而案件处理的核心问题在于，如何就这些事实的举证责任在原告和被告之间进行分配，这种举证责任分配直接决定了本案裁决的结果。毫无疑问，原告在本案中应当承担相应的举证责任，即其负有提交证据证明自己主张的法定义务，如果原告所提交的证据不能证明其事实主张，未能完成其举证责任，那么在诉讼结束之际，原告所主张的事实就必然处于未知真伪状态，此时法院即可以原告未完成相应的举证责任（该责任为行为意义上的举证责任，因未能履行该责任而遭受败诉的风险则为结果意义上的举证责任）而判令原告败诉。从案件最后处理结果来看，重审后的二审法院也确实以该依据最后判令原告败诉。

本案中原告要求两被告赔偿其损失，该请求权在性质上属于债权请求权。在法律上，支撑该种债权请求权所依据的法律要件事实是当事人间存在产品缺陷致人损害的特殊侵权关系。从我国关于民事诉讼中举证责任的基本规则来看，主张存在特定法律关系的一方当事人应就该法律关系存在的要件事实承担相应的举证责任（行为意义上的举证责任和结果意义上的举证责任）；另外，主张该法律关系不存在的人则需对法律关系存在的障碍要件、法律关系消灭要件或法律关系排除要件事实负举证责任。从本案来看，原告向被告主张赔偿责任并认为其与被告之间存在侵权关系，依照我国侵权责任法关于产品责任的规定，产品责任的要件如下：一是产品有质量缺陷；二是原告使用了该缺陷产品并因此遭受损失；三是所遭受的损失与使用缺陷产品之间有直接因果关系。既然原告主张被告承担赔偿责任，那么原告应就如上三项事实承担行为意义上和结果意义上的举证责任。

关于本案中行为意义的举证责任，首先应当明确主要的举证责任在原告方，根据侵权责任法等法律的规定，本案中原告承担的行为意义上的举证责任为：UNF－H 高效减水剂有质量缺陷，同时原告系因使用了该缺陷产品而遭受相应损失。只有当被告对原告的该项主张提出异议，被告才应就其提出的异议承担行为意义上的举证责任，具体举证内容如下：UNF－H 高效减水剂并不存在原告主张的质量缺陷，或者即使存在该缺陷，原告所遭受的损失也并非因使用产品而导致。必须明确的是，本案中只有原告完成了其行为意义的举证责任时，被告相应的行为意义的举证责任才产生。由此可知，被告无须证明 UNF－H 高效减水剂为质量缺陷产品，只要证明 UNF－H 高效减水剂可能不存在质量缺陷即完成行为意义的举证责任。如果在诉讼结束之际，上述各个法律要件事实之一，仍处于真伪不明时，结果意义的举证责任就分配给原告，即原告承担败诉的后果。

具体到本案的证据，原告在法庭调查中提供了如下证据：一是配合比例电脑查询数据，而电脑数据并没有显示其往混凝土里掺入了 UNF－H 高效减水剂，却显示混凝土里掺入了过量的起缓凝作用的木钙，结果造成不凝固；二是水泥厂提交了其与被告长宏公司共同申请的检测 UNF 书高效减水剂的报告，结论却是合格产品；三是水泥厂提交的索赔认定书，只是自己单方制作的，没有经过审计鉴定，损失的赔偿也没有可信的中介部门做出评估报告。但从这些证据来看，并不能证明 UNF－H 高效减水剂是缺陷产品，因此对于其所主张的赔偿请求，原告并未完成行为意义上的举证责任。相反，案件中被告先后在四次开庭中提交了产品原产地、某直辖市及水泥厂所在的省级质检部门出具的三份检测报告，这些检测报告均证明被告提供的产品是合格的。从证明效力上看，这些证据能够和原告主张的事实形成对抗，并能驳斥原告所提出的诉讼请求。此时如果原告要继续向法院主张其诉请，则应继续在该产品存在缺陷和使用了缺陷产品造成自己损失的事实上进行举证，例如提出相应的证据证明被告提供的检测报告系伪造。否则在案件裁判中，法院必然只能以原告举证不能为法律理由判令由原告承担结果意义上的举证责任，判令其败诉。

实际上，虽然本案历经初审、上诉、再审、再审上诉等诉讼环节，但案件本身的举证责任分配并不复杂。从原告诉请和被告答辩来看，本案中双方当事人的争议焦点在于北湖公司生产的 UNF－H 高效减水剂是否存在产品质量缺陷以及该产品与原告主张的损害事实之间有无法律上的因果关系。由此可知，本案明显属于因缺陷产品致人损害的法律关系。所谓缺陷产品致人损害的关系，是指由于产品的生产者、销售者所生产、销售的产品存在缺陷，造成他人财产、人身损失依法应承担的责任。关于产品责任的举证责任分配问题，《最高人民法院关于民事诉讼证据的若干规定》第四条第六款规定，因缺陷产品致人损害的侵权案件诉讼，由产品的生产者就法律规定的免责事由承担举证责任。依照我国产品质量法，生产者仅在如下三中情形可主张免责：一是未将产品投入流通的；二是产品投入流通时，引起损害的缺陷尚不存在的；三是将产品投入流通时的科学水平尚不能发现缺陷存在的。那么，本案原告水泥厂应首先就 UNF－H 高效减水剂存在产品质量缺陷，和其使用了该产品导致损失有因果关系承担举证责任。在原告完成了该举证责任后，被告仅仅就法律规定的免责事由承担行为意义的和结果意义的举证责任。通过前文对原告所提交证据进行的分析可知，原告未完成其行为意义上的举证责任。相反，被告却提出了较充分的证据，证明其所提供的产品不存在质量缺陷。退一步说，即使被告未能提供这些证据，也并不影响原告行为意义上举证责任的承担。因此，在诉讼结束之际，因原告举证不能，其所主张的事实就尚处于真伪不明状态，此时法院应依据《最高人民法院关于民事诉讼证据的若干规定》第二条之规定，判决原告败诉。

【案例三】　平湖某特种养殖场诉嘉兴市某染化厂等水污染损害赔偿案

原告平湖某特种养殖场称：①原告特种养殖场与嘉兴郊区某乡相邻，是美国青蛙育种基地。原告在 1993 年冬自留蝌蚪 8 万余尾，次年 3 月又购进美国青蛙蝌蚪 13.6 万尾。自 1994 年 5 月至 1994 年 9 月产卵 566 窝，育成 250 余万尾。连同 1993 年冬自留的与购进的共有蝌蚪 270 余万尾。②1993 年冬起，原告发现红褐色的污水不断流过原告取水河道，经有关部门检测查明，污水系被告五企业直接排放入河道的。原告屡次与某乡工业公司等单位反映，要求被告尽快治理。被告置之不理，仍继续扩大生产，将污水直接排入河道；③1994 年 7 月至 8 月间，原告养育的美国青蛙蝌蚪及幼蛙遭受灭顶之灾，到 1994 年 9 月几乎死亡殆尽，直接经济损失 48.3 万元；④被告违反环境保护法和水污染防治法，违法进行生产，致使大片河网受有害化工污水严重污染；⑤要求被告五企业赔偿原告经济损失共计 48.3 万元，并且排除污染危害，防止侵害，限期治理。

被告辩称：①特种养殖场取水点与五企业相距 10 余公里，途中河网密布，河岸两边排污企业众多，潮涨、潮落、河流流向是多向的，原告不能证明污染系被告所致；②原告提供的死亡蝌蚪的数目纯属编造，所称的死亡原因没有依据，提出的 48.3 万的赔偿数额没有事实依据；③原告青蛙蝌蚪死亡的真实原因系原告滥用农药所致。④要求法院驳回原告的诉讼请求。

经过审理，法院认为：①五被告在生产过程中所产生的废水严重超过国家标准，直接排入或通过渗透进入河道污染水域；②特种养殖场位于五被告排放污水污染区域内；③原告从 1994 年 4 月起发现饲养的美国青蛙蝌蚪开始死亡，到9月至10月间绝大部分死亡，造成直接经济损失231408.96元；③原告认为蝌蚪的死亡系五被告排放的污水所致，未能提出直接有利的证据予以证实。市人民法院判决驳回原告特种养殖场的诉讼请求。

1998年6月20日，嘉兴市人民检察院对该案提起抗诉。抗诉认为原审判决驳回诉讼请求错误，理由如下：①市、市郊区环保局组成的联合调查组认定由于被告的排污行为造成包括原告所在地区的约53平方公里水域污染严重，已丧失了养殖和生活用水功能。②全国蛙类专业委员会主任于1994年9月用被污染的河水试养的蝌蚪死亡，市水产局和省淡水渔业环境监测站赴现场勘测，认为染化废水的严重污染系造成蝌蚪死亡的直接原因。③司法部司法鉴定科学技术研究所鉴定确认蝌蚪死亡与五企业排放的污水有直接的因果关系。基于以上事实，市人民检察院认为五被告所称蝌蚪死亡与己无关，必须拿出证据，否则应当赔偿原审原告的经济损失。

市中级人民法院认为：①原审原告五企业排放污水造成附近水域严重污染属实。②原审原告饲养的青蛙蝌蚪死亡，遭受经济损失属实。③本案适用举证责任倒置仅指证明过错责任问题上的倒置，侵权行为与损害后果之间的因果关系应由原审原告承担。原审原告不能证明青蛙蝌蚪的死因及死亡青蛙蝌蚪体内所含的致死化学成分与原审五被告排向河道的污水所含的成分相符。④抗诉机关提出证明侵权行为与损害后果之间因果关系的证据不具有证明效力。基于以上认定的事实，市人民法院判决驳回市人民检察院的抗诉，维持原判。

省人民检察院于2000年3月10日对该案提出抗诉。省人民检察院认为：①环境侵权系特殊侵权，环境污染与损害事实之间因果关系的认定，应适用因果关系推定原则，根据本案现有的证据即可推定因果关系的成立。②《最高人民法院关于适用〈中华人民共和国民事诉讼法〉若干问题的意见》第七十四条第三款规定，环境污染损害赔偿诉讼中，被告如果对原告提出的侵权事实加以否认，则由被告承担举证责任。根据该条规定，本案应当适用举证责任倒置的原则，由被告就侵权行为与损害后果之间不存在因果关系承担举证责任。

原审五被告辩称：①特种养殖场提供的由司法部司法鉴定科学技术研究所作出的《微量物证鉴定书》是在缺乏“微量物证”的情况下作出的，不具有法律效力。②特种养殖场其他证据仅仅是对青蛙死亡原因的推测，并非事实本身。③位于原审原告上游水域的很多养殖户养殖的蝌蚪并没有出现大面积死亡，导致原审原告养殖区域污染的污染源并不确切，蝌蚪死亡原因可能系高温灾害天气或其他原因。省高级人民法院认为：①因果关系推定原则与举证责任倒置原则是各国处理环境侵权案件中普遍适用的原则，予以认可。②原审原告所举证据可以证实污染行为可能引起渔业损害的事实。但由于原审原告所养殖青蛙的死因不明，不能证明系被何特定物所致，原审原告所举证据没有达到适用因果关系推定的前提。③根据某乡生产技术推广站出具的1994年某乡美国青蛙养殖情况明细表及两个养殖户的陈述，原审原告上游水域的众多养殖户并未发生青蛙蝌蚪大量死亡的情况。原审原告据以推定的损害原因不明、证据有限，主张的因果关系推定不能成立，遭受的损害无法认定为原审被告引起。据此，省高院认为省人民检察院抗诉理由不能成立，对原再审予以维持。

省高院判决后，原告以该案判决在污染损害事实认定与法律适用上存在着明显的错误为由开始申诉。2006年4月，最高人民法院受理了养殖场的申诉，经过开庭审理，于2009年4月2日作出终审判决。判决书中认为，五家企业在涉案时间段超标排放废水造成附近水域污染，位于在五家企业下游约6公里的养殖场1994年饲养的青蛙蝌蚪几乎全部死亡遭受损失是不争的事实。对此，双方当事人并无争议，有争议的是五家企业的污染行为与养殖场的损失是否存在因果关系，特别是应由哪一方举证证明该因果关系是否存在。并认为：五家企业所举证据既不能证明其污染行为不会导致青蛙蝌蚪死亡，也不能证明导致青蛙蝌蚪非正常死亡的结果确系其他原因所致，因此对于本案中污染行为和青蛙蝌蚪死亡之间的因果关系，五家企业均不能提出足够证据予以否定。位于上游的五家企业污染了水源，同时段下游约六公里的养殖场发生了饲养物非正常死亡的后果，五家企业又没有足够的证据否定其污染行为与损害后果之间的因果关系，作为加害人的五家企业，应当向养殖场承担侵权赔偿责任。故此，判决撤销了原审的三个判决。最终判令五被告各赔偿省某农场特种养殖场损失96600元及利息（利息自养殖场一审起诉之日起至清偿之日止，按照中国人民银行同期贷款利率计算），并判令五被告对上述债务承担连带清偿责任。

本案评析：环境侵权案件中举证责任分配及其后果

本案又被称为“蝌蚪案”，在案件审理程序上，该案历经四级法院四次审理、两级检察院两次抗诉，最后经最高人民法院再审历时近15年才画上句号。本案之所以如此复杂，是因为当事人对于是否系被告的排污行为导致原告饲养水产死亡产生了很大的争议，而在司法上，本案的核心问题其实在于如何对案件中的证据进行认定，并如何准确地理解和适用我国法律中关于环境侵权责任的规定。

我们知道，环境侵权系侵权行为的一种，具备传统侵权诉讼的特征。但环境侵权毕竟是一种特殊的侵权，具有自身的特点和独特规律。基于环境侵权的特殊性，我国民法通则、环境保护法、大气污染防治法等法律中确立了环境侵权的无过错原则。因此，和一般侵权案件不同，环境侵权责任的构成要件有三个，分别是：①有排污行为。②有损害事实。③排污行为与损害事实之间存在因果关系。其中，因果关系是构成环境侵权责任最复杂的关键性要件。考虑到环境问题本身的特征，环境侵权的因果关系有如下两个非常突出的特点：一是复杂性，即环境侵权的因果关系多为间接关联，当发生复合型的二次污染时，环境侵权因果关系的关联性链条更为复杂，会出现一次链条、两次链条，甚至多次链条的间接关联。因此，可将环境侵权因果关系的认定，划分为责任成立的因果关系与责任范围的因果关系。二是环境侵权的因果关系具有显著的科学不确定性，即由于当前我们在科学方法、认知对象等方面均受到人类历史局限、认知能力约束。因此，科学知识在用于指导决策以及人类的生产、生活过程中会显示出种种不确知或不知道。但是，现实生活中这些问题是实际存在的，而且由于环境问题在近年来愈演愈烈，已成为世界一大“公害”，因此需要从法律规则上采取一定的措施对纠纷予以规避或疏导。也正是基于案件事实、结合社会、经济等多方面因素，“因果关系推定”便成为审判环境侵权案件中的一项基本原则。在环境侵权案件中因果关系证明责任认定方面，《最高人民法院关于适用〈中华人民共和国民事诉讼法〉若干问题的意见》第七十四条第三款规定，环境污染损害赔偿诉讼中，被告如果对原告提出的侵权事实加以否认，则由被告承担举证责任。该条规定实际上就确立了环境侵权因果关系举证责任倒置的原则。2010 年 7 月 1 日起实行的侵权责任法中，该法首次专列一章对“环境污染责任”进行了规定，其中第六十六条规定，因污染环境发生纠纷，污染者应当就法律规定的不承担责任或者减轻责任的情形及其行为与损害之间不存在因果关系承担举证责任。但在司法实践中，很多法官因为对环境侵权的特点认识不足，对该条规定的理解也出现了很大的偏差。

本案养殖场提交的主要证据包括，养殖场合法取水证、取水河道的水质检测报告，有关专家对蝌蚪等养殖产品死亡原因的分析报告，在嘉兴市环保局主持下养殖场与五企业签订的养殖用水费用补偿协议，以及养殖场等当地众多养殖户联名向有关政府部门反映五企业排废污染河流的举报信。而根据民法通则等法律规定，被告企业应该承担更重的证明责任，其在案件中提交的反证和主张则主要是认为五企业与养殖场之间距离较远、五企业排污行为可能不构成对养殖场的直接污染。而且养殖场的损失没有法律依据，蝌蚪死亡没有进行尸体解剖、死因不明，不能证明就是被告的排污所致。此外，五企业还提交了位于该污染区域内的杜某和陈某两位养殖户，在同一时期内获得了养殖收益的书面证言。从双方提供的上述证据看，养殖场已经完成了关于被告违法排污、养殖场遭受损害的事实、关于养殖场蝌蚪死亡与五企业排废之间存在关联性（即富含化学厌氧物质的染化废水污染水体，致使水体缺氧、进而使蝌蚪和青蛙窒息死亡之间的因果关系链条是清楚的）的初步证明义务，在这种情况下，根据《最高人民法院关于适用〈中华人民共和国民事诉讼法〉若干问题的意见》之第七十四条第三项规定的基本精神，因为五企业没有针对养殖场提出的"肯定因果关系"之证作出相反的证明，也没有就养殖场存在养殖技术缺陷、天气灾害原因等被告提出的可能性致害原因提出充分的证据予以证明或说明，那么，在被告没有尽到更充分的"否定因果关系"的证明义务之情况下，本案只能出现一种结局：要么推定养殖场蝌蚪死亡与五企业排污之间存在因果关系，即五企业构成对养殖场的环境侵权，继而判令被告承担环境侵权损害赔偿责任；要么因无法确信养殖场蝌蚪死亡与五企业排污之间是否存在因果关系，使这一环境侵权的构成要件处于真伪不明的待证状态，那么，法官应运用举证责任倒置规则判定五企业（环境侵权诉讼的被告）承担败诉责任，同样是判令由五企业赔偿养殖场蝌蚪死亡的损失。但是，从嘉兴中院关于本案的判决中，可以看出该院认为"举证责任倒置只是在证明过错责任问题上的倒置"，且前三份法院判决都以"有关有污染水域的违法行为及水污染造成青蛙蝌蚪死亡的损害事实的证据，须由原审原告举证"为由，在承认养殖场出现养殖损失，五企业违法排污且污水到达了养殖场的情况下，仍将"证明不能，即承担败诉风险"的举证责任科予了原告，这从根本上违反了被告负举证责任的举证责任倒置规定。最高人民法院的判决则纠正了前三个法院的裁判错误，认定"五家企业所举证据既不能证明其污染行为不会导致蝌蚪死亡，也不能证明导致蝌蚪非正常死亡的结果确系其他原因所致，因此对于本案中污染行为和蝌蚪死亡之间的因果关系，五家企业均不能提出足够证据予以否定"，所以，判决本案"举证责任应由五家企业承担"。

【案例四】 陈喆诉余征、湖南经视文化传播有限公司等侵害著作权纠纷案

2014 年 12 月 5 日，北京市第三中级人民法院（以下简称一审法院）公开开庭审理了原告陈喆（笔名琼瑶）诉被告余征（笔名于正）、湖南经视文化传播有限公司（以下简称湖南经视公司）、东阳欢娱影视文化有限公司（以下简称东阳欢娱公司）、万达影视传媒有限公司（以下简称万达公司）、东阳星瑞影视文化传媒有限公司（以下简称东阳星瑞公司）侵害著作权纠纷一案（以下简称琼瑶诉余征侵权案），本案一审现已审理终结。

原告陈喆起诉称：原告陈喆于 1992 年至 1993 年间创作完成了电视剧本及同名小说《梅花烙》，并自始完整、独立享有原告作品著作权（包括但不限于改编权、摄制权等）。原告作品在中国内地多次出版发行，拥有广泛的读者群与社会认知度、影响力。2012 年至 2013 年间，被告余征未经原告许可，擅自采用原告作品核心独创情节进行改编，创作电视剧本《宫锁连城》，被告湖南经视公司、东阳欢娱公司、万达公司、东阳星瑞公司共同摄制了电视连续剧《宫锁连城》（又名《凤还巢之连城》），原告作品全部核心人物关系与故事情节几乎被完整套用于该剧，严重侵害了原告依法享有的著作权。在发现被告侵权之前，原告正在根据其作品《梅花烙》潜心改编新的电视剧本《梅花烙传奇》，被告的侵权行为给原告的剧本创作与后续的电视剧摄制造成了实质性妨碍，让原告的创作心血毁于一旦，给原告造成了极大的精神伤害。而被告却从其版权侵权行为中获得巨大收益，从该剧现有的电视频道及网络播出情况初步判断，该剧已获取了巨大的商业利益。在原告通过网络公开发函谴责被告余征的侵权行为后，被告余征不但不思悔改，无视原告的版权权益，竟然妄称“只是巧合和误伤”。因此，原告陈喆提起本案诉讼，请求法院：①认定五被告侵害了原告作品剧本及小说《梅花烙》的改编权、摄制权；②判令五被告停止电视剧《宫锁连城》的一切电视播映、信息网络传播、音像制售活动；③判令被告余征在新浪网、搜狐网、乐视网、凤凰网显著位置发表经原告书面认可的公开道歉声明；④判令五被告连带赔偿原告 2000 万元；⑤判令五被告承担原告为本案支出合理费用共计 313000 元；⑥判令五被告承担本案全部诉讼费用。

一审法院认定上述事实的证据有：原告陈喆提交的电视剧剧本《梅花烙》及作者琼瑶权利声明书，电视剧《梅花烙》剧本摘录，小说《梅花烙》，小说《梅花烙》摘录，电视剧《宫锁连城》剧本及作品登记证书，电视剧《宫锁连城》完成

片 DVD(乐视网，www. letv. com 网络下载视频)，电视剧《宫锁连城》完成片剪辑版，电视剧《宫锁连城》演员戴娇倩“我就是这么直接”媒体采访视频，〔2014〕京方圆内经证字第 20571. 20572. 20573 号公证书，电视剧《梅花烙》署名编剧林久愉声明书，电视剧《梅花烙》制片方怡人传播有限公司出具的《电视剧〈梅花烙〉制播情况及电视文学剧本著作权确认书》，小说《梅花烙》首发出版方皇冠文化出版有限公司出具的《证明书》及“北院民公麟字第 221531 号”公证书，原告书证《写给广电总局的一封公开信》，律师委托代理合同书，律师费发票，律师费支出的代付款说明，台湾地区公证费用《声明书》及《公证费支出明细单》，公证费发票；被告余征、湖南经视公司、东阳欢娱公司、东阳星瑞公司提交的电视剧《梅花烙》VCD、封面、内容截图，电视剧《宫锁连城》，剧本《宫锁连城》，余征 2012 年 5 月 30 日完成的《宫锁连城》故事梗概，国家广播电影电视总局关于《宫锁连城》的电视剧拍摄制作备案公示表，国家广播电影电视总局备案的《宫锁连城》故事梗概，张庭新浪微博网页，连环画《九公主与乾隆》，黄梅戏《公主与皇帝》,《还君明珠》等四部电视剧,《乾隆皇帝全传》等 11 本著作的节选及 4 篇文章；被告一余征及被告三东阳欢娱公司提交的《大清后宫》等 19 部电视剧,《宫 3》人物关系图,《梅花烙》人物关系图,《宫 3》主要故事脉络情节,《梅花烙》主要故事脉络情节，相关案例；被告湖南经视公司提交的《授权声明书》；被告万达公司提交的《联合投资摄制电视剧协议书》；以及相关笔录。

2014 年 12 月 25 日，一审法院判决：①被告湖南经视文化传播有限公司、东阳欢娱影视文化有限公司、万达影视传媒有限公司、东阳星瑞影视文化传媒有限公司于本判决生效之日起立即停止电视剧《宫锁连城》的复制、发行和传播行为。②被告余征于本判决生效之日起 10 日内在新浪网、搜狐网、乐视网、凤凰网显著位置刊登致歉声明，向原告陈喆公开赔礼道歉，消除影响(致歉声明的内容须于本判决生效后 5 日内送本院审核，逾期不履行，本院将在《法制日报》上刊登本判决主要内容，所需费用由被告余征承担)。③被告余征、湖南经视文化传播有限公司、东阳欢娱影视文化有限公司、万达影视传媒有限公司、东阳星瑞影视文化传媒有限公司于本判决生效之日起 10 日内连带赔偿原告经济损失及诉讼合理开支共计 500 万元。④驳回原告陈喆的其他诉讼请求。如未按本判决指定的期间履行给付金钱义务，应当依照《中华人民共和国民事诉讼法》第二百五十三条之规定，加倍支付迟延履行期间的债务利息。①

① 参见“琼瑶诉于正著作权侵权案一审判决书”西南知识产权网(http: //www. xinanipr. com/picture/show/2351. aspx)。

本案评析：证据的三性

（一）高度相似的情节是否具有证据的三性①

在一审判决中，采用了"情节相似"来判定著作权侵权，把具体到一定程度的情节设计作为小说、剧本等文字作品相似性判断的核心内容。作品独创的具体情节是不是作品的表达？是否受我国著作权法保护？对此著作权法并未作出明确界定，仅在第四十七条中规定"剽窃他人作品"是一种侵权行为。根据《现代汉语词典》②的解释"剽窃是抄袭窃取（别人的著作）"可知，著作权法所称剽窃与抄袭是同一概念，"是指将他人的作品据为已有，并以作者自居，在剽窃的作品上行使著作权的行为。"③这种剽窃行为不但侵害了作者的精神权利和经济权利，而且欺骗了公众，故历来受到人们的严厉谴责。目前，在各国著作权法的实践中，剽窃著作权案件仍占相当比例。而如何认定一部作品是否剽窃了另一部作品，却是令各国立法者、法学研究者和司法审判人员都倍感头痛的问题。至今我国还没有一部法律对剽窃给予严格界定、明确具体的认定标准。④"在认定作品剽窃的方法和标准中，当今学术界和各国司法判例中已达成普遍共识，并形成一致的'思想/表达二分法'原则。该原则的基本含义是：著作权不保护思想，而只保护思想的表达。这一理论也被世界各国（地区）著作权立法或司法普遍接受。"⑤1976年的美国著作权法就有明文规定。我国台湾地区1998年修订的著作权法新增的第十条规定："依本法取得之著作权，其保护仅及于该著作之表达，而不及于其表达之思想、程序、制程系统、操作方法、概念、原理、发现。"世界贸易组织《与贸易有关的知识产权协定》第九条第二项也规定："著作权保护应及于表达方式，但不延及思想、程序、操作方法或数学概念本身。"综上，笔者认为，认定作品剽窃的方法与标准依据"思想/表达二分法"原则，并不违反国内相关实体法规定，既符合国际立法体例，也能满足审判实践的需要。因此，作品独创的具体情节属于思想的表达，是我国著作权法保护的对象。

2012年民事诉讼法第七十九条规定："当事人可以申请人民法院通知有专

---

① 证据的三性即证据的真实性、合法性和关联性。

② 现代汉语词典[Z]. 北京：商务印书馆，1983.

③ 王毅. 论抄袭的认定[J]. 法商研究，1997(5).

④ 史可荣. 谈剽窃的认定[J]. 法学评论，1991(10).

⑤ "文字作品抄袭司法认定的标准和方法"新华网（http://news.xinhuanet.com/book/2008-01/22/content_7472432.htm）。

门知识的人出庭，就鉴定人作出的鉴定意见或者专业问题提出意见。"《最高人民法院关于适用〈中华人民共和国民事诉讼法〉的解释》(2014 年 12 月 18 日通过，自 2015 年 2 月 4 日起施行)第一百二十二条第二款规定："具有专门知识的人在法庭上就专业问题提出的意见，视为当事人的陈述。"在一审中，原告方申请出庭的专家辅助人即具有专门知识的人，其庭审陈述意见视为当事人的陈述，经过庭审质证后，原告专家辅助人的庭审陈述意见与"思想/表达二分法"原则的内容一致，即作品独创的具体情节是我国著作权法保护的对象。因此，可把具体到一定程度的情节设计作为小说、剧本等文字作品相似性判断的核心内容。而本案中高度相似的情节属于书证，其外在表现形式是合法的；其所反映的内容是客观存在的，符合我国民事实体法证据的要求；其收集、提供和审查符合法律规定。综上，高度相似的情节具有证据的合法性。

于正方在二审现场自行提出的全新的比对结果，笔者认为没有事实和法律依据，这是因为于正方也认为两部作品是否存在实质性相似，并不能简单地依靠双方提交的对比结果。因此，于正方自行提交的全新的对比结果不具有证据的合法性。另外，于正方还认为两部作品是否存在实质性相似需要由法院来委托专门的鉴定机构来作出鉴定。笔者认为，根据民事诉讼法第七十六条①的规定可知，本案双方当事人均没有向一审法院申请鉴定，一审法院有权决定本案是否需要由专门的鉴定机构对剧本《宫锁连城》与《梅花烙》两部作品是否存在实质性相似作出鉴定。所以，一审法院没有委托专门的鉴定机构来作鉴定既未渎职也不违法，并不需要依据鉴定机构的鉴定意见来认定两部作品是否存在实质性相似。而一审法院根据"思想/表达二分法"原则、原告专家辅助人的庭审陈述意见及原告方提交的证据认定剧本《宫锁连城》与《梅花烙》剧本及小说具有高度相似的情节是客观存在的，即剧本《宫锁连城》作品涉案情节与原告作品剧本《梅花烙》及小说《梅花烙》的整体情节具有创作来源关系，构成对剧本《梅花烙》及小说《梅花烙》改编的事实。电视剧《宫锁连城》是根据剧本《宫锁连城》拍摄的，故电视剧《宫锁连城》的摄制行为侵害了原告琼瑶享有的摄制权。因此，具有高度相似的情节与五被告侵权的案件事实具有内在的法律意义上的必然联系。

(二)网络调查结果是否具有证据的三性

首先，根据民事证据司法解释第六十八条的规定："以侵害他人合法权益

① 民事诉讼法第七十六条："当事人可以就查明事实的专门性问题向人民法院申请鉴定。当事人申请鉴定的，由双方当事人协商确定具备资格的鉴定人；协商不成的，由人民法院指定。当事人未申请鉴定，人民法院对专门性问题认为需要鉴定的，应当委托具备资格的鉴定人进行鉴定。"

或者违反法律禁止性规定的方法取得的证据，不能作为认定案件事实的依据。”可知，本案一审中原告方提交的证据即网络调查结果的收集方法是合法的，因为该网络调查结果所采用的收集方法既未侵害他人合法权益，也没有违反法律禁止性规定。该调查结果属于证人证言，外在表现形式也是合法的。其次，该调查结果所反映的内容是客观存在的，符合民事实体法证据的要求。再次，该调查结果与侵权的案件事实具有内在的法律意义上的必然联系。综上，该调查结果具有证据的真实性、合法性和关联性，一审法院予以采信。

（三）经过公证的两篇博文是否具有证据的三性

在二审阶段，琼瑶方向法庭提交了两份证据，即经过公证的两篇博文。琼瑶的代理人认为，这两篇文章表明于正抄袭琼瑶的作品《梅花烙》。对此，于正的代理人只承认于正喜欢琼瑶老师和她的作品，并不认可“喜欢琼瑶作品”与侵权的关联性。① 笔者认为，琼瑶方提供的这两份证据的真实性和合法性是毋庸置疑的。但是于正方不承认这两份证据的关联性，认为不能证明任何所谓的抄袭行为。笔者认为，琼瑶方提交的这两份证据虽然不能证明于正的抄袭行为，但是能证明于正对琼瑶的作品《梅花烙》的内容、剧中主人公及故事情节是非常熟悉的，能进一步证明于正的侵权行为具有主观故意，与本案事实具有关联性。综上，二审中琼瑶方提交的这两份证据具有证据的真实性、合法性和关联性，二审法院将予以采信。

第二节　基本知识

一、民事诉讼证据的概念与特征

在现代社会中，案件虽形式上由法官裁判，但本质上是证据裁判。为了确保司法中对于证据进行统一认定和适用，我国不仅在民事诉讼法中对证据问题进行了专章规定，还专门以司法解释的形式制定了证据规则。关于民事诉讼的证据的概念，学界还有颇多的学说，主要有两种，一种观点认为，能够对案件事实起到证明作用都应该成为证据；另一种观点认为，只有那些能够成为人民法院认定案件和作出裁判所依据的事实才能称之为证据。笔者认为第二种观点更为合理，民事诉讼证据，顾名思义，应该指的是那些在民事诉讼程序中，

① 参见“琼瑶诉于正侵权案在京再度开庭 双方提交新证据”凤凰网（http：//finance.ifeng.com/a/20150408/13616495_0.shtml）

对案件的审理工作起到积极作用的事实。如果只是一些相关的资料文件，最多算作证据资料，冠以证据之名是不恰当的。

谈及证据，无论是在刑事、民事和行政诉讼程序中，都必须具备三个特征，即客观性、关联性和合法性。

证据的客观性，是指对案件起证明作用的事实，必须是客观存在的，不因个人意志改变而改变，是民事诉讼证据的本质特征之一。人民法院是根据证据来认定和裁判案件的，但首先证据必须是可靠的，是真实可信的，否则得到的不会是真相，只会导致错案频发。虽然在提出证据的过程中会有很多的主观因素的介入，但这些证据一定客观存在的，而不是人为创造的。

证据的关联性，是指作为证据的事实和需要证明的案件的事实，必须存在一定的关联，可以对需要证明的事实起到证明的作用，这也是民事诉讼证据的本质特征之一。作为证据的事实一定要和需要证明的案件事实存在某种联系，否则毫无关联的两个事实是无法用一个证明另一个的，哪怕作为证据的事实是客观的。

证据的合法性，是指证据的存在、收集和运用都要符合法律的规定，这同样是民事诉讼证据的本质特征之一。①证据存在的形式要合法。证据的形式要符合法律的要求，必须以法律规定的形式表现出来。②相关人(当事人、诉讼代理人或人民法院)对证据的调查、收集要符合法定程序。③人民法院对证据的认证和质证也要符合法律的规定。

二、民事诉讼证据的分类

1. 本证和反证

本证和反证是依照证据与证明责任之间的关系来进行分类的。本证，就是负有举证责任一方的当事人对其所主张的事实所提供的，用以支持自己主张所提供的证据；反证，就是不负有举证责任的一方当事人所提出的，用以否定对方提出的事实的证据。本证和反证的关键区别就是证据的提出主体对该证据欲证明的事实是否负有举证责任。因此，在法律实务中，需要特别注意，不要误把原告被告的地位不同当作区分本证反证的依据，原告和被告都有可能提出本证，同样也都有可能提出反证。

2. 直接证据和间接证据

依照证据与案件事实的关系分类，民事诉讼证据可以分为直接证据和间接证据，直接证据是指可以单独直接的证明案件的主要事实的证据，不需要结合其他证据；间接证据是指不能单独直接证明案件主要事实的证据，需要结合其他的证据。一般情况下，直接证据的证明力大于间接证据，但是并不能因此而低估间接证据的作用，往往一个案件的直接证据都是难以发现的。很多情况下，认定案件的事实都是将几个间接证据结合起来进行分析而得出的。几个间接证据结合起来，其证明力很多时候是大于一个直接证据的。

3. 原始证据和传来证据

依据证据的来源不同，可以将民事诉讼证据分为原始证据和传来证据。原始证据，又叫做第一手证据，是直接来源于案件的事实，没有经过其他中间程序的证据；传来证据，也叫做第二手证据，不是直接来源于案件的事实，而是经过中间环节介入的。很明显，原始证据的证明力一般情况下是大于传来证据的。在诉讼程序中，我们应该尽量去调取原始证据，因为传来证据经过中间环节，有其他因素的介入，很可能会失真。但也不能对传来证据全盘否定，在许多复杂案件中，传来证据还是可以发挥一定作用的，比如，通过传来证据去寻找原始证据，在审理中也可能会给案件的处理带来灵感，甚至在某些情况下可以作为定案的依据。

三、民事诉讼证据的种类

民事诉讼证据的种类是指民事诉讼法第六十三条规定的 8 种证据形式，即书证、物证、视听资料、电子证据、证人证言、当事人陈述、鉴定意见与勘验笔录。在 2012 年新修订的民事诉讼法中，新加入了电子证据，“鉴定结论”也改成了“鉴定意见”。

1. 书证与物证

书证是指以文字、符号、图形所记载或表示的内容来证明案件事实的物品。物证是指以其外部特征和物质属性来证明案件事实的物品，包括其形状、大小、质量、数量等。书证与物证是在法律实务中极易混淆的两种证据种类，区别两者的关键是对案件事实起证明作用的到底是什么。书证是以证据包含的内容来证明案件事实的，而物证是以证据的物理属性，来证明案件事实的。当然同一件物品，既可以是书证，也可以是物证。

2. 视听资料与电子证据

视听资料，是指利用计算机、录音机、录像机等其他带有录音录像功能的电子设备，以录音、录像等技术手段，储存下来的视听资料，包括录音资料、录像资料、电影资料和电子计算机存储的资料。这些资料被储存在一些载体上，利用一些设备能够得以重现。电子证据，指的是利用计算机上网，留下的与案件相关的某些数据资料，包括电子邮件、聊天记录、网页等网上数据。这一证据形式在以往的法律实践中多有采用，但直到2012年修改民事诉讼法时才得以明文规定，成为法律认可的一种证据种类。这属于社会发展科技进步而产生的一种新鲜事物，业界对此颇有争议，还有待在法律上作进一步规定。

3. 证人证言与当事人陈述

证人证言，是指对于案件事实的知情人，就自己掌握的信息，以口头或书面的形式作出的陈述；当事人陈述，是指案件的当事人对案件所感知、记忆和理解的情况，所作的陈述。这两种证据形式都是以言词的形式表现出来的，关键的区别在于表达的主体不同，一种是证人，另一种是当事人，因此这两种证据形式永远不会出现交叉。

4. 鉴定意见与勘验笔录

鉴定意见，是指有鉴定资格的主体，根据案件审理的需要，对一些专业性的问题作出鉴定，给出参考性意见。以前称为“鉴定结论”饱受学者们质疑，2012年新修订的民事诉讼法中将其改为了“鉴定意见”，更具科学性。勘验笔录，是指办案人员对于与案件相关的场所、物品、痕迹等进行勘察检验，所做的记载，记载的形式不限于文字，还可以是影像、模型等。

四、民事诉讼证据的收集与保全

1. 民事诉讼证据的收集

证据的收集，是指在诉讼过程中，各诉讼参与人(当事人、诉讼代理人和法院)对于相关证据进行搜集的活动。关于证据的收集，我国相关法律作出了明确的规定，我国民事诉讼法第六十四条规定：“当事人对自己提出的主张，有责任提供证据。当事人及其诉讼代理人因客观原因不能自行收集的证据，或者人民法院认为审理案件需要的证据，人民法院应当调查收集。人民法院应当按照法定程序，全面地、客观地审查核实证据。”第六十五条规定：“当事人对自己提出的主张应当及时提供证据。人民法院根据当事人的主张和案件审理情况，确定当事人应当提供的证据及其期限。当事人在该期限内提供证据确有困难的，可以向人民法院申请延长期限，人民法院根据当事人的申请适当延长。当事人逾期提供证据的，人民法院应当责令其说明理由；拒不说明理由或者理由不成立的，人民法院根据不同情形可以不予采纳该证据，或者采纳该证据但予以训诫、罚款。”我国的民事诉讼证据规定也有相关的条款。

从我国民事诉讼相关法律对于证据收集的规定来看，当事人及其诉讼代理人不仅应该收集证据，还应当将自己掌握的证据及时交予法院，对于自己没有能力收集的证据可以请求法院收集，法院还可以必要情况下，自行收集证据。

2. 民事诉讼证据的保全

证据的保全，是指对于可能灭失或以后难以取得的证据，在整个诉讼过程中，人民法院可以依据职权，也可以依据当事人的申请，对证据采取保障措施。我国民事诉讼法第八十一条规定：“在证据可能灭失或者以后难以取得的情况下，当事人可以在诉讼过程中向人民法院申请保全证据，人民法院也可以主动采取保全措施。因情况紧急，在证据可能灭失或者以后难以取得的情况下，利害关系人可以在提起诉讼或者申请仲裁前向证据所在地、被申请人住所地或者对案件有管辖权的人民法院申请保全证据。证据保全的其他程序，参照适用本法第九章保全的有关规定。”本条是关于证据保全的规定。2012 年修订后的民事诉讼法，将证据保全的范围扩大到了全部的民事诉讼和仲裁程序中去，并且时间也不限于诉讼之前，而是在整个诉讼程序中均可采用。这主要是考虑到证据保全对于查明案件事实的必要性。

五、民事诉讼举证制度

1. 举证责任

举证责任是指在民事诉讼中，当事人对于自己提出的主张，有责任加以证明，当案件的事实处于真伪不明的状态时，负有举证责任的当事人应该承担不利后果。我国民事诉讼证据规定第二条规定：“当事人对自己提出的诉讼请求所依据的事实或者反驳对方诉讼请求所依据的事实有责任提供证据加以证明。没有证据或者证据不足以证明当事人的事实主张的，由负有举证责任的当事人承担不利后果。”这是法条对于举证责任的规定。

2. 举证责任的分配原则

举证责任的一般原则是“谁主张，谁举证”。对这一原则，我们可以这样理解，谁主张积极的事实，谁负有举证责任。例如，原告张三主张被告李四欠自己 10 万元，则张三对这一主张负举证责任，李四不需证明自己不欠张三 10 万元。

但在某些特殊的侵权案件中，原本应由原告负有的举证责任，会转移给被告，即发生了理论上所说的“举证责任倒置”。我国民事诉讼证据规定第四条规定：①因新产品制造方法发明专利引起的专利侵权诉讼，由制造同样产品的单位或者个人对其产品制造方法不同于专利方法承担举证责任；②高度危险作业致人损害的侵权诉讼，由加害人就受害人故意造成损害的事实承担举证责任；③因环境污染引起的损害赔偿诉讼，由加害人就法律规定的免责事由及其行为与损害结果之间不存在因果关系承担举证责任；④建筑物或者其他设施以及建筑物上的搁置物、悬挂物发生倒塌、脱落、坠落致人损害的侵权诉讼，由所有人或者管理人对其无过错承担举证责任；⑤饲养动物致人损害的侵权诉讼，由动物饲养人或者管理人就受害人有过错或者第三人有过错承担举证责任；⑥因缺陷产品致人损害的侵权诉讼，由产品的生产者就法律规定的免责事由承担举证责任；⑦因共同危险行为致人损害的侵权诉讼，由实施危险行为的人就其行为与损害结果之间不存在因果关系承担举证责任；⑧因医疗行为引起的侵权诉讼，由医疗机构就医疗行为与损害结果之间不存在因果关系及不存在医疗过错承担举证责任。

3. 举证期限

在民事诉讼过程中，为了督促当事人积极及时地提供证据，提高诉讼效率，法律上规定了举证期限。民事诉讼法第六十五条规定："当事人对自己提出的主张应当及时提供证据。人民法院根据当事人的主张和案件审理情况，确定当事人应当提供的证据及其期限。……"可见，举证期限的长短是由人民法院来决定的。根据民事诉讼证据的相关规定，举证期限的确定一般不是一次性的，而且可以延长，这需要有正当的理由并获得法院的批准。但是，无理由的违期举证是要受到惩罚的。我国民事诉讼法第六十五条规定："……当事人逾期提供证据的，人民法院应当责令其说明理由；拒不说明理由或者理由不成立的，人民法院根据不同情形可以不予采纳该证据，或者采纳该证据但予以训诫、罚款。"

4. 证据交换

证据交换，是指为了提高诉讼的效率，对于一些疑难案件，在开庭前由审判人员主持双方交换证据，以明确双方各自持有的证据材料，并明确争议的焦点。我国民事诉讼证据规定的相关法条作出了详细的规定，法院可以根据当事人申请，也可以依职权进行证据交换；证据交换的时间必须在开庭以前，具体可协商，法院亦可指定；当有新证据提出时，可以再次进行证据交换，但一般不应超过两次。

六、民事诉讼的质证与认证

1. 民事诉讼的质证

质证，指的是在人民法院的主持下，当事人双方对各自提交的证据以及法院依申请调取的证据的客观性、关联性、合法性以及证明力的有无、大小，进行说明并发表意见的诉讼活动。我国民事诉讼证据规定第四十七条规定："证据应当在法庭上出示，由当事人质证。未经质证的证据，不能作为认定案件事实的依据。"质证的主体是当事人、诉讼代理人和第三人。法院不是质证的主体，而是认定证据的主体。质证的客体就是证据，当事人一方提出的证据，要接受另一方以及第三人的质辩。同样，第三人提出的证据也要接受原被告双方的质辩。我国民事诉讼证据规定第五十一条规定，质证按下列顺序进行：原告出示证据，被告、第三人与原告进行质证；被告出示证据，原告、第三人与被告进行质证；第三人出示证据，原告、被告与第三人进行质证。

1. 民事诉讼证据的认证

认证，指的是人民法院对经过质证，或在证据交换中，原被告双方都无异议的证据，按照一定的标准作出判断，决定是否采纳其为认定案件事实的依据。认证的过程，直接关系到案件的审判结果，关乎公正与否。因此，一般应遵循几个规则。非法证据排除规则，即以侵害他人合法权益为手段取得的证据，不能作为认定案件事实的依据。补强证据规则，对于一些证明力较弱的证据，不能单独作为认定案件事实的依据，须有其他证据辅证。我国民事诉讼证据规定第六十九条规定，下列证据不能单独作为认定案件事实的依据：①未成年人所作的与其年龄和智力状况不相当的证言；②与一方当事人或者其代理人有利害关系的证人出具的证言；③存有疑点的视听资料；④无法与原件、原物核对的复印件、复制品；⑤无正当理由未出庭作证的证人证言。不利证据推定规则，持有证据的一方，无正当理由拒不出示，可以认定该证据不利于持有人。我国民事诉讼证据规定第七十五条规定，有证据证明一方当事人持有证据无正当理由拒不提供，如果对方当事人主张该证据的内容不利于证据持有人，可以推定该主张成立。

关于各种证据对于统一事实的证明力，可以这样排序：①国家机关、社会团体依职权制作的公文书证的证明力一般大于其他书证；②物证、档案、鉴定结论、勘验笔录或者经过公证、登记的书证，其证明力一般大于其他书证、视听资料和证人证言；③原始证据的证明力一般大于传来证据；④直接证据的证明力一般大于间接证据；⑤证人提供的对与其有亲属或者其他密切关系的当事人有利的证言，其证明力一般小于其他证人证言。

第七章　调解与和解

第一节　典型案例及其评析

【案例一】　陈淑某诉李德某家产分析调解案

原告陈淑某系被告李德某的母亲。2014 年 3 月陈淑某起诉到法院，要求与被告李德某进行家产分析，要求法院判决位于该县第一中学职工宿舍的房屋及屋内的电冰箱、电视机、组合沙发、床等生活用品归其所有。法院在审理过程中发现，因本案的处理结果同李志某、李彩某有法律上的利害关系，法院依法通知李志某、李彩某参加诉讼。法院查明了以下事实，本案第三人李志某系原告陈淑某的丈夫李建某与前妻所生子女，1985 年李建某与原告陈淑某重新组织了家庭，婚后育有两个儿女，分别是第三人李彩某和被告。李建某与原告陈淑某于 1998 年共同修建了位于某村住房一套，2001 年共同购买了县城第一中学职工宿舍一套。李建某于 2004 年去世后，原告陈淑某与被告李德某和第三人李志某、李彩某并未对财产分割。李建某生前与陈淑某共同修建的某村住房是第三人李志某在使用，共同购买的县第一中学职工宿舍由被告李德某使用。

本案在审理过程中，原、被告双方都有调解的意愿和想法，经法院主持调解，双方当事人自愿达成如下协议：①由被告李德某负责赡养原告陈淑某，为原告陈淑某提供衣、食及其他所需物质生活条件，原告陈淑某有权居住被告李德某的房屋。原告陈淑某去世后，由被告李德某安葬。被告李德某每月再给付原告陈淑某零用钱 300 元，从 2014 年 5 月 1 日起履行。原告陈淑某如果生病，生病住院的费用由被告李德某承担；原告陈淑某根据新型农村合作医疗制度所获得的报销费用，由被告李德某申请领取和支配。②被告李德某享有该县第一中学职工宿舍房屋的合法权益，第三人李志某、李彩某放弃对该房屋的合法权益。③第三人李志某享有李建某生前与陈淑某共同修建的位于某村住房的合法权益，原告陈淑某、被告李德某、第三人李彩某放弃对该住房的合法权益。案件受理费减半收取1500元，由被告李德某自愿承担。

调解协议经当事人各方签字同意，经人民法院审查确认，现已发生法律效力。

本案评析：适用调解方式结案的优势

本案是一起典型的家庭纠纷案件，适用调解的方式结案具有判决不可比拟的优势。本案通过调解达成协议，妥善解决了多个法律关系。本案涉及的法律关系较多。一是本案原告陈淑某与被告李德某、第三人李志某、李彩某对家庭财产的共同共有关系。二是法定继承人陈淑某、李德某、李志某、李彩某对被继承人李建某遗产的继承关系。三是李德某、李志某、李彩某与陈淑某之间赡养关系。这三种法律关系均在当事人达成的协议中得到处理。下面对本案的几个主要问题进行分析。

（一）本案选择调解的意义

“事不孤起，自有其邻”，诉讼调解制度并非当代人全新的发明，而是有其悠久渊源的。我国的诉讼调解制度可以上溯到民族文明发展之初，据《周礼地官司徒·调人》记载，“调人掌万民之难而谐和之”，“调人”既是专掌调解纠纷的官府机构，也是调解民间纠纷的官吏。由是观之，聪慧的古人已经意识到调解的最大好处不仅是可以解决纠纷，在“掌万民之难”的同时，还可以使之“谐和”，可见，和谐是解决纠纷后的最大好处。从本案就能够很好地看出民事诉讼调解存在的意义和实现“案结事了”的良好司法效果。本案中原、被告系母子关系，两者身份关系具有特殊性。法院在审理过程中发现，原告起诉被告其目的并不是在于要真正地通过诉讼获得房屋和房屋里面生活用品的所有权，而是因为原、被告家庭关系相对比较复杂，被告没有积极履行赡养义务，甚至推诿赡养义务，导致原告十分伤心和失望。原告意图通过诉讼的方式来警醒被告，明确被告赡养自己的义务，从而维护自己的合法权益。如果法院严格依法裁判的话，虽然可以满足原告的诉讼请求，判决被告将房屋和房屋中的生活用品归还给原告，但是可能导致原、被告之间母子关系彻底破裂，既不利于家庭的团结和睦，也可能使老人今后的赡养问题成为一个难题，形成新的诉累。因此，本案的法官结合实际的需要，选择调解的方式结案，做到了“案结事了”，实现了案件法律效果和社会效果相统一，无疑是最佳的解决方案。

（二）调解协议内容超出诉讼请求范围的调解协议，是否违反民事诉讼“不告不理”的精神和原则

原告陈淑某的诉讼请求是要求法院判决将该县第一中学职工宿舍房屋及屋内的电冰箱、电视机、组合沙发、床等生活用品归其所有。从当事人达成的协议内容来看，调解协议除了涉及上述房屋及屋中生活用品的处分问题，还涉及了原告的赡养问题以及另外一套位于某村的房屋的处分问题，调解协议的内容远超出诉讼请求范围。那么，调解协议能不能超出诉讼请求的范围，是否违反了民事诉讼“不告不理”的原则和精神？对于这个问题，《最高人民法院关于人民法院民事调解工作若干问题的规定》第九条规定：“调解协议内容超出诉讼请求的，人民法院可以准许。”这条规定的法理依据来源于当事人有权对于自己诉讼权利进行处分这一原则。根据我国民事诉讼法第十三条规定：“当事人有权在法律规定的范围内处分自己的民事权利和诉讼权利。”民事诉讼调解与法院依法裁判两种结案方式的含义是不一样的。民事调解书是在合法的前提下，主要体现的是双方当事人的意志，是人民法院依法对双方当事人自愿达成的协议的确认。民事判决书则体现了人民法院的意志即国家的意志，“不告不理”原则是民事诉讼中当事人处分原则的具体体现。法院审理民事纠纷时，只能按照当事人提出的诉讼事实和主张进行审理，对超过当事人诉讼主张的部分不得主动审理。如果判决、裁定超出诉讼请求，人民法院应当再审。民事判决书与调解书体现的意志不同，调解书主要体现了双方当事人的意志，是人民法院依法对双方当事人自愿达成的协议的确认；民事判决书则体现了人民法院的意志即国家的意志。民事调解书是当事人协商结果的记录，是人民法院予以批准的证明，是当事人遵照执行的根据。根据民法的意思自治原则，民事主体依法享有在法定范围内的行为自由，并可以根据自己的意志产生、变更、消灭民事法律关系。法无明文禁止即为自由。也就是说只要不违反法律、法规的强制性规定和公序良俗，国家就不得对其进行干预。因此，只要当事人之间达成的协议，符合法律规定民事主体的行为自由的合理界限，即便超出了具体案件的诉讼请求范围，也可以依法予以确认。

（三）法院对调解协议的审查职责

当事人达成调解协议的，法院还要对调解协议进行审查，以确定协议内容是否违反法律，或是否含有行政法规的禁止性规定。根据《最高人民法院关于人民法院民事调解工作若干问题的规定》第十二条规定：调解协议具有

下列情形之一的，人民法院不予确认：①侵害国家利益、社会公共利益的；②侵害案外人利益的；③违背当事人真实意思的；④违反法律，行政法规禁止性规定的。民事调解的目的是为了能很好地抓住当事人之间的矛盾症结，从事实上、思想上、心理上彻底解决纠纷。只要协议不违反法律、行政法规的禁止性规定，未损害国家、社会、他人的合法权益，就可以确认其有效。这样既可以彻底解决当事人之间的争议，最大限度达到便民的目的，又可以有效避免因法官硬性判决出现的各种错案和矛盾激化的现象，降低上诉率、上访率和缠诉率，真正发挥民事诉讼定纷止争、维护社会正义与稳定的功能。

（四）调解协议涉及的其他法律关系与已受理案件的法律关系是否有关联性问题

法院在审查调解协议的时候，还要判断调解协议涉及的各个法律关系的主体、内容、客体之间是否存在事实上或法律上的关联性。若当事人超出诉讼请求的调解协议内容与案件明显没有关联性，法官应告知其对超出诉讼请求部分可以另案提起诉讼。就本案而言，调解协议所涉及三个法律关系在主体、客体及内容上均存在较高的关联性，当事人处分的是自己的实体权利，并未处分国家、集体和第三人的合法权益，所达成的协议符合法律规定，符合公序良俗的民法原则，所需解决的法律关系涉及当事人的切身利益，并不存在恶意诉讼的企图，仅是通过诉讼手段维护自身合法利益，因此可依法确认此协议合法有效。

【案例二】 吴某诉四川省眉山某纸业有限公司和解案

原告吴某系四川省眉山市东坡区某收旧站业主，从事废品收购业务。约自2004年开始，吴某出售废书给被告四川省眉山某纸业有限公司（简称某纸业公司）。2009年4月14日双方通过结算，某纸业公司向吴某出具欠条载明：今欠吴某废书款壹佰玖拾柒万元整（￥1970000.00）。同年6月11日，双方又对后期货款进行了结算，某纸业公司向吴某出具欠条载明：今欠吴某废书款伍拾肆万捌仟元整（￥548000.00）。因经多次催收上述货款无果，吴某向眉山市东坡区人民法院起诉，请求法院判令某纸业公司支付货款251.8万元及利息。被告某纸业公司对欠吴某货款251.8万元没有异议。

一审法院经审理后判决：被告某纸业公司在判决生效之日起10日内给付原告吴某货款251.8万元及违约利息。宣判后，某纸业公司向眉山市中级人民法院提起上诉。二审审理期间，某纸业公司于2009年10月15日与吴某签订了一份还款协议，商定某纸业公司的还款计划，吴某则放弃了支付利息的请求。同年10月20日，某纸业公司以自愿与对方达成和解协议为由申请撤回上诉。眉山市中级人民法院裁定准予撤诉后，因某纸业公司未完全履行和解协议，吴某向一审法院申请执行一审判决。眉山市东坡区人民法院对吴某申请执行一审判决予以支持。某纸业公司向眉山市中级人民法院申请执行监督，主张不予执行原一审判决。

眉山市中级人民法院于2010年7月7日作出复函认为：根据吴某的申请，一审法院受理执行已生效法律文书并无不当，应当继续执行。

本案评析：和解协议与一审生效判决执行之间的关系

该案例由四川省眉山市中级人民法院于2011年3月20日向四川省高级人民法院报送。同年4月1日，四川省高级人民法院将该案作为备选指导案例向最高人民法院推荐。2011年12月20日最高人民法院发布了《吴某诉四川省眉山某纸业有限公司买卖合同纠纷案》（指导案例2号），正式将该案作为典型指导案例。本案难点在于民事案件二审期间，双方当事人签订了和解协议，并撤回上诉，一方当事人不履行和解协议时，另一方当事人申请执行原一审判决，人民法院应当如何处理。现行法律和司法解释对此问题没有明确规定，审判实践中又经常遇到，因此最高人民法院将其作为了典型指导案例，并予以公布。该指导案例的发布，除了根据相关法律、司法解释规定的精神，对涉案和解协议的性质、和解协议履行与一审生效判决执行之间的关系等作了正确认定外，同时充分体现了民法的诚实信用原则的价值和意义，向当事人和社会宣传了合约应当自觉遵守和忠实履行的重要意义，有利于倡导自觉守法、诚实信用的良好社会风尚。下面，就本案的关键问题进行逐一梳理和分析。

（一）诉讼外和解协议的性质与效力

根据《最高人民法院关于适用〈中华人民共和国民事诉讼法〉若干问题的意见》第一百九十一条的规定，当事人达成和解后可以两种方式结案：申请法院制作调解书或申请撤诉。如果当事人没有将和解协议提交法院审查并制作调解书，从本质上看它仍然是私法上的行为。本案原告与被告虽然在上诉期内达成了和解协议，但该协议不过是当事人之间的一种契约，他们仅仅是因为自行达成了和解协议而申请撤诉，因此法院并没有赋予和解协议以强制力。

（二）诉讼外和解协议与一审判决的关系

对于二审期间达成的诉讼外和解协议，法院在裁定撤诉时虽然也会审查，但该审查仅仅是形式审查，法院并不对达成的协议作肯定或否定的评价，因而协议对法院是没有约束力的。实践中倘若债务人在不履行和解协议下的各项义务时，债权人仍不能申请执行一审判决，显然会助长不诚信的行为。因此，本案双方当事人虽然在二审期间达成了和解协议，但该协议并不具有阻却一审判决执行的效力。

（三）诉讼外和解协议中关于排除申请执行权约定的效力

本案和解协议中关于原告放弃申请强制执行权约定的效力应当如何认定，这涉及诉讼契约的界限问题：一方面当事人可以自由处分诉讼权利，另一方面法律又会对这些处分行为进行一定的限制，以实现程序的稳定、防止诉权的滥用。在本案中，双方尽管有关于吴某不得申请强制执行的约定，但若承认该约定的效力，吴某将陷入既无法要求被告某纸业公司履行和解协议，又无法申请法院强制执行的极端困境。因此，在本案中虽然可以从诉讼权利不得自行处分的角度来否定该约定，但从约定违反公平正义与诚实信用原则来立论更具说服力。

（四）诚实信用原则在诉讼外和解协议中的运用

本案是债务人全部不履行和解协议的情形，倘若债务人部分履行了和解协议，抑或和解协议已经履行完毕，但债权人又向法院申请执行一审判决的，又或者如当事人双方就和解协议履行达不成一致时，应当如何认定和解协议的效力。从本案的发布情况来看，最高人民法院引入了诚实信用原则，可以作以下理解：和解协议已经部分履行的，在执行一审判决时应当扣除已经履行的部分；和解协议已经履行完毕的，应当驳回债权人的执行申请；和解协议无法继续履行的，应当允许当事人申请执行一审判决。法院可以通过运用诚实信用原则来否定不诚信一方的行为，这是诚实信用原则在诉讼上的功能，也是最高人民法院发布这一指导性案例的意义所在。

第二节 基本知识

一、民事诉讼调解

（一）民事诉讼调解的概念

民事诉讼调解，是指按照民事诉讼法的有关规定，在法院审判人员的主持下，案件双方当事人就发生争议的民事权利义务自愿进行协商，达成协议，解决纠纷的诉讼活动。调解不仅具有定纷止争、维护稳定的功能，而且能为争议双方当事人重新架设交流的平台，化干戈为玉帛，真正消除矛盾，被国际司法界称为“东方经验”。调解在我国具有悠久的历史，早在西周的铜器铭文中，已有调处的记载；秦汉以来，司法官多奉行调处息讼的原则；至两宋，随着民事纠纷的增多，调处呈现制度化的趋势；明清时期，调处已臻于完善阶段。当前，调解也是我国重要的诉讼制度和民事诉讼法的一项基本原则，是人民法院行使审判权的重要方式，能最大限度地提高诉讼效益，缓解当事人的讼累，降低诉讼成本，有利于实现法律效果与社会效果的有机统一，在民事诉讼中具有广泛的适用性。据有关部门统计，基层法院民事案件以调解方式结案所占的比例在50%左右，有的基层法院高达60%至70%，而基层法院审理的案件占整个法院审理案件的90%。

民事诉讼调解不同于人民调解、行政调解和仲裁调解。具体来说有以下区别：①性质不同。法院调解属于诉讼中的调解，具有诉讼的性质；人民调解，行政调解和仲裁调解属于诉讼外的调解，不具有诉讼的性质。②主体不同。法院调解的主体为人民法院，属于国家的审判机关；人民调解的主体为人民调解委员会，属于群众性自治组织；行政调解的主体为行政机关，具有行政管理的性质。仲裁调解的主体为仲裁委员会，此机构属于民间组织。③效力不同。法院调解达成的协议，经人民法院确认并送达双方当事人后，即具有等同于判决书的法律效力；人民调解和行政调解达成协议，不具有法律拘束力，更没有强制执行性；仲裁调解达成的协议发生法律效力后，如果需要强制执行，还需要向人民法院提出申请，仲裁机关并无强制执行权。

（二）民事诉讼调解的意义

1. 妥善纠纷解决功能

人民法院审理民事案件，可以采取两种方式，一种为调解结案，另一种为判决结案。而调解结案是人民法院在审判实践中经常使用的一种较为有效的方式。调解是在审判人员主持下进行的，是法院对案件审理活动的有机组成部分，也是法院审结民事案件的一种方式。由于诉讼调解具有便利、高效的功能优势，使得案件能够相对低廉和简便地审结，当事人能以较低的代价获得较大的利益。它适合于特定社会关系、特定主体和特定纠纷的解决，能以常识化的运作程序消除诉讼程序给当事人带来的理解困难；以通情达理的对话和非对抗的斡旋缓和当事人之间的对立，既着眼于解决当事人之间的现实纠纷，又放眼其未来的合作和和睦相处；它不局限于当事人现有的诉讼请求，可以就请求之外的内容进行调解，当事人能达成一个比诉讼请求更为广泛的调解协议，尤其是在处理农村各类纠纷时更是如此，这是判决所无法比拟的。

2. 节约司法资源

社会经济的迅速发展，导致纠纷激增，权利膨胀，诉讼爆炸成为一个世界性的司法难题，大量的民事纠纷涌向法院，案多人少的矛盾十分突出。调解的有效性，在很大程度上来源于其相对低廉的社会成本。一方面，调解制度的成本是纠纷当事人之间围绕达成协议而合作的成本；另一方面，调解的当事人可以跳过复杂的诉讼程序限制，直接就纠纷的争执点展开讨论，由于调解的目的是寻求满意，因而可以避免在细微问题上投入不必要的资源。与审判相比，调解可以说是一种代价低廉的重建可能被冲突打乱的平衡的方式。

3. 人际关系的调整功能

诉讼调解之于当事人最重要的便利是“有利于双方当事人团结”。与调解相比，判决大多是“一刀两断式的”，在司法程序上可以结案，但两方当事人原有的联系已遭到破坏，损害了原来存在的尽管有纠纷但仍能互助的社会关系，以及长期存在的且在可预见的未来人们仍将依赖的看不见的社会网络，可能使得当事人以后很少来往，即所谓的“一代官司百代仇”。而调解本身是修复与缓和当事人关系的一个努力。给当事人关系所带来的创伤比较小，结案后的结果很多是“和好如初”，原有联系依然保有，而且很可能因为矛盾的解除，关系更好一些，自然有助于社会和谐。

（三）民事诉讼调解的基本原则

1. 事实清楚，是非分明原则

“以事实为根据，以法律为准绳”是我国司法及执法工作所必须遵循的一项基本法治原则，一切司法和执法活动都不能突破这条“底线”。我国民事诉讼法第九十三条就是对该项基本原则的重申和强调，以法律的形式明确而严肃地将“事实清楚”确定为人民法院进行调解的“基础”，将“分清是非”作为调解的必要前提。诉讼调解是人民法院的一项审判活动，并非只是当事人之间的简单“谈判”或“讨价还价”，整个调解活动必须在法官的主持之下，严格依照现行法律所规定的程序，在查清案件事实，分清是非，明确各方当事人的责任，在充分尊重当事人意愿的前提下，对民事纠纷作出合法、合理、合情的处理。究其本质，调解是人民法院的审判行为，是人民法院行使审判权的一种表现形式，是人民法院的审判权与当事人诉权的有机结合。我们要特别防范当前的民事审判实践中，一些法院和法官为了提高“调撤率”，追求统计数据的好看，从而进行“不良调解”，因为诉讼调解自始至终必须严格本着尊重事实、遵守法律的基本原则，主持调解的法官必须秉持法律人的良知与理性，本着对社会和人民高度负责的态度，公平合法地审理案件，绝不能搞无原则的“和稀泥”，更不能罔顾事实与法律纯粹地“忽悠”当事人。

2. 自愿原则

诉讼调解存在的前提是当事人对私权的自由处分，是民法原理中意思自治原则，也称处分原则在民事诉讼领域的反映。民事调解主要是基于各方当事人意思自治的前提下达成的合意，最明显地体现出调解不同于判决的特殊性，也可以说民事诉讼调解最显著地体现了司法的民主性特征。所以自愿原则天生就成为诉讼调解的基本原则，是人民法院调解制度得以生存的根基。

3. 合法性原则

民事诉讼法第九条规定：“人民法院审理民事案件，应当根据自愿和合法的原则进行调解；调解不成的，应当及时判决。”第九十六条规定：“调解达成的协议，必须双方自愿，不得强迫。调解协议的内容不得违反法律的规定。”调解的合法性原则包括程序上的合法和实体上的合法。程序上合法主要是指调解必须在遵循我国民事诉讼法所确立的各项基本原则和程序制度的前提下进行。当事人所享有的各项程序性权利若非出于当事人自愿放弃，绝不能被剥夺。比如当事人在诉讼中所享有的答辩权、申请回避权、向法庭提交证据以及质证的权利、法庭辩论的权利等，上述当事人的诉讼权利都应当得到尊重。实体上的合法性主要指双方当事人所达成的调解协议，在内容上只能处分属于涉案当事人自己的合法权益范围之内的标的，不得处分属于案外第三人的权益，不得处分属于国家或集体所有的权益，更不能进行恶意调解，诉讼欺诈。同时，即使是对案件当事人自己权益的处分，也不能损害到国家利益、社会公共利益或有违社会普遍遵循的公序良俗。违法，即无效。

（四）民事诉讼调解的适用范围

根据民事诉讼法、《最高人民法院关于适用〈中华人民共和国民事诉讼法〉若干问题的意见》的规定，调解适用于第一审普通程序、简易程序，第二审程序和审判监督程序。《最高人民法院关于人民法院民事调解工作若干问题的规定》第二条用列举和概括的方式，规定了除 6 类案件不适用调解外，其他案件均可以调解。这 6 类案件是：特别程序、督促程序、公示催告程序、破产还债程序案件，婚姻关系、身份关系确认案件，以及其他依案件性质不能进行调解的民事案件。

1. 特别程序案件

特别程序案件包括选民资格案件，宣告失踪、宣告死亡案件，认定公民无民事行为能力、限制民事行为能力案件，认定财产无主案件。特别程序是指人民法院对非民事权益冲突案件用特别程序审理，其目的不是解决双方当事人之间的民事权益冲突，而是确认某种法律事实是否存在，权利状态的有无或公民是否享有某种资格，能否行使某种权利。如选民资格案件，是确认公民是否享有政治上的权利；认定公民无民事行为能力、限制民事行为能力案件，是确认公民是否具有从事某种民事法律行为的能力或资格。所以，这类案件不适用调解。

2. 督促程序的案件

督促程序是指人民法院根据债权人的申请，向债务人发出支付令，催促债务人在规定的期间内向债权人清偿债务的法律程序。因督促程序是一种非讼程序，无须开庭审理，当事人不当面对质，所以也不能适用调解。

3. 公示催告程序案件

公示催告程序，是指人民法院根据申请人的申请，以公示的方法，告知并催促不明确的利害关系人在一定期限内申报权利的程序。到期无人申报权利的，则根据申请人的申请依法作出除权判决。公示催告程序是非讼程序，其发生不是基于当事人的起诉，而是基于当事人的申请，案件无明确相对人，所以不适用调解。

4. 破产还债程序案件

破产还债程序是指人民法院审理破产案件，终结债权债务关系的诉讼程序。它主要包括破产申请和受理、破产宣告、破产清算三个阶段的程序。破产还债程序中的和解，不同于一般的双方民事法律行为，这种法律行为涉及债权人会议与债务人的意思表示一致，而且要以人民法院的裁定认可为条件。所以，也不适用调解。

5. 婚姻关系、身份关系确认案件

婚姻、身份关系对当事人的权利义务影响巨至，涉及当事人的配偶、监护、继承等人身和财产权益，以及当事人应承担的赡养、扶养、抚养等义务。调整这两类关系的法律规范多属强制性规范。所以，不适用调解。需要说明的是，这里所指的婚姻关系确认案件，不是指婚姻纠纷案件，而是指确认婚姻关系效力的案件。如无效婚姻等。身份关系确认案件，也不是指赡养、扶养、抚养、收养、继承纠纷案件，主要是指亲属关系和特定身份关系的案件。如血缘关系、配偶关系等。

6. 其他依案件性质不能进行调解的民事案件

如调解内容涉及国家利益、社会公共利益和第三人利益的案件，违反法律、行政法规禁止性规定的案件，以及确认民事行为无效的案件等，就不适用调解。但确认民事行为无效案件，处理结果转化为给付之诉的，同样可以调解。如确认合同无效案件，无民事行为能力人或限制行为能力人实施与其年龄、智力不相适应的民事行为，其法定代理人不予追认的案件，处理结果涉及返还原物或折价赔偿时，也可以进行调解。

（五）民事诉讼调解的期限

《最高人民法院关于人民法院民事调解工作若干问题的规定》第一条规定："人民法院对受理的第一审、第二审和再审民事案件，可以在答辩期满后裁判作出前进行调解。在征得当事人各方同意后，人民法院可以在答辩期满前进行调解。"民事诉讼法第一百四十二条规定："法庭辩论终结，应当依法作出判决。判决前能够调解的，还可以进行调解，调解不成的，应当及时判决。""迟到的正义非正义"，及时性就是要尽快解决纠纷，是人民法院审理案件的基本要求之一。为保证人民法院及时审结案件，民事诉讼法对一审普通程序、简易程序、二审程序、再审程序期限都作了明确规定。其中的一审简易程序、二审程序的审限只有 3 个月。由于审限的制约，庭前调解一般不能过多拖延，调解不成必须进入审判程序。

从有利于促成调解的前提出发，同时又能保证案件不超过法定期限，《最高人民法院关于人民法院民事调解工作若干问题的规定》规定了两种期间不计入审限：一是双方当事人申请庭外和解的期间。当事人在庭外通过协商自行解决纠纷，诉讼进程应由当事人把握，法院不应进行干涉。二是在答辩期满前调解不成，各方当事人同意继续调解的，延长的调解期间不计入审限。《最高人民法院关于人民法院民事调解工作若干问题的规定》第六条规定："在答辩期满前人民法院对案件进行调解，适用普通程序的案件在当事人同意调解之日起 15 天内，适用简易程序的案件在当事人同意调解之日起 7 天内未达成调解协议的，经各方当事人同意，可以继续调解。延长的调解期间不计入审限。"

（六）主持民事诉讼调解的主体

民事诉讼法第九十四条、第九十五条规定调解由审判员主持，即只有审判员才是主持调解的主体，人民法院邀请的有关单位和个人只能协助调解，不能成为主持调解的主体。《最高人民法院关于人民法院民事调解工作若干问题的规定》对主持调解的主体范围有所扩大，即人民法院邀请的单位或个人除可以协助人民法院调解案件外，经各方当事人同意，人民法院可以委托他们对案件进行调解。达成调解协议后，由人民法院确认调解协议的效力。

1. 审判员主持调解

民事诉讼法第九十四条规定人民法院调解案件，可以由审判员一人主持，也可以由合议庭主持。人民法院审理民事案件有两种组织形式：一种是独任制法庭；一种是合议制法庭。在适用独任制法庭审判案件的情况下，调解案件一般由独任审判员一人主持，并无争议。而在合议制法庭审判之情形，能否由审判员一人主持调解有不同观点：一种观点认为，既然人民法院审理民事案件有独任制法庭和合议制法庭两种组织形式，与其相应，调解可以由审判员一人主持，也可以由合议庭主持。另一种观点认为，适用普通程序审理的案件大多是重大、复杂案件，庭审主要是查明案件事实并作出判定，需要合议庭全体人员参加，判决的结果也由合议庭集体决定。而调解过程与庭审过程不同，在调解程序中，审判员只是主持调解人，结果由当事人自己决定。所以，适用普通程序审理的案件在调解程序中，可以由审判员一人主持。笔者认为，为节约审判资源，提高审判效率，适用普通程序案件，调解可以由审判员一人主持，如果案情需要，也可以由合议庭全体人员主持。

2. 单位和个人主持调解

人民法院在调解程序中，可以邀请与当事人有特定关系或者与案件有一定联系的企业事业单位、社会团体或者其他组织，和具有专门知识、特定社会经验、与当事人有特定关系并有利于促成调解的个人协助调解工作。这是人民法院调解吸收人民群众广泛参与，借助社会力量促成调解成功的行之有效的方式。由有关单位或者个人主持对案件进行调解，须具备三个要件，实践中应注意把握。一是须经各方当事人一致同意，包括参与诉讼的原告、被告和第三人。此规定为尊重当事人的选择权，当事人一致同意委托他人主持调解，人民法院应予准许。二是须经人民法院委托。三是对当事人达成的调解协议，人民法院应当依法予以审查，只要调解协议不违反法律、行政法规禁止性规定，不损害国家利益、社会利益、集体利益和他人利益，人民法院就应当确认其效力。当事人达成的调解协议无须制作调解书的，人民法院应将审查确认过程记入笔录；须制作调解书的，应当在调解书中将审查确认情况予以说明。

(七)调解书的效力

民事诉讼法第九十七条规定：“调解达成协议，人民法院应当制作成调解书。……调解书经双方当事人签收后，即具有法律效力。”第九十九条规定：“调解未达成协议或者调解书送达前一方反悔的，人民法院应当及时判决。”该法第九十八条同时还规定“下列案件调解达成协议，人民法院可以不制作调解书：……（四）其他不需要制作调解书的案件。对不需要制作调解书的协议，应当记入笔录，由双方当事人、审判人员、书记员签名或盖章后，即具有法律效力。”《最高人民法院关于人民法院民事调解工作若干问题的规定》第十三条规定：“根据民事诉讼法第九十条第一款第四项规定，当事人各方同意在调解协议上签名或者盖章后生效，经人民法院审查确认后，应当记入笔录或者将协议附卷，并由当事人、审判人员、书记员签名或者盖章后即具有法律效力。当事人请求制作调解书的，人民法院应当制作调解书送交当事人。当事人拒收调解书的，不影响调解协议的效力。一方不履行调解协议的，另一方可以持调解书向人民法院申请执行。”从上述条文，可以看出，生效的调解书具有以下效力：确定当事人间民事法律关系的效力；结束诉讼的效力；强制执行的效力。

一般情况下，调解协议中的当事人应是权利义务的享有者或承担者，但也有调解协议中的当事人对调解书的内容既不享有权利又不承担义务。如不承担担保责任的担保人，不承担义务的无独立请求权的第三人等，他们虽是调解协议中的当事人，但对调解书的内容既不享有权利又不承担义务。依照民事诉讼法及相关司法解释的规定，在当事人约定签收调解书后生效的情况下，若一方当事人不签收调解书，则调解书不发生效力。若对调解内容既不享有权利又不承担义务的当事人不签收调解书不影响调解书的效力。

我们要注意区分调解协议与调解书。调解协议是双方当事人自愿处分其实体权利和诉讼权利的一种文书形式，是当事人之间的法律文书，是调解书的基础。它本身无法律效力，一方或双方反悔，人民法院无从约束。调解书是指人民法院制作的，记载当事人之间调解协议内容的法律文书。它既是当事人平等协商结果的记录，又是人民法院对当事人的协议予以确认后，依法赋予强制执行力的法律文书。

（八）民事诉讼调解的方式

1. 关于调解的保密性

根据民事诉讼法第十条规定，人民法院审理民事案件，依照法律规定，实行公开审判制度。第一百三十四条规定，人民法院审理民事案件，除涉及国家秘密、个人隐私或者法律另有规定的以外，应当公开进行。离婚案件、涉及商业秘密的案件，当事人申请不公开审理的，可以不公开审理。这里的“不公开审理”，仅指庭审过程的不公开，不包括其他诉讼阶段。由此可见，调解和审判一样，是以公开为原则，不公开为例外，其目的是为了更好地实现程序的公正。但是，凡调解的民事案件，不一定都符合上述规定的不公开审理的情形，一些案件往往会涉及当事人不愿公开或让别人知道的事情，若强行让当事人公开调解的过程，当事人则会产生思想上的顾虑，结果不利于调解。因此，《最高人民法院关于人民法院民事调解工作若干问题的规定》规定："当事人申请不公开进行调解的，人民法院应当准许。"

2. 关于居中调解

在过去的调解中法官职权主义色彩过重，法官多是扮演"主宰者"角色，忽视当事人尤其是债权人的诉讼权利和实体权益，甚至强迫或变相强迫当事人接受调解。从法官中立意义上讲，法官调解应尊重当事人的意志，尽量避免对双方争议的直接干预。因此，《最高人民法院关于人民法院民事调解工作若干问题的规定》对此作出了明确的规定："当事人可以自行提出调解方案，主持调解的人员也可以提出调解方案供当事人协商时参考。"

（九）超出诉讼请求和附条件的调解

1. 关于超出诉讼请求的调解

"不告不理原则"是民事诉讼具有的消极因素所决定的，人民法院裁判案件应遵守"未经证明之事实不为事实，未经主张法官不得裁判"之规则，而不能"自作多情"，超出当事人的主张或请求进行裁判。但是调解是建立在当事人完全自愿基础上的，调解结果是当事人处分权的体现。当事人不但可以对诉讼中提出的请求进行调解，也可以对诉讼请求之外的争议或权益一并进行调解，以彻底解决他们之间的争议，以达到双赢的目的，此举应当给予支持和鼓励。《最高人民法院关于人民法院民事调解工作若干问题的规定》规定："调解协议内容超出诉讼请求的，人民法院可以准许。"

2. 关于附条件的调解

诉讼调解是否可以附条件，民事诉讼法未作规定，但民法通则规定民事法律行为可以附条件。民法通则规定："民事法律行为可以附条件，附条件的民事法律行为在符合所附条件时生效。"调解协议属于民事法律行为，依法理，可以附条件。附条件进行调解，实践中已有许多法院采用，并取得很好的效果。如调解协议约定一方当事人不按时履行义务时，可约定加倍履行义务。因为调解协议在本质上是一种契约，是赋予了强制执行力的契约，同样存在违约的成本和代价。《最高人民法院关于人民法院民事调解工作若干问题的规定》规定的"人民法院对于调解协议约定一方不履行协议应当承担民事责任的，应予准许"。其中的"承担民事责任"，应是指所附的条件。附条件进行调解，让当事人自己去衡量违约成本，能更好地督促当事人履行义务，降低执行案件的比例。同时，也体现对诚信者的保护，对失信者的惩罚。只要所附条件不被法律所禁止，就应当受到法律的保护。

（十）调解协议的担保

民事诉讼法只规定当事人在申请财产保全、先予执行和执行程序中申请人或被执行人可以提供担保，对调解协议是否可以提供担保未作规定。实践中虽有法院进行了尝试，但因缺乏制定法上的支持，而无法展开。《最高人民法院关于人民法院民事调解工作若干问题的规定》对此作了规定："调解协议约定一方提供担保或者案外人同意为当事人提供担保的，人民法院应当准许。"调解协议属于当事人之间的合意，具有合同的性质。担保法中的相关规定同样适用于调解协议中关于担保的内容，但调解协议担保与合同担保又有不同之处。调解协议虽具有合同的性质，但毕竟不是一般意义上的合同。担保法中保证、抵押、质押、定金、留置五种担保方式均适用于合同担保，而其中有的担保方式就不适用于调解协议的担保。如定金具有证约、解约等功能，而留置须履行先行为等特点，而不能适用于调解协议的担保。担保法中的担保有债务人担保和第三人担保之分，债务人担保只适用于"物保"，而不适用于"人保"。与其相对应，调解协议担保分为当事人（负有义务的一方）担保和案外人担保。当事人担保也只适用"物保"，而不适用"人保"。

（十一）民事诉讼调解费用的负担

人民法院以判决方式结案的，诉讼费"由败诉的当事人负担，双方都有责任的由双方分担"，即由过错方负担，或按过错比例分担。以调解方式结案的，费用一般由当事人通过协议的方式解决。而在调解中，有时当事人对所争议的事项达成了调解协议，对诉讼费的负担不能达成一致意见。《人民法院诉讼收费办法》第二十一条规定："经人民法院调解达成协议的案件，诉讼费用的负担，由双方协商解决；协商不成的，由人民法院决定。第二审人民法院审理上诉案件，经调解达成协议的，第一审和第二审全部诉讼费用的负担，由双方协商解决；协商不成的，由第二审人民法院决定。"《最高人民法院关于人民法院民事调解工作若干问题的规定》从既能保证调解协议的效力，又能简化诉讼程序的前提出发，对此作了明确的规定："当事人不能对诉讼费用如何承担达成协议的，不影响调解协议的效力。人民法院可以直接决定当事人承担诉讼费用的比例，并将决定记入调解书。"根据《人民法院诉讼收费办法》和《最高人民法院关于人民法院民事调解工作若干问题的规定》的规定，诉讼费的负担有两种确定方式：一是由当事人协商解决；二是由人民法院依职权决定。第一种情形，诉讼费的负担作为调解协议的一项内容，是当事人意思表示一致的结果。第二种情形，是人民法院根据诉讼费负担原则，按当事人应负担的比例，以决定的形式在调解书中确定，而不是作为调解协议的一项内容，是体现国家意志的结果。同时，诉讼费的负担由人民法院决定的，无须在调解书之外另行制作决定书，将决定负担的比例记入调解书即可。

(十二)关于先行调解

《最高人民法院关于人民法院民事调解工作若干问题的规定》第十七条规定："当事人就部分诉讼请求达成调解协议的，人民法院可以就此先行确认并制作调解书。"此规定有三个要件：一是当事人对主要诉讼请求或争议事项达成了调解协议；二是当事人共同向人民法院提出请求；三是人民法院作出的处理意见须当事人共同接受。需说明的是，人民法院作出的处理意见不是用判决或决定的形式作出，而是作为调解协议的内容，具有与调解协议同等的效力。

二、民事诉讼和解

(一)民事诉讼和解的概念

民事诉讼和解是指双方当事人在诉讼进行中，自己进行协商，达成协议，解决纠纷，结束诉讼的一种活动。在民事诉讼中，虽然和解与调解仅有一字之差，但却是相去甚远的两种不同制度。

首先，这两种活动的性质不同。和解是当事人双方行使诉讼权利的一种体现，是他们双方对自己的诉讼权利和实体权利依法加以处分的结果。而调解则是人民法院代表国家对案件依法行使审判权的一种职能活动。

其次，和解是当事人双方自己进行协商，达成协议，解决纠纷的活动，并无人民法院的审判人员直接介入其中。我们认为，所谓并无审判人员介入其中，应当理解为审判人员并不为双方当事人提出具体的和解方案，而不是说审判人员只能对当事人之间的和解持观望态度。事实上，由于和解本身所具有的积极作用，审判人员无疑应当鼓励当事人双方自行和解。而调解则是在人民法院审判人员的主持下，通过其直接、深入、细致的教育、疏导工作，促使当事人双方达成协议，解决纠纷。而且，审判人员在调解时往往主动提出解决纠纷的具体方案以供当事人双方进行协商。由此可见，当事人之间解决纠纷的协议是否是在审判人员的直接介入及主持下达成的，是区分二者的关键所在。

最后，当事人双方的和解可以在诉讼进行中的任何阶段完成。具体就我国情况而言，当事人双方不仅可以在审判程序中（即案件受理后至判决作出前）自行和解，而且在执行程序中也可以自行和解。而人民法院的调解活动则只限于在审判程序中进行。申言之，为了维护生效法律文书的严肃性并保证其内容能够得到不折不扣的完全实现，故在执行程序中，人民法院是不能进行调解的。

（二）民事诉讼和解的种类

综合各国立法例来看，从不同角度，按不同标准，可以把民事诉讼和解划分成不同种类。

1. 全部和解与部分和解

顾名思义，所谓全部和解，是指解决本案全部争议的和解；所谓部分和解，又称局部和解，是指解决本案一部分争议的和解。一般来说，部分和解所解决的争议必须在本案全部争议中具有相对独立性，且其和解不会影响对本案其他争议的继续审判。

2. 法院内的和解与法院外的和解

不难看出，对和解的这种划分，是根据诉讼当事人双方达成和解协议时所处的不同地点为标准来进行的。法院内的和解主要表现为开庭审理中的和解（又称当庭和解）；法院外的和解必须是在诉讼程序开始以后而尚未结束之前，并且同样须经本案受诉法院的审查确认方可生效，但其审查确认通常应当先由当事人双方提出申请，否则应当继续审判。因为此时受诉法院无从得知当事人双方已经自行和解。

3. 书面和解与口头和解

凡当事人双方达成的和解协议是以书面形式存在的，即为书面和解，凡当事人双方达成的和解协议是以口头形式存在的，则为口头和解。我们认为，民事诉讼中的和解是一项十分严肃的活动，直接涉及对双方当事人诉讼权利和实体权利的处分。因此在我国，就和解协议的形式来说，应以书面为原则，即当事人双方达成和解协议后，应当拟订和解协议书供受诉人民法院审查确认，以达慎重、明确、具体、合乎规范之目的。与此同时，从我国民诉法“便利当事人诉讼、便利人民法院办案”的基本精神出发，也不能对口头和解持完全否定的态度，但对其适用范围应当加以适当的限制。具体来说，口头和解以在第一审程序中的简易程序里准予适用为宜。

（三）民事诉讼和解的原则

和解的原则是指诉讼当事人双方自行和解解决争议时必须遵循的指导原则。我们认为，我国民事诉讼中的和解应当在以下三项原则的指导下进行：

1. 必须在弄清事实、分清是非、明确责任的基础上进行和解

虽然和解完全是当事人双方自行协商的结果，但其既然是民事诉讼中解决纠纷的一种方式，则不论其具有何种特点，也必须建立在事实清楚、是非分明、责任明确的基础之上。否则，和解协议的内容必然会含糊不清，当事人之间的民事权利义务关系也会无从确定，人民法院更无法在“以事实为根据、以法律为准绳”这一基本原则的指导下对其能否发生预定的法律效力进行审查并加以确认。

2. 达成和解协议必须出自双方当事人的自愿

和解协议是诉讼当事人双方通过自行协商，在意思表示一致的基础上，对自己的诉讼权利和实体权利加以处分的产物。因此，达成和解协议时，必须出自双方当事人的自愿，而不能有任何外来的强迫或变相强迫，任何一方当事人也不得将自己的意志强加给对方当事人或以虚假的许诺来骗取对方当事人与自己达成和解协议。否则，不仅往往难以达成和解协议，即使勉强达成，其基础也是不牢固的，当事人随时都可能反悔，撕毁达成的协议，引起新的纷争，从而使诉讼进一步复杂化。

3. 和解协议的内容必须合法

尽管和解是诉讼当事人双方自行协商解决争议的活动，但因其涉及对双方诉讼权利和实体权利的处分，所以还必须以合法为前提。这就是说，和解协议的内容不能违反法律的规定，不能损害国家、集体或他人的合法权益，不能以此规避法定义务。否则，即使双方当事人出自真实自愿，亦属无效。

为了保证上述三项原则在诉讼实践中得到贯彻执行，人民法院对于当事人双方达成的和解协议，应当无一例外地进行严格的审查。审查合格的，依法加以确认；审查不合格的，则应宣布无效，并继续进行审判（或者强制执行）。

（四）民事诉讼和解的法律性质和效力

在诉讼法理论上，诉讼和解的法律性质有三种说法：一是“私法行为说”，认为诉讼和解是当事人达成民法上的和解，属于私法上的行为。二是“诉讼行为说”，认为诉讼和解是完全不同于民法上和解的诉讼行为，是法律承认的替代判决的诉讼法上的协议。三是“两种性质说”，认为诉讼和解兼有民法上的和解和诉讼行为两种性质和要素。在不同的国家，诉讼和解具有不同的法律性质，由此也使得不同国家的诉讼和解具有不同的法律效力。美国的诉讼法理论采用“私法行为说”，认为当事人在诉讼外或诉讼中达成的和解都是一种契约，因此不能直接终结司法诉讼程序；而日本和德国则采用“诉

讼行为说”，认为和解协议虽非判决，却具有强制执行的效力；我国台湾地区是“两种性质说”的支持者，和解是私法上的法律行为和终结诉讼程序的合意并存，而后者要发生效力须以前者生效为前提。从中国的立法和实践来看，当前是采用“私法行为说”，一方面并未赋予和解协议与确定的生效判决同等的效力，另一方面和解协议的达成并不能产生终止诉讼程序的效果，要想终结诉讼，必须由原告向法院申请撤诉。可见，中国的和解协议的法律性质和效力并不明确，因为，根据民事诉讼法的相关规定，当事人撤诉后可以重新起诉，也就是说原告基于和解协议撤诉后可以重新起诉，这说明中国的和解协议不具有阻止当事人对原纠纷再行起诉的效力。笔者认为，在诉讼和解的法律性质和效力上，应采“两种性质说”，即诉讼和解具有诉讼行为与民事法律行为并存的两种法律性质，并赋予诉讼和解以诉讼法上的效力。

和解协议的效力具体来说在我国应当具有以下几个方面的法律效力：

(1)确定双方当事人之间的权利义务关系。和解协议的内容，就其实质而言，不过是对解决本案实体权利义务争议的一种记录。所以，和解协议一经生效，双方当事人之间的民事权利义务关系即告确定。

(2)必要时得向人民法院申请强制执行。具有给付内容的和解协议生效以后，负有义务的一方当事人即应按期自动履行。否则，对方当事人有权向有管辖权的人民法院申请强制执行。

(3)当事人不得以同一事实和理由再行起诉。既然和解协议的内容是对解决本案实体权利义务争议的一种记录，那么随着和解协议的生效，双方当事人之间实体权利义务争议的解决即成定局。因此，当事人不得以同一事实和理由再行起诉。但是法律另有规定的除外。

(4)当事人不得对人民法院确认和解协议的法律文书提起上诉。人民法院对和解协议的审查确认固然是其行使审判权的一种体现，但与其所作判决相比，毕竟有所不同。这不仅是因为和解协议本身是诉讼当事人双方出于真实自愿，在相互协商、慎重考虑的基础上自行达成的，而且还在于和解协议最后生效以前，也即人民法院关于确认和解协议的法律文书送达以前，当事人双方仍有再次斟酌的机会，如不同意和解的，尽可提出，并可以由人民法院继续审判。所以，当事人对于第一审人民法院确认和解协议的法律文书不得提起上诉。

(五)关于和解协议的确认

广义的自行和解包括庭上和解和庭外和解，狭义的自行和解仅指庭外和解。庭上和解属广义的法院调解范畴，当事人达成的和解协议可请求人民法院确认其效力并制作调解书，以终结诉讼程序。而当事人庭外和解的，往往导致原告方撤回起诉，以终结诉讼程序。当事人庭外和解与法院调解，虽然都是当事人通过协商解决争议，但其效力是不同的。和解协议虽在一定程度上对当事人有约束力，但不具有强制执行力，一方不履行义务，另一方不能申请人民法院强制执行，只能向人民法院重新起诉。而通过法院确认的和解协议或以和解协议制作的调解书，则具有强制执行力，一方不履行义务，另一方当事人可申请人民法院强制执行。在以往的实践中，当事人自行达成和解协议，在程序上只有一种选择，即由原告方向人民法院申请撤回起诉，经人民法院裁定准许，诉讼程序才告终结。1995 年 9 月 1 日施行的仲裁法第四十九条规定："当事人申请仲裁后，可以自行和解。达成和解协议的，可以请求仲裁庭根据和解协议作出裁决书，也可以撤回仲裁申请。"仲裁法对当事人自行和解设计了两种可供选择的程序，以满足当事人的需求。一是当事人达成和解协议，可以撤回仲裁申请，终结仲裁程序；二是当事人达成和解协议，可以请求仲裁庭根据和解协议作出裁决书，以终结仲裁程序。这样既节约了仲裁成本，又能保护当事人的合法权益。仲裁程序中关于当事人自行和解的规定较为合理，值得民事诉讼当事人自行和解程序借鉴。所以，《最高人民法院关于人民法院民事调解工作若干问题的规定》吸收了仲裁法中的这一合理制度，规定"当事人在诉讼过程中自行达成和解协议的，人民法院可以根据当事人的申请依法确认和解协议制作调解书"，从而改变了过去当事人在诉讼程序中自行和解只能选择撤回起诉的单一模式。

第八章　先予执行与保全

第一节　典型案例及其评析

【案例一】　黄某诉郑某合伙企业纠纷先予执行案

2000年9月黄某、郑某、杨某筹建合伙企业利华商行，于2001年2月注册登记并营业。杨某于2001年3月取回投资款70万元。后黄某、郑某因在经营问题上意见不一，两人均认为难以继续合作下去，但对分配意见各执一词，黄某遂于2001年9月10日向县法院提起诉讼。

一审法院认为，原、被告签订的合伙协议为原被告双方的真实意思表示，该合伙协议为有效协议，对原被告双方均具有约束力。在合伙期间，因双方发生矛盾，原被告均认为难以维系双方建立的合伙关系。原被告均同意解除合伙合同，予以准许。原被告对在合伙期间各自的投资数额各持已见，所提供的证据又不能充分证明自己的实际投入，故法院结合审计报告、原被告所举的证据及本案的事实认定原告投入利华商行的财产为1211912.11元，被告投入资本1135476.19元。按照合伙人的出资比例分配盈亏原则，原告占利华商行的资产评估资为709684.27元；被告占664924.11元。现利华商行已裁定交予原告经营，故原告应退回被告的投资款664924.11元给被告。为此，依据《中华人民共和国民法通则》第三十条、第三十一条、第三十二条及《最高人民法院关于贯彻执行〈中华人民共和国民法通则〉若干问题的意见》(试行)第五十四条之规定，判决如下：解除原告黄某与被告郑某于2001年2月签订的《利华商行股东协议》。原告黄某在本判决生效起10日内退回投资拆款664924.11元给被告郑某。利华商行的财产全部归原告黄某所有。驳回原告的其他诉讼请求。案件受理费17667元，由原被告各负担8833.50

元。诉讼保全费7640元，由原被告各负担3820元。审计费36000元由原被告各承担18000元。评估费12500元，由原告承担；原告预交不退，待被告付清欠款时一并退还给原告。

宣判后，原、被告双方均不服，向二审法院提出上诉。

本案评析：先予执行裁决的处理

本案案情比较简单，但是在当事人出资数额的认定、先予执行裁决的作出、当事人诉求的处理等方面还是给法院的审理工作带了很多的难题。下面我们来一一梳理这些难点问题。

(一)关于原、被告出资额及利华商行资产的认定问题

本案争议的一个难点问题在于双方出资额的确定和利华商行资产的认定。虽然双方签订了股本确认书，对出资份额作了规定，但是在诉讼中，双方均认为各自的投入大于股本到位书上确认的数额。由于双方均不能提供完整的并经对方签名确认的投入资金的原始凭证，且部分原始凭证上的时间均在签订股本确定书之前。在一审的过程中，一审法院经征询原、被告的意见，委托了会计师事务所对利华商行的合伙人投入资本的财务状况进行审计，委托了评估公司对利华商行的资产进行评估。一审法院判决也是以审计报告确定的双方出资额为依据，从而对利华商行的资产进行分割。但是从二审的情况来看，二审法院只认定了评估公司的评估报告，对利华商行的资产总额予以了确认，对于一审法院委托会计事务所出具的审计报告不予认可，认为因双方不能提供全部原始凭据作为审计的基础，从而使审计报告不能作为认定双方实际投资的证据。二审法院根据《最高人民法院关于民事诉讼证据的若干规定》第六十五条“审判人员对单一证据可以从下列方面进行审核认定：①证据是否原件、原物、复印件、复制品与原件、原物是否相符；②证据与本案事实是否相关；③证据的形式、来源是否符合法律规定；④证据的内容是否真实；⑤证人或者提供证据的人与当事人有无利害关系”，对于审计报告不予认定，并按照股本确认书确定出资比例并无不当。

(二)关于先予执行的裁定

首先，先予执行的必要性。在一审过程中，从诉讼一开始当事人便申请了财产保全和证据保全，且诉讼中又不得不进行审计及评估，因此使得本案的诉讼期限不得不拉长，使得涉案的商行一直都处于被查封的状态。根据民事诉讼法第一百零七条的规定，“人民法院裁定先予执行的，应当符合下列条件：当事人之间权利义务关系明确，不先予执行将严重影响申请人的生活

或者生产经营的……"因为涉案的商行本身就是一个营利的企业，查封对当事人来讲，不论是原告还是被告，都是无法估算的损失。另外，本案中只是由于合伙人之间相互不信任，才导致清算诉讼的发生。而在庭审时，原告明确表示愿意继续经营涉案商行，而被告则表示不愿经营商行。因此，原、被告双方对于利华商行的下一步归属问题达成了一致，当事人之间权利义务关系比较明确。因此，法院作出先予执行的裁定并无不当。

其次，先予执行的可行性问题。本案的先予执行的内容是原告申请解封利华商行，并交由其经营。但此案是否解除查封，怎样解除查封，是值得探讨的地方。涉案商行本来就是一个要拆伙清算的企业，解除后归属谁，由谁管理是首先需要解决的问题。根据合伙企业法的规定，清算时的企业显然无解除查封的必要。但本案出现了新的情况，即本案的纠纷是介于退伙和清算之间的类型。说其是退伙，是因为本案中的合伙是两人合伙，既然合伙双方相互无继续合作的愿望，拆伙也就等于退伙；另外，本案也可归到清算之中，因为当事人明确提出了清算财产的请求，而双方对各自的投资额争议也很大，对如何分配、如何清算也有很大分歧。因此，如果按退伙处理，则显然可以保存涉案的商行，即一方继续经营利华商行，并退还对方的财产份额即可。如果按清算处理，则涉及对该商行全部财产的审计和评估，和对利华商行财产的分割，及合伙人之间对合伙企业的债权债务的承担等问题，而涉案的利华商行最后归于消灭的后果。一审法院采取了一种折中的方法，在退伙与清算之间找了一种合理的解决办法。即先按清算处理，由法院处理合伙之间的财产，以审计、评估等办法确定合伙企业的财产总额，再确定分配原则进行分配；并且判令合伙企业的名称归于消灭。这样，法院就完成了对合伙的清算。然后，法院再根据当事人的要求及实际存在的情况，先判令保持该利华商行除名称之外固定资产的完整性，确定该利华商行由当事人双方中的一方继续经营。这样处理，也就给法院解除查封找到了依据。法院先裁决合伙合同归于消灭；裁决利华商行全部财产先归当事人一方所有。这样就解决了解除查封后利华商行的归属问题。

再次，关于先予执行的裁定涉及实体内容问题。一审法院在解决此问题适用的是裁定书，而其裁决的内容是：①终止合伙合同关系。②解除查封，并裁定在裁定书发生法律效力之日起利华商行由原告独自经营。该裁定书在内容上体现的是实体上的问题。根据所有权原则，事实上该裁定书已经判令利华商行归原告所有，而涉及所有权的归属问题，毫无疑问是属于实体上的问题。而裁定主要适用于程序方面的内容，一审以裁定的形式作出实体处理不是很恰当，但由于此裁定是以先予执行为根基，所以适用裁定也有一定的道理。

最后，本案先予执行裁决与部分先行判决的选择问题。本案的处理，也可以适用民事诉讼法第一百五十三条的规定：“人民法院审理案件，其中一部分事实已经清楚，可以就该部分先行判决。”本案中，当事人双方都已经同意解除合伙合同。原告明确表示愿意继续经营利华商行，被告表示不经营利华商行。故判决终止合同关系的事实以及判利华商行财产归原告所有及由原告经营的事实已经清楚，故可适用第一百五十三条。而适用第一百五十三条也显然比适用先予执行的裁定更为合适、恰当。

（三）分割合伙财产方式探讨

合伙企业法中关于合伙企业解散、清算，并没有提供解散、清算的方式，只是提供了清算时的必备事由。按传统处理方式，遭遇清算分配的合伙企业一般意味着合伙企业归于消灭。因为解散事由的出现一般是在合伙企业无存在必要的时候出现。因此，合伙企业的消灭则是合伙企业解散、清算的法律后果。本案中，一审法院事实上是提出另外一种分割合伙企业财产的方式，即确定合伙企业的资产总额；保存合伙企业由合伙人中一方所有，由合伙企业所有者按分配原则给付其他合伙人相应的财产份额。显然，这种处理清算企业的方式比起解散合伙企业的方式要积极得多，这样的处理方式更有利社会经济的发展，更加能够体现公平原则。

如何确定该合伙企业的所有者，是值得探讨的地方。一种方式是由法院直接判令，由法院选定当事人中的一方为该合伙企业的所有者。如果使用这种方式，则应该先尊重当事人的意志，征求当事人的意见。但不论如何，以法官的理性判断来决定企业的前途怎么讲都不是很合适。另一种方式则是由合伙人竞价取得合伙企业所有权，而法官充当居中人的角色，即采用类似拍卖的方式决定合伙企业的所有人。与拍卖不同的是，拍卖的竞价方是相对的不特定人，而这种竞价的方式中的竞价人为合伙人。此种方式的具体表现为，法官先根据审计报告、评估报告，合伙企业的财产状况，确定一个竞价的基价。由合伙人根据此基价不断竞价，由最后的最高竞价者取得合伙企业的所有权。而取得所有权的一方则根据最后的竞价额和各合伙人的财产份额，给付其他合伙人相应的货币额。这种方式充分体现了当事人的意志，也有利于涉案企业的生存和发展，而且也能够节约诉讼成本，节约诉讼资源。因为采用竞价的方式，首先就可以免去审计、评估等程序。这样，一来节约了当事人的诉讼费用，委托审计、评估等费用可以省去；二来也是大大缩短了诉讼的期限。其次，采用竞价的方式，体现了公平原则。无论如何，最后的竞价成功者所选择的价格是其自己能够接受的，选择竞价的价格说明还没有达到其最后的价格极限，因此，对竞价成功者是公平的，也是能获得最大利益的；同样，对竞价未成功者也是公平的，也能获得最大的利益。其不愿出价高于最后竞价，说明最后竞价高出其对涉案企业的预期价格，显然，从这点来说，他是获得了最大利益的，因此也就是公平的。事实上，采用竞价的方式解决财产分割问题，已有先例，也应该提倡。

【案例二】　某生物医学研究有限公司诉贺某诉讼保全案

贺某原系某生物医学研究有限公司化学部门负责人和高级研究员，对公司负有保密义务。2013年7月，贺某向某生物医学研究有限公司申请辞职，于同年8月21日正式离职。在辞职前，贺某曾大量访问某生物医学研究有限公司的保密文件。经某生物医学研究有限公司委托鉴定机构恢复数据，发现被贺某在正式离职前擅自将申请人抗癌药品研发项目（EED和LSD1）的879个保密文件复制到其移动存储设备中带走。申请人随即委托律师向被申请人发送律师函，要求其立即停止侵权行为，删除和销毁涉密文件，但被申请人未予答复。鉴于贺某的行为已经将某生物医学研究有限公司的商业秘密置于危险境地，而且已经前往某生物医学研究有限公司的同行处工作，一旦被申请人泄露、使用或者允许他人使用上述秘密，势必使申请人遭受难以弥补的重大损失，某生物医学研究有限公司遂向法院申请诉讼保全，请求法院责令被申请人不得披露、使用或者允许他人使用申请人的商业秘密文件及其中包含的所有信息。法院在受理了某生物医学研究有限公司诉前行为保全申请后于当日进行了单方听证。法院认为该申请符合民事诉讼法第一百零一条规定的“利害关系人因情况紧急，不立即申请保全将会使其合法权益受到难以弥补的损害的，可以在提起诉讼或者申请仲裁前向被保全财产所在地、被申请人住所地或者对案件有管辖权的人民法院申请采取保全措施。”应当准许申请人的申请。法院依照民事诉讼法作了以下裁定：在本院作出进一步裁判前，被申请人贺某不得披露、使用或允许他人使用“申请人商业秘密文件列表”所列的879个文件。本裁定送达后立即执行。本案行为保全申请费人民币30元，由申请人某生物医学研究有限公司负担。如不服本裁定，可在裁定书送达之日起10日内向本院申请复议一次。复议期间不停止裁定的执行。

本案评析：诉前行为保全的适用

判断是否实施诉前行为保全应考量两个要件，一是是否情况紧急以至于采取行为保全措施，二是是否会给申请人造成难以弥补的损害。而是否情况紧急又需要进一步考虑申请人是否提出了具有理据的严肃争议、双方当事人利益是否明显失衡、本申请是否具有紧迫性以及是否违反公共利益等因素。

（一）申请人是否提出了具有理据的严肃争议

在涉及侵权的纠纷中，情况紧急一般表现为权利人的合法权益面临迫在眉睫的侵害，故在理想状态下，应首先对申请人会否受到侵害作出判断，但要充分判断侵害可能性须以双方当事人诉辩的方式来查明，并花费大量的时间。本案是一起诉前行为保全案件，具有时间上的紧迫性，依据法律规定，必须在48小时内作出裁定，如果以上述理想状态来查明侵害可能性显然不切实际，若以短时间内无法查明侵害可能性为由简单驳回申请，到时难以弥补的损害即有可能成为现实，此亦不符合诉前行为保全制度的设计初衷。因此，在动态综合考虑以下所有因素的情况下，将侵害可能性因素的考虑重点侧重于申请人是否提出了具有理据的严肃争议。申请人在听证中主张，根据被申请人签署的员工手册和劳动合同，被申请人对申请人的商业秘密负有保密义务，且根据合同约定，被申请人在职期间成果的知识产权均归属于申请人。涉案两个项目项下的电子文件属于申请人的商业秘密，相关文件存储于申请人的服务器中，设置了访问权限。申请人另主张，被申请人在离职前的较短时间内大量访问并转存服务器上的前述文件，违反了员工离职前将申请人的商业秘密资料及财产归还申请人的合同约定，属于以不正当手段获取商业秘密。申请人对于其在申请书及听证中主张的事实均陈述并出示了相关证据材料，该等主张在《中华人民共和国反不正当竞争法》上亦有其请求权基础。据此，有理由相信，申请人提出了一个具有正当理由和法律依据的严肃争议。

（二）是否会造成难以弥补的损害

本案中，这个问题的答案是显而易见的。申请人主张，其将研发资料作为商业秘密保护，这就意味着申请人选择用保密的方式来保护其有关药物研发可能形成的智力财产。如果他人未经申请人许可，将其运用于相同领域，无疑会给申请人造成损害，而且这种损害难以用金钱来衡量。如果他人未经申请人许可，进一步向特定主体披露这些研发资料甚至将其公之于众，则更将对申请人通过前期投入大量时间和金钱所建立的竞争优势带来难以挽回的损害。因此，冻结被申请人的行为以维持现状并阻止损害发生符合本案的实际情况。

(三)双方当事人利益是否明显失衡

涉案研发资料对申请人而言至关重要，如果不采取行为保全措施，申请人的合法权益将可能受到难以弥补的损害。如果采取行为保全措施禁止的是被申请人本不打算实施的行为，则该行为保全对被申请人并无损害；如果相反，即使不考虑申请人声明被申请人对前述资料不享有任何权益的因素，临时禁止被申请人披露、使用以及允许他人使用前述资料对被申请人而言也难谓有重大损害。

(四)申请是否具有紧迫性

被申请人未经申请人许可，获取了申请人的秘密文件。由于这些文件已经脱离了申请人的控制范围，被申请人随时有可能披露、使用或允许他人使用，因此，禁止该等行为的实施就显得刻不容缓。

(五)行为保全是否违反公共利益

本行为保全申请系申请人请求获得商业秘密保护的救济，属于私权范畴，没有发现本行为保全将对社会公共利益造成损害的可能。

法院也同时注意到，诉讼保全裁定是在申请人单方申请的情况下作出，被申请人的利益尚缺乏程序保障。根据民事诉讼法的规定，被申请人对本裁定有申请复议的权利，在今后可能的诉讼中，被申请人亦有抗辩的权利。因此，法院裁定诉讼保全的时限起止时间为裁定作出之后至在法院作出进一步裁判前。

第二节 基本知识

一、先予执行

(一)先予执行的概念

先予执行，是指法院受理案件以后、作出终审判决之前，根据当事人的申请，裁定对方当事人先行给付申请人一定数额的款项或者特定物，或者实施、停止某种行为，并立即执行的一种诉讼制度。我国民事诉讼法规定的先予执行来源于民事诉讼法(试行)中的先行给付。在民事诉讼中，人民法院从受理案件到作出裁判并付诸执行，往往需要经过一段时间，甚至可能是相当长的一段时间。在这段时间内，如果原告生活困难，或难以维持正常的生产经营，就需要由人民法院采取一定的措施，让被告预先给付原告一定的财物，使原告的基本生活或生产经营能够继续维持。这种执行，发生在人民法院作出生效法律文书之前，是对未来判决所确定的实体权利义务部分的预先实现，具有未决先执行的性质。执行的内容，实际上是将来判决中所要确定的实体权利义务所指向的对象。先予执行是人民法院及时保护当事人合法权益的一项有力措施，在民商事诉讼中有着极为重要的意义。

(二)先予执行的适用范围

由于先予执行是在尚未作出正式判决之前采取的临时救济措施，如果执行内容与日后判决主文不一致，将会给执行回转造成困难，也会给被告造成一定的经济损失。因此，民事诉讼法对能够适用先予执行的案件的适用条件作了较为严格的限定。根据民事诉讼法第一百零六条的规定，人民法院对下列案件，根据当事人的申请，可以裁定先予执行：

1. 追索赡养费、扶养费、抚育费、抚恤金、医疗费用的案件

追索赡养费、扶养费、抚育费案件之所以适用先予执行，是因为这些权利主体通常情况下是特殊主体，如老、弱、幼、残等弱势群体，一般都没有生活来源，他们都有待义务主体的主动扶持，当这些权利主体进人诉讼中后，往往需要先解决基本的生活保障费用。民事诉讼法规定可以先予执行，就可以使他们的生活有保障。

2. 追索劳动报酬的案件

劳动报酬，是当事人应得的劳动收入。它直接关系到权利人及其供养家属的生活，故可先予执行。

3. 因情况紧急需要先予执行的案件

根据《最高人民法院关于适用〈中华人民共和国民事诉讼法〉若干问题的意见》第一百零七条规定，情况紧急包括：①需要立即停止侵害、排除妨碍的；②需要立即制止某项行为的；③需要立即返还用于购置生产原料、生产工具货款的；④追索恢复生产、经营急需的保险理赔费的。

上述第一、二类案件都涉及公民的基本生活需要，不先行给付一定金钱或财物，将难以维持正常生活，因此有必要先予执行。针对第三类案件的规定具有一定的灵活性，审判人员可以根据具体案件的需要，在情况紧急时采取先予执行的措施。人民法院准予先予执行的，应当以书面裁定的形式作出。

(三)先予执行的适用条件

根据民事诉讼法第一百零七条的规定，人民法院裁定先予执行的，应当

符合下列条件：

1. 当事人之间的争议属于给付之诉

根据诉的一般原理，只有给付之诉才有可执行性，而只有具有执行性的诉才能先予执行。单纯的确认之诉、变更之诉案件，不存在给付问题，也就不能适用先予执行。

2. 当事人之间的权利义务关系明确

先予执行实际是让权利人在判决之前预先实现部分实体权利，若不慎重，将会给被执行人造成损失。因此，权利义务关系的存在是先予执行的前提和基础。如果彼此之间的权利义务关系还不能肯定，则不能作出先予执行的裁定。"权利义务关系明确"是指当事人之间的民事法律关系是肯定的，而且双方的民事权利义务内容也是明确的。例如，追索赡养费的双方当事人之间存在父子关系，儿子有赡养父亲的义务。只有权利义务关系明确的给付之诉案件，人民法院才能裁定预先给付。

3. 不先予执行将严重影响申请人的生活或者生产经营的

当事人之间权利义务关系明确的案件，并不是都可以先予执行。能够采取先予执行的，必须是申请人处在十分困难的情况下，确属必要，不先予执行将"严重影响申请人的生活或者生产经营"。所谓"严重影响申请人的生活或生产经营"指申请人已经难以甚至无法维持基本的生产、生活需要。如果对申请人没有产生这种影响则不能先予执行。

4. 被申请人有履行能力

先予执行应以被申请人有履行义务的能力为前提，如果被申请人没有履行义务的能力，比如没有财产可执行或者生活已濒临绝境，法院即使作出了先予执行的裁定，也只能是一纸空文，并不能满足权利人的实际需要，甚至会导致被申请人生活或生产经营上的困难。为体现诉讼当事人权利平等原则，不能为了维护一方当事人的利益而损害另一方当事人的合法权益。所以，法院裁定先予执行之前必须考虑被申请人的履行能力，兼顾申请人与被申请人双方的利益，合理、恰当地实施先予执行措施。

5. 当事人需提出申请

人民法院不能依职权主动作出先予执行的裁定，不同于这一章节中的诉讼保全制度。《最高人民法院关于在经济审判工作中严格执行〈中华人民共和国民事诉讼法〉的若干规定》第十六条也指出，人民法院先予执行的裁定，应当由当事人提出书面申请，并经开庭审理后作出。在管辖权尚未确定的情况下，不得裁定先于执行。

（四）先予执行的程序及效力

1. 先予执行的程序

（1）申请。权利人因生产或生活的急需要先予执行的，应在案件受理后、作出判决前，向受诉法院提出书面申请，人民法院不能依职权主动裁定先予执行。当事人提交的书面申请中，应写明申请先予执行的理由和根据，并提供对方当事人有履行能力的情况。先予执行的申请内容不得超过诉讼请求的范围。

（2）审查。人民法院接到先予执行的申请后，应立即进行审查：一是审查本案是否属于民事诉讼法第一百零六条规定的案件范围；二是查明本案的权利义务关系是否明确；三是审查申请人的生活及生产经营状况，以确定先予执行是否为其生活或生产所急需；四是审查被申请人的履行能力，以确定先予执行是否可能。

（3）申请人提供担保。为避免因错误的先予执行而使被执行人的合法权益受到损害，民事诉讼法第一百零七条第二款规定，人民法院可以责令申请人提供担保，申请人不提供担保的，驳回申请。提供担保的目的，是为了保护被申请人的合法权益，避免因申请人申请错误而使被申请人遭受财产损失。人民法院也可根据实际情况，不责令申请人提供担保。因为申请人往往是弱势群体，让他们提供担保有着诸多的不便。采用何种形式的担保，民事诉讼法未明确规定，可根据案件情况采用保证人担保，也可采用实物或现金担保。申请人可根据自身的能力和情况，自行确定采用何种形式担保。

（4）裁定与执行。人民法院对申请人的申请经过审查符合条件，申请人又提供了担保的，人民法院应尽快作出裁定，以解决申请人的急需；如不符合条件，应裁定驳回申请人的申请。由于先予执行制度，涉及当事人的实体权利义务。人民法院裁定先予执行，实质上使当事人提前实现了将来判决所确认的部分权利，使对方当事人提前履行了将来判决生效后才能履行的部分义务。因此，先予执行的裁定必须采用书面形式。先予执行的裁定一经送达当事人立即发生法律效力，对先予执行的款项或者特定物，应在案件的最后裁判中加以扣除。

（5）申请复议。当事人对先予执行裁定不服的，不允许提起上诉，但可以申请复议一次，复议期间不停止裁定的执行。对于复议申请，人民法院应及时审查，裁定正确的，通知驳回当事人的申请；裁定不当的，作出新的裁定变更或者撤销原裁定。

2. 先予执行的效力

(1)时间效力。人民法院先予执行的裁定，裁定书送达当事人即生效。裁定的效力，应维持到判决生效时止，即人民法院将案件审理终结，判决作出并生效，先予执行的裁定即自行失效。

(2)对当事人的效力。先予执行的裁定书送达当事人，当事人必须按裁定要求执行。当事人对裁定不服的，可以申请复议一次，但是，复议期间不停止裁定的执行。人民法院对当事人的复议申请，应当及时进行审查。经过审查，认为裁定正确的，通知驳回当事人的申请；认为裁定不正确的，作出新的裁定，变更或者撤销原裁定。

(3)对有关单位或个人的效力。人民法院先予执行的裁定，需要有关单位和个人协助，有关单位接到先予执行的协助执行通知书，必须及时按通知要求协助。例如：银行将账户上裁定先予执行载明的款额划拨给申请人；将被申请人交给申请人等。

(4)对人民法院的效力。先予执行的裁定作出后，当事人不履行的，人民法院应立即采取强制执行措施。由于先予执行的裁定是根据案件需要所采取的临时性措施，案件审理终结不一定就能作出完全满足申请人请求的判决。如果判决申请人败诉，人民法院应当撤销先予执行的裁定，依据《最高人民法院关于适用〈中华人民共和国民事诉讼法〉若干问题的意见》第一百一十一条规定，申请人应将因先予执行所得到的财产退还给被申请人，适用有关执行回转的规定。如果申请人拒不返还，人民法院应采取强制执行措施。人民法院的终审判决，如果满足了申请人的诉讼请求，已先予执行的财产应在判决书中载明，并在被申请人应给付的金额中扣除。

(五)先予执行的救济

从广义上讲，先予执行措施的救济程序本应包括如上所述之当事人不服人民法院先予执行的裁定而申请复议的程序，但因此种复议程序的适用乃为“事中”(即先予执行措施实施中)之救济，该程序的适用并不导致先予执行的停止，根据民事诉讼法第一百零八条的规定，当事人对裁定不服的，可以申请复议一次，复议期间不停止裁定的执行。这里所说的“申请复议”指的是向作出裁定的人民法院申请，而不是向上一级人民法院申请。当事人对原审法院复议决定不服的，还可以依据审判监督程序申请再审。

就严格意义上救济程序的“事后性”特征而言，我们讨论先予执行的救济则是指审判监督程序，损失、赔偿程序和执行回转程序，即：受诉人民法院院长或者上级人民法院发现采取先予执行措施确有错误的，应当按照审判监督程序立即纠正。因先予执行申请错误造成被申请人损失的，由申请人予以赔偿(《最高人民法院关于在经济审判工作中严格执行〈中华人民共和国民事诉讼法〉的若干规定》第十九条)；人民法院先予执行后，依发生法律效力的判决，申请人应当返还因先予执行所取得的利益的，适用执行回转的规定。(《最高人民法院关于适用〈中华人民共和国民事诉讼法〉若干问题的意见》第一百一十一条)；执行完毕后，据以执行的判决、裁定和其他法律文书确有错误，被人民法院撤销的，对已被执行的财产，人民法院应当作出裁定，责令取得财产的人返还；拒不返还的，强制执行(民事诉讼法第二百三十三条规定)。

二、诉讼保全

(一)诉讼保全的概念

诉讼保全是指人民法院为了确保将来的生效法律文书得以顺利执行或者避免申请人遭受不可弥补的损害，及时、有效地保护当事人或者利害关系人的合法权益，采取限制有关财产的处分或转移，或者在判决前责令被申请人作出一定行为或禁止作出一定行为的强制措施。作为一种独立的民事程序，诉讼保全制度既不同于审判程序，也不同于执行程序。审判程序要对当事人之间的争议作出是非判断，执行程序是以强制措施实现当事人的权利义务关系；而保全程序既不对当事人的争议作是非判断，也不实现当事人实体权利义务关系。保全程序与审判程序的区别是明显的：审判只能由法院来进行，而法院和仲裁机构都可作出保全裁定；保全管辖和审判管辖可能不一致；法院作出裁判无权要求当事人提供担保，而在保全程序中，担保占有重要地位。但是，保全程序和审判程序又有联系，与执行程序有更密切的联系。保全程序和审判程序的联系为：进行审判程序的法院有权作出保全裁定，保全程序可以使审判程序的判决得到有效执行。就保全程序与执行程序的关系来看，保全程序是为执行程序服务的，但保全裁定主要是在审判程序中作出的。可见，民事保全制度是一种独立的民事程序法律制度，它具有审判制度和执行制度所不可替代的作用。民事保全制度的建立，表明民事诉讼法给予当事人更多的法律保护。

现代各国民事诉讼法都规定了民事保全制度，只不过名称不同。大陆法系的德国、日本和我国台湾地区的保全程序分为“假扣押”和“假处分”，其中日本还有专门的民事保全法。英美法系的美国有“扣押债务人的财产”“扣押在第三人手中的债务人的财产”“临时性救济措施”，英国有“马利华禁令”。

我国民事诉讼法采用的是“保全”这一称谓。

(二)诉讼保全的种类

1. 财产保全和行为保全

过去我国民事诉讼法里的保全制度从广义上讲包括财产保全、先予执行和证据保全；从狭义上讲，专指财产保全。新修订的民事诉讼法将原来的“财产保全和先予执行”一章的标题及其相关条款中的“财产保全”更改为“保全”。其原因在于该章中涉及的保全内容，除了原有的关于财产保全的规定外，还包括了行为保全制度。财产保全，是指人民法院在案件受理前或者诉讼过程中，为了保证判决的执行或避免财产遭受损失，对当事人的财产或争议的标的物采取的查封、扣押、冻结等强制措施。行为保全，是指在民事诉讼中，为避免当事人或者利害关系人的利益受到不应有的损害或进一步的损害，法院依他们的申请对相关当事人的侵害或有侵害倾向的行为采取强制措施。行为保全与财产保全都具有保障将来判决执行的目的，都可以在诉前或诉讼中适用，都可以视情况要求申请人提供相应的担保，但两者在立法目的、适用对象、保全方式、执行手段、对反担保的处理方式上存在显著不同。

2. 诉讼前保全和诉讼中保全

根据民事诉讼法第一百零一条，依照申请保全的时间不同，保全可以分为诉讼中保全和诉讼前保全，两种制度都包括财产保全和行为保全。

(1)诉讼前保全。诉讼前保全，是指在起诉前，因情况紧急可能给利害关系人造成难以弥补的损失，人民法院依利害关系人的申请，对与案件有关的财产采取的临时性的强制保护措施。在司法实践中，某些民事争议发生后，因情况紧急，利害关系人来不及提起诉讼，但如果不立即采取财产保全措施，将可能发生财产被处分或转移的情况使利害关系人的合法权益受到难以弥补的损失，因此建立诉讼前财产保全十分必要。人民法院依法采取财产保全的措施，将有利于保护当事人的合法权益，保证审判和执行工作的顺利进行。

根据我国民事诉讼法第一百零一条的规定，采取诉前财产保全措施应当具备以下条件：

①必须是情况紧急，不立即采取保全措施，将会使申请人的合法权益受到难以弥补的损失。情况紧急通常是指债务人有可能马上要转移、处分财产，或由于某种客观原因使有关财产可能发生毁损、灭失。如果出现这些情况，申请人的合法权益就会受到难以弥补的损失，将来即使起诉、胜诉，其财产权利也难以实现，或者被申请人可能继续实施某种行为，这种行为将给

申请人造成损失或进一步扩大损失。

②必须是利害关系人提出申请。人民法院不得依职权主动采取诉讼前保全的措施。利害关系人即对某项财产权益发生争议或者认为被申请人侵害其权利的人。诉前财产保全的申请只能由利害关系人提出，人民法院则实行“不告不理”的原则。

③申请人必须提供担保。申请人提起诉前财产保全的申请，必须提供与被保全财产相应的担保。这是因为诉前财产保全是在人民法院受理案件以前进行的，采取财产保全的措施后，申请人是否必然会向人民法院起诉还不确定，为了防止因财产保全发生错误，使被申请一方的合法权益遭受损失，法律责令申请人应当提供担保，申请人不提供担保的，人民法院应当以裁定的形式驳回申请。

④诉前财产保全的申请应当向有关法院提出，否则人民法院不予受理。有关法院指被保全财产所在地、被申请人住所地或者其他有管辖权的人民法院。

⑤人民法院接受申请人的申请后，必须在48小时内作出裁定。认为具备上述条件的，裁定采取保全措施并立即开始执行，并告知申请人必须在人民法院采取保全措施后30日内向人民法院起诉或向仲裁机关申请仲裁，逾期不起诉、不申请仲裁，又不提出撤销保全措施的，人民法院将依职权解除保全。认为不具备上述条件的，裁定驳回申请人的申请。

(2)诉讼中保全。诉讼中保全，是指人民法院受理案件后，可能因一方当事人的行为或其他原因，使将来的生效判决难以执行或不能执行时，依另一方当事人的申请或者人民法院依职权对当事人争议的财产或标的物采取的临时性强制保护措施。和诉讼前保全一样，诉讼中保全也包括财产保全和行为保全。

诉讼前保全和诉讼中保全的区别：

①申请的时间不同。诉讼前保全只能在向法院提起诉讼或申请仲裁前提出，而诉讼中保全是在诉讼或仲裁进行中，判决作出前申请。诉讼中保全是为了保障生效判决所确定的财产权利能够实现而采取的临时救济，一般在案件受理后、法院尚未作出生效裁判之前进行。但是，在特殊情况下，诉讼财产保全也可以发生在判决作出后。《最高人民法院关于适用〈中华人民共和国民事诉讼法〉若干问题的意见》第一百零三条规定：“对当事人不服一审判决提出上诉的案件，在第二审人民法院接到报送的案件之前，当事人有转移、隐匿、出卖或者毁损财产等行为，必须采取财产保全措施的，由第一审

人民法院依当事人申请或依职权采取。第一审人民法院制作的财产保全的裁定，应及时报送第二审人民法院。”

②申请的主体不同。根据民事诉讼法第一百条第一款规定，诉讼中保全可由当事人申请，也可以由人民法院依职权启动。法院依职权采取财产保全措施必须慎重行事，因为一旦出现差错，法院要承担国家赔偿的责任。而根据民事诉讼法第一百零一条第一款规定，诉讼前保全只能由利害关系人提出。

③管辖法院不同。当事人申请诉讼中保全，应当向审理案件的法院申请。而对于诉前保全，为了方便利害关系人的申请，被保全财产所在地、被申请人住所地或者其他有管辖权的人民法院都可以受理。

④对提供担保的要求不同。在诉讼前保全中，因案件尚未起诉到法院，为了平等保护双方当事人的利益，当事人必须提供担保，不提供担保的，人民法院裁定驳回申请。而根据民事诉讼法第一百条第二款规定，诉讼中保全，人民法院可以责令申请人提供担保，申请人不提供担保的，裁定驳回申请。担保的形式有两种：一种是保证人担保，另一种是现金、实物或有价证券担保。以财产担保的，担保财物的价值不应低于被保全财物的价值。

⑤保全裁定的时限不同。诉讼中保全只要求情况紧急的，必须在48小时内作出裁定。诉讼前保全因为必须为情况紧急才能提出申请，所以只要是提起诉讼前保全申请的，都必须在48小时内作出裁定。

（三）诉讼保全的适用范围和措施

1. 诉讼保全的适用范围

我国民事诉讼法第一百零二条规定“保全限于请求的范围，或者与本案有关的财物。”保全的范围，不论是诉前保全还是诉讼中保全，应限于诉讼请求的范围，或者是与本案有关的财物。

所谓“限于请求的范围”，是指所保全的财产或者行为，应当在对象或者价值上与当事人的诉讼请求的内容大致相符或相等。如果保全请求的范围与诉讼请求的范围重合或小于其诉讼请求的范围，均可以直接以其保全请求的范围为准；如果保全请求的范围大于其诉讼请求的范围，则应对超过其诉讼请求范围的那部分保全请求不予保全。所谓“与本案有关的财物”，是指被保全的财物，是本案的诉讼标的物，或者虽然不是本案的诉讼标的物，但与本案有牵连。之所以作这种限制规定，是因为：第一，在这个范围内采取保全措施，就可以达到保全的目的。第二，要全面保护申请人和被申请人双方的合法权益。采取财产保全措施时要在满足一方当事人利益需求的同时，注意维护另一方当事人以及案外人的合法权益。如果保全的财产超出诉讼请求的范围，就有可能给对方造成不应有的损害，这不符合我国法律平等保护当事人合法权益的基本精神。为了保证被申请人因财产保全不当而遭受的损害能够得到赔偿，民事诉讼法还相应规定，对于申请诉前保全的，申请人必须提供担保；对于申请诉讼中保全的，人民法院采取保全措施，可以责令申请人提供担保，申请人不提供担保的，驳回申请。申请人提供担保的数额应相当于请求保全的财产数额。申请人败诉的，应当赔偿被申请人因保全而遭受的财产损失。

2. 财产保全的措施

我国民事诉讼法第一百零三条规定"财产保全采取查封、扣押、冻结或者法律规定的其他方法。"根据这一规定，财产保全措施有以下几种：

(1)查封。是指人民法院依法对需要进行保全的财物清点后，加贴封条，就地封存或者易地封存。查封是一种针对不动产的临时性措施，被查封的财物所有权不变，但任何个人或者单位都不得擅自移动和处分。

(2)扣押。是指人民法院将被保全的财产或财产的产权证明予以扣留，在财产保全期限内不准被申请人动用和处分的一种临时性措施，一般用于动产。人民法院对扣押的财产可以自行保管，也可以委托其他单位或者个人保管，保管中发生的费用，由被执行人负担。

(3)冻结。是指人民法院依法通知被申请人立有账户的银行、信用社、证券公司等金融机构，不准被申请人在一定期限内对该财产行使使用权和处分权。

(4)法律规定的其他方法。这一弹性条款主要包括提取、扣留被申请人的劳动收入，禁止被申请人转让或者放弃债权，对不宜保存的鲜活商品，交有关部门作价变卖，由人民法院保存价款等。

人民法院采取财产保全措施后，应当立即通知被财产保全的人。对于已被查封、冻结的财产，其他人民法院不得就该项财产再行查封、冻结。

(四)诉讼保全的解除和救济

1. 诉讼保全的解除

根据我国民事诉讼法第一百零一条和第一百零四条的规定，有下列情形之一的，人民法院应作出裁定，解除财产保全措施：

(1)诉前保全的申请人在法定期间内不起诉的。人民法院采取诉前财产保全措施后30日内，申请人应及时向人民法院提起诉讼，逾期不起诉的，人民法院应当解除财产保全。民事诉讼法这样规定，一方面是为了促使申请人尽快起诉，及时解决与被申请人之间发生的民事纠纷，另一方面也是为了保护被申请人的合法权益，避免被申请人的财产因保全时间过长或保全错误而受到损失。

（2）被申请人提供了担保的。根据民事诉讼法第一百零四条“财产纠纷案件，被申请人提供担保的，人民法院裁定解除保全。”人民法院裁定采取保全措施后，被申请人提供了担保，并且此担保可以满足申请人一方的请求，那么就消除了将来判决生效后不能执行或难以执行的可能性，财产保全的措施已无必要，因而人民法院应当解除对被申请人财产的保全措施。被申请人向人民法院提供的担保形式可以多样化，既可以是现金、实物或有价证券担保，也可以是保证人担保。担保数额应当以解除保全可能给申请人造成损失为基础计算，至少不应低于被保全财产的价值或者金额。此外，根据规定，只有“财产纠纷案件”，人民法院才可以根据被申请人提供的担保裁定解除保全。所谓财产纠纷案件，主要是指原告提出的诉讼请求涉及财产归属、要求被告承担金钱或者可以金钱计算的给付义务的案件。这里的财产纠纷案件并不完全等同于财产保全案件，一部分行为保全案件也涉及财产纠纷，如侵犯知识产权中的财产案件、普通的侵权案件等，也属于本条的适用范围。

2. 诉讼保全的救济

在一般情况下，保全措施都是得当的，但因为现实情况的复杂性，无论是法院依据申请人申请实施财产保全，还是法院依职权主动采取保全，均有可能发生错误，并造成被申请人一定损失。对申请有错误的，申请人应当赔偿被申请人因保全所遭受的损失，法律如此规定，是对被申请人合法权益的保护，又是对申请人慎重行使财产保全申请权的法律要求和滥用权利的制裁。

（1）因申请造成的财产保全错误的救济。对被申请人造成的损失，我国民事诉讼法第一百零五条规定：“申请有错误的，申请人应当赔偿被申请人因保全所遭受的损失。”被申请人要求申请人赔偿损失应当满足下列条件：被申请人存在遭受损失的事实；被申请人的损害与申请人错误申请存在因果关系；在诉讼时效期间内主张权利。因错误保全被人民法院裁定撤销，但由于达成和解而由申请人向法院申请撤销保全措施的除外。此外，对案外人造成的损失，2005 年 7 月《最高人民法院关于当事人申请财产保全错误造成案外人损失应否承担赔偿责任问题的解释》规定：“当事人申请财产保全错误造成案外人损失的，应当依法承担赔偿责任。”

（2）因法院依职权主动采取保全造成的财产保全错误的救济。根据民事诉讼法第一百条，对于诉讼中保全，除了可以因当事人申请启动外，人民法院可以依职权采取保全措施。如果是人民法院依职权主动采取财产保全措施而发生错误，致使被保全财产一方遭受损失的，应根据国家赔偿法以及相关司法解释申请国家赔偿。国家赔偿法第三十八条规定："人民法院在民事诉讼、行政诉讼过程中，违法采取对妨害诉讼的强制措施、保全措施或者对判决、裁定及其他生效法律文书执行错误，造成损害的，赔偿请求人要求赔偿的程序，适用本法刑事赔偿程序的规定。"

第九章　对妨碍民事诉讼的强制措施

第一节　典型案例及其评析

【案例一】　刘某恶意串通诉讼案

刘某系盐城市盐都区尚庄镇农民，从2003年开始经营加油站，由于资金周转困难，向社会广借资金，年利率在18%至25%之间。后由于经营不善，不能偿还到期借款。有16名债主向法院起诉，要求刘某偿还借款本息达230万元。2008年，法院在执行当中，依法对加油站资产评估拍卖，成交价为121万元。正值法院着手准备按资产和债务比例偿还债务时，3天之内有42名当事人陆续到法院起诉，要求刘某偿还借款320万元。42名当事人当中有一部分人与刘某非亲戚关系，持原始借条，心急火燎到法院起诉。法官根据当事人陈述和现有证据，结合办案经验和社会阅历，察言观色，基本可以判断这些债务关系成立，是真实的民间借贷行为。这些债权人得知法院要变卖处分刘某加油站，赶紧到法院起诉，以求共同分割资产。但其中，也有一些人系刘某的亲友，他们所持的借条，有的是刘某新出具，借款日期署的是起诉的近日，起诉人解释为旧借条换出具新借条，旧借条已销毁；有的借条署的是数年前日期，从肉眼观察有人为做旧的痕迹；有的借条是若干年以前出具，他人有理由猜测刘某早在数年前已经还清借款，刘某又将借条退给亲友，来重复起诉。当事人为了自己的利益，各执一词，莫衷一是。法官对此由于缺少科学的鉴定手段和方法，无证据证明是恶意串通，刘某又对全部债务予以认可，并且大家基本上是本乡近邻，不好意思撕破脸面，对照法律亦无证据确认是恶意串通诉讼，最后这42件案件全部调解结案，共同参与资产的分配。

本案评析：虚假诉讼的预防和处置

诉讼作为一种解决纠纷的手段，对维护社会秩序和保护公民权利具有重要作用，是公平正义价值在社会中得以实现的重要机制。但是，在特定情况下，一些别有用心的人为实现其非法目的，恶意串通利用诉讼机制侵害他人合法利益。这种现象的存在，不仅侵害了诉讼当事人的利益，扰乱了诉讼秩序，也损害了司法公正、司法权威，降低了司法公信力。本案就是一件典型的恶意串通，通过虚假诉讼损害他人合法权益的案件。针对司法实践出现的这种情况，2012 年 8 月 31 日全国人大常委会通过了《关于修改〈中华人民共和国民事诉讼法〉的决定》，在对妨碍民事诉讼强制措施一章中，增设了对虚假诉讼的惩治，这是民事诉讼法第一次对虚假讼诉进行立法回应。下面我们来看什么是串通型虚假诉讼，对于这种虚假诉讼应该如何预防和处置。

(一)串通型虚假诉讼的概念

串通型虚假诉讼是指当事人之间恶意串通，虚构民事法律关系和案件事实，虚构民事纠纷，提供虚假证据，骗取法院裁判文书，损害他人合法利益或者不履行执行义务的行为。串通型虚假诉讼属于双方当事人之间的串通合意，当事人之间既不存在基础的实体上的民事法律关系也不存在真实的纠纷，直接被害人不是作为串通方的原被告人，损害的利益是诉讼相对方之外他人的预期利益(间接利益)。串通型虚假诉讼的具有以下特征。第一，形式要件合法性。因为双方当事人的恶意串通，作为案外的被害人对案件的诉讼情况往往不知情，而法院对其虚假性一时难以察觉与确定。一般情况下，虚假诉讼与正常诉讼形式要件趋同，具有高度表象合法性。第二，当事人关系特殊性。行为人为了减少风险，既要使得虚假诉讼行为“合法、趋真”，又要使虚假诉讼结果“可控、有效”，所以虚假诉讼行为人选择的合作对象只能是关系密切的亲戚朋友。第三，抗辩程度弱化性。双方当事人恶意串通后，基于一个预定的共同故意结果，没有通过抗辩获取最大利益必要，一般不会存在实质对抗。抗辩严重弱化的具体体现，一是自认多，二是鉴定和异议少。

串通型虚假诉讼易出现以下诉讼领域：第一，为稀释财产而虚构债务(物权)纠纷的诉讼。财产所有人(共有人)，为了使真实债务落空，或者为取得更多共同财产，而虚构债务(物权)关系。如，夫妻一方为了离婚时获得更多共同财产而虚构共同债务；合伙体、合伙企业中合伙人或其他共有财产权人为获得更多共有财产而虚构共同债务；为规避债务而虚构抵押等担保物权或者工资薪酬等享有优先受偿权的债务、物权；为使无财产可供执行而虚构债务。第二，规避行政管理和限制的诉讼。对于交易受限或者有税费规定的交易，为了消除限制或者减除税费义务的虚假诉讼。比如，为了确保经济适用房、车牌号能顺利交易的虚假诉讼。本案当事人刘某就属于典型的为稀释财产而串通亲友虚构债务，发起了虚假诉讼。

（二）串通型虚假民事诉讼的民事程序防范

为了预防和打击串通型虚假民事诉讼，有必要通过相应的民事程序予以防范。

1. 案件受理与起诉状送达阶段的防范措施

当事人为使虚假诉讼能得以顺利进行，需要隐藏案件真实情况，尤其是实际被害人的情况，使得法官处于信息盲点或者信息失真。为了使当事人“被主动曝光”和“知难而退”，根据民诉诚实信用原则，第一步要解决好诉讼资格问题。对于属于上述易于出现虚假诉讼的案件类型，应该要求：①特别授权代理人需要面签或经公证。②要求原告或特别授权代理人签署《诉讼正当性承诺书》。③立案及起诉状送达阶段要求当事人或特别授权代理人签署《案件关联信息披露承诺书》。对于当事人不履行上述义务的，其诉讼正当性值得怀疑，立案法官应该启动虚假诉讼嫌疑警示机制。

2. 审理阶段的程序性防治措施

（1）要求当事人出庭。虚假诉讼嫌疑当事人参与庭审活动，既有利于法官查清真伪，也可吓阻嫌疑当事人。

（2）通知利害关系人作为证人或者第三人参与诉讼。

（3）增加嫌疑当事人举证责任。对参与诉讼但可能因虚假诉讼而受到利益损害的被告或者第三人，法官可充分适用《最高人民法院关于民事诉讼证据的若干规定》第七条之规定，必要时可以根据公平和诚实信用原则，适当增加虚假诉讼嫌疑当事人的举证责任。

（4）对不符合常理、轻易达成调解的，严格审查调解协议的合法性，不在事实不清、责任不明的情况下出具调解书。必要时，可以召开听证会。

（5）法官依职权主动调查取证。必要时，法官仍然需要调查取证，寻求有利于查清真伪的证据。

（6）适度放缓案件办理速度与进程。对基于不合常理的自认而轻易达成调解协议的，适度放缓调解书等法律文书的出具时间。虚假诉讼当事人一般都有时间要求，超过一定期限的虚假诉讼结果没有意义，必然选择撤诉。在本案中，法官其实作为还可以更大一些，可以通过主动调查取证或者通过增加虚假诉讼嫌疑当事人的举证责任等方式来进一步查清案件的真实情况，增加虚假诉讼嫌疑当事人的诉讼成本和心理压力，从而保护其他当事人的合法权益。

（三）对妨碍民事诉讼强制措施的运用

对串通型、欺诈型虚假诉讼，新民事诉讼法第一百一十一条统一规定了拘留、罚款的制约措施。法院尚未确切查明为虚假诉讼的，应该准予其撤诉。如果串通型虚假诉讼经查证属实的，依据新民事诉讼法第一百一十二条，第一百一十三条之规定，应判决驳回诉讼请求，并可罚款或拘留；对于欺诈型虚假诉讼经查实的，以证据不足或诉请没有法律依据的理由判决驳回诉讼请求，并可以处以拘留或罚款的强制措施。当然，本案当事人刘某及其亲友还可能涉及刑事责任的问题，在这里就不加论述了。

【案例二】 王某拒不执行法院判决案

2012年2月至5月，农民工甘某承接王某位于前山莲塘的一栋房屋装修工作。2012年5月至6月间，王某向甘某支付款项5500元，但是甘某认为王某仍然拖欠其劳动报酬，双方就该问题发生争议。该案经香洲区仲裁委员会仲裁和香洲区法院审理，2012年10月16日法院判决被告王某应该支付原告甘某劳动报酬4450元。判决生效后，被告王某没有履行判决所确定的义务。2013年3月18日，甘某向香洲区法院申请执行。香洲区法院执行局法官受理此案后，多方寻找被执行人王某，均未发现其下落。不久，甘某终于找到王某的联系方式并告知执行法官。执行法官和甘某当场拨通了王某的电话，王某称其无能力履行并表示现在不在珠海。执行法官让其回珠海后主动到执行局就执行问题说明情况，王某表示其不会到执行局说明情况，并否认其欠甘某劳动报酬。2014年1月16日中午，甘某的同乡在珠海前山发现了王某。执行法官与甘某一起将王某控制并带到法院询问有关情况，经询问王某仍旧表示暂时无法向甘某支付4450元的劳动报酬。当日下午，经香洲区法院院长批准，王某被采取司法拘留措施。

本案评析：执行难问题的解决

执行难，是困扰着人民法院工作，并引起社会各界广泛关注的一个问题，也是人们对我国审判机关裁判执行状况的公认评价。民事案件进入强制执行程序后，法院首先会给被执行人发出“执行通知书”，要求其在期限内履行生效法律文书确定的义务。实践中，只有极少数的被执行人在收到“执行通知书”后按期全部履行。有些被执行人并非主观上不肯履行，而是因为经济条件差缺乏履行能力，法院对此往往采取当事人达成分期履行协议或者执行救助等方式解决。但也有很多被执行人明明具备履行能力，却用各种理由搪塞、拖延，故意隐瞒自己有财产的事实，甚至利用外出玩失踪等方式千方百计地逃避执行，此谓之“老赖”。“老赖”是典型的逃避执行的行为。本案当中的王某就属于典型的“老赖”行为。

(一)“老赖”行为与执行不能的区分

执行不能是指被执行人客观上没有履行能力，无法履行生效法律文书确定的义务；而“老赖”是被执行人在客观上有履行能力，而主观上拒绝履行。这种拒绝有明示的，即前段中所提到的“以暴力、威胁及其他方式抗拒履行义务的行为”；也可以是隐蔽的，即前段中所说的“故意通过欺骗、转移或处分财产、拖延履行或外出躲避等方式逃避履行义务”。因此，“老赖”的主观恶性大，是对社会诚信的野蛮践踏，必须予以严厉打击；而对该种行为的妥善处理，更是重塑司法权威，维护司法公信力，匡扶社会良好风气的必然要求。本案中，法院已经判决王某支付甘某4450元，4450元对于王某来说数额不大，完全有能力进行支付，但是王某明确拒绝了法院的支付要求，也不到法院说明情况，属于明显的逃避履行法院判决的行为，符合“老赖”的各项特征。

(二)“老赖”行为的预防与处置

在应对“老赖”这个工程上，关键在于用好执行威慑措施，要提升法院民事执行公信力。近年来，我国司法界对对“老赖”问题十分关注，也采取很多的措施予以应对。一是加强全国法院执行信息系统的建设。全国法院执行信息系统是最高人民法院于2004年开发的用于提供执行征信信息的一项威慑措施，该系统将每一起执行案件的双方当事人、案由、权利义务负担和执行结果等信息上网，为社会公众和相关单位提供特定人的信用信息，以期收到被执行人积极配合执行的效果。二是执行联动机制。财产表现形式的多样化，导致法院执行牵涉到各种社会部门，执行的复杂程度也很大。为此，法院执行需要社会公众和各相关部门的协助配合。实际执行中，法院往往通过发出协助执行的法律文书启动联动机制。三是拘留和拒执罪的适用。根据我国民事诉讼法第一百一十一条的规定，对于拒不履行人民法院已经发生法律效力的判决、裁定的，人民法院可以根据情节轻重予以罚款、拘留；构成犯罪的，依法追究刑事责任。本案中，对于王某拒不履行人民法院已经发生效力的判决，法院依法作出了司法拘留的决定。在实践中，如果拒绝履行法院已经发生效力判决，性质严重的，还可能涉嫌刑事犯罪，可能被依法追究刑事责任。

第二节 基本知识

一、对妨害民事诉讼的强制措施的概念

对妨害民事诉讼的强制措施是指在民事诉讼中，对有妨害民事诉讼秩序行为的行为人采用的排除其妨害行为的一种强制措施。妨害民事诉讼的强制措施在维护诉讼秩序、保障民事诉讼顺利进行方面有着重要作用。从性质上讲，它主要是一种教育手段。但对严重违反诉讼活动的行为若仅仅用训诫、具结悔过等教育方法不足以排除妨害时，应给予必要的制裁，如罚款、拘留等，此时它又体现为排除妨害的强制性手段。

民事诉讼中的强制措施不是法律制裁。法律制裁有刑事制裁、民事制裁和行政制裁。触犯刑法，构成犯罪的，给予刑事制裁。违反民事实体法的规定，其违法行为应予制裁的，给予民事制裁。违反行政法规的规定，其违法行为应予制裁的，给予行政制裁。法律制裁是实体法规定的，民事诉讼法是程序法，只能对妨害民事诉讼秩序的行为人采取强制教育的方法，使其遵守诉讼秩序，履行诉讼义务，不能给予法律制裁。

二、对妨害民事诉讼的强制措施的意义

对妨害民事诉讼的强制措施的意义主要体现在五个方面：

(一)保护当事人的诉权和实体权

妨害民事诉讼的行为，往往影响当事人正常行使诉讼权利，妨碍当事人通过行使诉权来维护自己的实体权利。如以暴力、威胁、贿买方法阻止证人作证的行为，就是典型的妨害民事诉讼的行为，直接侵害了当事人的举证权乃至胜诉权。只有及时正确地适用强制措施，才能有效制止妨害，保护当事人的诉权和实体权。

(二)保障人民法院调查取证

人民法院有权向有关单位和个人调查取证，有关单位和个人不得拒绝。但实践中，有关单位和个人拒绝或妨碍人民法院调查取证时有发生。只有正确适用强制措施，才能有效排除妨碍，取得案件所需证据，保证审判和执行的正常进行。

（三）保障开庭审判的正常进行

开庭能否正常进行，直接关系到人民法院能否有效行使审判权。实践中，有的当事人和诉讼参加人无视法庭纪律，藐视法庭，甚至哄闹冲击法庭，使开庭审判难以正常进行。只有对妨害民事诉讼行为采取正确的强制措施，才能保证开庭审判的正常进行。

（四）保障生效裁判的执行

生效判决、裁定以及调解协议和支付令所确定的义务能否履行，关系到权利人的合法权益能否实现。现实中，有些被执行人以隐藏、转移、毁损财产等各种方式妨碍生效法律文书的执行，甚者以暴力、威胁或其他方法抗拒执行，断然对其正确适用强制措施，方能有效排除妨害，保证执行，维护当事人合法权益和法律尊严。

（五）营造良好的诉讼秩序

良好诉讼秩序的形成，除法律规定性作用外，人民法院正确适用强制措施起着至关重要的作用。如果该采取强制措施而不采取，那是放任对民事诉讼秩序的破坏，同时还会导致妨害民事诉讼行为的蔓延；不该采取而随意采取、该适用而未能正确适用强制措施，则不能有效规范人们的诉讼意识和行为，造成人们难以适从，损害司法公正，损害相对人合法权益。只有正确适用强制措施，才能起到处理一件、教育一片的效果，才能有效促进良好诉讼秩序的形成。

三、对妨害民事诉讼的强制措施适用的基本原则

强制措施适用的基本原则，是指人民法院在对妨害民事诉讼行为人适用强制措施过程中，起指导作用并为人民法院及其法官和有关工作人员所共同遵守的活动准则。强制措施适用的基本原则，法律和有关司法解释虽未明确规定，但根据法律设立强制措施的目的和审判实践中适用强制措施的效果来看，可以总结出以下几项。

（一）以保障民事诉讼活动正常进行为目的

民事诉讼法规定强制措施，其目的是排除妨碍，保障民事诉讼顺利进行。人民法院对妨害民事诉讼行为人适用强制措施，也只能是以维护诉讼秩序，保障诉讼能够顺利进行为目的，而不能是以制裁为目的。

（二）以事实为依据，以法律为准绳

以事实为依据，就是要求人民法院查证妨害民事诉讼的事实，并以查证的妨害民事诉讼事实为适用强制措施的事实依据。未经合法程序查证的事

实，没有足够证据证明的事实，即使可能客观存在，也不能成为适用强制措施的事实依据。以法律为准绳，就是要求人民法院以法律及有关司法解释对妨害民事诉讼的强制措施规定作为标准和尺度，衡量查证的事实和情节，作出正确处理，不能自定标准去衡量和处理。

(三)说服教育与实施强制措施相结合

说服教育是排除民事诉讼障碍的重要方式，尤其是社会法治意识尚不强的现阶段，说服教育显得更为重要，审判实践中，大多数的民事诉讼障碍就是通过法官及有关人员的说服教育得以排除的。但说服教育不是万能的，对那些拒不听从说服教育，藐视法律的妨害民事诉讼行为人，应予坚决采取强制措施。

四、妨害民事诉讼行为的构成和种类

(一)妨害民事诉讼行为的构成

第一，行为主体既可以是当事人，也可以是其他诉讼参与人，还可以是其他案外人。由于对妨害民事诉讼的强制措施针对的是妨害民事诉讼秩序的行为，因此，只要行为主体实施了妨害民事诉讼秩序的行为，就可以对其采取强制措施，而不论其是否是案件当事人或其他诉讼参与人。

第二，必须有妨害民事诉讼的行为发生，包括作为与不作为。作为即实施了法律禁止的行为，如伪造、毁灭证据等。不作为即不履行法律要求的行为，如拒不履行法院的生效判决、裁定。

第三，实施妨害民事诉讼行为的行为人主观上是故意。只有行为人明知自己的行为有可能导致妨害民事诉讼秩序的结果并追求或放任这种结果的发生，才能构成妨害民事诉讼行为。过失造成妨害民事诉讼秩序的结果不构成妨害民事诉讼行为。

第四，行为人实施妨害民事诉讼秩序的行为一般是在诉讼过程中。这里指的诉讼过程包括从起诉到执行完毕的整个过程。在民事诉讼过程开始前或结束后所进行的行为不属于妨害民事诉讼的行为。但根据最高人民法院有关司法解释，在个别情形下法院执行完毕后，被执行人或者其他人对已执行的标的有妨害行为的，也应认为是妨害民事诉讼的行为，法院应当采取措施，排除妨害，并可依照民事诉讼法第一百一十一条的规定进行处理。

(二)妨害民事诉讼行为的种类

根据民事诉讼法的有关规定和最高人民法院的有关司法解释，结合民事诉讼活动的特点，妨害民事诉讼的行为宏观上大致可以分作三大种类：一是妨害民事审判活动的行为，即发生于审判活动中的妨害行为；二是妨害民事执行活动的行为，即发生于财产保全和执行活动中的妨害行为；三是妨害具有特定身份的人执行公务或者履行义务的行为，即发生于审判或执行活动中的妨害行为。

第一，必须到庭的被告，经两次传票传唤，无正当理由拒不到庭。根据《最高人民法院关于适用〈中华人民共和国民事诉讼法〉若干问题的意见》第一百二十二条的规定，必须到庭的被告是指负有赡养、抚育、扶养义务和不到庭就无法查清案情的被告。

第二，违反法庭规则，扰乱法庭秩序的行为。这是在开庭审理过程中的妨害行为，包括一般违反法庭规则的行为，如未经许可在庭审时录音、录像，不公开审理时强行进入法庭旁听等；严重违反法庭规则的行为，如哄闹、冲击法庭，侮辱、威胁、殴打审判人员，扰乱法庭秩序等行为。

第三，当事人、其他诉讼参与人及其他人所实施的妨害诉讼证据的收集、调查及阻拦、干扰诉讼进行的其他妨害行为，具体包括：①伪造、毁灭重要证据，妨害人民法院审理案件。伪造证据是指行为人为了掩盖事实真相而故意以弄虚作假的方式制造根本不存在的证据。毁灭重要证据是指行为人将现有的能够证明案件事实的证据销毁、故意灭失。②以暴力、威胁、贿买方法阻止证人作证或指使、贿买、胁迫他人作伪证。包括以武力、殴打、拘禁、恐吓、金钱引诱等方式阻止本案证人向法庭提供证言；以强迫、逼使、金钱引诱、要挟等方式使不是本案证人的人作证，或是让本案证人作虚假证明。③隐藏、转移、变卖、毁损已被查封、扣押的财产或已被清点并责令其保护的财产，转移已被冻结的财产。这类行为是针对已由人民法院采取财产保全或其他限制处分权的执行强制措施的财产所为。④对司法工作人员、诉讼参与人、证人、翻译人员、鉴定人、勘验人、协助执行的人，进行侮辱、诽谤、诬陷、殴打或打击报复。这些行为阻碍司法工作人员执行职务和诉讼参与人行使诉讼权利，干扰了审判和执行活动的正常进行。⑤以暴力、威胁或者其他方法阻碍司法工作人员执行职务。这种行为是直接施加于司法工作人员的，是在司法工作人员执行职务时采取的。司法工作人员是指审判人员、执行人员、书记员、司法警察等。⑥拒不履行人民法院已生效的裁判。这是在执行程序中妨害民事诉讼的行为。

第四，有义务协助调查执行的单位实施的下列行为：①有关单位拒绝或妨碍人民法院调查取证；②银行、信用合作社和其他有储蓄业务的单位接到人民法院协助执行通知书后，拒不协助查询、冻结或划拨存款的；③有关单位接到人民法院协助执行通知书后，拒不协助扣留被执行人的收入，拒不办理有关财产权证照转移手续，拒不转交有关票证、证照或其他财产；④其他拒绝协助执行的行为。

第五，当事人之间恶意串通，企图通过诉讼、调解等方式侵害他人合法权益的行为。

第六，执行人与他人恶意串通，通过诉讼、仲裁、调解等方式逃避履行法律文书确定的义务的行为。

五、对妨害民事诉讼的强制措施的种类

根据民事诉讼法的规定，对妨害民事诉讼的强制措施有拘传、训诫、责令退出法庭、罚款、拘留五种。

（一）拘传

拘传是对于必须到庭的被告，经人民法院传票传唤，无正当理由拒绝出庭的，人民法院派出司法警察，强制被传唤人到庭参加诉讼活动的一种措施。采取拘传应具备三个条件：①拘传的对象是法律规定或法院认为必须到庭的被告，或者给国家、集体或他人造成损害的未成年人的法定代理人。诉讼标的为赡养、扶养、抚育的案件，直接涉及权利人的基本生活问题，且原被告之间有一定亲属关系，被告不到庭难以查清事实，且此类案件适宜调解，如被告不到庭则不利于原告合法权益的保护和调解的进行。②必须经过两次传票传唤。③无正当理由拒不到庭。正当理由是指当事人无法预见和难以自行克服的不可抗力事由或事实。

（二）训诫

训诫是人民法院对有妨害民事诉讼秩序行为但情节较轻的人，以口头方式予以严肃地批评教育，并指出其行为的违法性和危害性，令其以后不得再犯的一种强制措施。适用训诫措施，由合议庭或独任制审判员决定，以口头方式指出行为人的错误事实、性质及危害后果，并当庭责令行为人立即改正。根据民事诉讼法第一百一十条的规定，适用训诫的对象是违反法庭规则的人。法庭规则由书记员在开庭审理时宣布，对违反法庭规则的人，审判员可以对其直接采用训诫的强制措施并记录在案，由被训诫人签字盖章。

（三）责令退出法庭

责令退出法庭是指人民法院对于违反法庭规则的人，强制其离开法庭的措施。适用责令退出法庭，由合议庭或独任审判员决定，由审判长或独任审判员口头宣布，责令行为人退出法庭。作出责令退出法庭的决定后，行为人

应主动退出法庭，否则司法警察可强制其退出法庭。该措施可由合议庭或独任审判员决定，并记录在案。

（四）罚款

罚款是人民法院对实施妨害民事诉讼行为情节比较严重的人，责令其在规定的时间内，交纳一定数额的金钱。罚款必须经法院院长批准，并由人民法院出具《罚款决定书》。被罚款人对该决定不服的，可以向上一级人民法院申请复议一次。复议期间不停止罚款决定的执行。按民事诉讼法的规定，对个人的罚款金额，为人民币 10 万元以下；对单位的罚款金额，为人民币 5 万元以上 100 万元以下。

（五）拘留

拘留是人民法院对实施妨害民事诉讼行为情节严重的人，将其留置在特定的场所，在一定期限内限制其人身自由的强制措施。拘留、罚款可以单独使用，也可以合并适用。采用拘留措施可由合议庭或独任审判员提出，报请法院院长批准，并制作《拘留决定书》。拘留期限为 15 日以下。被拘留人由人民法院交公安机关看管。在拘留期间，被拘留人承认并改正错误的，人民法院可以决定提前解除拘留。

第十章 第一审普通程序

第一节 典型案例及其评析

【案例一】 徐某某诉饶平县联饶镇上寨村村民委员会农村土地承包合同纠纷案①

徐某某系饶平县联饶镇上寨村村民，其丈夫于1996年向上寨村委会承包该村集体所有的岭顶大岭尖园，并订立田园承包合同。合同主要内容为：承包园地面积为6亩，承包期限30年，从1996年2月3日至2025年12月31日止，分6期缴纳承包款，每期承包款为400元，于每期的第5年年底前交清当期承包款。该合同的承包人于2006年1月更改为徐某某，双方继续按原合同的内容履行。2009年7月，因“500千伏三百门电厂至韩江变电站架空线路工程”建设的需要，该工程第55号塔基位于上寨村徐某某及另两位村民承包的园地范围与古笃大陂自然村的大岭山、灰夫山、大陂山地交界处。两村山地交界处周围的山地已被大陂村的山地承包者郑某某种上速生林。工程建设之前，该塔基位置以及周围山地的树木均被砍光，造成两村之间的山地界限无法确定。徐某某认为上寨村委会没有将该工程有关部门所补偿的款项按赔偿标准付赔偿款，因而拒绝领取余款，并于2010年11月1日诉至法院，请求：被告按《500千伏三百门电厂至韩江变电站架空输电线路工程土地补偿及青苗赔偿标准》补偿35200元。赔偿复耕费用5000元。本案诉讼费由被告承担。

后经一审人民法院经审理后认为：架空输电线路第55号塔基坐落于原

① 〔2011〕潮中法民一终字第72号民事裁定书。

告徐某某及该村另两位村民所承包的园地与古笃大陂自然村交界的范围，架空线路工程建设之前，两村之间第55号塔基位的山地界限无法确定。经联饶镇人民政府与两村委会协商，按有关补偿标准，已对第55号塔基等所涉及的各项赔偿作出处理。原告请求被告赔偿塔基永久占地补偿款16000元，基于该塔基一半的占地范围系被告集体所有，永久性用地的补偿款应由该村委会集体所得，原告的该项请求，不予支持。鉴于有关部门已将第55号塔基及周围山地所涉及的青苗补偿款处理（归大陂村的承包者郑某某所得），原告主张青苗赔偿7200元，缺乏事实依据，不予支持。另外，原告主张被告应付给其工程临时施工用地赔偿款6000元和架空线路赔偿款6000元及赔偿复耕费用5000元，也缺乏事实依据，依法不予支持。综上，架空输电线路工程所涉及原告承包园地的补偿款已由联饶镇人民政府及两村委会按有关赔偿标准和相关赔偿项目及数额处理完毕，原告应得到的补偿款共6250元，已领取4950元，尚有1300元未领取。被告应将前述1300元还付原告。据此，依照《中华人民共和国民法通则》及《最高人民法院关于民事诉讼证据的若干规定》等规定，判决：被告上寨村委会应于判决发生法律效力之日起5日内，付还原告尚未领取的补偿款1300元；驳回原告徐某某的其他诉讼请求。

徐某某持原审起诉意见提起上诉。潮州市中级人民法院二审审理认为：上诉人徐某某因承包的园地部分被征用而就应得到的补偿款提起诉讼，属于农村土地承包合同纠纷。上诉人系上寨村村民，被上诉人上寨村委会将架空线路工程有关部门征地所付的补偿款，按同一补偿标准和相关的补偿项目对村民进行补偿，上诉人以其认为应分得的占地补偿款、青苗补偿款、架空线路赔偿款、施工临时用地补偿款及复耕费等的数额提起诉讼，实质上是对土地补偿费数额及征地补偿标准不服。根据《最高人民法院关于审理涉及农村土地承包纠纷案件适用法律问题的解释》第一条第三款规定："集体经济组织成员就用于分配的土地补偿费数额提起民事诉讼的，人民法院不予受理。"以及参照《广东省高级人民法院关于审理农村土地承包合同纠纷案件若干问题的指导意见》第一条、第二条的规定："……村民对决定用于分配的土地补偿费数额不服提起民事诉讼的，不予受理。已受理的，驳回起诉"。"承包方对征地补偿标准有争议向人民法院提起民事诉讼的，不予受理。已经受理的，应裁定驳回起诉，并告知当事人向行政主管部门申请解决"。上诉人的诉讼请求不属于人民法院受理民事诉讼的范围，上诉人可另行向相关行政部门申请解决。根据《最高人民法院关于适用〈中华人民共和国民事诉讼法〉若干问题的意见》第一百三十九条规定，"起诉不符合条件的，人民法院应当裁定不予受理。立案后发现起诉不符合受理条件的，裁定驳回起诉”。本案应依法裁定驳回原告徐某某的起诉。

本案评析：当事人起诉条件和法院受理范围

本案争议焦点在于原告徐某某因承包的园地部分被征用而就应得到的补偿款提起诉讼是否属于法院受理范围。

在民事诉讼中，除极为紧急的情况需要向法院申请诉前财产保全和证据保全之外，所有的诉讼程序均从当事人起诉这一活动开始。因而起诉不仅是绝大多数案件的源头，而且起诉的提起还在很大程度上关系到案件的处理走向。根据我国民事诉讼法第一百一十九条规定，当事人起诉应当符合：原告是与本案有直接利害关系的公民、法人和其他组织；有明确的被告；有具体的诉讼请求和事实、理由；属于人民法院受理民事诉讼的范围和受诉人民法院管辖。在这种条件下，如果起诉符合法定要求，则案件顺利进入下一道实体审理程序；如不符合条件，则在起诉阶段将会被法院以“不予受理”作出裁定，在受理后则会被法院以“驳回起诉”作出裁定。本案中当事人的起诉虽然在一审程序中被受理，而且一审法院还作出了实体裁决。但在案件上诉后，二审法院依照本案争议的实质焦点对案件进行了重新审查，经审查发现该案不符合法院受理条件，因此终审裁定驳回起诉。下面，就本案为何不符合法院受理范围进行评析。

近年来随着城镇化所推动的社会发展，关于因土地征收而引发的土地补偿问题一直是个社会焦点问题，引发了大量的矛盾纠纷，进入到法院的土地纠纷类案件也迅速增加。作为一类特殊的民事争议，农村土地承包纠纷具有不同于或者说不完全同于其他类型民事纠纷的内在特征和处理原则。这种特殊性不仅体现在对土地承包经营权权利性质的正确认识方面，还体现在对土地承包经营权保护方法以及纠纷处理规则的准确适用上。虽属民事合同，农村土地承包合同之上却体现了强度远远超越普通民事合同的国家干预色彩。比如，从家庭承包合同的订立程序、履行、效果，甚至合同的变更抑或解除，法律均作出了细致全面的专门规定，体现了国家对土地承包经营权人的特别保护。其原因在于承包合同的履行事关耕地资源保护的社会使命——公平享有社会资源，为农民的生存权提供了基本保障。所以，将其置于一般民事纠纷的处理平台予以考量，至少是不完全准确和适当的。基于此，农村土地承包纠纷案件数量所呈现的持续的增长态势对司法审判工作而言，就不仅仅意味着案件数量猛增所带来的工作强度加大，更为重要的是如何妥善解决此中夹杂的新情况和新问题。为此，最高人民法院依照法律的相关规定，专门对审理涉及农村土地承包纠纷案件中的法律适用问题作出了司法解释，以统一司法裁判尺度。综合本案的基本情况来看，本案在处理重点其实在于对于农村土地承包合同涉及征用土地补偿的理解。根据《最高人民法院关于审理涉及农村土地承包纠纷案件适用法律问题的解释》第一条规定："下列涉及农村土地承包民事纠纷，人民法院应当依法受理：承包合同纠纷；承包经营权侵权纠纷；承包经营权流转纠纷；承包地征收补偿费用分配纠纷；承包经营权继承纠纷。集体经济组织成员因未实际取得土地承包经营权提起民事诉讼的，人民法院应当告知其向有关行政主管部门申请解决。集体经济组织成员就用于分配的土地补偿费数额提起民事诉讼的，人民法院不予受理。"

具体到本案中，二审法院之所以对一审法院判决进行了改判，主要原因在于两级法院在法院案件受理范围上的理解不一致，其中核心问题在于因承包地被征用而就应得到的补偿款提起诉讼，是否属于法院受理范围。关于这一点，从一审法院的判决来看，原审法院认为架空输电线路工程所涉及原告承包园地的补偿款已由联饶镇人民政府及两村委会按有关赔偿标准和相关赔偿项目及数额处理完毕，按照该分配标准，原告徐某某应得到的补偿款共6250元，已领取4950元，被告上寨村委会应将其余款1300元还付原告。因此，本案属于一般纠纷，应由人民法院受理并作出最终裁决。但是，通过对本案件进行认真的分析，可以看出本案的争议实质并非在于原告认为被告拖欠原告补偿款，而在于原告认为被告未按照赔偿标准对原告进行补偿，故拒绝领取余款。实际上，该问题属于集体经济组织成员对用于分配的土地补偿费数额有异议，但从本质上而言，用于分配的土地补偿费系经法律规定的民主议定程序讨论而决定，故其具体标准和数额属于组织内部问题，依照惯例应当属于村民自治范畴。此时，法院应当基于对惯例的尊重对该问题的判断保持适当的距离。这一观点也为二审法院所秉持，二审法院在终审判决中认为被上诉人上寨村委会将架空线路工程有关部门征地所付的补偿款按同一补偿标准和相关补偿项目对涉及的村民进行补偿，上诉人以其认为应分得的补偿费数额提起诉讼，实质上是对土地补偿费数额及征地补偿标准不服。故不属于法院受理范围，应向行政主管部门申请解决。

【案例二】 马某某与魏某某、毕某某民间借贷纠纷案

原告马某某与被告魏某某、毕某某民间借贷纠纷一案，法院受理后，依法组成合议庭，公开开庭进行了审理。原告马某某到庭参加诉讼，被告魏某某和毕某某经法院传票传唤，无正当理由未到庭参加诉讼，依法缺席审理，法院对此案作了缺席判决。原告诉称：2011 年 8 月 11 日，被告毕某某经被告魏某某担保向原告借款 10 万元，后原告多次向被告催要，被告未按约定时间偿还借款，故请求判令被告毕某某偿还借款 10 万元及利息，被告魏某某承担连带清偿责任；诉讼费、保全费由被告承担。被告未答辩。法院审理认为，被告毕某某欠原告马某某借款 10 万元，事实清楚，证据充分，足以认定，支持原告诉讼请求，判决被告毕某某于本判决生效之日起 10 日内偿还原告马某某借款 10 万元及利息(自起诉之日即 2013 年 8 月 9 日至本判决生效之日，按中国人民银行同期贷款利率计息)；判决被告魏某某对上述款项承担连带清偿责任。如果未按本判决指定的期间履行给付金钱义务，应当依照《中华人民共同国民事诉讼法》第二百五十三条之规定，加倍支付迟延履行期间的债务利息；案件受理费 2300 元，保全费 1020 元，由被告毕某某、魏某某负担。

本案评析：缺席判决的条件

本案在实体上属于民间借贷纠纷，同时涉及保证这一担保方式的法律效果，在程序上则主要涉及缺席判决的法律问题。

从实体法律关系上分析本案，本案是典型的借贷纠纷，根据《中华人民共和国民法通则》第一百零八条的规定，债务应当清偿。暂时无力偿还的，经债权人同意或者人民法院裁决，可以由债务人分期偿还。有能力偿还拒不偿还的，由人民法院判决强制偿还。毕某某向原告马某某借款 10 万元，到期后理应清偿。马某某向借款人毕某某和担保人魏某某催要多次，仍未清偿，因此可以经由诉讼由法院判决强制偿还。又根据《中华人民共和国民事诉讼法》第二百五十三条的规定，被执行人未按判决、裁定和其他法律文书指定的期间履行给付金钱义务的，应当加倍支付迟延履行期间的债务利息。被执行人未按判决、裁定和其他法律文书指定的期间履行其他义务的，应当支付迟延履行金。因此若被告未在指定期间内偿还借款，则必须加倍支付迟延履行期间的债务利息。

本案还涉及担保的相关问题。保证是一种重要的担保形式，按照保证责任的不同，可以分为一般保证和连带责任保证。根据《中华人民共和国担保法》第十九条，当事人对保证方式没有约定或者约定不明确的，按照连带责任保证承担保证责任，第二十一条当事人对保证担保的范围没有约定或者约定不明确的，保证人应当对全部债务承担责任，第二十六条连带责任保证的保证人与债权人未约定保证期间的，债权人有权自主债务履行期届满之日起6个月内要求保证人承担保证责任。本案的借条表明，双方当事人并未就保证方式、保证范围以及保证期间进行约定，因此保证人魏某某必须承担连带保证责任，并且是对全部债务10万元承担责任。另该借款合同并未就还款时间进行约定，所以债权人马某某可以随时要求债务人还款，但需要给债务人以必要时间准备，主债务自债权人马某某第一次催要时届满，本案中马某某已经向借款人毕某某和担保人多次催要，即给了他们必要的准备时间，也在主债务期届满之日6个月内的保证期内向保证人魏某某主张了权利，因此魏某某不能免除保证责任。

从诉讼程序上分析本案，本案主要涉及法院适用缺席判决的条件问题。缺席判决是指一方当事人无正当理由拒不到庭或未经法庭许可中途退庭的情况下，人民法院依法作出的判决。缺席判决的意义并非在于惩罚缺席一方当事人，而是在于全面维护各方诉讼当事人的诉讼权利和合法权益，不使诉讼因一方当事人的缺席而半途而废。缺席判决，仍然要以案件事实已经查清并有充分证据可供认定为必备的前提。根据我国民事诉讼法和相关司法解释，缺席判决可以适用的情形有好几种，最为普遍的情形就是民事诉讼法第一百四十四条中的“被告经传票传唤，无正当理由拒不到庭的，或者未经法庭许可中途退庭的，可以缺席判决”。本案中原告马某某向法院提起诉讼，并依法提供了借条、身份证明等证据，这些证据足以证明被告毕某某向原告借款10万元以及魏某某为这笔借贷提供担保的事实，符合缺席判决的必备前提。同时，受诉法院依法向被告魏某某和毕某某发传票进行传唤，但两被告无正当理由未到庭参加诉讼，法院依法缺席审理，程序正当。

【案例三】　苏某某诉长沙市逗逗鞭炮厂等建设工程施工合同纠纷案

原告苏某某（反诉被告）与被告长沙逗逗鞭炮厂（反诉原告）、胡某某及第三人朱某某建设工程施工合同纠纷一案，于2012年10月31日向湖南省浏阳市人民法院提起诉讼。该院受理后，依法组成由审判员和两名人民陪审员参加的合议庭，于2012年12月14日第一次公开开庭进行了审理，诉讼中，被告长沙逗逗鞭炮厂于2012年12月18日提出申请，对本案工程的水泥路起砂是否属工程质量问题申请鉴定。收到该司法鉴定意见书后原合议庭组成人员组成合议庭于2013年6月9日第二次公开开庭进行了审理。原告苏某某及其委托代理人李某某，被告长沙逗逗鞭炮厂、胡某某的委托代理人张某，第三人朱某某到庭参加诉讼。

一审法院依照《中华人民共和国合同法》第六十条、第一百零七条、第一百零九条、第二百六十九条、第二百七十九条之规定，判决如下：①长沙逗逗鞭炮厂支付苏某某工程款207274元；②由长沙逗逗鞭炮厂对病害混凝土路面进行处理，其整改总费用47667.98元，由苏某某承担32667.98元，其余费用由长沙逗逗鞭炮厂自行承担；③驳回苏某某的其他诉讼请求；④驳回长沙逗逗鞭炮厂的其他反诉请求。上述第一、二项相抵，长沙逗逗鞭炮厂应实际支付苏某某工程款174606.02元，限本判决生效后10日内履行。如未按本判决指定的期间履行给付金钱义务的，应当按照《中华人民共和国民事诉讼法》第二百五十三条之规定加倍支付迟延履行期间的债务利息。本案受理费4542元，反诉受理费3050元，鉴定费21500元，合计29092元，由苏某某负担13800元，长沙逗逗鞭炮厂负担15292元。

本案评析：诉讼中本诉与反诉的关系及其处理

本案涉及民事诉讼中本诉与反诉的处理问题。

所谓反诉，是指在已经开始的民事诉讼程序中，被告为了维护自己的合法权益和民事权利，以本诉的原告为被告，向人民法院提出的与本诉有联系的独立的诉讼请求。原告提起的诉称为本诉，被告提起的诉称为反诉。反诉的提起必须满足一定要件：(1)本诉正在进行中，辩论结束前；(2)反诉不属于其他法院专属管辖；(3)反诉能够与本诉适用同一程序；(4)反诉请求与本诉请求或与本诉请求在法律上有牵连，即反诉请求与本诉请求基于同一法律关系或同一原因事实；(5)反诉须由被告向本诉原告提起。

在诉讼实践中，反诉和反驳很容易混淆。反驳一般是被告为维护自己的合法权益而提出各种理由来反对原告的请求，以否认或减轻自己的民事责任，并使原告败诉的一种诉讼手段。反驳包括程序上的反驳和实体上的反驳。两者区别主要有如下几点：(1)法律性质不同。反诉属于请求权的范畴；反驳则属于抗辩权的范畴。(2)独立性不同。反诉是一种独立的诉讼请求，反驳则不具有诉讼性质，不主张独立的请求和权利。反驳仅是对原告请求和理由的简单、直接否定，不构成独立的诉，反诉与本诉既可以合并审理，也可以不合并审理而另行起诉，且即使本诉的撤回也不影响反诉部分的审理；而反驳必须依存于本诉，而且无论如何抗辩，都不能产生新的请求。(3)提起的时间不同。反诉只能在一审举证期限届满前提起；而反驳则可以在一审、二审、重审、再审的任何时候提出。(4)对抗方法不同。反驳是直接否认对方的权利，是一种消极的防御方法，只是证明原告的诉讼请求不能成立或不能全部成立，请求法院判决原告败诉或部分败诉，并不提出自己的诉讼请求，不对原告主张什么权利。反诉则是一种积极的进攻方法，被告不是直接否认原告的权利而是提出了自己的诉讼，而且还要求判决自己胜诉，支持自己的诉讼。如原告要求被告承担侵权责任，被告以原告亦有一定过错抗辩，即为反驳。经审理属实的，可直接从原告请求的数额中扣除。而原告要求被告承担合同或侵权责任，被告以另一法律关系的事实和理由提出原告对被告负有债务，要求抵销原告诉讼请求的，属反诉。(5)作用不同。反驳只能使原告请求全部或部分不成立而败诉。反诉则起抵销、吞并和推翻原告请求甚至达到反给付的作用。(6)处理方式不同。反诉原则上应与本诉合并审理，但如合并审理不利于案件的及时处理，也可以分案审理。而当事人的反驳意见，应在同一诉讼中予以处理。

具体到本案，一审法院也面临着对两种诉讼请求的处理：一个是原告依据《路面硬化工程承包合同书》诉请被告及第三人共同支付原告工程款和逾期付款利息，并且诉讼费由被告承担。另一个则是被告同样依据该承包合同诉请原告对所承包的路段路面硬化工程进行返工并承担本案诉讼费用。很明显，这两个诉请分别构成本诉和反诉。原因在于：这两个诉讼请求产生于同一个法律关系，即原被告方均无异议的路面硬化承包法律关系，且被告的诉请能够起到抵销、吞并原告诉讼的作用。如果认定被告诉请属实，则虽然原告已经对合同进行了履行，但履行并不符合质量要求，因而构成违约，那么被告有权利要求原告方承担违约责任，虽然这时原告仍有追索被告支付工程款的权利，但法院可以依法认定双方各自责任大小并依法进行抵销。

关于本案的处理，根据合同法，建设工程合同是承包人进行工程建设，发包人支付价款的合同。建设工程竣工后，发包人应当根据施工图纸、国家颁发的施工验收规范和质量检验标准以及合同约定及时进行验收。验收合格的，发包人应当按约定支付价款，并接收该建设工程。建设工程竣工经验收合格后，方可交付使用；未经验收或者验收不合格的，不得交付使用。本案中，原告苏某某与被告长沙逗逗鞭炮厂签订的《路面硬化工程承包合同书》属于双方真实意思表示，符合合同成立、生效的形式，应当认定该合同合法有效，因此当事人应当按照约定全面履行自己的义务。那么，针对本案争议的焦点，就需要处理以下问题：(1)关于长沙逗逗鞭炮厂尚欠苏某某工程款是否应当支付问题。原告苏某某已经完成了合同约定的路面硬化工程，且该工程事实上早已交付使用，因此长沙逗逗鞭炮厂尚欠苏某某工程款207274元应当予以支付。(2)关于因工程存在质量的责任问题。根据司法鉴定中心出具的鉴定意见，导致路面起砂(掉皮、露石)主要是施工养护不当所致。提前投入使用也是构成病害出现的主要原因。由此可见，造成路面出现质量问题的原因力是施工养护不当和路面提前投入使用等混合原因所致。苏某某作为施工方，对路面养护负有直接义务，而苏某某在工程竣工后的第三天便将工程交付给长沙逗逗鞭炮厂，对养护期限没有向长沙逗逗鞭炮厂作出适当交代，因此，苏某某对路面出现质量问题应承担主要责任。长沙逗逗鞭炮厂在工程未经验收前确实存在混凝土龄期未到而提前通车使用路面情况，因此，长沙逗逗鞭炮厂对路面出现质量问题应承担相应责任。(3)关于对病害混凝土路面进行整改问题。诉讼中，被告长沙逗逗鞭炮厂反诉要求原告对存在质量问题的路面进行返工。根据我国合同法关于违约责任承担方式的规定，继续履行及损害赔偿均可适用于本案。但如果要求原告苏某某对存在质量问题的路面进行整改，双方对施工及验收容易产生争执，加上司法鉴定意见中已对整改总费用也作出了较准确的认定。因此，对存在质量问题的路面进行整改应由苏某某以赔偿损失的方式为妥。(4)关于原告苏某某要求被告支付逾期付款利息的问题。因工程存在质量问题，致使工程没有及时经过验收，而原告苏某某对工程存在质量问题应负主要责任。因此，原告苏某某要求被告支付逾期付款利息的请求，缺乏足够根基。(5)被告胡某某在本案中是否应承担责任的问题。被告胡某某代表长沙逗逗鞭炮厂与原告签订合同的行为，属于职务行为，故被告胡某某不应承担向原告苏某某支付工程款的责任。(6)第三人朱某某在本案中是否应承担责任的问题。第三人朱某某在本案工程中只是长沙逗逗鞭炮厂指派的工程现场监督员，不是工程发包人，没有义务向原告支付工程款，同时对造成工程存在质量问题没有过错。因此，第三人朱某某亦在本案中不应承担责任。

第二节　基本知识

一、一审普通程序概述

第一审普通程序是民事诉讼程序中的一种。依照我国民事诉讼法的规定，我国民事诉讼中规定的诉讼程序包括第一审普通程序、简易程序（包括小额诉讼程序）、第二审程序、审判监督程序。此外，还有一类和诉讼程序相对应的是非诉讼程序，其包括特别程序（包括选民资格案件，宣告公民失踪、死亡案件，认定公民无行为能力、限制行为能力案件，认定财产无主案件，确认调解协议案件，实现担保物权案件等）、督促程序、公示催告程序等。

一审普通程序是我国法院审理民事案件的最基本程序，在整个民事诉讼程序中占有十分重要的地位。由于一审普通程序代表了民事诉讼的完整形态，因而属于整个民事诉讼的主干程序，民事诉讼中的简易程序、二审程序、再审监督程序中除有特别规定之外，均可参照适用一审普通程序。和其他诉讼程序相比较，一审普通程序具有如下几个特点：

1. 内容上的完整性

和其他程序相比，一审普通程序对当事人起诉到一审法院作出判决的基本方式、步骤和程序均进行了系统完整规定，内容涵盖当事人起诉、法院受理、审理前准备、开庭审理、裁判等各个诉讼阶段，因而体系最完整、内容最充实、程序最完备，集中反映了民事审判活动和诉讼活动的基本规律和基本原则。

2. 选择中的独立性

其独立性体现在：人民法院审理的任何一起案件均可通过一审普通程序予以审结。同时，一审普通程序除需受到民事诉讼基本原理、基本原则的制约之外，不需适用其他程序。而其他诉讼程序中，简易程序属于一审普通程序的简化运用，而二审程序、审判监督程序的启动则不仅起源于一审普通程序的完结，而且在无规定时应当参照一审普通程序。

3. 适用中的普遍性

普通程序广泛适用于各级各类人民法院审理的诉讼案件，如中级以上人民法院和各专门人民法院审理第一审民事案件，必须适用普通程序，虽然基层法院很多案件都适用简易程序，但简易程序本身系由普通程序简化而来，而且在符合特定条件后必须转入普通程序审理。

二、起诉和受理

（一）起诉

民事诉讼中的起诉，是指公民、法人或者其他组织，认为自己所享有的或者依法由自己支配、管理的民事权益受到侵害，或者与他人发生民事权益的争议，以自己的名义请求法院通过审判给予司法保护的诉讼行为。根据我国民事诉讼法第一百一十九条的规定，起诉必须符合下列条件：(1)原告是与本案有直接利害关系的公民、法人和其他组织；(2)有明确的被告；(3)有具体的诉讼请求和事实、理由；(4)属于人民法院受理民事诉讼的范围和受诉人民法院管辖。

民事诉讼法第一百二十条和第一百二十一条对起诉的方式和起诉状的内容作了规定。在普通程序中，起诉的方式以书面起诉为原则，以口头起诉为例外。起诉状应当记明以下内容：(1)当事人的基本情况。在新民事诉讼法中此项有修改，增加了原告必须记明联系方式的规定。(2)诉讼请求和所根据的事实与理由。(3)证据和证据来源，证人姓名和住所。

（二）受理

民事诉讼中的受理，狭义上是指人民法院对原告起诉的审查，认为符合法定条件，决定立案审理，从而引起诉讼程序开始的职权行为。在广义上来说，民事诉讼范畴内的受理还应该包括人民法院对被告提起的反诉、有独立请求权的第三人提起的参加之诉以及上诉人提起的上诉的受理。

受理直接决定着诉讼程序的开启，关系到人民法院对其审判权的正确行使和当事人合法权益的保护，意义重大。针对司法实践中存在的立案难等问题，新民事诉讼法给予了积极回应，增加了一条即第一百二十三条："人民法院应当保障当事人依照法律规定享有的起诉权利。对符合本法第一百一十九条的起诉，必须受理。符合起诉条件的，应当在7日内立案，并通知当事人；不符合起诉条件的，应当在7日内作出裁定书，不予受理；原告对裁定不服的，可以提起上诉。"最高人民法院的司法解释关于法院受理又作了进一步规定：(1)病员及其亲属对医疗事故技术鉴定委员会作出的医疗事故结论没有意见，仅要求医疗单位就医疗事故赔偿经济损失向人民法院提起诉讼的，应予受理；(2)判决不准离婚、调解和好的离婚案件以及判决、调解维持收养关系的案件的被告向人民法院起诉的，不受民事诉讼法第一百二十四条第七款规定的条件的限制；(3)夫妻一方下落不明，另一方诉至人民法院，只要求离婚，不申请宣告下落不明人失踪或死亡的案件，人民法院应当受理，对下落不明人用公告送达诉讼文书;(4)赡养费、扶养费、抚育费案件,裁判发生法律效力后,因新情况、新理由,一方当事人再行起诉要求增加或减少费用的,人民法院应作为新案受理;(5)当事人超过诉讼时效期间起诉的,人民法院应予受理。受理后查明无中止、中断、延长事由的,判决驳回其诉讼请求。案件受理后,受理法院取得专属审判权,当事人取得原被告的诉讼地位,同时还会引起实体法上的效果,即诉讼时效的中断。

民事诉讼法第一百二十四条对不符合法定条件的起诉的处理作了规定。人民法院对下列起诉,分情形予以处理:(1)依照行政诉讼法的规定,属于行政诉讼受案范围的,告知原告提起行政诉讼;(2)依照法律规定,双方当事人达成书面仲裁协议申请仲裁、不得向人民法院起诉的,告知原告向仲裁机构申请仲裁;(3)依照法律规定,应当由其他机关处理的争议,告知原告向有关机关申请解决;(4)对不属于本院管辖的案件,告知原告向有管辖权的人民法院起诉;(5)对判决、裁定、调解书已经发生法律效力的案件,当事人又起诉的,告知原告申请再审,但人民法院准许撤诉的裁定除外;(6)依照法律规定,在一定期限内不得起诉的案件,在不得起诉的期限内起诉的,不予受理;(7)判决不准离婚和调解和好的离婚案件,判决、调解维持收养关系的案件,没有新情况、新理由,原告在6个月内又起诉的,不予受理。该项规定对于仲裁不再限制为合同纠纷,扩大了仲裁的效力;并且对判决、裁定、调解书已经发生法律效力的案件按申诉处理改为告知当事人申请再审。

三、审理前的准备

审理前的准备,是指人民法院在受理原告的起诉以后到开庭审理前,由案件承办人员依法进行的一系列准备工作的总称。它是普通程序开庭审理之前的必经阶段,是保证庭审质量的重要环节和基础。

依照民事诉讼法第一百二十五至一百三十三条及有关司法解释,审理前的准备阶段主要有以下工作内容:(1)人民法院应当在立案之日起5日内将起诉状副本发送被告,被告应当在收到之日起15日内提出答辩状。答辩状应当记明被告的姓名、性别、年龄、民族、职业、工作单位、住所、联系方式;法人或者其他组织的名称、住所和法定代表人或者主要负责人的姓名、职务、联系方式。人民法院应当在收到答辩状之日起5日内将答辩状副本发送原告。被告不提出答辩状的,不影响人民法院审理。(2)向当事人告知有关诉讼权利义务与合议庭的具体组成人员。人民法院对决定受理的案件,应当在受理案件通知书和应诉通知书中向当事人告知有关的诉讼权利义务，或者口头告知。合议庭组成人员确定后，应当在3日内告知当事人。(3)审判人员必须认真审核诉讼材料，调查收集必要的证据。人民法院派出人员进行调查时，应当向被调查人出示证件。调查笔录经被调查人校阅后，由被调查人、调查人签名或者盖章。人民法院在必要时可以委托外地人民法院调查。委托调查，必须提出明确的项目和要求。受委托人民法院可以主动补充调查。受委托人民法院收到委托书后，应当在30日内完成调查。因故不能完成的，应当在上述期限内函告委托人民法院。(4)追加当事人。必须共同进行诉讼的当事人没有参加诉讼的，人民法院应当通知其参加诉讼。(5)人民法院按照普通程序审理案件，应当在开庭3日前用传票传唤当事人。对诉讼代理人、证人、鉴定人、勘验人、翻译人员应当用通知书通知其到庭。当事人或其他诉讼参与人在外地的，应留有必要的在途时间。(6)增加审前阶段对案件分别情况予以处理的规定：①当事人没有争议，符合督促程序规定条件的，可以转入督促程序；②开庭前可以调解的，采取调解方式及时解决纠纷；③根据案件情况，确定适用简易程序或者普通程序；④需要开庭审理的，通过要求当事人交换证据等方式，明确争议焦点。

四、开庭审理

(一)开庭审理的概念和形式

开庭审理是指受诉人民法院在完成审理前的各项准备后，于确定的期日，在双方当事人及其他诉讼参与人的参加下，依照法定的形式和程序，在法庭上对民事案件进行审理的诉讼活动。开庭审理应该在答辩期届满并做好必要的准备工作后进行。当事人明确表示不提交答辩状，或者在答辩期届满前已经答辩，或者同意在答辩期间开庭的，也可以在答辩期间届满前答辩。开庭审理的主要任务是通过法庭调查和法庭辩论，审查核实证据，查明案件事实，分清是非责任，并在此基础上，通过合议庭评议，形成裁判结果，以确认当事人的民事权利义务关系，制裁民事违法行为，保护当事人的合法权益。

开庭审理必须严格依照法定形式来进行。首先，开庭审理必须采取公开审理的形式。以公开审理为原则，以不公开审理为例外。依照民事诉讼法第一百三十四条之规定，人民法院审理民事案件，除涉及国家秘密、个人隐私或者法律另有规定的以外，应当公开进行。离婚案件，涉及商业秘密的案件，当事人申请不公开审理的，可以不公开审理。其次，开庭审理必须采取法庭审理的形式。在普通程序中，法庭既指由审判人员组成的合议庭，又指用于审判的特定空间，既包括法院内部的法庭也包括巡回审理、就地办案情况下临时用于开庭的各类场所。最后，开庭审理必须采取言词审理的形式。

(二)开庭审理的基本程序

开庭审理的基本程序，依序分为开庭准备、法庭调查、法庭辩论、案件评议和宣告判决这几个诉讼阶段。

1. 开庭准备

开庭审理前，书记员应当查明当事人和其他诉讼参与人是否到庭，宣布法庭纪律。开庭审理时，由审判长核对当事人，宣布案由，宣布审判人员、书记员名单，告知当事人有关的诉讼权利义务，询问当事人是否提出回避申请。

2. 法庭调查

(1)当事人陈述。(2)告知证人的权利义务，证人作证，宣读未到庭的证人证言。当事人申请证人出庭作证，应该在举证期限届满10日前提出，并经人民法院许可。证人作证时，审判人员和当事人可以对证人进行询问，证人不得旁听法庭审理，询问证人时，其他证人不得在场。(3)出示书证、物证、视听资料和电子数据。电子数据为新增的证据种类。无论是当事人提供的证据还是人民法院调查收集的证据，都应该在法庭展示并由当事人相互质证，未经庭审质证的证据，不能作为定案的根据。(4)宣读鉴定意见。(5)宣读勘验笔录。当事人在法庭上可以提出新的证据。当事人经法庭许可，可以向证人、鉴定人、勘验人发问。当事人要求重新进行调查、鉴定或者勘验的，是否准许，由人民法院决定。

3. 法庭辩论

法庭辩论，是指在合议庭的主持下，双方当事人根据此前法庭调查已经基本查明的案件事实和证据材料，各自阐明自己的观点，但当事人如果在法庭辩论中提出了符合规定的新的事实和证据，合议庭则当适时停止法庭辩论，恢复法庭调查。根据民事诉讼法第一百四十一条，法庭辩论按照下列顺序进行：(1)原告及其诉讼代理人发言。(2)被告及其诉讼代理人答辩。(3)第三人及其诉讼代理人发言或者答辩述自己的意见，反驳对方的主张，相互进行言辞辩论的诉讼活动。当事人进行法庭辩论时，审判人员不得对案件性质、是非责任发表意见，不得与当事人辩论。法庭辩论应在完成法庭调查之后进行。(4)互相辩论。法庭辩论终结，由审判长按照原告、被告、第三人的先后顺序征询各方最后意见。根据民事诉讼法第一百四十二条的规定，法庭辩论终结，应当依法作出判决。判决前能够调解的，还可以进行调解，调解不成的，应当及时判决。另外，根据民事诉讼法第一百四十条及其适用意见的规定，在案件受理后，法庭辩论结束前，原告增加诉讼请求，被告提出反诉，第三人提出与本案有关的诉讼请求，可以合并审理的，人民法院应当合并审理。

4. 案件评议与宣告判决

经过开庭审理后当事人不愿意调解或者调解不成功的，合议庭即应当休庭评议，就案件的性质、认定的事实、适用的法律、是非责任和处理结果等作出结论。评议中如果发现案件事实尚未查清楚需要补充证据的，可以决定延期审理。合议庭评议案件，应当秘密进行，并实行少数服从多数的原则。评议应当制作笔录，由合议庭成员签名，不同意见也必须如实记入笔录。根据民事诉讼法第一百四十八条，人民法院对公开审理或者不公开审理的案件，一律公开宣告判决。当庭宣判的，应当在10日内发送判决书；定期宣判的，宣判后立即发给判决书。宣告判决时，必须告知当事人上诉权利、上诉期限和上诉的法院。宣告离婚判决，必须告知当事人在判决发生法律效力前不得另行结婚。

(三)延期审理

延期审理，是指在开庭审理日到来时，或者在开庭审理进行中，由于出现了法律规定的某些特殊情况，导致开庭审理无法按期进行或者无法继续进行时，而必须推延开庭审理期日。延期审理与休庭有本质区别。依照民事诉讼法第一百四十六条的规定，可以延期开庭审理的情形有：(1)必须到庭的当事人和其他诉讼参与人有正当理由没有到庭的，主要包括能够表达正确表达意志的离婚案件的当事人和负有赡养、抚育、扶养义务和不到庭就无法查清案情的被告以及其他诉讼参与人；(2)当事人临时提出回避申请的；(3)需要通知新的证人到庭，调取新的证据，重新鉴定、勘验，或者需要补充调查的；(4)其他应当延期的情形。受诉人民法院决定延期审理，应及时通知当事人和其他诉讼参与人。

(四)审结期限

审结期限是指受诉人民法院办结民事案件的法定时间要求。根据民事诉讼法第一百四十九条的规定，人民法院适用普通程序审理的案件，应当在立案之日起6个月内审结。有特殊情况需要延长的，由本院院长批准，可以延长6个月；还需要延长的，报请上级人民法院批准。根据民事诉讼的适用意见，审结期限是指从立案的次日至裁判宣告、调解书送达之日止的期间，但是公告期间、鉴定期间、审理当事人提出的管辖权异议以及处理人民法院之间的管辖争议期间不应计算在内。

五、撤诉与缺席判决

（一）撤诉

撤诉是指人民法院立案后，作出裁判前，当事人将已经成立之诉撤销。撤诉是当事人一项重要的诉讼权利，是其行使程序处分权的具体体现。撤诉是一项重大的诉讼行为，当事人撤诉是人民法院了结民事案件的法定方式之一，一经撤诉，业已开始的诉讼程序即告结束。

从学理上来看，根据不同的标准，撤诉有以下分类：(1)从撤诉的形式上，可分为原告撤诉和按撤诉处理；(2)从撤诉的审级上，可分为原告撤回起诉和上诉人撤回上诉；(3)从撤诉的主体上，可分为原告撤回本诉、被告撤回反诉以及有独立请求权的第三人撤回参加之诉。

撤回起诉包括原告申请撤诉和人民法院按撤诉处理两种情形。根据民事诉讼法第一百四十五条第一款规定，宣判前，原告申请撤诉的，是否准许，由人民法院裁定。原告申请撤诉应该符合以下条件：(1)原告必须以书面或者口头的方式向受诉人民法院提出内容明确的申请；(2)原告申请撤诉，必须基于自己的真实意思表达；(3)原告申请撤诉的目的必须正当、合法；(4)原告的撤诉申请应当在人民法院立案受理后，宣告判决前提出。

人民法院按撤诉处理，是指受诉人民法院依照法律的明确规定，针对原告等的某些行为，比照申请撤诉的情况来对案件进行处理。人民法院按撤诉处理的情形包括：(1)原告经传票传唤，无正当理由拒不到庭的，或者未经法庭许可中途退庭的，可以按撤诉处理。(2)原告应当预交而未预交案件受理费，人民法院应当通知其预交，通知后仍不预交或者申请减、缓、免未获人民法院批准而仍不预交的，裁定按自动撤诉处理。(3)无诉讼行为能力的原告的法定代理人，经传票传唤，无正当理由拒不到庭的，可以比照民事诉讼法第一百四十三条的规定，按撤诉处理。(4)有独立请求权的第三人经受诉人民法院传票传唤，无正当理由拒不到庭的，或者未经法庭许可中途退庭的，可以对该第三人比照民事诉讼法第一百四十三条的规定，按撤诉处理。以上情形，大多规定为“可以”按撤诉处理，而非“应当”按撤诉处理。因此，除第 2 种情形外，应该以是否有利于全面维护当事人的合法权益为标准来具体决定是否按撤诉处理。另外，根据相关的司法解释，依法可以按撤诉处理的案件，如果当事人有违反法律的行为需要依法处理的，人民法院可以不按撤诉处理。

不管是申请撤诉还是按撤诉处理，其直接的法律效果都只是导致本诉讼程序的完结，对原告主张的实体权利并无任何影响。应当注意的是，在被告此前提起反诉的情况下，原告撤回起诉的直接法律效果是导致本诉程序的结束，反诉程序不受影响；在有独立请求权的第三人此前已经提起参加之诉的情况下，原告撤回起诉的直接法律效果，不仅是导致原诉程序的完结，还会使参加之诉无所依托而同时完结，在这种情况下，有独立请求权的第三人作为另案原告，原案的原告和被告作为另案(共同)被告，诉讼另外进行。原告撤回起诉后，通常被视为自始即未起诉，不影响再次起诉。

(二)缺席判决

缺席判决，是指一方当事人无正当理由拒不到庭或未经法庭许可中途退庭的情况下，人民法院依法作出的判决。缺席判决作为民事诉讼法所确立的一项重要的程序保障制度，其对维护庭审秩序，保障程序安定，遏制诉讼迟延和落实权利救济具有积极意义。但在司法实践中，人民法院应当严格把握缺席判决的适用条件，不得随意扩大缺席判决的适用范围，以避免缺席一方的权益受到损害。尽管与对席判决的形式存在差异，但是两者具有完全相同的法律效力。

根据民事诉讼法第一百四十三至一百四十五条和有关司法解释的规定，缺席判决可以适用以下情形：(1)原告经传票传唤，无正当理由拒不到庭的，或者未经法庭许可中途退庭的，可以按撤诉处理。(2)被告经传票传唤，无正当理由拒不到庭的，或者未经法庭许可中途退庭的，可以缺席判决。(3)宣判前，原告申请撤诉，人民法院裁定不准许撤诉的，原告经传票传唤，无正当理由拒不到庭的，可以缺席判决。(4)无民事行为能力的被告的法定代理人，经传票传唤无正当理由拒不到庭的。(5)夫妻一方下落不明，另一方诉至人民法院，只要求离婚，不申请宣告下落不明人失踪或死亡的案件，人民法院应当受理，对下落不明人用公告送达诉讼文书。公告期限届满，被告仍不应诉的，可以缺席判决。(6)无独立请求权的第三人经人民法院传票传唤，无正当理由拒不到庭的，或者未经法庭许可中途退庭的，不影响案件的审理，可以缺席判决。(7)在受送达人下落不明而采取公告方式送达传票时，如果公告期间届满，受送达人(一般为被告)仍未到庭应诉的，可以缺席审理，缺席判决。

六、诉讼中止和诉讼终结

(一)诉讼中止

诉讼中止，是指在民事诉讼的过程中，因出现某种特定事由，致使诉讼活动暂时难以进行，人民法院即裁定暂停诉讼程序。诉讼中止与延期审理不同，两者主要有以下几点区别：(1)适用场合不同。前者可以发生于诉讼程序开始一直到判决作出以前的任何诉讼阶段，后者只能在开庭审理阶段。(2)适用前提不同。前者的法定情形主要是诉讼外原因，后者则为诉讼中产生。(3)适用的法律文书不一样。前者必须用裁定书，且应送达当事人，后者则应用“决定书”。(4)适用效果不同。前者将造成本案诉讼程序中途搁置，一切相关诉讼活动停止，后者只是本案开庭审理期日的推移，诉讼活动不停止。(5)是否完全适用诉讼期间的剔除制度不同。

根据民事诉讼法第一百五十条的规定，有下列情形之一的，人民法院应当中止诉讼：(1)一方当事人死亡，需要等待继承人表明是否参加诉讼的。(2)一方当事人丧失诉讼行为能力，尚未确定法定代理人的。(3)作为一方当事人的法人或者其他组织终止，尚未确定权利义务承受人的。(4)一方当事人因不可抗拒的事由，不能参加诉讼的。(5)本案必须以另一案的审理结果为依据，而另一案尚未审结的。(6)其他应当中止诉讼的情形。除了上述情形之外，相关司法解释也列出了一下适用诉讼中止的情形：(1)在企业破产案件中，在人民法院受理企业破产案件后，以债务人为被告的其他纠纷案件，尚未审结的，应当中止诉讼，无其他被告和无独立请求权第三人的，企业被宣告破产后，终结诉讼，有其他被告或者无独立请求权的第三人的，破产程序终结后，恢复审理。(2)在借贷案件中，债权人起诉时，债务人下落不明，公告期限届满或者审理中债务人出走下落不明的，如果事实难以查清楚，则裁定中止诉讼。

中止诉讼的裁定一经作出，立即发生法律效力，当事人不得上诉亦不得申请复议。中止诉讼的裁定的法律效力，表现为暂停本案诉讼程序。导致诉讼中止的原因消除后，恢复诉讼程序时，不必撤销原裁定，从人民法院通知或准许当事人双方继续进行诉讼时起，中止诉讼的裁定即失去效力。诉讼程序恢复后，当事人于诉讼前所进行的诉讼行为继续有效。

(二)诉讼终结

诉讼终结，是指在诉讼进行中，因出现某种特殊情形，主要是由于一方当事人死亡(包括自然死亡和宣告死亡)，导致诉讼无法进行或无法继续进行，人民法院据此裁定结束诉讼的制度，诉讼终结与诉讼中止不同。诉讼终结系诉讼程序即告完结，不再恢复；而诉讼中止仅是诉讼程序暂时停止进行，待诉讼中止的原因消失后，诉讼程序立即恢复。

根据民事诉讼法第一百五十一条，有下列情形之一的，人民法院即裁定终结诉讼：(1)原告死亡，没有继承人，或者继承人放弃诉讼权利的；(2)被告死亡，没有遗产，也没有应当承担义务的人的；(3)离婚案件一方当事人死亡的；(4)追索赡养费、扶养费、抚育费以及解除收养关系案件的一方当事人死亡的。终结诉讼的裁定一经作出，立即发生法律效力，当事人既不得提起上诉，也不得申请复议。终结诉讼的裁定的效力，仅仅表现为结束本案诉讼程序，对于案件中所涉及的实体争议问题，则不能作出任何处理。因此，在终结诉讼的裁定中不得同时确定死亡一方当事人财产(遗产)的法律归属。

第十一章　二审程序

第一节　典型案例及其评析

【案例一】　太平农行诉哈尔滨某奶牛公司等贷款合同纠纷再审案

1998年3月3日，哈尔滨某奶牛场(以下简称奶牛场)与太平农行签订《最高额抵押担保借款合同》，借款金额1900万元，借款期限自1998年3月3日至1999年2月28日，利率7.92‰，逾期按每日4‰计收利息，奶牛场以自有的办公楼、运输工具及牛舍提供抵押担保，但未办理抵押登记。太平农行如约发放了贷款，借款到期后，奶牛场未履行偿还义务。2003年9月22日，工大集团以7900万元对价收购了黑乳集团及隶属于黑乳集团的奶牛场。2004年5月，工大集团以奶牛场的净资产4750万元出资，与通成公司共同组建奶牛公司，同年7月12日，中隆会计所依据中瑞公司的评估报告出具验资报告，证明工大集团出资真实。2004年12月，太平农行向奶牛公司发出《债务逾期催收通知书》，对借款本金3515万元(含此案所涉1900万元)及利息进行催收。2006年6月，太平农行再次以《债务逾期催收通知书》向奶牛公司进行催收，本金为3515万元，利息一栏用笔划掉。奶牛公司在两份催收通知书上盖章予以确认。2006年4月28日，太平农行向原审人民法院提起诉讼，要求工大集团作为奶牛场的买受人应当以其所有财产包括在奶牛公司的股权承担民事责任，中隆会计所作为股东出资的验资机构，出具验资证明不实，应当在其证明不实的金额范围内，对太平农行承担连带赔偿责任。请求判令：奶牛公司、工大集团、中隆会计所共同偿还欠款1900万元；截至2006年3月20日的利息12208529元、逾期利息4624847.37元、律师费

107.5 万元及诉讼费。

一审法院经审理后作出判决，判令：被告奶牛公司于本判决生效之日起10日内给付原告太平农行1900万元本金及利息（利息按借款合同约定及中国人民银行同期及逾期贷款利率计算）。被告奶牛公司如不能清偿上述债务，由被告工大集团负责清偿。驳回原告太平农行的其他诉讼请求。

奶牛公司不服原审法院上述民事判决，向最高人民法院提起上诉称：一审法院认定上诉人奶牛公司与被上诉人太平农行贷款1900万元的事实没有合同依据。被上诉人太平农行向一审法院提交的双方签订的《最高额抵押担保借款合同》应是无效合同。上诉人奶牛公司并没有按照约定使用该借款，就没有偿还贷款并支付利息的义务。被上诉人所诉的1900万元借款与工大集团没有任何关系，工大集团对此不应承担清偿责任。而原审被告工大集团并未提起上诉，仅在最高人民法院二审期间称，太平农行要求工大集团承担偿还责任已经超过诉讼时效，工大集团不应承担偿还责任。

二审法院最高人民法院对原审判决所认定的事实予以确认，对一审判决中关于奶牛场与太平农行之间1998年3月签订的《最高额抵押担保借款合同》中的借款部分合法有效；对抵押担保部分未发生法律效力的认定，最高人民法院予以认可，并对奶牛公司应承担此笔奶牛场的债务予以认可。但是对奶牛公司提出的工大集团不应当承担责任的请求最高人民法院不予审查。因而二审法院认定一审判决认定事实清楚，适用法律正确，并据此判决驳回上诉，维持原判。

本案评析：上诉的法定条件

本案是最高人民法院发布的公报案例，对民事审判的参照意义重大。抛开本案涉及的实体审查不论，本案二审法院对上诉人关于他人不应承担责任的上诉理由不予审查的态度，与二审制度设计的价值取向保持了一致，具有典型意义。

在该案中，上诉人奶牛公司上诉称：被上诉人所诉的1900万元借款与工大集团没有任何关系，工大集团对此不应承担清偿责任。二审法院的态度十分明确，那就是不予审查，其给出的理由是：“第二审程序因当事人提起上诉而开始，上诉权是法律赋予当事人的一项诉讼权利，当事人既可以行使也可以放弃。第一审判决后当事人不上诉，表明当事人服从第一审人民法院对他们之间民事权利义务的处理。此案中作为原审被告的工大集团并未在法定期间内向最高人民法院提起上诉，只是在向合议庭提交的代理词中表示工大集团不应承担奶牛公司不能清偿太平农行债务时的清偿责任。根据民事诉讼法第一百五十一条的规定，第二审人民法院审理上诉案件，应当对当事人上诉请求的有关事实和适用法律进行审查。因此对于工大集团提出的请求二审应不予审查。奶牛公司在上诉状中提出工大集团不承担责任的主张，因工大集团是独立的企业法人，奶牛公司无权就工大集团是否承担责任提出上诉请求，因此，对奶牛公司提出的工大集团不应当承担责任的请求最高人民法院不予审查。”这一态度，反映出最高人民法院对二审程序中的几个重大原则的坚持：

（一）超过法定期限，即丧失上诉权

上诉权是法律赋予当事人的一项诉讼权利，赋予当事人该项权利的主要目的就是给当事人一段足够的时间，让其判断是否有必要启动二审程序，其实质是给当事人提供了对一审裁判不服的救济途径。但是，是否行使该项权利，当然由当事人自行决定。

保障诉讼的效率和司法裁判的权威性，也是民事诉讼制度必须考虑的问题。当事人有上诉的权利，并且有权决定是否行使该项权利，但是上诉没有时间上的约束和限定，一审判决的效力将无法得到保证。因此，民事诉讼法规定了上诉的法定期间，即上诉期间，是法律规定的允许当事人提起上诉的时间段，上诉期间是一种除斥期间。如果当事人在上诉期间内不行使上诉权，则上诉权丧失。我国民事诉讼法明确规定了提起上诉的期限，当事人不服地方各级法院第一审判决的上诉期限为 15 日，当事人不服地方各级法院第一审裁定的上诉期限为 10 日。第一审判决后的法定期限内，当事人不上诉，表明当事人服从第一审人民法院对他们之间民事权利义务的处理。本案中，一审判决作出后的法定期限内，原审被告工大集团未向二审法院提起上诉，当然丧失了上诉权。

当然，需要注意的一个问题是，如果当事人并未提起上诉，但是其作为上诉案件的当事人在上诉案件审理过程中就案件的事实与法律适用提出了自己的答辩，是否应视为其提起上诉？答案当然是否定的，其原因就在于，上诉权的行使有明确的期限，超过期限即丧失上诉权，即使提起上诉，法院也不应当受理。二审审理期间，就案件事实与法律适用提出的答辩，因实际上超出了上诉期限而不应当得到审理。本案中，最高人民法院的裁判立场极为鲜明，由于作为原审被告的工大集团并未在法定期间内向最高人民法院提起上诉，只是在向合议庭提交的代理词中表示工大集团不应承担奶牛公司不能清偿太平农行债务时的清偿责任，对于工大集团提出的请求二审应不予审查。

（二）上诉的主体应符合法定条件

合格的上诉人是指依法享有上诉权的原第一审案件的当事人，换言之，提起上诉可作为上诉人的，必须是在第一审案件中具有实体权利或义务的人。上诉权可以由当事人自己行使，也可以委托他人代为行使。但是委托代理人代为行使上诉权的，必须经被代理人的特别授权才能以代理人的名义提起上诉。

本案中，一个争论的焦点在于对奶牛公司提出的工大集团不应当承担责任的请求是否应当作出审理。从本案的审理过程来看，奶牛公司系本案的利害关系人也是一审的当事人，其作为上诉人提出上诉请求符合上诉主体法定条件，工大集团同样是本案的利害关系人也是一审的当事人，符合上诉的主体资格要求。但是本案的关键点在于，奶牛公司代替工大集团提出了上诉请求，这样的上诉是否符合法律规定的条件？因工大集团是独立的企业法人，奶牛公司并未获得工大集团的特别授权，奶牛公司无权就工大集团是否承担责任提出上诉请求，可见针对工大集团应否承担责任这一上诉请求而言，奶牛公司并非适格的主体。

（三）上诉审理的范围限于当事人请求的范围

民事诉讼法第一百五十一条规定，第二审人民法院应当对上诉请求的有关事实和适用法律进行审查。

可见，在我国，二审法院审理民事案件的审理范围，在原则上依当事人的请求来确定，这一点，在最高人民法院的司法解释中也得到了印证。有关司法解释明确第二审案件的审理应当围绕当事人上诉请求的范围进行，当事人没有提出请求的，不予审查。换言之，我国第二审法院对上诉案件的审理，属于对案件的续审，即第二审审理中所要解决的是一审已经审理但仍存在争议的问题。审理的事实和法律问题，是围绕着当事人的上诉请求进行的，即只审理与上诉请求有关的事实和法律问题。如果上诉人请求改变或撤销判决的全部，则二审法院就应对一审判决中认定的全部事实和适用法律进行审查；如果上诉人只请求改变或撤销判决的一部分，则二审法院只围绕上诉请求的部分事实认定和适用法律进行审查即可。上诉请求的有关事实和适用法律，既包括上诉人提出的事实和法律问题，也包括上诉人未提出的但与上诉请求有关的其他事实和法律问题。

本案中，工大集团不应承担责任的上诉请求由奶牛公司提出，作为适格主体的工大集团自身未提出上诉并将其不承担责任列为上诉请求，因而该所谓上诉请求在实际上并未提出，并不在上诉请求范围之内。工大集团虽在最高人民法院二审期间称，太平农行要求工大集团承担偿还责任已经超过诉讼时效，其不应承担偿还责任，但此时的答辩已经不构成上诉请求，显然工大集团是否承担责任不属于二审审查的范围，因此根据最高人民法院相关司法解释规定，被上诉人在答辩中要求变更或者补充第一审判决内容的，第二审人民法院可以不予审查。当然，需要指出的是，若判决违反法律禁止性规定，侵害社会公共利益或者他人利益的，即使当事人未提起相关上诉请求，人民法院也应当审理。

【案例二】　刘某诉福盛房地产开发有限责任公司等建设用地使用权出让合同纠纷上诉案

2004年6月3日，刘某作为甲方与乙方福盛房地产开发有限责任公司(以下福盛公司)签订了《国有土地使用权转让合同书》，该合同书言明甲方于2002年6月28日就某地一宗土地与湘西中波转播台签订《联合开发意向协议》，现甲方与湘西中波转播台双方同意决定在《联合开发意向协议》的基础上，将该宗地原土地号(00－4－40－5)转让给乙方，乙方同意支付600万元购买价款(不含过户及补偿费用60万元)，乙方按约定付款，甲方在约定时间内将该宗地交付乙方使用。该宗土地搬迁工作由甲方负责，搬迁安置费用与乙方无关。在一年时间内，需提前搬迁安置的，搬迁安置费用由乙方负责。原土地上的树木、绿化予以保留，归乙方所有。同年6月3日，甲方湘西中波转播台与乙方刘某签订《关于〈联合开发协议〉的补充协议》，约定：应乙方要求，甲方同意将其旧址土地证过户到乙方指定的开发商福盛公司名下(福盛公司)进行开发，2004年6月7日，福盛公司支付给刘某60万元，当天刘某给福盛公司出具了收条。同月29日，支付给湘西中波转播台土地出让金100万元，同日湘西中波转播台给福盛公司出具了收条。2004年11月，湘西土家族苗族自治州国土资源局就土地出让，为福盛公司颁发了《中华人民共和国国有土地使用证》。2005年4月14日，刘某给福盛公司出具了一张收到330万元土地出让款的收条。由于刘某、湘西中波转播台仅履行了将该宗土地的使用权过户到福盛公司名下的义务，而该宗土地上的地上附着物的搬迁工作却未能履行，并经多次磋商均未果。福盛公司遂向原审法院提起诉讼，请求依法判令刘某、湘西中波转播台履行合同约定的搬迁义务，以及连带承担因延迟履行合同约定的搬迁义务而给福盛公司造成的经济损失、违约金380万元。

原审法院判决：刘某与湘西中波转播台继续履行合同约定的搬迁义务；刘某按合同约定支付给福盛公司违约金3001250元，湘西中波转播台承担连带责任。

刘某不服原审判决，向省高级人民法院提起上诉称：①合同约定福盛公司在土地开始搬迁时付给刘某剩余合同价款170万元，但福盛公司并未按约将剩余的170万元付给刘某，刘某具有先履行抗辩权，原审判决认定刘某违约的理由不成立；②湘西中波转播台职工宿舍的房屋所有权归湘西中波转播台的职工个人所有，双方在合同中约定搬迁第三人的房屋，属无效约定，原审判决将不能搬迁第三人房屋的责任归责于刘某，属认定事实错误；③刘某与福盛公司签订的合同是居间合同，刘某已促成福盛公司与湘西中波转播台之间的国有土地使用权转让合同的成立，履行了居间合同的法定义务；④福盛公司支付给湘西中波转播台的土地使用权转让金为430万元，福盛公司支付给刘某的60万元是刘某为福盛公司办理土地使用权证转让手续的相关费用及税金和报酬，原审判决将违约金基数认定为490万元错误。综上，原判认定事实不清，适用法律错误，请求二审法院撤销原判，依法驳回福盛公司的诉讼请求。

省高级人民法院认为：福盛公司与刘某签订的《国有土地使用权转让合同书》，以及刘某与湘西中波转播台所签订的《关于〈联合开发协议〉的补充协议》均合法有效。根据《中华人民共和国合同法》第四百二十四条的规定，居间合同是居间人向委托人报告订立合同的机会或者提供订立合同的媒介服务，委托人支付报酬的合同。而本案中，刘某并未与湘西中波转播台签订关于约定由刘某为湘西中波转播台就土地使用权转让、房地产开发寻找第三方，促成订立合同机会的协议，而是签订了由双方联合开发涉案土地的协议，刘某与福盛公司正是在刘某与湘西中波转播台签订的联合开发意向协议的基础上而签订《国有土地使用权转让合同书》，该转让合同对土地使用权转让费及付款期限、方式及搬迁等土地使用权转让合同的权利义务进行了约定，并非简单地约定刘某仅提供订立合同的机会，因此，刘某上诉称其与福盛公司所签合同是居间合同的依据不足，不予支持。湘西中波转播台根据自身建设发展及吉首市城市建设规划的需要而整体搬迁，其旧址土地已经合法征用程序成为福盛公司的出让地，福盛公司依约对其享有使用权的涉案土地进行开发，未违反《城市房屋拆迁管理条例》的规定，刘某、湘西中波转播台作为转让方，可以通过依法签订搬迁安置协议等程序履行搬迁安置、交付土地的义务，并不会损害第三人利益，刘某以其未能与被拆迁户达成安置协议而主张搬迁条款无效的上诉主张不能成立，二审法院不予支持。《国有土地使用权转让合同书》约定，涉案土地过户手续被国土部门确认后，福盛公司支付100万元给刘某，过户土地办妥后，支付330万元，剩余170万元在涉案土地开工拆迁5日内付清。福盛公司已根据合同的约定支付大部分土地使用权转让款，而刘某、湘西中波转播台仍未履行完毕交付土地的义务，导致福盛公司不能对涉案土地行使权利，根据合同约定及权利义务对等原则，余款170万元应在刘某按合同约定依法履行搬迁安置、交付土地的义务后付清，刘某以福盛公司未履行合同约定的剩余款项而拒绝履行搬迁义务的上诉主张依据不足，法院不予支持。刘某未完全履行合同，应当承担继续履行和支付违约金的责任，湘西中波转播台作为土地实际转让方，未依法履行其搬迁义务，亦应承担相应责任。双方在《国有土地使用权转让合同书》中明确约定，本案土地使用权转让成交价款为600万元，刘某违约应按每延期1日应向福盛公司支付成交价款5‱的违约金，故本案违约金计算基数本应为600万元，原审法院根据本案实际以490万元计算违约金，对刘某并非不利，而福盛公司对此未上诉，故原审法院认定的违约金数额可予维持，刘某关于违约金计算基数为430万元的上诉主张依据不足，不予支持。据此，省高级人民法院认为原审判决认定事实清楚，适用法律正确，因此判决驳回上诉，维持原判。

本案评析：二审案件的审理

二审程序启动后，二审法院应当依法对上诉案件经过审理，应针对不同情况，按照民事诉讼法的相关规定作出不同的裁判。省高级人民法院对本案的审理，体现了二审的程序特征，符合民事诉讼法对二审案件审理的相关规定。

（一）本案审理的范围符合民事诉讼法关于二审审理范围的规定

根据民事诉讼法第一百五十一条规定，第二审人民法院审理范围限于上诉请求的有关事实和适用法律。在本案中，上诉人的上诉理由为一审认定事实不清、适用法律错误，具体上诉理由包括：①福盛公司未按约将170万元付给刘某，刘某具有先履行抗辩权，原审判决认定刘某违约的理由不成立；②双方在合同中约定搬迁第三人的房屋，属无效约定，原审判决将不能搬迁第三人房屋的责任归责于刘某，属认定事实错误；③刘某与福盛公司签订的合同是居间合同；④原审判决将违约金基数认定为490万元是错误的。除此之外，当事人并未就一审法院所认定的其他事实和权利义务提出异议。因此本案二审法院在组织案件当事人对相关证据进行举证质证的基础上，依法在上诉人的上诉请求的范围内，对案件的有关事实和法律适用进行了审查，分别就上诉人主张的四点请求一一进行了审查，审查的范围与当事人的请求一致。当然，本案二审法院的审查范围与上诉人请求的范围一致，是由本案的客观案情所决定的。由于本案一审并不存在判决违反法律禁止性规定、侵害社会公共利益或者他人利益的情形，二审当然按照一般原则，对上诉人未提出异议的原审裁判所认定的事实和权利义务，一般不予审查，审查范围仅限于上诉人请求的范围。

（二）审理结果应依法作出

二审法院经过审理，应当依法进行处理。本案在民事诉讼法修订之前进行了审理，根据当时民事诉讼法第一百五十三条的规定进行了处理。该条文规定，处理方式包括：原判决认定事实清楚，适用法律正确的，判决驳回上诉，维持原判决；原判决适用法律错误的，依法改判；原判决认定事实错误，或者原判决认定事实不清，证据不足，裁定撤销原判决，发回原审人民法院重审，或者查清事实后改判；原判决违反法定程序，可能影响案件正确判决的，裁定撤销原判决，发回原审人民 法院重审。

本案中，法院依法查明：①刘某与福盛公司签订《国有土地使用权转让合同书》，该转让合同对土地使用权转让费及付款期限、方式及搬迁等土地使用权转让合同的权利义务进行了约定，并非简单地约定刘某仅提供订立合同的机会；②福盛公司对其享有使用权的涉案土地进行开发，未违反相关规定，刘某、湘西中波转播台作为转让方，可以通过依法签订搬迁安置协议等程序履行搬迁安置、交付土地的义务，并不会损害第三人利益；③福盛公司已根据合同的约定支付大部分土地使用权转让款，而刘某、湘西中波转播台仍未履行完毕交付土地的义务，导致福盛公司不能对涉案土地行使权利构成违约；④本案违约金计算基数本应为600万元，原审法院根据本案实际以490万元计算违约金，对刘某并非不利。因此，一审法院认定事实清楚、法律适用准确。从而根据原民事诉讼法第一百五十三条第一款，二审法院作出了驳回上诉，维持原判的处理。

当然，我国现行民事诉讼法第一百七十条的规定，较之于修改前的民事诉讼法第一百五十三条，在处理方式有了差别。新民事诉讼法规定，原判决、裁定认定事实清楚，适用法律正确的，以判决、裁定方式驳回上诉，维持原判决、裁定；原判决、裁定认定事实错误或者适用法律错误的，以判决、裁定方式依法改判、撤销或者变更；原判决认定基本事实不清的，裁定撤销原判决，发回原审人民法院重审，或者查清事实后改判；原判决遗漏当事人或者违法缺席判决等严重违反法定程序的，裁定撤销原判决，发回原审人民法院重审。就本案而言，即使按照现行民事诉讼法的规定，其处理结果也应当是驳回上诉、维持原判。

第二节　基本知识

一、二审程序概述

（一）二审程序的概念

二审程序，又称上诉审程序，是指由于民事诉讼的当事人不服第一审法院未生效的第一审裁判而在法定期间内向上一级人民法院提起上诉而引起的诉讼程序，是第二审级的人民法院审理上诉案件所适用的程序。由于上一级法院对下一级法院未生效裁判的第二审一律是基于案件当事人对裁判不服而提起上诉而启动和展开的，所以在学理上或诉讼实务中，第二审程序又被称之为二审程序。

（二）第二审程序与第一审程序的区别

在我国，民事诉讼实行两审终审，第二审程序是第一审程序的继续和发展，第一审程序是第二审程序的前提和基础，第一审程序和二审程序，都属于法院民事审判的通常程序，关系十分密切，但二者又有明显的区别：

1. 程序性质不同

第一审程序是民事诉讼的最基本程序，是任何民事案件的必经程序；而第二审程序不是民事案件的必经程序。

2. 程序发动的原因不同

第一审程序的发动是因为当事人享有的诉权和法院对争议案件的审判权，二审程序的发动是当事人行使上诉权这一诉讼权利与法院行使法律规定的上级法院对下级法院的监督权。

3. 程序的功能不同

第一审程序的功能主要是审判，是确认民事权利义务关系，解决民事纠争，制裁民事违法行为，保护当事人民事权益。第二审程序的功能是审判加监督，即除依法完成上诉案件的审判，实现一审程序应当担负的功能之外，还担负通过二审程序的推进，对一审审判工作进行监督的功能。

4. 适用的具体程序和制度不同

普通程序是第一审程序中普遍适用的基本程序，合议庭允许有陪审员参加；对于基层人民法院及其派出法庭审理简单的民事案件，还可以适用简易程序，由审判员一人独任审理。人民法院审理上诉案件则不得适用简易程序，必须由审判员组成合议庭对案件进行审理和判决。适用第一审程序审理案件，人民法院必须开庭审理；适用第二审程序审理上诉案件的方式，包括开庭审理和不开庭审理即迳行判决两种。在审理期限方面，第一审期限为6个月，特殊情况可以延长，简易程序为3个月；二审程序审理案件的期限为：对判决不服的为3个月，对裁定不服的为30天。

5. 裁判的效力不一样

第一审程序作出的裁定与判决按是否可以上诉区分，可以提出上诉的裁定和判决作出并送达的，不能立即生效，第一审判决有15天上诉期，第一审裁定有10天上诉期；不能提出上诉的裁定一经宣告，立即生效。二审程序作出的裁定与判决，是终审裁判，一经送达立即生效。

二、上诉

(一)上诉的概念

上诉，是指当事人对各级法院根据第一审程序所作出的民事裁判在法定期限内以法定形式向上一级法院声明不服，要求撤销或变更该裁判并保护自己权益的诉讼行为。

上诉，是专属当事人所享有的一种特定的、重要的诉讼权利。上诉权的行使是上一级法院开始第二审程序的唯一依据，当事人提起上诉的目的，旨在要求法院纠正一审裁判的错误，进一步维护自己的合法权益。

(二)上诉的条件

当事人行使上诉权利和实施上诉行为，只有符合法律规定的条件的上诉，才能产生上诉应有的法律效果。根据民事诉讼法的规定，上诉必须符合下列条件：

1. 上诉人与被上诉人主体适格

提起上诉的人在法律上被称之为上诉人，而被提起上诉的一方当事人被称之为被上诉人。上诉人与被上诉人必须是法院第一审裁判中的当事人，包括一审原告、被告、共同诉讼人、诉讼代表人、有独立请求权的第三人，以及第一审判决承当民事责任的无独立请求权的第三人。根据有关规定，上诉人和被上诉人的确定大致有以下情形：

(1)双方当事人和第三人都提出上诉的，均为上诉人。

(2)在共同诉讼中：普通的共同诉讼人各自可以独立地行使上诉权，其上诉行为仅对自己有效，不涉及其他共同诉讼人。

必要的共同诉讼人可以全体提起上诉，也可以一人或部分人提出上诉，其中一人提起的上诉，经其他共同诉讼人同意的，对全体发生效力。

必要的共同诉讼中，一人或部分人提出上诉，而其他人不上诉时，如果该上诉请求是针对对方当事人之间权利义务分担，不涉及其他共同诉讼人利益的，对方当事人为被上诉人，未上诉的同一方当事人依原审诉讼地位列明；如果该上诉请求仅对共同诉讼人之间的权利义务分担有意见，不涉及对方当事人利益的，未上诉的同一方当事人为被上诉人，对方当事人依原审诉讼地位列明；如果该上诉对双方当事人之间以及共同诉讼人之间权利义务分担有意见的，未上诉的其他当事人均为被上诉人。

(3)在第二审程序中，作为当事人的法人或者其他组织分立的，人民法院可以直接将分立后的法人或其他组织列为共同诉讼人；合并的，可将合并后的法人或其他组织列为当事人，无须将案件发回原审人民法院重审。至于诉讼地位，可依原审诉讼地位列明。

2. 提起上诉所针对的客体符合规定

当事人上诉针对的必须是法律规定的可以提起上诉的裁判，即第一审法院作出的尚未发生法律效力的依法可以上诉的裁判。根据我国民事诉讼法的规定，地方各级人民法院通过普通程序、简易程序审理后作出的判决，其中包括上级法院发回重审后所作出的判决，都可以提起上诉。对于民事裁定，则只有不予受理的裁定、驳回起诉的裁定和管辖权异议的裁定等三种裁定才可以上诉。

3. 上诉须在法定的期限内提起。

民事诉讼法明确规定了提起上诉的期限。当事人不服地方各级法院第一审判决的上诉期限为15日；当事人不服地方各级法院第一审裁定的上诉期限为10日。上诉期间，是法律规定的允许当事人提起上诉的时间段，上诉期间是一种除斥期间。如果当事人在上诉期间内不行使上诉权，则上诉权丧失，一审裁判发生法律效力。

上诉期间的计算，应当从第一审判决书、裁定书送达当事人后的第2日起算。各方当事人收到判决书、裁定书的时间不相同的，从各自收到判决书、裁定书的第2日起算。普通的共同诉讼人的上诉期间，应当以共同诉讼人各自收到人民法院判决书、裁定书的第2日开始分别计算。必要的共同诉讼人以最后一个共同诉讼人收到判决书的时间为准计算。在代表人诉讼中，人民法院可将判决书、裁定书直接送交其代表人签收，从代表人签收之日的第2日起算。

当事人因不可抗力或者其他正当理由耽误上诉期间的，在障碍消除后10日内，可以向人民法院申请顺延期间，是否准许，由人民法院决定。

4. 上诉须向有二审权限的法院提起

有二审权限的法院是作出第一审民事裁判的法院的直接上一级法院。

5. 上诉须以提交上诉状的形式提起

上诉状是当事人表示不服第一审人民法院裁判的书面表现形式，是第二审人民法院接受当事人上诉请求的依据。

当事人提起上诉，必须向人民法院提交上诉状。一审宣判时或判决书、裁定书送达时，当事人口头表示上诉的，人民法院应当告知其必须在法定的上诉期内提出上诉状。如果未在法定期限内提交上诉状的，视为没有上诉。

对于上诉状的基本内容，我国民事诉讼法第一百六十五条作了明确规定。

（三）提起上诉的程序

根据民事诉讼法的规定，当事人上诉，应当通过原审法院提交上诉状，同时，应当按照对方当事人或代表人的人数提交上诉状副本。当事人直接向第二审法院提出上诉的，第二审法院应当在5日内将上诉状移交原审法院。

当事人直接向二审法院提交上诉状的，二审法院也应先予以接受，以打消上诉人的顾虑和保障其有效行使上诉权，但由于还需要第一审法院及时地实施相应的一系列必要的衔接工作，因此，法律要求二审法院应在收到上诉状后及时将其移交给第一审法院。

（四）上诉的受理

上诉的受理，是指第二审人民法院对当事人接受上诉的诉讼行为。上诉是当事人的行为，受理是人民法院的行为。

上诉受理的基本程序大致可以分作三步：

（1）上诉应对原审法院提出，上述人直接向第二审法院上诉的，第二审法院应在5日内将上诉状移交原审法院。原审人民法院收到上诉状后，应当根据法定上诉条件进行审查。上诉状内容如有欠缺，应当责令当事人限期补正；上诉状内容如无欠缺，应当在5日内将上诉状副本送达对方当事人，对方当事人在收到上诉状副本之日起15日内提出答辩状；

（2）原审人民法院应当在收到答辩状之日起5日内将答辩状副本送达上

诉人。对方当事人逾期不提交答辩状的，不影响人民法院对案件的审理；

(3)原审人民法院收到起诉状、答辩状后，应当在5日内连同全部案卷和证据，报送第二审人民法院。第二审人民法院经过审查，如果认为上诉符合法定条件，即应予以受理。

(五)上诉的撤回

上诉的撤回是指第二审人民法院受理上诉后至作出裁判之前，上诉人申请撤回上诉，人民法院裁定准许撤回上诉的情形。撤回上诉必须符合以下条件：能够撤回上诉的主体限于上诉人或其法定代理人；撤回上诉的时间必须是在受理上诉后至第二审法院宣判前的时间内；撤回上诉系出于自愿。

上诉人提出撤回上诉的申请，第二审人民法院应当进行审查，如果认为没有法定不予撤回上诉的情形，应当裁定准许撤回上诉。因为上诉权是当事人的诉讼权利，可以由当事人处分，但是否准许，应由第二审人民法院进行审查并作出裁定。裁定可以采取书面和口头两种形式。经审查，认为一审判决确有错误，或者双方当事人恶意串通损害国家、集体或第三人合法权益的，或者规避法律、逃避制裁的，应裁定驳回申请，不准撤回上诉。裁定也可以采用口头形式，并记入笔录。如果准予撤回上诉，则一般应采用书面形式。

上诉一经撤回就发生下列法律效果：二审裁定是终局的裁定，撤回上诉是二审法院结案的一种方式，所以二审法院裁定撤回上诉时，二审程序即行终结，一审的裁判发生终局的既判力。

三、上诉案件的审理

(一)审理前的准备

第二审程序收到一审法院报送的上诉案件后，在开庭审理前，应当做好以下准备工作：

1. 组成合议庭

第二审人民法院审理上诉案件，必须由审判员组成合议庭，合议庭的人数是单数，不吸收人民陪审员参与审理。这主要是因为二审程序不仅是二审法院行使审理权，而且是二审法院行使监督权的场合。所以只能由审判员组成合议庭审理。

2. 审阅案卷、熟悉案情、确定审理方式和地点

第二审人民法院的合议庭组成以后，应当对上诉案件的案卷材料进行认真审阅，熟悉案情。查明上诉是否符合法定条件，对不符合上诉条件的裁定

驳回上诉。明确案件争议点，确定是采用开庭审理方式还是迳行判决。如果确定开庭审理，还应确定审理地点，是巡回审理还是在本院审理，并完成传唤当事人、通知诉讼代理人等准备性工作。

（二）审理范围

第二审法院对上诉案件的审理范围，从我国有关法律规定来看，第二审程序是第一审程序的继续和发展，并非对一审程序的简单重复。民事诉讼法第一百六十八条规定："第二审人民法院应当对上诉请求的有关事实和适用法律进行审查。"

所谓上诉请求的事实和适用法律，是指证明和确认上诉请求能否成立的事实和法律依据。这一法律规定就确定了我国第二审程序对上诉案件的审查范围，即只审查上诉人提出的上诉请求及其有关的事实和适用的法律，对上诉人未提出异议的原审裁判所认定的事实和权利义务，一般不予审查。但判决违反法律禁止性规定、侵害社会公共利益或者他人利益的除外。被上诉人在答辩中要求变更或者补充第一审判决内容的，第二审人民法院可以不予审查。第二审法院审理的内容是与上诉请求有关的事实和法律问题，既是事实审，又是法律审。上诉请求的有关事实和适用法律，既包括上诉人提出的事实和法律问题，也包括上诉人未提出的但与上诉请求有关的其他事实和法律问题。

（三）审理方式

人民法院依据第二审程序审理民事案件的审理方式有两种：开庭审理和迳行裁判。其中开庭审理是原则，迳行裁判是例外。

我国民事诉讼中的迳行判决，并非国外民事诉讼中的"书面审判"制度，即在既不开庭审理，又不询问当事人或作任何调查核实的情况下，直接根据双方当事人的上诉意见、答辩意见和案卷材料，适用法律，作出判决的审理方式。根据我国民事诉讼法规定，第二审人民法院对上诉案件进行审理，应当组成合议庭，开庭审理。经过阅卷和调查，询问当事人，在事实核对清楚后，合议庭认为不需要开庭审理的，可以迳行判决、裁定。迳行裁判可以简化诉讼程序，降低诉讼成本，提高诉讼效率。

第二审人民法院对下列上诉案件，可以迳行判决、裁定：

（1）一审不予受理、驳回起诉和就管辖权异议作出裁定的案件；

（2）当事人提出的上诉请求明显不能成立的案件；

（3）原审裁判认定事实清楚，但是适用法律错误的案件；

（4）原判决违反法定程序，可能影响案件正确判决，需要发回重审的案件。

根据《最高人民法院关于民事经济审判方式改革问题的若干规定》第三十七条的规定，第二审人民法院在审理上诉案件时，需要对原证据重新审查或者当事人提出新证据的，应当开庭审理。对事实清楚、适用法律正确和事实清楚，只是定性错误或者适用法律错误的案件，可以在询问当事人后迳行裁判。

(四)对上诉案件的调解

法院调解原则贯穿于整个民事诉讼程序。民事诉讼法第一百七十二条规定："第二审人民法院审理上诉案件，可以进行调解。调解达成协议，应当制作调解书，由审判员、书记员署名，加盖人民法院印章。调解书送达后，原审人民法院的判决即视为撤销。"在二审程序中，当事人双方可以就上诉请求的范围进行调解，也可以就一审判决认定的而上诉人未提出上诉请求的问题进行调解。

(五)上诉案件的审理期限

第二审人民法院审理对判决的上诉案件，应当在第二审立案次日起三个月内审结。有特殊情况需要延长的，由本院院长批准。第二审人民法院审理对裁定的上诉案件，应当在立案次日起30日内作出终审裁定，不得延长期限。

四、上诉案件的裁判

二审法院对上诉案件经过审理，应针对不同情况作出不同的裁判。具体来讲，根据民事诉讼法第一百七十条的规定，分别作出以下几种处理：

(1)原判决、裁定认定事实清楚，适用法律正确的，以判决、裁定方式驳回上诉，维持原判决、裁定。

(2)原判决、裁定认定事实错误或者适用法律错误的，以判决、裁定方式依法改判、撤销或者变更。

(3)原判决认定基本事实不清的，裁定撤销原判决，发回原审人民法院重审，或者查清事实后改判。

(4)原判决遗漏当事人或者违法缺席判决等严重违反法定程序的，裁定撤销原判决，发回原审人民法院重审。

原审人民法院对发回重审的案件作出判决后，当事人提起上诉的，第二审人民法院不得再次发回重审。

第十二章　再审程序

第一节　典型案例及其评析

【案例】　吕某某诉唐某某民间借贷纠纷再审案①

个体户东莞市横沥华心丝印器材店经营者唐某某欲竞拍东莞市第三人民法院委托东莞市德信拍卖有限公司拍卖的东莞市新友好电子有限公司的财产，于2010年10月和12月向吕某某借款两笔，分别是348000元和168118元，合计516118元。2010年10月24日至2010年10月26日唐某某向吕某某借款348000元。双方于2010年10月29日签订了《借款用途及偿还方式证明》，主要内容为："兹有东莞市横沥华心丝印器材店唐某某先生于2010年10月24号到2010年10月26号借吕某某先生现金人民币3000元用于发放东莞市新友好电子有限公司员工生活费，人民币75000元交东莞市第三人民法院押金，人民币270000元用于发放东莞市新友好电子有限公司员工工资，总计人民币348000元，并且唐某某承诺：①如果唐某某成功接管东莞市新友好电子有限公司产权，该公司现有设备的50%归吕某某所有。②如果东莞市新友好电子有限公司现有设备法院进行拍卖，所得费用优先偿还吕某某人民币348000元。本协议是零(临)时的，成功接管新友好电子厂后从(重)新签新协议，本协议无效。"后来唐某某实际代发工资金额为269559元。2010年11月17日，吕某某与唐某某曾于签订一份合作协议，协议的内容大致为吕某某与唐某某拟共同出资成立一家公司。虽然吕某某与罗晓蓉、李勇

① 案件来源：中国裁判文书网 http：//www.court.gov.cn/zgcpwsw/gd/gdsdgszjrmfy/ms/201402/t20140218_352141.htm，最后访问时间2014年3月16日。

均于2011年春节前后有过短暂的合作，三人曾经合伙经营一新厂，但该合伙经营的事项与唐某某无关。2010年12月，因唐某某无钱缴纳拍卖公司的费用，又向吕某某借款168118元，并委托吕某某直接将借款交至东莞市德信拍卖有限公司用于支付拍卖费用。东莞市德信拍卖有限公司于2010年12月24日出具编号为0010142、0004407的两张收款收据，分别记载收到唐某某新友好电子厂财产拍卖佣金81118元和87000元，并都注明了“此款项由吕某某代交”，这两笔拍卖佣金合计168118元。

唐某某通过拍卖投得东莞市新友好电子厂的财产，但没有付清拍卖款。唐某某将拍卖到的东莞市新友好电子有限公司的财产后，转让给他人。后吕某某向唐某某要求还款，唐某某却一直分文未付。

因唐某某一直不向吕某某归还借款516118元，吕某某遂向东莞市第三人民法院提起诉讼，请求法院判决：唐某某归还所欠借款516118元及自起诉之日起至借款还清之日止的利息（按同期银行贷款逾期还款利息计算）。一审法院于2011年8月5日作出一审判决支持了吕某某的该请求。唐某某不服一审判决，遂向广东省东莞市中级人民法院提起上诉，主张自己已向吕某某还清所有款项，广东省东莞市中级人民法院支持了唐某某的请求。后吕某某不服二审法院的判决向广东省高级人民法院申请再审，主张：①二审判决将吕某某与唐某某十分明确的借款关系认定为性质不确定是错误的；②二审判决以两张收据上没有写明该款项的来源是吕某某就否认吕某某与唐某某的借贷关系没有法律依据；③二审判决以唐某某出具的声明为由确认所有款项已还清是完全没有任何道理的。广东省高级人民法院于2013年3月6日作出〔2013〕粤高法民二申字第215号民事裁定，指令广东省东莞市中级人民法院再审本案。广东省东莞市中级人民法院依法另行组成合议庭，公开开庭审理了此案。

综上所述，二审法院认为唐某某的上诉理由成立，一审判决认定事实不清，导致处理结果不当，应予以改判。依照《最高人民法院关于民事诉讼证据的若干规定》第二条以及《中华人民共和国民事诉讼法》第一百五十三条第一款第三项的规定，判决：撤销东莞市第三人民法院〔2011〕东三法民一初字第7489号民事判决；驳回吕某某的诉讼请求。

由于二审错误认定唐某某提交的虚假《声明》的证明力，导致认定案件事实错误，再审予以纠正。经审判委员会讨论决定，依据《中华人民共和国民法通则》第八十四条、《中华人民共和国合同法》第二百零七条、《中华人民共和国民事诉讼法》第六十四条、《最高人民法院关于适用〈中华人民共和国民事诉讼法〉审判监督程序若干问题的解释》第三十三条、《最高人民法院关于民事诉讼证据的若干规定》第二条、第六十八条、第七十二条的规定，判决：撤销本院〔2011〕东中法民一终字第4008号民事判决；维持东莞市第三人民法院〔2011〕东三法民一初字第7489号民事判决。

二、本案评析：再审程序启动的法理与规则

（一）再审程序启动的法理分析

法院的裁判代表国家的意志，体现着司法对纠纷的最终解决，涉及国家法律的权威。两审终审后，法院作出的裁判是最终的裁判，对当事人和法院都具有强制性约束力，即禁止当事人再行起诉以及禁止法院在后来可能发生的诉讼中对同一诉讼标的作出与诉前不同的判决。但是由于各种原因，法律裁判中可能存在错误。从世界各国的法制历史看，无论法律多么完善，司法制度多么发达，由于主客观因素的影响，司法裁判中要完全避免错案的发生，几乎不可能，为了维护当时人的合法权益，因而需要通过一定的程序加以纠正与补救。[①] 立法者设计制度时必须同时考虑生效裁判既判力的要求和纠正错误裁判的要求。我国对错案的纠正和补救是通过再审程序来实现的。我国实行二审终审制，所以再审程序并非二审程序的延续，不是每一案件必经程序，不具有审级性质。对于本案来说，经过广东省东莞市中级人民法院的二审判决就应该是终审判决，对当事人和法院都有强制约束力，但是本案当事人吕某某认为二审判决存在错误，并提出了法定事由，广东省高级人民法院审查吕某某的再审申请后认为其符合法定条件，遂作出裁定，指令广东省东莞市中级人民法院再审本案。

再审程序作为法律救济的特殊程序，一般来说，具有纠正错案、监督审判、统一法律适用以及补救等多种作用和功能，其中纠正错案和统一法律适用等都还可以通过二审程序实现，只有补救功能是再审程序的固有功能，“补充性”主要是补充一审、二审当事人权益保障的不足，只有在当事人的合法权益不能通过合法的程序在一审、二审中得到保护，才有必要启动再审，再审程序只是对当事人权益在一审、二审程序中未能得到充分保障的补充。再审程序是对已经发生法律效力的裁判的否定，广东省高级人民法院裁定再审后，广东省东莞市中级人民法院的二审判决所确认的民事义务关系有可能因案件的再一次审理而发生变化。这就意味着将破坏已经稳定的法律关系，

① 陈国庆，王莉．试论我国再审程序之改革[J]．人民检察，2003(11)．

导致通过裁判的诉讼终结实际上并不存在。一审法院判决唐某某偿还吕某某借款本金人民币516118元，并支付利息。二审法院则作出了撤销了该判决的判决。一、二审法院作出了两个完全相反的判决，再审法院审理后发现二审因为错误认定唐某某提交的虚假《声明》的证明力，导致认定案件事实错误，实际上唐某某还应当偿还吕某某借款516118元。如果没有再审程序，吕某某就不能对二审判决提出异议，即便二审判决存在错误，也得不到纠正，吕某某的合法权益就得不到维护，这不符合司法的公平正义原则，司法裁决的合理性也得不到体现。因此，为了维护当事人的合法权益以及实现司法公正，又必须启动再审。再审程序是裁判的既判力、司法的效率和司法的公正性之间权衡的产物。

（二）申请再审的主体

再审程序的功能或目的应当与民事诉讼法目的要保持一致，主要的是保障人权、维护当事人的合法权益。① 为了在确保裁判的稳定性和权威性的同时，最大限度地实现裁判的合理性、公正性以及保护当事人的合法权益，我国民事诉讼法不仅规定了人民法院依职权启动再审和人民检察院抗诉引起再审两种审判监督，还赋予当事人向人民法院申请再审的权利。立法通过赋予当事人申请再审权和申请抗诉权来使宪法中所规定的当事人的申诉权具体化。本案就是通过一审原告、二审上诉人吕某某启动再审程序的。

（三）申请再审的法院

我国民事诉讼法第一百九十九条规定：“当事人对已经发生法律效力的判决、裁定，认为有错误的，可以向上一级人民法院申请再审；当事人一方人数众多或者当事人双方为公民的案件，也可以向原审人民法院申请再审。当事人申请再审的，不停止判决、裁定的执行。”当时人申请再审通常是向上一级人民法院申请再审，基层人民法院通常无权审理再审案件，但是一方人数众多或者双方为公民的案件可以向原审人民法院申请再审，有利于查清事实，将纠纷解决在当地。本案双方当事人是公民，一审判决是由广东省东莞市第三人民法院作出的，生效判决是广东省东莞市中级人民法院作出的，当事人既可以选择向广东省东莞市中级人民法院申请再审，也可以选择向广东省高级人民法院申请再审，吕某某选择向广东省高级人民法院申请再审符合法律规定。

① 任俊琳. 民事再审功能的重新审视——兼评我国民事诉讼法第一百七十一条的再审条件［J］. 法学杂志，2012（10）.

（四）再审案件的审理法院

申请再审的法院和再审案件的审理并非一致。本案是向广东省高级人民法院提出的再审申请，但最终是由广东省东莞市中级人民法院进行的审理。根据民事诉讼法二百零四条第二项的规定："因当事人申请裁定再审的案件由中级人民法院以上的人民法院审理，但当事人依照本法第一百九十九条的规定选择向基层人民法院申请再审的除外。最高人民法院、高级人民法院裁定再审的案件，由本院再审或者交其他人民法院再审，也可以交原审人民法院再审。"广东省高级人民法院审查吕某某的再审申请后，认为原终审判决有错误，于2013年3月6日裁定案件再审，并交原审人民法院广东省东莞市中级人民法院审理该再审案件，这些都符合法律规定。

（五）申请再审的事由

民事诉讼法第二百条规定了十三项当事人申请再审的事由，"立法将再审的理由和条件规定的具体明确，既有利于当事人正确行使其诉权，又便于法院审查决定是否受理当事人的再审之诉。"①就本案来说，吕某某申请再审时主张：①二审判决将吕某某与唐某某十分明确的借款关系认定为性质不确定是错误的；②二审判决以两张收据上没有写明该款项的来源是吕某某就否认吕某某与唐某某的借贷关系没有法律依据；③二审判决以唐某某出具的声明为由确认所有款项已还清是完全没有任何道理的。该声明是吕某某在人身安全受到严重威胁的情况下所签，不应得到确认。他主张的事由既有属于适用法律确有错误的情形，也有原判决、裁定认定的基本事实缺乏证据证明的情形。先不审查这些再审事由是否成立，单从形式上来看，这些主张都是可以作为申请再审的事由的。

（六）再审案件的审理

根据《最高人民法院关于适用〈中华人民共和国民事诉讼法〉审判监督程序若干问题的解释》第三十三条的规定："人民法院应当在具体的再审请求范围内或在抗诉支持当事人请求的范围内审理再审案件。"对人民法院的生效裁判，当事人仅对其中一部分内容申请再审，说明当事人仅对这一部分裁决不服，请求法院通过审理予以改判。再审申请中没有涉及的内容，说明当事人没有异议，即使这部分内容可能存在不恰当或错误，但当事人没有提出，即可视为当事人放弃主张权利。因此，法院不应当进行审查。本案需要认定的事实很多，如吕某某与唐某某签订的《借款用途及偿还方式证明》是否属

---

① 章武生．我国民事审级制度之重塑[J]．中国法学，2002(6)．

实，吕某某是否替唐某某向东莞市德信拍卖有限公司代交168118元拍卖款等，但是根据吕某某的请求，吕某某对一、二审法院的认定的其他事实和适用的法律等并没有异议，因此，再审法院审理本案时并不需要对全案进行审查，只需要审查以下几个具体问题：

（1）吕某某和唐某某于2011年8月11日签订的《声明》是否应予认可，并作为认定案件事实的依据。

该《声明》是否可以作为认定唐某某已向吕某某还清借款的依据的关键在于吕某某是否是在受到胁迫的情形下签订该《声明》的。二审法院认为，证人并未看到唐某某使用暴力手段，也没听到唐某某用言语威胁吕某某，至于报警回执显示是在事发一个多月之后报警，无法证明与案涉事件的关联性。吕某某主张《声明》系受胁迫所签，依据不足。由于吕某某已确认《借款用途与偿还方式证明》涉及的借款已经还清，唐某某无须再偿还上述款项。

再审法院是将《声明》形成的时间与本案一审的判决落款时间比较后得出，《声明》是在一审判决之后才作出的，按照常理，唐某某若在《声明》签订时已向吕某某返还欠款，其应向吕某某索要相应的收款收据和《借款用途及偿还方式证明》原件，但其并没有得到收据和《借款用途及偿还方式证明》原件。相反，唐某某在《声明》上写下“我唐某某不会害吕某某”的内容，这与通常的还款声明不同。唐某某也不能说明还款的具体情形，也没有提交还款过程形成的支付凭证、收款收据等证据证明。且有证人贺某某、黄某某出具的《事件证明》，并出庭作证，证明该《声明》是受胁迫所签。从以上分析可知，该《声明》不能作为认定唐某某已还清借款的依据。

（2）吕某某和唐某某双方存不存在借款的事实以及所涉的具体金额。

一审法院认定的是吕某某和唐某某双方之间是借款关系，二审法院的认定是因《借款用途及偿还方式》对偿还方式作了约定，所以348000元的性质实际上是不确定的，根据且《声明》唐某某也将该款项已经还清。再审法院认定吕某某和唐某某双方之间是借款关系，且金额是吕某某所主张的516118元。

其实本案中对双方之间是否存在借款的事实，主要是对《借款用途及偿还方式证明》、调查取证申请书、东莞市德信拍卖有限公司出具的收款收据等的认定上。《借款用途及偿还方式证明》明确写唐某某向吕某某借款348000元，唐某某在调查取证申请书也承认其向吕某某借款348000元。虽然双方约定了偿还方式，而双方并没有共同投资的事实，所以不能否认双方之间借款的事实。另一方面，从在唐某某在一、二审中的主张可以看出，其主张前后是相矛盾的。一审时唐某某承认双方之间存在借款事实，只对借款金额存在异议。二审时唐某某又主张348000元是投资款而非借款，并且东莞市新友好电子厂的设备被吕某某、罗某某占有、使用，吕某某的投资目的已实现，再要求唐某某还款没有事实和法律依据。后来唐某某又出具吕某某2011年8月11日的《声明》，证明了该款已归还。二审法院认为本案是民间借贷纠纷，又认定双方之间款项的性质是不确定的，前后存在矛盾。笔者认为既然二者之间不是投资关系，又存在合作关系，吕某某的投资目的已实现，那为什么唐某某还要将该款项还给吕某某，也与常理不符。

对东莞市德信拍卖有限公司出具的收款收据的认定，一、二审法院的分歧是对“代交”一词的理解上，一审法院认为东莞市德信拍卖有限公司出具的收款收据所涉及的金额是168118元，且收据上明确记载“此款项由吕某某代交”，说明该款项来源是吕某某，根据该证据足以唐某某向吕某某借款168118元。但二审法院却认为“代交”不等同于垫付，由吕某某代交能说明款项来源于吕某某，所以该收款收据不足以作为认定唐某某向吕某某借款的事实。再审法院认为按照常理，如果是唐某某拿出168118元让吕某某代其交纳，吕某某不是款项的所有权人而只是一个受委托的转交人，在收据上就不应该或者没有必要添加“注：此款项由吕某某代交”的内容，相反，如果款项的所有权人是吕某某，吕某某为了证明其是款项的所有权人，添加“注：此款项由吕某某代交”的内容就有一定合理性。再审法院的认定更合理。总之，这些证据足以认定吕某某和唐某某之间借款两笔的事实。从以上分析可知一审法院和再审法院的认定是正确的。

既然双方之间存在借款关系，那具体金额到底是多少需要查明。一审时唐某某确认曾向吕某某借款，但金额不是吕某某诉称的348000元。前面已经分析了《借款用途及偿还方式证明》与唐某某在调查取证申请书中涉及的借款金额都是348000元，虽然唐某某主张吕某某代其只向东莞市新友好公司的工人代发工资269559元和生活费3000元，但不足以否认借款348000元的事实，且唐某某仅有口头陈述，没有提供其他证据辅证，其主张得不到法院支持。前面已经论述了东莞市德信拍卖有限公司出具的收款收据后面添加“注：此款项由吕某某代交”中的代交一词足以说明吕某某替唐某某垫付了拍卖佣金81118元、87000元这两笔款项给了拍卖行，根据该收款收据可以证明唐某某向吕某某借款168118元。从以上分析可以得出唐某某前后向吕某某借款两笔：348000元、168118元，合计516118元。一审法院和再审法院对借款的具体金额的认定是正确的。

所以一审认定事实、适用法律正确，二审错误认定唐某某提交的虚假

《声明》的证明力，导致认定案件事实错误，应该得到纠正。

事实认定有三种方法：证据采信、交叉询问以及日常生活法则。其中证据采信是法院进行事实认定的主要方法和途径，本案中法院认定唐某某是否向吕某某借款516118元，主要是根据《借款用途及偿还方式证明》、东莞市德信拍卖有限公司出具的收款收据、《事件证明》等证据来进行认定的。相比于众所周知的事实以及自然规律定理而言，日常生活法则推定更具方法意义。在缺乏相关证据，且因当事人保持缄默、交叉询问无法查证案件事实的时候，日常生活法则推定是颇为有效的。因为所有的法律规范都不应当违背生活常理，所以常识判断和推理具有相当的合理性。法院在认定《声明》是否是受胁迫所签以及东莞市德信拍卖有限公司出具的收款收据后面添加“注：此款项由吕某某代交”是否能证明款项来源于吕某某都运用了日常的生活法则。

（七）再审案件的裁判

根据民事诉讼法的相关规定，人民法院提审或者按照第二程序再审的案件，经过再审后可以区别不同情形予以处理。人民法院经再审审理认为，原判决、裁定认定事实清楚、适用法律正确、审判程序合法的，应当维持原判决或者裁定；如果原一审判决裁定正确，二审判决裁定错误，应当裁定撤销二审判决或者裁定，维持一审判决或者裁定；如果原一、二审判决或者裁定均有错误，应当作出新的判决或者裁定，撤销原判决或者裁定，并纠正判决或者裁定中的错误；在审理中认为不符合民事诉讼法规定的受理条件的，裁定撤销一、二审判决，驳回起诉；发现原一、二审判决遗漏了必须参加诉讼的当事人，可以根据当事人自愿的原则予以调解，调解不成的，裁定撤销一、二审判决，发回原审人民法院重审。在审理中发现原一、二审违反法定程序，可能影响公正裁判的，应当裁定撤销原一、二审判决，发回原审人民法院重审。这些具体事由包括：审理本案的审判人员、书记员应当回避未回避的；未经开庭审理而作出裁判的；适用普通程序审理的案件当事人未经传票传唤而缺席判决的；其他严重违反法定程序的。

本案中，广东省东莞市中级人民法院在二审中错误认定唐某某提交的虚假《声明》的证明力，导致认定案件事实错误，判决撤销一审判决，并驳回吕某某的诉讼请求。该院再审后对此予以了纠正，认定唐某某向吕某某借款516118元属实，唐某某应向吕某某该偿还该款项，判决撤销原二审判决，维持原一审判决。

第二节 基本知识

一、再审程序的概念及特征

再审程序是人民法院在已经发生法律效力的判决、裁定或者调解书确有可能错误的情形下，对案件进行再次审理的程序。

我国民事诉讼法将有关再审程序的内容规定在“审判监督程序”一章中。长期以来，我国民事诉讼立法和民事诉讼理论都将再审程序等同于审判监督程序，虽然二者有着紧密的联系，但二者之间也有着严格的界限。审判监督程序，是指具有审判监督权的法定机关，对已经生效的判决、裁定、调解书，基于法定的事由认为确有错误而进行监督所适用的程序。审判监督权的行使主体只能是法定的机关，即法院和检察院，而再审程序是人民法院基于法定的事由对已生效的裁判进行再次审理的程序，除了法院、检察院基于审判监督权可以提起再审外，当事人也可基于诉权申请再审。由此可知，审判监督程序只是再审程序的一个组成部分。①

再审程序具有如下特点：①再审程序由特定主体提起：包括人民法院、人民检察院及本案当事人。②再审的审理对象是已经发生法律效力的判决、裁定和调解书。这些生效裁判可能是二审法院作出的，也有可能是一审法院作出的。③启动再审程序的原因是已经发生法律效力的裁判确有错误，调解违反自愿原则、调解协议的内容违反法律或者调解损害国家利益和社会公共利益。④再审程序并不是审级制度的通常程序，而是审级制度结构外具有事后补救性的程序。

二、再审程序的提起

根据我国民事诉讼法的有关规定，再审可以由当事人、人民法院和人民检察院依法提起。

(一)当事人申请再审

申请再审，是指当事人认为已经发生法律效力的判决、裁定有错误，或者提出证据证明调解违反自愿原则或者调解协议的内容违反法律，依照法定程序提出申请，请求人民法院对已经审结的案件进行再次审理的诉讼活动。

① 唐东楚. 民事诉讼法学[M]. 长沙：中南大学出版社，2008：258－259.

1. 申请再审的主体

按照法律规定，提出再审申请的人只能是诉讼当事人，包括原告、被告、有独立请求权的第三人、判令其承担责任的无独立请求权的第三人；针对二审提出再审申请的，应当是上诉人或被上诉人。当事人是无民事行为能力人或限制行为能力人的，其法定代理人可以代为提出再审申请。

此外，如果原审裁判的案外人对原判决、裁定、调解书确定的执行标的物主张权利，又不能提起新的诉讼解决该争议的，也可以申请再审。其提出申请再审程序规范和时效要求，与当事人申请再审基本相同。

2. 申请再审的客体

当事人申请再审的对象应当是已经发生法律效力的判决、裁定和调解书。但根据法律、司法解释的明确规定，以下内容不得申请再审：①

(1)当事人对已经发生法律效力的解除婚姻关系的判决、调解书；

(2)当事人就离婚案件中的财产分割问题申请再审的，如涉及判决中已分割的财产，立案审理；如涉及判决中未作处理的夫妻共同财产，应告知当事人另行起诉；

(3)按照特别程序、督促程序、公示催告程序、企业法人破产还债程序审理的案件；

(4)当事人对人民法院撤销仲裁裁决的裁定不服，或对法院驳回其申请撤销仲裁裁决的决定不服；

(5)依照审判监督程序审理后维持原判的案件。

这些案件之所以不得申请再审，有的是因为已经具有专门的救济措施，没有再审的必要，例如催告程序中关于除权判决的救济。有的是因为再审没有意义，例如解除婚姻关系的案件。

3. 申请再审期限

当事人申请再审通常应当在判决、裁定发生法律效力后6个月内提出。但在以下四种情况下：有新的证据，足以推翻原判决、裁定的；原判决、裁定认定事实的主要证据是伪造的；据以作出原判决、裁定的法律文书被撤销或者变更的；以及审判人员审理该案件时有贪污受贿，徇私舞弊，枉法裁判行为的，自知道或者应当知道之日起6个月内提出。法律只对当事人申请再审作出了时间限制，并未对人民法院和人民检察院决定再审和提出抗诉规定期限，所以只要人民法院和人民检察院认为生效裁判确有错误，无论多长时间

① 蒋勇. 民商事再审程序操作指引[M]. 北京：法律出版社，2012：45－47.

都可以启动再审。

4. 申请再审的法定事由

再审的对象是法院已将发生既判力的裁判，再审程序与一审、二审程序相比，其启动程序更为严格，并非原审裁判的任何瑕疵都足以成为申请再审的理由，为了维护法律和司法的权威性，再审必须坚持补充性原则，只有当事人的合法权益不能通过合法的程序在一审、二审中得到保护，才启动再审。[①] 再审是一种有限制的适用少数情形的补充救济程序。当事人申请再审，必须严格依据以下法定的事由提出：

(1)有新的证据，足以推翻原判决、裁定的。根据《最高人民法院关于适用〈中华人民共和国民事诉讼法〉审判监督程序若干问题的解释》第十条的规定，“新证据”是指：第一，原审庭审结束前已客观存在庭审结束后新发现的证据；第二，原审庭审结束前已经发现，但因客观原因无法取得或在规定的期限内不能提供的证据；第三，原审庭审结束后原作出鉴定结论、勘验笔录者重新鉴定、勘验，推翻原结论的证据。第四，当事人在原审中提供的主要证据，原审未予质证、认证，但足以推翻原判决、裁定的，应当视为新的证据。

(2)原判决、裁定认定的基本事实缺乏证据证明的。根据《最高人民法院关于适用〈中华人民共和国民事诉讼法〉审判监督程序若干问题的解释》第十一条的规定，“基本事实”是指对原判决、裁定的结果有实质影响、用以确定当事人主体资格、案件性质、具体权利义务和民事责任等主要内容所依据的事实。

(3)原判决、裁定认定事实的主要证据是伪造的。主要证据是指能够证明案件基本事实、具有足够证明力且必不可少的证据。

(4)原判决、裁定认定事实的主要证据未经质证的。

(5)对审理案件需要的主要证据，当事人因客观原因不能自行收集，书面申请人民法院调查收集，人民法院未调查收集的。

(6)原判决、裁定适用法律确有错误的。根据司法解释，“适用法律确有错误”是指：第一，适用的法律与案件性质明显不符的；第二，确定民事责任明显违背当事人约定或者法律规定的；第三，适用已经失效或尚未施行的法律的；第四，违反法律溯及力规定的；第五，违反法律适用规则的；第六，明显违背立法本意的。

---

① 李浩. 再审的补充性原则与民事再审事由[J]. 法学家，2007(6).

(7)审判组织的组成不合法或者依法应当回避的审判人员没有回避的。

(8)无诉讼行为能力人未经法定代理人代为诉讼或者应当参加诉讼的当事人，因不能归责于本人或者其诉讼代理人的事由，未参加诉讼的。

(9)违反法律规定，剥夺当事人辩论权利的。

(10)未经传票传唤，缺席判决的。

(11)原判决、裁定遗漏或者超出诉讼请求的。

(12)据以作出原判决、裁定的法律文书被撤销或者变更的。

(13)审判人员审理该案件时有贪污受贿，徇私舞弊，枉法裁判行为的。

(14)调解书违反自愿原则或者调解协议的内容违反法律的。

5. 申请再审的方式

当事人申请再审必须以书面形式提出。当事人应当向法院提交再审申请书，并附生效法律文书。

6. 申请再审的法院

通常是向上一级人民法院申请再审，但当事人一方人数众多或者当事人双方为公民的案件，也可以向原审人民法院申请再审。

7. 法院对再审申请的审查

对当事人的再审申请，人民法院应当组成合议庭，围绕再审事由是否成立进行审查，并且应当自收到再审申请书之日起 3 个月内审查完毕，符合法定条件的，裁定再审；不符合的，裁定驳回申请。有特殊情况需要延长审期的，须由本院院长批准。法院再审审查并非对申请再审的案件进行全案审查，也不以查清事实为导向，仅以申请再审事由是否成立为限，无须进一步审查。因此，裁定再审并不意味着生效裁判最终一定获得再审改判。

8. 再审案件的审理法院

因当事人申请裁定再审的案件由中级人民法院以上的人民法院审理，但当事人依法向基层人民法院申请再审的除外。最高人民法院、高级人民法院裁定再审的案件，由本院再审或者交其他人民法院再审，也可以交原审人民法院再审。

(二)人民法院提起再审

人民法院发现已经发生法律效力的判决、裁定、调解书，发现确有错误，有权决定对案件进行再一次审理。人民法院依职权提起再审是基于人民法院的审判监督权。

1. 原审人民法院决定再审

原审人民法院通过对裁判和调解书可能存在错误的案件进行再审可以实

现对自我的审判监督。各级人民法院院长对本院已经发生法律效力的判决、裁定、调解书，发现确有错误，认为需要再审的，应当提交审判委员会讨论决定。决定再审的同时应当作出裁定，中止原裁判的执行。

2. 最高人民法院和上级人民法院提审和指令再审

最高人民法院对地方各级人民法院已经发生法律效力的判决、裁定、调解书，上级人民法院对下级人民法院已经发生法律效力的判决、裁定、调解书，发现确有错误的，有权提审或者指令下级人民法院再审。

（三）人民检察院抗诉引起再审

民事抗诉，是指人民检察院对人民法院已经发生法律效力的民事判决、裁定以及调解书，发现具有法律规定的事实和理由，依照法定程序和方式提请人民法院对案件进行再一次审理，从而启动再审程序的制度。民事抗诉的目的在于通过抗诉实现检察机关对民事审判的监督，使错误的裁决在一定程度上能得以纠正。民事抗诉不同于刑事抗诉，它是对人民法院已经发生法律效力的裁判提起抗诉，是一种事后监督。而刑事抗诉既可以针对人民法院已经发生法律效力的裁判，也可以针对尚未发生法律效力的一审裁判。

人民检察院提出抗诉，由检察长批准或者监察委员会决定。人民检察院发现本院抗诉不当的，应当由检察长或者监察委员会决定撤回抗诉。应当注意的是，再审案件的当事人应为原审案件的当事人，人民检察院并不是案件当事人。

民事诉讼中，人民检察院提起抗诉，除了抗诉的对象必须是已经发生法律效力的裁判或调解书之外，还必须具备法定的事实和理由等条件，以及遵循一定的程序。

1. 民事抗诉的事由

（1）人民检察院对已经生效的判决、裁定提起抗诉的事由与当事人对已经生效的判决、裁定提出再审申请的事由相同，即符合民事诉讼法第二百条规定情形之一的，人民检察院应当提起抗诉。

（2）调解书损害国家利益、社会公共利益的，人民检察院应当提起抗诉。

2. 民事抗诉的主体

（1）最高人民检察院对各级人民法院已经发生法律效力的判决、裁定，可以提出抗诉。

（2）上级人民检察院对下级人民法院已经发生法律效力的判决裁定，可以提出抗诉。

（3）地方各级人民检察院对同级人民法院已经发生法律效力的判决、裁定，只能提请上级人民检察院提出抗诉。

检察抗诉实行“上抗下”的体制，人民检察院对同级人民法院已经发生法律效力的判决、裁定，发现有法律所规定的应当抗诉情形的，只有检察建议权，并没有直接的抗诉权。

3. 当事人申请检察建议或者抗诉

具备以下情形之一，当事人可以向人民检察院申请检察建议或者抗诉：第一，人民法院驳回再审申请的；第二，人民法院逾期未对再审申请作出裁定的；第三，再审判决、裁定有明显错误的。对于当事人提起的再审，人民法院必须经过审查之后才能决定是否再审。虽然人民法院的审查标准是法律规定的提起再审的条件，但如果人民法院违法处理再审申请，当事人的权益同样得不到保护，人民检察院可发挥审判监督权，对人民法院的审判权予以监督。人民检察院对当事人的申请应当在 3 个月内进行审查，作出提出或者不予提出检察建议或者抗诉的决定。

当事人只能向人民检察院申请 1 次检察建议或者抗诉。应当注意的是，当事人申请再审，只有先向人民法院申请后，才能向人民检察院提出申请。

4. 民事抗诉的程序

（1）人民检察院制作抗诉书并提交给人民法院。人民检察院决定对人民法院的判决、裁定、调解书提出抗诉的，应当制作抗诉书。即抗诉只能以书面的形式提出。

（2）人民法院接受抗诉书并作出再审的裁定。对于人民检察院提出抗诉的案件，接受抗诉的人民法院应当自收到抗诉书之日起 30 日内作出再审的裁定。对于基于抗诉启动的再审案件，通常由接受抗诉的法院进行审理，但是以下案件还可以交下一级人民法院再审：有新的证据，足以推翻原判决、裁定的；原判决、裁定认定的基本事实缺乏证据证明的；原判决、裁定认定事实的主要证据是伪造的；原判决、裁定认定事实的主要证据未经质证的；以及对审理案件需要的主要证据，当事人因客观原因不能自行收集，书面申请人民法院调查收集的。

（3）人民检察院派员出席法庭。人民检察院提出抗诉的案件，人民法院再审时，应当通知人民检察院派员出席法庭，以监督人民法院对案件的处理。

三、再审案件的审理

（一）裁定中止原判决、裁定的执行

按照审判监督程序决定再审的案件，原则上都要裁定中止原判决、裁定、调解书的执行，但追索赡养费、扶养费、抚育费、抚恤金、医疗费用、劳动报酬等案件，可以不中止执行。中止执行的裁定作出之后，原判决、裁定、调解书的法律效力暂时中断。再审程序是对案件的再一次审理，有可能撤销或更改原来的处理结果，继续执行原裁判可能会影响再审裁判的实现。几乎所有案件都中止原裁判执行的规定固然有一定的合理性，但也带来不少负面影响。①

（二）另行组成合议庭

民事诉讼法规定："人民法院审理再审案件，应当另行组成合议庭。"再审案件一般都是经过了一审、二审，还有可能存在错误，说明案情比较复杂。再审案件一律实行合议制。为了防止审判人员先入为主的情况出现，影响案件公正裁判，再审案件一律必须重新组成合议庭，原审判人员一般不宜参加新组成的合议庭。

（三）选择法定的程序进行审理

再审程序是一种补充性的救济程序，是对案件的再一次审理。我国民事诉讼法没有为其单独规定一套审判程序。对于一个具体的案件的再审，应视不同情况分别适用第一审程序或第二审程序。原生效判决、裁定是由第一审法院作出的，按照第一审程序审理，所作的判决、裁定，当事人不服的，还可以上诉；发生法律效力的判决、裁定是由第二审法院作出的，按照第二审程序审理，所作的判决是终审判决，当事人不能上诉；上级人民法院按照审判监督程序提审的，无论原来是一审审结还是二审审结，均按照第二审程序审理，所作的判决、裁定是发生法律效力的判决、裁定，当事人不能上诉。

再审案件的审结期限与其适用的审理程序相适应，即适用一审程序审理的，遵循一审案件的审理期限，适用二审程序审理的，遵循二审案件的审理期限。

可知再审按一审程序审理的应为开庭审理，依第二审程序再审的，可以开庭审理，也可以书面审理。

---

① 江必新. 论民事审判监督制度之完善[J]. 中国法学，2011(5).

四、再审案件的调解与裁判

依法调解贯穿到诉讼的整个过程。再审程序是适用的一、二审的程序，而按照法律规定一、二审程序都可以进行调解，因此再审案件的审理也可以适用调解。如果双方当事人在再审中达成调解协议，人民法院在确认其不违背自愿和合法原则后，应当制作调解书。调解书经双方当事人签收后，即具有法律效力，原判决、裁定视为撤销。

人民法院对再审案件进行审理后，应当根据不同情况作出不同的处理决定：第一，维持原判决、裁定的新的判决、裁定；第二，撤销原一、二审判决，发回原审人民法院重审的裁判；第三，变更原判决、裁定的裁判；第四，撤销原一、二判决，驳回起诉的裁定。①

① 张燕，等. 民事诉讼法学[J]. 北京：北京大学出版社，2009：159.

第十三章　特别程序

第一节　典型案例及其评析

【案例一】　张某和汤某诉村委选举委员会选民资格案①

张某和汤某是浙江省武义县金星村的村民，在该村已经生活了50多年，享受村民待遇。两人在2004年下半年被剥夺了参加所在社区选举（村主任）的权利，2005年1月正式选举时开始，两人就没有参加。2008年3月25日，金星村的村委会换届选举又要开始了，但在公布的选民名单中，他们找不到自己的名字。两人不得不去质问村委会，村里主要负责人答复说，两人不享受村民待遇，不得参加选举，这是全村党员社员代表联席会议讨论决定的。张某认为“他们用村规民约来剥夺我们的选举权，明显违反《中华人民共和国宪法》《中华人民共和国村民组织法》及《浙江省村经济合作社组织条例》的规定。”两位老农因被剥夺了村委会选举的选民资格，而起诉村委选举委员会。

武义县人民法院公开开庭审理了此案，法院经审理后认为，我国民诉法虽规定了选民资格案件的诉讼程序，但这一程序不适用于村民委员会的选举，故本案不属于人民法院受理的选民资格案件范围。最后，法院认为，我国的民事诉讼法虽规定了选民资格案件的诉讼程序，但这一程序适用于各级人民代表大会的选举，并不适用于村民委员会的选举，故本案不属于人民法院受理的选民资格案件范围，遂裁定驳回二原告的起诉。

① 被剥夺选民资格 浙江两农民状告村委会，法e网，http：//www.fzpf.gov.cn/few/2008/0506/169601.html，最后访问时间2014年2月13日。

本案评析：村委会选举权不适用选民资格案件程序

在本案中，法院裁定驳回二原告的起诉，其依据的理由是选民资格案件的诉讼程序不适用于村民委员会的选举，故本案不属于人民法院受理的选民资格案件范围。民事诉讼法第一百八十一条规定：公民不服选举委员会对选民资格的申诉所作的处理决定，可以在选举日的5日以前向选区所在地基层人民法院起诉。根据这一条文，我们要解决的一个关键问题就是，适用特别程序的选民资格案件中的"选民资格"是否包含村民选举村委会的资格。我国宪法第三十四条规定"中华人民共和国年满十八周岁的公民，不分民族、种族、性别、职业、家庭出身、宗教信仰、教育程度、财产状况、居住期限，都有选举权和被选举权；但是依照法律被剥夺政治权利的人除外。"从该法律条文中，可以看出选举权是作为我国公民的政治权利之一而被宪法予以保护的，而民事诉讼法第一百八十一条为选民资格案件设置的特别程序自然也是为了保护公民选举的这一政治权利，那么村民委员会的选举权属于公民的政治权利吗？

宪法规定的作为公民的政治权利之一的选举权实际上是指公民选出代表自己意志的人民代表参加国家政治生活的权利，也就是选举人民代表大会代表的权利。而村民委员会是村民自我管理、自我教育、自我服务的基层群众性自治组织，村民委员会的选举，由村民选举委员会主持。村民委员会的选举不属于国家政治生活的范畴，因此村民选举村委会的选举权与被选举权也就不属于与宪法中的选举权与被选举权，不是政治权利，自然本案也就不能适用选民资格案件的特别程序，法院裁定驳回二原告的起诉是有理有据的。

在村民选举村委会的选举权不能适用选民资格案件特别程序的前提下，村民的村委会选举权受到侵犯又该如何维权呢？笔者认为，这要依靠各地政府根据本地情况制定相关的管理办法予以调整解决。例如，在本案中，两村民可以《浙江省村民委员会选举办法》（简称《选举办法》）第十四条的规定："选民对选民名单有不同意见，可以在选民名单公布之日起5日内向村民选举委员会提出，村民选举委员会应当在3日内依法作出处理。对处理意见不服的，可以在选举日10日前向乡、镇人民政府村民委员会选举工作指导机构提出，乡、镇人民政府村民委员会选举工作指导机构应当在选举日5日前依法作出处理。"虽然在该《选举办法》中没有规定对村民选举委员会公布的选民名单有不同意见可向人民法院起诉，但相信随着村委会选举制度的完善与村民维权意识的提高，司法作为最终解决机制也将介入村民委员会的选举之中。

【案例二】 姜某申请撤销死亡宣告案[1]

2000年1月，王某的丈夫姜某因在外打工发生意外，便从此与家人失去联系，在此后4年多的日子里，妻子王某除了四处查找，就是以泪洗面。后来，始终没有丈夫姜某的消息，王某于2004年向太仓法院提出宣告死亡申请，经登报公告1年后，仍未得到姜某的下落，法院经开庭审理后，作出宣告姜某死亡的判决。2013年4月，姜某回到太仓，当他推开自己家门的那一刻，妻子王某突然愣住了，她简直不敢相信自己的眼睛，"死亡"这么久的丈夫竟然站在自己的面前，两人的眼泪瞬间滑落下来。听说了丈夫姜某的生死经历后，妻子这才明白其中的缘由。于是，姜某到太仓法院申请撤销对自己的死亡宣告。

庭审过程中，姜某的岳母、少时好友、同事等证人均出庭证实了他的身份，法院认为，申请人被宣告死亡后重新出现，申请撤销对其本人死亡宣告的理由成立，故作出判决撤销对姜某的死亡宣告，同时，法官经征询申请人的妻子王某，得知其未与他人结婚，法官遂告知他们的夫妻关系自行恢复。

本案评析：法院宣告公民死亡的判决可撤销

本案例是一个典型的宣告公民死亡的案件，根据我国民事诉讼法第一百八十四条"公民下落不明满4年，或者因意外事故下落不明满2年，或者因意外事故下落不明，经有关机关证明该公民不可能生存，利害关系人申请宣告其死亡的，向下落不明人住所地基层人民法院提出"及第一百八十五条"人民法院受理宣告失踪、宣告死亡案件后，应当发出寻找下落不明人的公告。宣告失踪的公告期间为3个月，宣告死亡的公告期间为1年。因意外事故下落不明，经有关机关证明该公民不可能生存的，宣告死亡的公告期间为3个月。公告期间届满，人民法院应当根据被宣告失踪、宣告死亡的事实是否得到确认，作出宣告失踪、宣告死亡的判决或者驳回申请的判决"的规定，在本案例中，姜某下落不明满4年后，经妻子王某向法院提交写有失踪事实、时间和请求的申请书，法院登报公告1年时间，在此期间并未收到关于姜某的任何存活的消息，就此，法院认定姜某死亡的事实已经确认，并就此事实开庭审理，并最终作出宣告姜某死亡的判决。在通常情况下，姜某的民事行为

---

① 丈夫"死亡"13年后回家 法院依法撤销死亡宣告，中国法院网，http：//www.chinacourt.org/article/detail/2013/05/id/958915.shtml，最后访问时间2014年2月13日。

能力与民事权利因法院宣告死亡的判决而宣告终结，姜某在法律意义上已处于消灭的状态，此程序的设计意在消除民事法律关系的不确定状态，保护被申请人与利害关系人的权益，维护社会的稳定。宣告公民失踪、死亡案件并不能真正确认被申请人在事实上是否已经失踪、死亡，而是为了消除法律上权利义务的不稳定状态而通过一定时间的登报公告，带有预设性质推定被申请人已经失踪、死亡，并由此发生与自然人事实失踪、死亡相同的法律效果。

而与自然人事实失踪、死亡不同的一点是，宣告失踪、死亡始终是一种法律拟制状态，属于一种应然状态，与实际状态可能存在出入，即已被宣告失踪的公民、已被宣告死亡的公民可能重新出现。在这种情况下，原来的法院判决自然是与事实不符了，原被宣告失踪、死亡的公民也应获得其相应的法定权利，承担法定义务，而此时，根据我国民事诉讼法第一百八十六条“被宣告失踪、宣告死亡的公民重新出现，经本人或者利害关系人申请，人民法院应当作出新判决，撤销原判决”的规定，法院的判决并不是自然失效，而是需要通过经被申请人本人或利害关系人的申请，法院就现在的新情况作出新判决，撤销原判决。而在本案中，就具体表现为姜某自己到原法院申请撤销对自己的死亡宣告，法院通过庭审，认为姜某申请撤销对其本人死亡宣告的理由成立，作出判决撤销对姜某的死亡宣告。同时由于，王某在姜某宣告死亡期间并未与他人结婚，法官遂告知他们的夫妻关系自行恢复。

【案例三】　精神分裂患者被宣告限制民事行为能力案①

张凯（化名）系被申请人张伟（化名）的亲哥哥。1992 年张伟被江西省精神病院诊断为精神分裂症，因患精神病久治不愈，2009 年武宁县残疾人联合会向张伟核发了中华人民共和国残疾人证，属贰级精神残疾。自 1992 年至今，张伟在江西省精神病院江西省心理康复中心接受过多次康复治疗，但病情至今仍无好转，现张伟生活大部分不能自理，日常生活需张凯照顾，给家人造成很多困扰。基于上述原因，张凯认为，为保护张伟的合法权益，应向法院申请宣告张伟为限制民事行为能力人，遂向武宁法院提出申请。

为查明案情，武宁法院委托江西精神病学司法鉴定所对张伟是否具有民事行为能力进行鉴定。经鉴定，张伟仅具有部分民事行为能力。依据张凯向

① 精神分裂患者被宣告限制民事行为能力解困扰，中国法院网，http://www.chinacourt.org/article/detail/2013/02/id/895109.shtml，最后访问时间 2014 年 2 月 13 日。

法院提交的证据及江西精神病学司法鉴定所的鉴定意见，法院依法确认张伟为限制民事行为能力人，并在征求其个人意见的前提下指定张凯为其监护人。

本案评析：公民被宣告限制民事行为能力可解困扰，程序设计存在缺陷

在本案例中，经利害关系人张凯的申请，武宁法院在江西精神病学司法鉴定所鉴定张伟仅具有部分民事行为能力的鉴定意见以及张凯向法院提交的证据的基础上，依法确认张伟为限制民事行为能力人，并在征求其个人意见的前提下指定张凯为其监护人。认定公民无民事行为能力或者限制民事行为能力案件，一方面是为了通过设置监护人来保障被申请人的权益，另一方面也是为了减轻其利害关系人的负担，而公民一旦被认定为无民事行为能力或者限制民事行为能力，就会丧失①日常生活事务决定权、财产管理权、交易权（《最高人民法院关于贯彻执行〈中华人民共和国民法通则〉若干问题的意见（试行）》第十条）；②立遗嘱权（《最高人民法院关于贯彻执行〈中华人民共和国继承法〉若干问题的意见》第四十一条）；③提起离婚诉讼权（《最高人民法院关于适用〈中华人民共和国婚姻法〉若干问题的解释（三）》第八条）。这些权利的丧失对被申请人来说无异于死亡，而我国对于认定公民无民事行为能力或者限制民事行为能力案件的程序的规定却相对简单。这也导致“被精神病”情况的出现。其一，“应诉通知书”未向被申请人告知判决为无或限制民事行为能力人的严重后果。被申请人的抗辩积极性难以激发出来。其二，证据不以“医学证据”为限的局限。在司法实践中，存在着人民法院依被申请人“亲友的陈述”或住所地的村委会或居委会“出具的证明”认定的现象。这些都反映出我国在认定公民为无民事行为能力人或限制民事行为能力人时存在的不足。其实，对于这样一个看似简单，但实际上却关系着公民人身权利的程序，我们更应该审慎注意，程序的设计应该更加精密。只有认真去设计和审查，才能使程序真正成为维护公民的武器，从而实现其真正价值。

【案例四】 陈某申请认定财产无主案①

坐落于上海市某地约7平方米房屋，系申请人陈某之姑母陈某某遗留的私房。陈某某于1989年9月死亡。陈某某与丈夫徐某(于1979年6月死亡)生前育有一子，名徐某某(于1973年1月死亡)。陈某某的丈夫徐某及儿子徐某某死亡后，其生活主要由申请人陈某照料，陈某对陈某某尽了较多的扶养义务。申请人陈某要求认定陈某某遗留的上海市某地私房为无主财产，并将该房屋判归其所有，向财产所在地上海市杨浦区人民法院提出申请。

上海市杨浦区人民法院依照《中华人民共和国民事诉讼法》关于特别程序的规定，由审判员独任审理，于1994年4月18日在该院公告栏及上述财产所在地发出认领该财产的公告，法定公告期为1年。公告期届满，上述财产无人认领。上海市杨浦区人民法院认为，位于该市某地约7平方米房屋确属无主财产，依法应收归国家或者集体所有。鉴于申请人陈某对原房屋所有人陈某某生前尽了主要扶养义务，依照《中华人民共和国继承法》第十四条关于"继承人以外的对被继承人扶养较多的人，可以分给他们适当的遗产"的规定，应当从该无主财产中分给陈某适当的财产。但是，该无主财产价值不大，收归国家或集体所有无多大实际意义。因而，申请人陈某要求将上述无主财产判归其所有，符合法律规定，对此应予支持。据此，该院于1995年8月4日判决上海市某地约7平方米的房屋归陈某所有。

本案评析：申请认定财产无主，财产归公不绝对

认定财产无主案件是指法院通过认定财产无主，从而将无主财产收为国家或者集体所有的案件。此程序设计的目的在于减少社会资源的空置与浪费，以达到物尽其用的效果。根据我国民事诉讼法第一百九十一条"申请认定财产无主，由公民、法人或者其他组织向财产所在地基层人民法院提出"的规定，认定财产无主程序并不是主动启动，而是需要通过公民、法人或其他组织等主体向法院提出申请而启动的，这也就直接导致了该类型案件鲜有出现的现状。因为根据我国民事诉讼法第一百九十二条"人民法院受理申请后，经审查核实，应当发出财产认领公告。公告满1年无人认领的，判决认定财产无主，收归国家或者集体所有"的规定，财产被认定为无主之后，财产利益通常是收归国家或者集体所有，申请人难以得到实质上的利益，因此申

① 陈某申请认定财产无主案，人民法院网，http：//www.chinacourt.org/article/detail/2002/11/id/17949.shtml，最后访问时间2014年2月13日。

请人多是消极的。

在本案例中，陈某申请认定财产无主，并最终经法院判决获得前半间房屋的所有权，看似与法律规定不符，实际上却是对法律的巧妙运用，正如上文所言，设定认定财产无主案件的最终目的是资源的有效利用，那么既然有陈某在对原房屋所有人陈某某生前尽了主要扶养义务，可以分得适当的遗产这一前提，另有该财产价值对国家、集体意义不大的情况，那么将该财产判归陈某所有，实际上更能实现财产的价值。因此，我们不论是在运用实体法还是程序法时，都应该通过理解法条本身，而了解立法目的，同时我们的目光不能局限于某一个法条或是某一部法律，而应全面领悟，适当运用，这样才能发挥法律的价值。

【案例五】 消费者申请司法确认人民调解协议案①

消费者李某于2011年12月13日在经营者重庆阔达商贸有限公司北碚区分公司购买一辆铃木“锐爽”摩托车，使用后因发动机出现问题，与经营者发生纠纷，双方自行协商未果。2013年2月6日，李某与重庆阔达商贸有限公司经重庆市北碚区消费者权益保护委员会人民调解委员会调解，双方达成如下协议：①商家在2013年5月6日前免费给消费者更换新的发动机；②更换的新发动机按国家三包规定执行。此协议于2013年5月6日前履行。2013年2月21日，消费者担心经营者违反协议约定，与经营者一起到法院申请要求对达成的调解协议进行确认。

2013年2月28日，北碚区法院依照民事诉讼法第一百九十五条的规定，依法作出民事裁定书，裁定李某与重庆阔达商贸有限公司于2013年2月6日经重庆市北碚区消费者权益保护委员会人民调解委员会调解达成的调解协议有效。

本案评析：司法确认强化人民调解协议效力，适用条件有限制

我国民事诉讼法的特别程序中增加第六节“确认调解协议案件”，目的是解决民事诉讼法和人民调解法的衔接问题。人民调解法规定了对调解协议的

① 司法确认为消费者维权加上“保险杠”——北碚区法院适用新民事诉讼法审结首例司法确认人民调解协议案件，人民法院网，http://cqfy.chinacourt.org/article/detail/2013/03/id/906090.shtml，最后访问时间2014年2月13日。

司法确认制度，经司法确认的调解协议具有强制执行效力，为此民事诉讼法明确规定了当事人申请司法确认调解协议的程序和法律后果。新民事诉讼法颁布后，各地基层人民法院大都收到申请司法确认调解协议的案件，正如本案例中，消费者李某与经营者重庆阔达商贸有限公司北碚区分公司在经重庆市北碚区消费者权益保护委员会人民调解委员会调解，达成调解协议之后，仍一起到法院申请要求对达成的调解协议进行确认。调解协议在得到司法确认后，一方当事人拒绝履行或者未全部履行调解协议所约定的义务，对方当事人可以直接向人民法院申请强制执行。这一设计解决了之前当事人中有一方不履行调解协议，则双方需重新通过诉讼程序来解决纠纷的问题。

我国民事诉讼法第一百九十四条规定“申请司法确认调解协议，由双方当事人依照人民调解法等法律，自调解协议生效之日起30日内，共同向调解组织所在地基层人民法院提出。”这里需要引起注意的是：其一，申请司法确认的调解协议的范围仅限于“依照人民调解法等法律”达成生效的调解协议。这是考虑到目前只有人民调解法对人民调解委员会调解的司法确认作出了规定，而行政调解、商事调解情况复杂，是否对其达成的协议规定司法确认，各方面意见还不一致，因此，民事诉讼法仅规定，依照人民调解法等法律的规定，才可以申请司法确认。其二，司法确认须双方当事人共同申请。必须明确，“司法确认”是对已生效的调解协议的确认，并不是调解协议生效的必经程序。在调解协议达成后，如果双方当事人认为没有进行司法确认的必要，比如调解协议即时履行完毕，或者调解协议的内容不涉及民事给付内容，双方当事人可以不申请司法确认。如果认为有必要申请司法确认，双方当事人应当共同提出申请。一方当事人提出申请，另一方当事人表示同意的，可以视为共同提出申请。

【案例六】　信用联社申请实现担保物权案①

2011年2月25日，李某因为做生意资金周转不灵，向资溪信用联社借款22万元，月利息9‰，并将其坐落于资溪县鹤城镇城区的一处房产抵押给资溪县信用联社，双方依法办理了抵押登记手续。然而，李某不仅没有按约支付利息，还玩起了失踪。2012年11月，资溪县信用联社将其告到法院。

① 资溪法院首例申请实现担保物权之诉审结，人民法院网，http：//www.chinacourt.org/article/detail/2013/07/id/1039715.shtml，最后访问时间2014年2月13日。

因为李某一直下落不明，而判决后再等待执行又耗时漫长，资溪县信用联社只好先行撤诉。

2013 年 1 月 1 日新的民事诉讼法颁布实施，资溪县信用联社依据新法向法院提起实现担保物权之诉。资溪县人民法院受理此案后，认为借款事实属实，不存在争议，抵押房产已经依法办理抵押登记，其抵押权的申请符合担保物权裁定的情形。资溪县人民法院适用新的民事诉讼法的相关规定，作出终审裁定：准予对李某抵押的房产采取拍卖、变卖等方式依法变价，申请人资溪县信用联社对变价后所得价款在 22 万元本金及利息的范围内优先受偿。

本案评析：实现担保物权可直接诉讼，实现方式有限定

担保物权是以直接支配特定财产的交换价值为内容，以确保债权实现为目的而设定的物权。1995 年担保法规定："债务履行期届满抵押权人未受清偿的，可以与抵押人协议以抵押物折价或者以拍卖、变卖该抵押物所得的价款受偿；协议不成的，抵押权人可以向人民法院提起诉讼。"2007 年的物权法修改了担保法的规定，"抵押权人与抵押人未就抵押权实现方式达成协议的，抵押权人可以请求人民法院拍卖、变卖抵押财产。"尽管实体法对担保物权的实现作出了规定，但民事诉讼法却没有相应的程序制度保障担保物权的实现。按照修改前的民事诉讼法，债权人享有的担保物权不能直接作为法院执行依据，不能直接申请人民法院强制执行。实现担保物权必须经过诉讼，使得抵押权的实现程序变得复杂漫长，不利于保障债权人的利益。

本案例是对新民事诉讼法关于实现担保物权的相关规定的典型适用，资溪县信用联社依据民事诉讼法第一百九十六条"申请实现担保物权，由担保物权人以及其他有权请求实现担保物权的人依照物权法等法律，向担保财产所在地或者担保物权登记地基层人民法院提出"的规定，向资溪县人民法院就李某抵押给资溪县信用联社的一处房产诉请实现担保物权，资溪县人民法院最终依据民事诉讼法第一百九十七条"人民法院受理申请后，经审查，符合法律规定的，裁定拍卖、变卖担保财产，当事人依据该裁定可以向人民法院申请执行；不符合法律规定的，裁定驳回申请，当事人可以向人民法院提起诉讼"的规定，准予对李某抵押的房产采取拍卖、变卖等方式依法变价，申请人资溪县信用联社对变价后所得价款在 22 万元本金及利息的范围内优先受偿。这里我们需要注意，人民法院受理申请并经审查后，对于符合法律规定的，裁定拍卖、变卖担保财产。拍卖是指以公开竞争的方式将标的物卖给出价最高的买者。拍卖方式所有的价款能最大程度地体现拍卖财产的价值，

从而充分发挥抵押财产对债权的担保作用。而对于担保标的物不适于拍卖的，人民法院可以委托有关单位变卖或自行变卖。变卖是指交由商业部门收购或者代为出售出卖财物，换取现款，变卖担保财产应当参照市场价格。这两种方式也是最符合实现担保物权案件的目的的。

第二节　基本知识

一、特别程序的概念

特别程序是民事诉讼程序中不可或缺的组成部分，我国民事诉讼法第十五章明确规定了特别程序的六种类型，但民事诉讼法学界对于特别程序究竟包括哪些内容在却是存在不同见解的。当前民事诉讼法学理论中对特别程序内涵的理解和表述主要有如下几种观点：

(1)特别程序是指人民法院审理某些非民事权益案件所适用的特殊审判程序，①即把特别程序理解成以非讼案件为主的几种特定案件的程序。持此观点的学者认为：特别程序所适用的案件在性质上并不属于民事权益之争，不直接确认实体权利义务，也不化解当事人之间的民事冲突。其任务在于确认某种法律事实是否存在，其目的在于解决权利状态、事实状态在法律上的归宿，发生、变更、消灭民事权益及政治权利。简言之，特别程序不解决民事纠纷，但能预防纠纷和危害的发生。②

(2)特别程序主要是法院用以解决民事非讼案件和特殊的争讼案件(如人事诉讼案件等)的审判程序，它是民事审判程序的重要组成部分。③

(3)特别程序是适用于特殊种类民事案件的程序，即法律中特别规定的适用于一定范围内的一般案件的程序(督促程序等)。④

基于对特别程序内涵的理解不同，民事诉讼法学界对特别程序外延即适用范围的理解也各不相同，相对应的有以下三种不同观点：

(1)以立法的规定作为界定特别程序的标准，即完全根据民事诉讼法第十五章的规定来界定和分析特别程序。认为特别程序包括两大类：选民资格

① 常怡.民事诉讼法学(第六版)[M]. 北京：中国政法大学出版社，2008：299.
② 刘家兴.新中国民事程序原理与适用[M]. 北京：中国检察出版社，1997：285.
③ 江伟. 民事诉讼法学[M]. 上海；复旦大学出版社，2006：435.
④ 王强义. 民事诉讼特别程序研究[M]. 北京：中国政法大学出版社，1993：7.

案件的审理程序；非讼案件的审理程序包括宣告公民失踪和死亡案件、认定无民事行为能力和限制行为能力案件、认定财产无主案件、确认调解协议案件和实现担保物权案件。

(2)首先把民事诉讼程序分为一般程序和特别程序。一般程序是指民事诉讼中通常适用的程序，适用于一般的民事案件，包括普通程序、简易程序、第二审程序和审判监督程序。特别程序是适用于特殊种类民事案件的程序，即法律中特别规定的适用于一定范围内的一般案件的程序。其次该观点不拘泥于现行民事诉讼立法的规定，认为特别程序存在领域非常广泛，主要分为三类：①非讼案件的程序，具体包括宣告失踪或宣告死亡程序，认定公民无民事行为能力或者限制行为能力程序，认定财产无主程序，公示催告程序；②诉讼标的性质特殊的案件适用的程序，最典型的是人身关系诉讼程序，如婚姻案件、收养案件，亲子案件等，此外，选民资格案件也属于此种特别程序；③略式诉讼程序，包括证书诉讼程序，票据诉讼程序，督促程序等。①

(3)以民事案件的非讼性质作为确定的标准。有广义的特别程序和狭义的特别程序之分。广义的特别程序就是非讼程序，包括：选民资格案件、宣告公民失踪和死亡案件、认定无民事行为能力和限制行为能力案件、认定财产无主案件、督促程序、公示催告程序、企业法人破产还债程序。狭义的特别程序仅包括我国原民事诉讼法第十五章规定的四种案件：选民资格案件、宣告公民失踪和死亡案件、认定无民事行为能力和限制行为能力案件、认定财产无主案件。这种观点中把原第十五章规定的四类案件归类为古典的非讼程序，把督促程序、公示催告程序、企业法人破产还债程序称为现代的非讼程序。②

二、特别程序与一般程序的关系③

(一)特别程序与一般程序的联系

一般程序即通常诉讼程序。一般程序与特别程序是互补的关系，凡是一般程序以外所存在的一切审判程序，均应视为特别程序。两者在民事诉讼程序中应具有同等重要的地位。

在具体适用过程中，特别程序应当优先适用，只有在特别程序没有规定

① 王强义. 民事诉讼特别程序研究[M]. 北京：中国政法大学出版社，1993：32－34.

② 江伟. 民事诉讼法学原理[M]. 北京：中国人民大学出版社，1999：711－717.

③ 梁彦芳. 论我国民事诉讼特别程序[D]. 南昌：南昌大学，2012.

的情况下，才适用民事诉讼法或其他法律的规定，例如：回避、期间、期日、送达、当事人能力、代理、证据等的规定。相反，根据一般程序审理的案件则不能适用特别程序的规定。

此外，一般程序与特别程序的划分是相对的，而不是绝对的，它们之间可以相互转化。根据民事诉讼法的规定，特别程序在一定情形下可以转为一般程序，即当法院运用特别程序审理案件时，若发现案件有民事权益争议的，应当裁定终结特别程序，通知当事人启动诉讼程序来解决纠纷。此外，一般程序在一些情况下也可以转为特别程序进行审理，尽管立法上并没有对一般程序转为特别程序进行规定。

当法院按照一般程序审理案件的过程中，出现了以下原因之一，可以由一般程序转化为特别程序进行审理：发现案件无民事权益争议；按照一般程序审理完全没有必要；当事人选择适用特别程序来审理案件；根据法律的特殊规定案件可以适用特别程序来进行审理等。

（二）特别程序与一般程序的区别

（1）审理的目的。特别程序审理案件的目的是为了确认是否存在某种法律事实，或确认某种权利的实际状态。一般程序审理案件的目的是为了解决民事权益争议，确认民事权利义务法律关系，对民事违法行为作出制裁。

（2）是否具有双方当事人。依申请人的申请或起诉人的起诉可以启动特别程序，但是申请人或者起诉人不一定与本案有直接的利害关系，也有可能没有对方当事人。一般程序审理的案件，必须有双方当事人，且提起诉讼的原告必须是与案件有明确的利害关系。

（3）审级制度。适用特别程序审理案件的法院只能是基层人民法院，同时实行一审终审。判决书一经送达即发生法律效力，申请人或起诉人不得提起上诉。依一般程序审理案件的法院，除最高人民法院实行一审终审外，其余都实行两审终审制，当事人若对一审法院的判决或裁定不服可以向上级法院提起上诉。

（4）审判组织。特别程序的审判组织一般情况下采用独任审判制，只有选民资格案件和重大疑难的非讼案件，在法律有明文规定的情况下，才由审判员组成的合议庭进行审理。一般程序中，只有按照简易程序审理的案件才采用独任审判制，按照普通程序审理的案件合议庭一般由审判员、陪审员共同组成或仅由审判员组成。

（5）审判监督程序的适用。依照特别程序审理作出的判决在发生法律效力后，若发现判决在认定事实或者适用法律方面有错误，或者出现了新情况、新事实，经过有关人员的申请，人民法院在查证属实之后，可依特别程序的规定撤销原判决，作出新判决。依照一般程序审理的案件，在判决发生法律效力后，发现确有错误，必须按照审判监督程序提起再审，进行纠正。不经过审判监督程序，任何机关和个人均无权撤销生效判决。

(6)案件审理期限。人民法院应当在立案之日起6个月内审结按照普通程序审理的案件，特殊情况需要延长审理期限，经本院院长批准后，可以延长6个月，若还需延长审理期限的，需报请上级法院批准；采用简易程序审理的案件，应当在立案之日起3个月内审结。与之不同的是，人民法院审理特别程序的案件，应当在立案之日起30日内或公告期满后30日内审结，特殊情况需要延长审理期限的，由本院院长来批准，但是选民资格案件比较特殊，必须在选举日前审理结束。通过对比可以得知，按照特别程序审理的案件，审理期限较短。按照一般程序审理的案件，审理期限较长。

三、选民资格案件

(一)选民资格案件的概念

选民资格案件是指公民对选举委员会公布的选民资格名单有不同意见，向选举委员会申诉后，对选举委员会就申诉所作的决定不服，而向人民法院提起诉讼的案件。

(二)选民资格案件的特点

选民资格案件的审理程序除与特别程序中其他案件的审理程序存在共同之处外，还具有以下特点：

(1)选民资格案件的审理程序是一种特殊类型的诉讼程序；

(2)选民资格案件的审理程序以公民对选民名单的申诉为前置程序；

(3)选民资格案件的审理程序仅解决选民资格问题；

(4)选民资格案件的起诉与裁判均有时间限制。

四、宣告失踪或者宣告死亡案件

(一)宣告失踪或者宣告死亡案件的概念

宣告失踪的案件，是指公民离开自己的住所或者经常居住地，去向不明，音讯全无，持续满2年的，经利害关系人申请，法院审查属实后，应当依法宣告该公民失踪的案件。

宣告死亡的案件，是指公民离开自己的住所或者经常居住地，去向不明，音讯全无，在正常的情况下，下落不明持续满4年的，或者因意外事故下落不明持续满2年的，或者具备其他法定情节，经有关机关证明，经利害关系人申请，法院审查属实后，应当依法宣告该公民失踪的案件。

（二）宣告公民失踪的法律后果

下落不明人被人民法院判决宣告失踪后，该下落不明人即成为失踪人。失踪人的财产，应当由其财产代管人代管。代管人的职责是管理和保护失踪人的财产。因此，宣告失踪后，代管人可以以失踪人的财产清偿失踪人所欠税款、债务和应付的其他费用。其中，“其他费用”包括赡养费、扶养费、抚育费和因代管财产所需的管理费等必要的费用。失踪人的财产代管人拒绝支付失踪人所欠的税款、债务和其他费用，债权人可以以代管人为被告向人民法院提起民事诉讼。

财产代管人有权要求失踪人的债务人清偿到期债务。失踪人的债务人拒绝偿还其对失踪人的债务的，财产代管人可以作为原告向人民法院提起诉讼，要求偿还债务；失踪人的财产受到侵害时，财产代管人可以作为原告向人民法院提起诉讼，请求停止侵害，造成损失的，还可以请求赔偿损失。除了法律规定外，财产代管人不得处分失踪人的财产，不得将失踪人的财产据为己有。

被宣告为失踪人后，公民的民事权利能力并不因宣告失踪而消灭，具有民事行为能力的公民在被宣告失踪期间实施的民事法律行为有效，与失踪人人身有关的民事法律关系，如婚姻关系、收养关系等，也不发生变化。

（三）被宣告失踪的公民重新出现的处理

人民法院判决宣告公民失踪，只是根据法律规定的条件认定该公民不知去向、杳无音讯的事实，该公民完全有可能重新回到原居住地或者与利害关系人取得联系，也就是有可能重新出现。根据法律规定，被宣告失踪的公民重新出现或者确知其下落的，本人或者利害关系人有权向原审人民法院提出申请，请求撤销宣告失踪的判决，以恢复其正常的权利义务状态。原审人民法院审查属实的，应当作出新判决，撤销原判决。宣告失踪的判决撤销后，财产代管人的职责终止，无权再代管财产，并应负责对原代管的财产进行清理，返还原财产及其收益。为管理和保护失踪人财产所支出的必要费用，财产代管人有权要求偿付。

（四）宣告公民死亡的法律后果

公民被宣告死亡与其自然死亡的后果基本相同。具体来说，该公民的民事权利能力因宣告死亡而终止，其与配偶的婚姻关系自宣告死亡之日起消灭，继承因宣告死亡而开始。总之，宣告死亡结束了被宣告死亡人以自己的住所地或者经常居住地为活动中心所发生的民事法律关系，与被宣告死亡的公民的人身有关的民事权利义务关系随之终结。

但是，宣告死亡毕竟只是法律上的推定死亡，如果该公民在异地生存，其仍然享有民事权利能力，具有民事行为能力的公民在被宣告死亡期间实施的民事法律行为有效。民法通则执行意见规定，被宣告死亡和自然死亡的时间不一致的，被宣告死亡所引起的法律后果仍然有效，但自然死亡前实施的民事法律行为与被宣告死亡引起的法律后果相抵触的，则以其实施的民事法律行为为准。

(五)被宣告死亡的公民重新出现的处理

宣告死亡只是推定死亡，被宣告死亡的公民完全有可能重新出现或者确知其没有死亡。被宣告死亡的公民重新出现或者确知其没有死亡的，经本人或者利害关系人申请，人民法院应当作出新判决，撤销原判决。

人民法院作出新判决后，被撤销死亡宣告的公民的人身和财产关系依照下列方法处理：首先，其因宣告死亡而消灭的人身关系，有条件恢复的，可以恢复。被撤销死亡宣告的公民的配偶尚未再婚的，夫妻关系从撤销死亡宣告之日起自行恢复；其配偶已再婚，或者再婚后又离婚，或者再婚后配偶又死亡的，则不得认定夫妻关系自行恢复。在被宣告死亡期间，子女被他人收养，死亡宣告被撤销后，被撤销死亡宣告的公民仅以未经本人同意而主张收养关系无效的，一般不应当准许，但收养人和被收养人同意的除外。其次，被撤销死亡宣告的公民有权请求返还财产。其原物已被第三人合法取得的，第三人可以不予返还。但依继承法取得原物的公民或者组织，应当返还原物或者给予适当补偿。利害关系人隐瞒真实情况使他人被宣告死亡而取得财产的，除应当返还原物及孳息外，还应当对造成的损失予以赔偿。

五、认定公民无民事行为能力或者限制民事行为能力案件

(一)认定公民无民事行为能力或者限制民事行为能力案件的概念

认定公民无民事行为能力、限制民事行为能力案件，是指人民法院根据利害关系人的申请，对不能辨认或者不能完全辨认自己行为的精神病人、痴呆病人，按照法定程序，认定并宣告该公民为无民事行为能力人或者限制民事行为能力人的案件。人民法院审理认定公民无民事行为能力、限制民事行为能力案件的程序，称为认定公民无民事行为能力、限制民事行为能力程序。

（二）认定公民无民事行为能力或者限制民事行为能力案件的法律效力

公民被认定为无民事行为能力人或者限制民事行为能力人，应当由配偶、父母、成年子女或者其他近亲属担任监护人。没有近亲属的，经其所在单位或者住所地居民委员会、村民委员会同意，可以由愿意承担监护责任的关系密切的其他亲属、朋友担任监护人。没有上述监护人的，由精神病人的所在单位或者住所地的居民委员会、村民委员会或者民政部门担任监护人。对担任监护人有争议的，由精神病人的所在单位或者住所地的居民委员会、村民委员会在近亲属中指定。被指定的监护人不服指定，应当在接到指定通知的次日起30日内向人民法院起诉。经审理，认为指定并无不当的，裁定驳回起诉；指定不当的，判决撤销指定，同时另行指定监护人。判决书应当送达起诉人、原指定单位及判决指定的监护人。公民无民事行为能力或者限制民事行为能力的时间从判决生效之日开始，判决生效以前公民所为的行为，其效力不受判决的影响。

六、认定财产无主案件

（一）认定财产无主案件的概念

认定财产无主案件，是指对于所有人不明或者所有人不存在的财产，人民法院根据申请人的申请，查明属实后，作出判决，宣布为无主财产，判归国家或者集体组织所有的案件。

（二）认定财产无主的条件

（1）被认定的无主财产，以有形财产为限。无形财产或精神财富，不属于认定无主财产的范围。

（2）财产所有人确已不存在或者不知谁是财产所有人的，权利的归属问题无法确定，需要通过法律程序加以解决。在司法实践中，认定财产无主的情形有：第一，财产所有人已不存在或者谁是所有人无法确定的；第二，所有人不明的埋藏物和隐藏物；第三，拾得的遗失物、漂流物、失散的饲养动物，经公安机关或有关单位公告满3年无人认领的；第四，无人继承的财产，即被继承人死亡后，没有继承人或者全体继承人放弃继承或者丧失继承权的，其遗产因无人继承而变成无主财产。

（3）财产的所有人不明或者失去所有人的状态持续一定期间，不满法定期间的，即使所有人已消失或不明的，也不能申请认定为无主财产。

（4）须由申请人提出书面申请，然后由法院审理认定。申请书应当写明：申请人的姓名或名称、住所，财产的种类、数量、形状、所在地以及请求认定财产无主的根据。法院不得以职权认定财产无主。根据民事诉讼法的规定，公民、法人或者其他组织都有资格作为申请人。一切公民、法人或不具备法人条件的其他组织发现财产没有所有人或者所有人不明的，都有权提出申请，认定财产无主。法院不得在无人申请的情况下，依职权认定财产无主。

(5)认定财产无主的案件，由财产所在地的基层法院管辖，便于该法院调查事实，对财产作出临时性的保护措施。

七、确认调解协议案件

(一)确认调解协议案件的概念

确认调解协议案件也可以称为“司法确认案件”，是指当事人对经人民调解委员会等调节组织调解达成的协议，依法申请人民法院予以确认，并赋予该调解协议具有强制执行力的案件。

(二)确认调解协议案件的特点

1.依据的法律不同

确认调解协议案件，是申请人依照《中华人民共和国人民调解法》的规定，申请人民法院对经人民调解委员会(其中包括：村民委员会、居民委员会、乡镇、街道办事处及社会团体、其他组织参照人民调解法有关规定设立的人民调解委员会)，调解达成的调解协议，并对其效力进行司法确认的案件，是当事人间的矛盾，在人民调解委员会的参与下，得到化解，所达成的协议，要求法院对协议的内容进行审查，确认其是否违背法律规定。

2.管辖的法院不同

确认调解协议案件，只能由调解组织所在地的基层人民法院管辖，当事人对管辖不具有选择的权利。

3.提起的时间及方式不同

确认调解协议案件，是申请人根据人民调解法的规定，自调解协议生效之日起30日内，共同向人民法院申请司法确认行为，不能单方申请，更不能委托代理人代为申请司法确认。

4.适用的程序不同

确认调解协议案件，适用的是特别程序，由审判员一人独任审理，实行一审终审制，当事人不能提起上诉。

5.处理方式不同

确认调解协议案件，人民法院受理申请后，经审查符合法律规定的，裁定调解协议有效，不符合法律规定的，裁定驳回申请，无需开庭审理。在人民法院作出裁定前，一方或者双方当事人撤回司法确认申请的，人民法院应当准许。

6. 第三人行使撤销权的条件不同

确认调解协议案件，案外人认为经人民法院确认的调解协议侵害其合法权益的，可以自知道或者应当知道权益被侵害之日起 1 年内，向作出确认的人民法院申请撤销。

八、实现担保物权案件

（一）实现担保物权案件的概念

实现担保物权案件是指担保物权人以及其他有权请求实现担保物权的人可直接依照物权法等法律，向担保财产所在地或者担保物权登记地基层人民法院提出实现担保物权的案件。

（二）实现担保物权案件的特点

1. 实现担保物权案件中的申请主体

根据物权法的有关规定，担保物权实现程序中的申请人应当包括：抵押权人、质权人、留置权人，以及抵押人、出质人和财产被留置的债务人。此外，根据民事诉讼法修改的立法本意，除了这几类申请主体以外，我国合同法第二百八十六条规定的建筑工程承包人，我国海商法、民用航空器法等法律中规定的船舶抵押人权人、民用航空器抵押权人等也可以作为担保物权实现案件的申请人。

2. 实现担保物权案件的被申请主体

新民事诉讼法对实现担保物权案件中的被申请人并没有作出明文规定。当申请人为抵押权人、质权人、留置权人时，与其对应的被申请人应当为抵押人、出质人和财产被留置的债务人；当申请人为抵押人、出质人和财产被留置的债务人时，抵押权人、质权人和留置权人当然为被申请人。

3. 实现担保物权案件的管辖法院

新民事诉讼法第一百九十七条规定实现担保物权案件由担保物权人以及其他有权请求实现担保物权的人向“担保财产所在地”或者“担保物权登记地”基层人民法院提出。如果受理法院审查后发现不属于自己管辖，可以裁定驳回申请，由申请人再向有管辖权的法院提出申请。此外如果存在法院争管辖的情况，可以通过审判监督程序予以纠正。

4. 法院审查的原则

人民法院在受理实现担保物权人的申请后，应当对申请人提供的相应材料进行形式审查，其中包括担保物权成立的证明文件(主合同、担保合同、抵押权登记证明或其他权利证书等)、担债务是否已届清偿期、担保物的情况等。经审查符合法律规定，同时债权人和债务人对债权的发生及其数额无异议的，人民法院即可裁定拍卖或变卖抵押财产。经审查不符合法律规定，或者债务人或所有权人对担保债权的存在或数额有争议，法院对当事人见的争议本身不作实质审查，而应当驳回申请，由当事人通过诉讼途径解决。

第十四章　督促程序

第一节　典型案例及其评析

【案例一】　杨某、陈某支付令异议案

2012年7月25日，杨某向陇川法院申请支付令，称杨某与陈某在2009年3月5日签订了一份《单包工协议》，由杨某为陈某承包的陇川县看守所等房屋装修工程做塑钢窗安装工程，双方于2011年12月23日结算，陈某尚欠杨某工时费人民币8500元并出具了欠条一份。后杨某多次催要未果，故向人民法院申请支付令，要求责令陈某支付给杨某工时费人民币8500元。陇川法院遂于于2012年7月30日作出〔2012〕陇民督字第11号支付令，责令被申请人陈某应当自收到支付令之日起15日内支付给申请人杨某工时费人民币8500元，承担本案支付令申请费人民币17元。因陈某的住所地在昆明市官渡区。受陇川法院委托，官渡区法院于2012年8月30日在陈某住所房间内向其送达支付令。陈某签收支付令时，在陇川法院送达回证的备注栏内注明"所欠金额不付。陈某"。

支付令生效后，陈某未履行付款义务，杨某申请强制执行。陇川法院于2012年09月24日立案执行。由于被执行人陈某的住所及财产所在地在昆明市官渡区，陇川法院依照民事诉讼法的规定于2012年09月26日委托昆明市官渡区法院执行。官渡区法院在执行中，被执行人陈某提出所欠工时费金额不对，要求双方重新核对账务，另提出在签收支付令法律文书时就提出支付令异议，并在送达回证上注明，由于当时情绪激动加之文化低，错将"金额不符"写成"金额不付"。官渡区法院于2013年5月2日作出〔2012〕官法执字第2051号回函，认为被执行人陈某在收到支付令即提出异议，陇川法院

未予处理，该案执行依据可能存在问题，特将案件退回，并建议对执行依据支付令予以审查。

后经审查认为，依据《最高人民法院关于适用督促程序若干问题的规定》第十一条：人民法院院长对本院已发生法律效力的支付令，发现确有错误，认为需要撤销的，应当提交审判委员会讨论决定后，裁定撤销支付令，驳回债权人的申请。所以，本案经陇川县法院审判委员会讨论，决定：撤销〔2012〕陇民督字第11号支付令。终结本案执行程序。

本案评析：支付令的适用条件

人民院根据债权人的申请，向债务人发出支付令，催促债务人在法定期限内向债权人清偿债务，虽然简便、快捷，但是它不解决当事人之间债权债务关系的争议，仅依据债权人的申请，经法院审查后，即发出支付令督促债务人履行债务。在整个程序过程中，没有双方当事人的辩论与质证，不存在对债权债务关系本身的争议。因此，民事诉讼法给被申请人提供了一个较为快捷的对抗支付令的途径。民事诉讼法第二百一十六条第二款规定，债务人应当自收到支付之日起15日内清偿债务，或者向人民法院提出书面异议。本案中，在法院执行阶段，陈某主张自己在陇川法院送达回证的备注栏内已经注明“所欠金额不付”，即为对支付令的异议。因此本案的关键就是陈某是否对支付令提出了有效异议。

审查中，有两种处理意见。第一种意见：撤销支付令，终结执行。理由是被执行人确属文化水平、法律素质有限，应从保护当事人诉讼权利出发，认定当事人提出的支付令异议有效。故该案应依法报请院长提交审委会讨论决定，撤销生效的支付令，并依照民事诉讼法第二百五十七条第二项之规定，据于执行的法律文书被撤销的，裁定终结执行。第二种意见：被执行人提出的支付令异议，不符合法定形式要件，没有单独提出书面异议。另参照《最高人民法院关于适用督促程序若干问题的规定》第七条之规定，送达回执备注的意思表示是拒绝支付、不履行，其不影响本支付令的效力。被执行人的行为属抗拒执行、逃避执行，应给予法律制裁。

从民事诉讼法第二百一十六条的规定可以看出，债务人对支付令提出异议，应具备两个条件：提出异议的法定期间为15日，自债务人收到支付令之日起计算；提出异议的形式只能以书面形式为准，即由债务人向人民法院提交书面异议。书面异议的内容只要表明不愿或不应当履行支付令中所载义务的意思表示即可，无须附加充分理由。至于书面异议的形式和格式，写在什么纸质上，法律均未明确规定，仅要求书面形式。司法实践中，人民法院对债务人在法定期间内提出的书面异议，无须审查异议是否有理由，即不必进行实体审查，应当直接裁定终结督促程序。就本案而言，陈某在签收支付令时，在陇川法院的送达回证的备注栏内注明“所欠金额不付。陈某”，实际上已对支付令提出书面异议。陇川法院应当裁定终结督促程序，更不应该将该支付令作为执行依据，进入执行程序。

【案例二】　梁某不服重庆南川市人民法院支付令和执行裁定案

1997 年 8 月 17 日，刘某和杨某借得梁某持有的南川市日用杂品总公司股票 2 张，合计人民币 20900 元，定期存单 1 张，存款额为 6300 元。刘某当即写下借条 1 张，载明 3 日内归还，不能作为抵押使用。之后，刘某并未按时归还股票和存单，而将梁某的两张股票质押给南川市隆化镇信用合作社，贷款人民币 2 万元，将梁某的存单质押给南川市城市信用合作社，贷款人民币 6000 元，南川市日用杂品总公司为担保人。梁某多次向刘某催还股票和存单无果，遂诉至南川市人民法院。法院作出〔1998〕南川法民初字第 175 号判决，由刘某、杨某连带赔偿梁某股票、存单及利息共计 31812.36 元，赔偿后，该 2 张股票及 1 张存单的权利归刘某、杨某。后此案经再审，重庆市第三中级人民法院判决维持。

另因刘某到期未还南川市隆化镇信用合作社与南川市城市信用合作社贷款，南川市隆化镇信用合作社向南川市人民法院申请支付令。南川市人民法院认定被申请人刘某于 1997 年 8 月 21 日在申请人南川市隆化镇信用合作社借款 2 万元，被申请人刘某用在南川市日用杂品总公司入股的两张股票(金额为 20900 元)作抵押担保，双方签订了借款协议书，约期 1 年偿还。被申请人南川市日用杂品总公司作为担保单位在该协议书上盖章，自愿为被申请人刘某担保偿还。事后经申请人催收，被申请人刘某至今尚欠申请人南川市隆化镇信用合作社借款本金 2 万元，利息 1140.63 元未付。特发出南川市人民法院〔1998〕南川法民督字第 55 号支付令：被申请人刘某应当自收到本支付令之日起 15 日内，给付申请人南川市隆化镇信用合作社借款本金 2 万元及其利息 1140.63 元。被申请人南川市日用杂品总公司负连带清偿责任。

梁某认为南川市人民法院所作支付令侵犯其合法权益，向检察机关申诉。南川市人民检察院审查后，向南川市人民法院针对南川市人民法院

〔1998〕南川法民督字第55号支付令发出南川市人民检察院南检民行意字〔2002〕01号检察意见书：

(1)该支付令认定的事实不清，证据不足。该支付令所指向的标的物，也是作为抵押担保的权利凭证2张股票的权利人是梁某，并非刘某或南川市日用杂品总公司，该支付令故意回避这一事实，把在《关于用存款抵押贷款的咨询证明书》上盖章、用于证实该股票真实性的鉴证单位作为担保单位追加，并最终认定其承担连带责任。

(2)该支付令与南川市人民法院已生效的民事判决相悖，严重侵害了案外人梁某的合法权利。该支付令卷宗收录了〔1998〕南川法民初字第175号判决书，说明审判人员明知这二张股票的权利人是梁某，在梁某没有获得刘、杨二人赔偿时，刘、杨二人均对股票和存单不具有处分权。在此情况下仍向其发出支付令，并且在该支付令中将所要“支付”的标的物指向上述2张股票，最后在执行时也实际执行了上述2张股票。

对于南川市人民检察院南检民行意字〔2002〕01号检察意见书所提建议理由，南川市人民法院作出〔2002〕南川法民监字第2号民事裁定书，认为支付令认定南川市日用杂品总公司自愿为刘某担保的事实没有根据，因此将南川市日用杂品总公司列为当事人，并责令其承担连带清偿责任是错误的，遂裁定撤销〔1998〕南川法民督字第55号支付令。

本案评析：支付令的异议

本案中，作为支付令督促还债的债务人，刘某并未对支付令提出异议，但是支付令所指向的标的物，却与案外人梁某有直接利害关系。本案关于支付令的争议具有特殊性，与一般意义上的当事人对支付令的异议有着本质上的差异。本案提醒我们注意一个问题，那就是第三人是否有途径对支付令侵害自己合法权益进行救济？

根据我国民事诉讼法第二百一十四条的规定，只要符合债权人与债务人没有其他债务纠纷的、支付令能够送达债务人两个条件，就可以向有管辖权的基层人民法院申请支付令。同时我国民事诉讼法第二百一十六条规定了债务人可以对支付令提出异议。由上述两条规定来看，法律规定的提出异议的主体有且只有“债务人”一项，提出支付令异议的主体，应当是被申请人即债务人，不包括第三人。因而，第三人如果发现支付令损害自己的合法权益，尤其是如果申请人与被申请人根本不存在债权债务关系，而是通过伪造变造证据、捏造案件事实等手段，达到借人民法院的执行行为来“合法”转移作为支付令被申请人的“债务人”的财产，从而逃避被申请人对第三人的债务的话，“债务人”根本不会对“债权人”的支付令申请提出异议，通过异议程序而使得支付令失效无法律依据。故而本案中，即使梁某以对支付令指向的标的物股票与存单享有权利为由提出异议，也会因为不符合法律规定，而致使支付令顺利地进到执行程序，从而严重威胁到其作为案外利害关系人的利益。

因此，在本案中，梁某选择了以申诉的方式，请求人民检察院行使检察监督权敦促法院依法纠正错误，从而达到使损害其合法权益的支付令被撤销的目的。检察院以该支付令认定的事实不清，证据不足且与已生效判决相悖为由，向人民法院提出纠正错误的检察建议，并最终促使人民法院依法启动相应审查程序撤消了支付令。

此外，我国民事诉讼法第二百二十七条规定了案外人有权利就执行标的提出执行异议，该条规定的是案外人与被执行人就执行标的的权利归属发生争议的情况，由于支付令指向的标的物的权利人为梁某，且该事实已经为人民法院的生效判决所确认，笔者认为，本案支付令虽不能通过异议的途径维护梁某的合法权益，但是在向检察机关申诉的途径之外，尚有通过执行异议程序使支付令在执行阶段失去效力。

【案例三】　吉马机械制造有限公司涉“虚假支付令”案①

2008年马鞍山市新力冷弯型管有限公司因与吉马机械制造有限公司(以下简称吉马公司)买卖合同发生纠纷起诉至法院，马鞍山市中级人民法院作出〔2008〕马民二初字第34号民事判决书，要求吉马公司偿还新力冷弯型管有限公司货款608.5万余元。在申请强制执行时，马鞍山市新力冷弯型管有限公司发现吉马公司对申某、陈某、马鞍山采石矶涂料有限公司等个人和单位负有高达395万元的债务。经上述债权人申请，雨山法院发出〔2008〕雨民督字第3至7号支付令，送达给吉马公司。由于吉马公司未提出异议，该五份支付令生效。各支付令申请人向马鞍山市中级人民法院要求参与吉马公司拍卖财产后的执行分配。2009年9月1日，马鞍山市中级人民法院制作“关于依法执行吉马公司财产后相关债权人提出要求参与分配的执行分配方案”，该方案确定了各支付令申请人的标的额。马鞍山市新力冷弯型管有限公司认为各支付令申请人有串通制造虚假诉讼、损害合法债权人权益的嫌

① 案件来源 http://www.jcrb.com/jcpd/jckx/201012/t20101215_479338.html

疑，遂向马鞍山市的公安机关作了实名举报。马鞍山市公安局将上述支付令申请人持有的八张债权凭据送交安徽省公安厅进行鉴定。2009 年 8 月 24 日，安徽省公安厅出具公刑技文字〔2009〕第 67 号物证检验报告认为：要求鉴定的八张收据为同一人同阶段书写形成。马鞍山新力冷弯型管有限公司多次向相关单位申诉无果，后于 2010 年 11 月 30 日向马鞍山市雨山区检察院申诉。法院受理后，积极与法院相关部门联系，督促他们仔细研究该案的现有证据和案卷材料，并就案件情况展开讨论，取得了一致的意见。检察院遂向雨山法院发出发出五份建议该院撤销支付令的检察建议，雨山法院采纳了检察院的理由和建议。

本案评析：虚假支付令的处理

本案例可谓是“虚假支付令”这种新概念的典型，关于虚假支付令学界目前没有明确的定义，但通常认为虚假支付令是指民事诉讼的双方当事人为转移财产或逃避债务，相互之间恶意串通，合谋编造虚假的债权债务关系，通过向法院申请支付令的方式，使法院作出错误裁决和执行的诉讼行为。在本案中，吉马公司企图与申某、陈某、马鞍山采石矾涂料有限公司等个人和单位串通，通过合谋人对“虚假”债权的支付令的申请，来逃避对新力冷弯型管有限公司的债务，新力冷弯型管有限公司向有关机关作了实名举报，且经鉴定证明该合谋串通事实成立。根据《最高人民法院关于适用督促程序若干问题的规定》第十一条，人民法院院长对本院已发生法律效力的支付令，发现确有错误，认为需要撤销的，应当提交审判委员会讨论决定后，裁定撤销支付令，驳回债权人的申请。雨山法院最终撤销支付令的决定是正确的。

如今许多虚假诉讼企图搭车“支付令”，也是因为支付令自身非对抗性、审理周期短、诉讼费较低的特点所致。为了体现支付令方便、快捷的特点，支付令申请的受理和支付令案件的审查，只需要对申请人提供的证据和事实作形式上的审查即可，支付令的发出不必经过法院的审理程序，只要债务方对债务没有异议，法院就可以根据当事人申请强制执行支付令，这就使得当事人可申请法院发出虚假的支付令，轻易地实现转移财产或是逃避债务的目的。且支付令没有金额上限，只要符合支付令申请的条件法院即可下达，这也为少数企图恶意串通侵吞或者转移巨额财产而虚设债权债务提起大额虚假支付令申请提供了可能。同时由于虚假支付令的查处缺乏有力的处罚措施，这些企图利用支付令达到自身非法目的的人群即使申请了“虚假支付令”，也不会付出相应的代价，可谓少了许多后顾之忧，也使“虚假支付令”出现了多发态势。督促程序在实践运用中本就少见，更不能让其因为自身的制度缺失成为某些不法分子损害他人利益的工具。对于此种不利趋势，建议对支付令申请的审查应进行有限的实质审查，立法应当明确对于申请"虚假支付令"的法律责任及处罚措施。

【案例四】　撤销某工程欠款纠纷的支付令申请案[①]

2002 年 5 月 20 日，申请人某承建商向法院提出支付令申请，请求被申请人某地产开发商支付工程进度款 8630114.75 元和协议委托应付款 2331100 元，两项共计 10861214.75 元，并提交了一份 2002 年 4 月 3 日被申请人出具的保证返还 10861214.75 元的工程进度款和协议委托应付款的保证书。次日，法院根据申请人的申请作出支付令：被申请人应自收到支付令之日起 15 日内给付申请人工程款人民币 10861214.75 元及案件受理费 100 元。该支付令送达被申请人后，在异议期内被申请人没有提出异议，支付令随即生效。接着，申请人向法院申请执行，因执行标的涉及案外人，案外人提出了执行异议。法院在审查异议过程中，发现该支付令存在四项明显错误：一是当事人尚有其他债权债务纠纷；二是支付令确认工程款为人民币 10861214.75 元，但其中 2231100 元实为被申请人代第三人向申请人支付的补偿费和现场签证费；三是债权人在就前述 2231100 元补偿费和现场签证费申请支付令的同时，又就此向中院起诉，存在"一债两请"的问题；四是未经审定的工程款尚处于债权债务不明确的阶段，支付令所依据的证据明显不足。针对以上情况，法院撤销了该支付令，驳回申请人的申请。

本案评析：支付令的撤销

这是关于撤销支付令的典型案例。在本案中，申请人提出了支付令申请，法院通过形式审查决定予以受理并发出支付令，被申请人未提出异议，支付令随即生效，但在申请执行中案外人提出执行异议，根据民事诉讼法第二百二十七条规定，执行过程中，案外人对执行标的提出书面异议的，人民法院应当自收到书面异议之日起 15 日内审查，理由成立的，裁定中止对该标的的执行；理由不成立的，裁定驳回。随后法院在审查异议过程中发现支付令存在的错误并决定撤销。根据民事诉讼法第二百一十四条规定，督促程序

① 案件来源《法庭》2003 年第 6 期。

的适用范围和条件应当包括：一是债权人必须以金钱或者有价证券作为给付请求的标的；二是请求给付的金钱或有价证券已经到期且数额确定；三是债权人与债务人之间没有其他债务纠纷；四是支付令必须能够送达债务人。法院在审查异议过程中首先发现债权人与债务人之间尚存在其他债权债务纠纷，与督促程序的适用条件第一款即不符合。此外申请人请求给付的金钱部分数额存在"一债两请"的问题，且处于债权债务不明确的阶段，支付令所依据的证据不足。支付令尽管具有非诉性质，但也是一种略式诉讼程序，不可就支付令申请的内容同时另起诉讼，《最高人民法院关于适用督促程序若干问题的规定》第六条就明确规定："人民法院受理支付令申请后，债权人就同一债权关系又提起诉讼，应当裁定终结督促程序。"因此人民法院撤销该支付令的决定是符合法律规定的。

但此案例同时也暴露出督促程序尚存在的不足：即作为督促程序使用范围和条件的"债权人与债务人之间没有其他债务纠纷"难以认定。在本案中，法院在支付令申请过程中便未查明该项条件是否满足的事实，使得支付令申请成功且生效。而在司法实践中，支付令申请往往也只根据申请人单方提供的证据与陈述的事实作为判断依据，对其也仅进行形式检查，而非实质检查，很容易产生与现实不符的情况。

第二节　基本知识

一、督促程序与支付令

（一）督促程序的概念与特征

1. 督促程序的概念

督促程序，又称债务催偿程序，是指人民法院根据债权人提出的要求债务人给付金钱或有价证券的申请，直接向债务人发出支付命令，督促债务人限期履行义务的特殊程序。

实践中，债的纠纷种类多、数量大，这其中有许多纠纷属债权债务关系明确，当事人之间并不存在争议，债务人对其应履行的给付义务也不否认，只是到期不履行债务。对于此类案件，如果仍然按照通常诉讼程序进行审理，则显得程序过于繁琐，有违诉讼经济原则，也不利于债权人及时实现债权。因此在诉讼制度安排中，规定债权人可不通过通常的诉讼程序，而是直接向人民法院提出申请，以支付令的方式使债权人取得执行根据，以简便方式及时实现其债权。由于人民法院适用督促程序是直接以支付令的方式催促债务人及时偿还债务，并不经过审理对案件进行实质调查和审理裁判，所以这是一种非讼的特别程序。

督促程序的适用是以假定当事人之间不存在实质性争议为前提，它因债权人的单方面申请而开始，法院不经过开庭审理，只是以债权人的主张为依据，直接向债务人发出要求其履行给付义务的支付令。显然，督促程序符合前述非诉程序的特征。但督促程序同时又具有诉讼程序的特性，因为通过督促程序能够产生通常只有诉讼程序才能产生的法律效果，即当债务人不提出异议时，支付令直接产生强制执行的效力。而且，适用督促程序所处理的案件，也可以通过诉讼程序加以解决，只是由于债权债务关系并不存在实质性争议，但债务人不自动履行义务，为了迅速取得强制执行的根据，使债权得以尽快实现，而省略了案件的实体审理过程。由此可见，督促程序是法院解决给付之诉的代用程序，是用非讼方法解决诉讼案件。

2. 督促程序的特点

与民事诉讼法规定的其他程序相比，督促程序具有以下特点：

(1)具有非诉性。首先，督促程序因债权人提出申请而开始；第二，法院在适用督促程序审理案件时，并不存在对等辩论的程序特点，具有程序的非对抗性；第三，法院对当事人之间的债权债务关系所涉及的事实并不作出认定，也不适用实体法律作出判决。

(2)适用范围的特定性。督促程序的适用范围，仅限于特定的民事案件，即只有以给付金钱、有价证券为标的物的债务案件，才能适用督促程序。

(3)程序适用的快捷性。督促程序是一种简便、快捷的处理案件的程序。人民法院适用督促程序时，无须开庭审理，只要审查债权人请求的内容和所根据的事实、证据是否符合法定申请条件，即可决定是否签发支付令。适用督促程序审理的案件，只由审判员一人审理，并实行一审终审制，既减轻了人民法院工作负担，又减轻了当事人诉累。

(4)程序的可选择性。对于债权债务关系明确，并且请求给付的标的物为金钱、有价证券的债务案件，当事人既可以选择督促程序，也可以通过通常诉讼程序加以解决。如果当事人选择督促程序，法院依申请向债务人发出支付令，在债务人不提出异议的情况下，支付令发生法律效力；如果债务人对支付令提出异议，则督促程序便因纠纷出现而告终止，当事人需另行起诉，适用通常诉讼程序以解决纠纷。因此，督促程序可以视为通常诉讼程序的先行程序，但不是它的必经程序，适用何种程序，取决于债权人的选择。

民事诉讼法设立督促程序，适应了我国市场经济发展的需要，它的意义在于，通过假定案件不存在实质争议，以支付令的方式保证了债权人债权的及时实现。同时，督促程序的适用，减少了当事人的诉累，减轻了人民法院的工作负担，使民事诉讼解决纠纷的机能得以进一步丰富和完善。

（二）支付令

支付令是指在督促程序中，根据债权人的申请，由人民法院发布的限令债务人履行债务的法律文书。支付令是督促程序中最重要的法律文书，督促程序主要围绕是否发出支付令来进行。人民法院经审查债权人提供的事实和证据，如果认为符合条件的，应依法发出支付令。

二、支付令的申请和审查

（一）支付令的申请

督促程序始于债权人申请法院向债务人签发催促债务人履行债务的支付令。支付令的申请，是指债权人依照民事诉讼法的规定，就其与债务人之间存在的金钱给付或者有价证券给付的债权债务关系，请求人民法院以支付令的形式催促债务人履行给付义务的一种诉讼行为。债权人提出支付令的申请，应符合法定条件，并应遵守法定程序的要求。

1. 申请支付令的条件

根据民事诉讼法第二百一十四条和最高人民法院相关司法解释的规定，债权人适用督促程序，申请支付令必须具备下列条件：

（1）请求给付金钱或者汇票、本票、支票、股票、债券、国库券、可转让的存款单等有价证券；

（2）请求给付的金钱或者有价证券已到期且数额确定，并写明了请求所根据的事实、证据；

（3）债权人没有对待给付义务；这一条件是要求适用于督促程序的案件债权人与债务之间的债权债务关系是单向的，即债权人对债务人不负有给付义务，或者虽负有给付义务，但债务已经履行完毕；

（4）债务人在我国境内且未下落不明；

（5）支付令能够送达债务人；

（6）收到申请书的人民法院有管辖权；

（7）债权人未向人民法院申请诉前保全。

2. 申请支付令的程序

债权人申请人民法院发出支付令，除应符合上述条件外，还应遵守以下程序规定：

(1)提交申请书。债权人申请支付令，应采取书面的形式，向人民法院提交申请书。申请书的内容主要包括以下事项：债权人与债务人的基本情况。双方或一方为自然人的，应写明姓名、性别、年龄、职业和住所地。是法人或其他组织的，应写明名称、住所地和法定代表人或者主要负责人的姓名、职务。有委托诉讼代理人的，还应写明委托诉讼代理人的有关情况。

请求给付金钱的数额，或者有价证券的种类及数额，并写明所根据的事实、理由，附上能够证明债权债务关系存在的书面材料。

表明申请法院发出支付令的意图，并说明符合申请支付令的条件。

(2)向有管辖权的人民法院提出申请。根据民事诉讼法二百一十四条规定，适用督促程序的案件应由基层人民法院管辖，《最高人民法院关于适用〈中华人民共和国民事诉讼法〉的解释》第四百二十九条规定，基层人民法院受理申请支付令案件，不受债权金额的限制。此规定表明，在级别管辖上，无论案件的数额大小，基层人民法院是此类案件的唯一管辖法院。而对于地域管辖，《最高人民法院关于适用〈中华人民共和国民事诉讼法〉的解释》第二十三条规定，债权人申请支付令，适用民事诉讼法第二十一条规定，由债务人住所地基层人民法院管辖。如果债务人有两个以上，根据最高人民法院相关规定，共同债务人住所地、经常居住地不在同一基层人民法院辖区，各有关人民法院都有管辖权的，债权人可以向其中任何一个基层人民法院申请支付令；两个以上人民法院都有管辖权的，债权人可以向其中一个基层人民法院申请支付令。债权人向两个以上有管辖权的基层人民法院申请支付令的，由最先立案的人民法院管辖。

(二)对支付令申请的审查与受理

人民法院接到债权人的支付令申请后，应根据民事诉讼法规定的程序和条件进行形式审查，审查的内容主要包括以下几项：

1. 申请人是否适格

对债权人提出的支付令申请，人民法院应首先审查申请人是否具备主体资格。包括审查其是否享有债权；申请人是自然人的，应审查其是否具有诉讼行为能力，没有诉讼行为能力的，应由其法定代理人代为申请；申请人是法人或其他组织的，应提交营业执照复印件，法定代表人身份证明书。申请人委托诉讼代理人的，应当向人民法院提交授权委托书。

2. 申请是否符合法定的程序

人民法院应审查债权人申请支付令的案件是否应当由本院管辖。属于本院管辖的，应审查债权人提交的申请书是否符合法律的规定，认为申请书不符合要求的，如内容不明确或者有欠缺，应通知债权人限期补正。经审查，认为该案件不属于本院管辖的，应告知债权人向有管辖权的人民法院提出申请。

3. 申请是否具备法定的条件

人民法院应根据民事诉讼法第二百一十四条及相关司法解释的规定，审查债权人的申请是否符合申请支付令的条件。人民法院对债权人提出的支付令申请，经审查符合上述条件的，应当在5日内立案受理，并通知债权人；申请不符合条件的，也应当在5日内作出不予受理的裁定，通知债权人并说明理由。

三、申请支付令案件的审理

（一）对申请支付令案件的审查

人民法院受理债权人提出的支付令申请后，申请支付令案件进入审理阶段。根据《最高人民法院关于适用〈中华人民共和国民事诉讼法〉的解释》第四百三十条规定人民法院受理申请后，由审判员一人进行审查。审查的目的在于查明债权债务关系是否明确、合法，进而决定是否发出支付令。

1. 审查的方式

人民法院适用督促程序对案件的审理，主要采用对债权人的申请进行书面审查的方式，不需要询问当事人，也不需要开庭审理，仅根据债权人在申请书中提供的事实及相关证据材料进行审查。书面审查方式体现了督促程序简便、快速的特点。

2. 审查的内容

人民法院在受理后对债权人申请的审查，应主要围绕当事人之间的债权债务关系是否明确、合法来进行。所谓债权债务关系明确，是指债权人与债务人之间的债权债务关系事实清楚，数额确定，双方对债权的存在无实质争议，债权人对债务人没有对待给付义务。所谓债权债务关系合法，是指引起债权债务关系发生的事实，以及债权债务的内容不违反现行法律的规定。应当注意的是，在督促程序中，人民法院对当事人之间债权债务关系是否明确、合法的审查贯彻形式审查的原则。根据这一原则，人民法院的审查范围一般只限于债权人提供的书面材料，只要从形式上审查债权债务关系明确、合法即可，无需审查请求及证据是否真实，债权人也无需承担实质的举证责任。

3. 审查的结果

人民法院经审查债权人提供的事实和证据，认为债权人的支付令申请符合法定条件，债权债务关系明确、合法的，应当在受理之日起15日内向债务人发出支付令；经审查，如果认为申请不成立，应在15日内裁定驳回申请。对驳回申请的裁定，债权人不得提起上诉。

根据《最高人民法院关于适用〈中华人民共和国民事诉讼法〉的解释》第四百三十条规定，经审查，有下列情形之一的，裁定驳回申请：申请人不具备当事人资格的；给付金钱或者有价证券的证明文件没有约定逾期给付利息或者违约金、赔偿金，债权人坚持要求给付利息或者违约金、赔偿金的；要求给付的金钱或者有价证券属于违法所得的；要求给付的金钱或者有价证券尚未到期或者数额不确定的。人民法院受理支付令申请后，发现不符合《最高人民法院关于适用〈中华人民共和国民事诉讼法〉的解释》规定的受理条件的，应当在受理之日起15日内裁定驳回申请。

（二）支付令的发出与效力

1. 支付令的发出

民事诉讼法第二百一十六条规定，人民法院受理申请后，经审查债权人提供的事实、证据，对债权债务关系明确、合法的，应当在受理之日起15日内向债务人发出支付令。支付令制作完毕后，应由审判员、书记员署名，并加盖人民法院印章后向债务人送达。需要指出的是，支付令应当以直接方式送达债务人本人，不适用公告送达形式。直接送达时，本人拒绝签收的，人民法院可以采取留置送达。送达债务人后，人民法院还应通知债权人支付令送达于债务人的日期，以便债权人在异议期满后可以申请执行。

2. 支付令的效力

支付令是人民法院在督促程序中以裁定的方式制作的法律文书。根据民事诉讼法第二百一十六条第二款、第三款的规定，债务人应当自收到支付令之日起15日内清偿债务，或者向人民法院提出书面异议。债务人在前款规定的期间不提出异议又不履行支付令的，债权人可以向人民法院申请执行。因此，支付令一经送达债务人，即产生如下两方面的效力：

(1)限令债务人清偿债务的效力。对债务人来说，支付令发出并送达后，就产生了督促其清偿债务的效力，如果债务人对支付令没有异议，就应该根据支付令来履行清偿义务。换句话说，如果债务人在收到支付令后履行了义务，其法律依据就是支付令。这里的清偿包括债务人实际履行债务或与债权人达成和解两种情况。

(2)具有与生效判决同等的法律效力。债务人自收到支付令之日起15日内既不提出异议，又不清偿债务的，支付令便产生同生效判决同等的法律效力。首先，支付令生效后，即确认了当事人之间的权利义务关系，人民法院非经法定程序不得撤销、变更支付令的内容；当事人也不得提起上诉，请求变更或废弃支付令的效力。其次，支付令生效后，无论法院还是当事人均受支付令内容的约束，法院不得作出与之内容相矛盾的判断；当事人也不得就已确定的权利义务关系再行起诉。再次，债务人自收到支付令之日起15日内，既不提出异议又不清偿债务的，期满后，支付令便具有强制执行的效力，债权人有权以支付令为执行根据，向受诉人民法院申请强制执行。

四、支付令异议和督促程序的终结

(一)债务人对支付令的异议

1. 支付令异议的概念

支付令异议，是指债务人向人民法院申明不服支付令所确认的支付义务的诉讼行为。

2. 支付令异议的条件

(1)提出异议的主体。只有债权人请求其为给付的债务人及其法定代理人以及经特别授权的委托代理人才有权对支付令提出异议。

(2)提出异议的内容。债务人对支付令提出的异议必须针对支付令所确定的债务关系本身，而且，异议必须是实体上的拒绝，对形式要件提出异议并不影响支付令的效力。

(3)提出异议的时间。根据民事诉讼法第二百一十六条第二款的规定，债务人的异议必须在收到支付令之日起15日内书面提出。此期间为不变期间，如因出现不可抗力或者其他正当理由而耽误期限，债务人可申请人民法院顺延。

(4)提出异议的形式。根据民事诉讼法第二百一十六条第二款的规定，债务人必须以书面形式提出异议，口头异议无效。

支付令异议只要具备以上条件，就能够成立，并产生相应的法律效果。

3. 对支付令异议的审查

债务人在法定期间提出书面异议的，人民法院应当对债务人的异议进行审查。经审查，若债务人对债务本身并无异议，只是提出清偿能力有欠缺的，应当驳回其异议，若认为符合支付令异议的法定要件的，则应裁定终结督促程序。《最高人民法院关于适用〈中华人民共和国民事诉讼法〉的解释》

第四百三十七条规定，经形式审查，债务人提出的书面异议有下列情形之一的，应当认定异议成立，裁定终结督促程序，支付令自行失效：本解释规定的不予受理申请情形的；本解释规定的裁定驳回申请情形的；本解释规定的应当裁定终结督促程序情形的；人民法院对是否符合发出支付令条件产生合理怀疑的。因此，异议成立的，将会产生如下法律效力：

(1)督促程序终结。债务人异议成立的，人民法院应裁定终结督促程序。该裁定一经作出，即产生法律效力，债权人不得提起上诉。但应注意的是，终结督促程序的裁定，只表明债权人不能通过督促程序实现债权，而不是对债权人请求权的否定。债权人如果继续谋求以司法途径实现其债权，应按通常诉讼程序的规定，向有管辖权的法院起诉。

(2)支付令失效。债务人对支付令的异议成立后，支付令所具有的督促债务人限期履行给付义务的效力自行丧失，该支付令即不能作为强制执行的根据。

(二)督促程序的终结

在督促程序中，有下列情形之一的，人民法院应终结督促程序：

1. 债务人清偿债务

债务人收到人民法院发出的支付令后，按支付令的要求在法定期间内履行了义务，则督促程序自然终结。

2. 债务人未清偿债务，又未提出支付令异议

债务人收到支付令后，如果在法定期间内既未自动履行义务，又未对支付令提出异议，督促程序至此终结，支付令产生与生效判决同等的法律效力，债权人可依据支付令申请强制执行。

3. 债务人提出有效的支付令异议

债务人收到人民法院发出的支付令后，在法定期间内对支付令提出书面异议。经审查，支付令异议有效成立的，则支付令自动失效，人民法院应当裁定终结督促程序。

4. 支付令无法送达债务人

支付令在一定期限内如果无法送达债务人，督促程序难以继续进行，人民法院应裁定终结诉讼程序。根据《最高人民法院关于适用督促程序若干问题的规定》，人民法院发出支付令之日起30日内支付令无法送达债务人的，应当裁定终结诉讼程序。

5. 债权人撤回申请

督促程序始于债权人请求人民法院向债务人发出支付令，即督促程序的

开启取决于债权人的意志。如果在程序进行中，债权人撤回申请，基于处分原则，人民法院应尊重当事人的选择，以裁定的方式使督促程序终结。

6. 债权人提起诉讼

人民法院受理债权人的支付令申请后，如果债权人就同一债权关系又提起诉讼，人民法院应裁定终结督促程序。在督促程序的进行中债权人另行起诉，可视为债权人撤回支付令申请，督促程序终结，当事人的债务纠纷通过诉讼程序解决。

第十五章　公示催告程序

第一节　典型案例及其评析

【案例一】　公示催告前置认定相关案件[①]

1997 年 12 月 29 日，中国工商银行陆丰市支行(以下简称陆丰工行)以不慎丢失空白整存整取储蓄存单(以下简称存单)50 份为由，向广东省陆丰市人民法院申请宣告存单无效，存单编号为 1473951—1473976，1473979—1474000，1473304—1473305。陆丰市人民法院受理后于 1998 年 1 月 8 日发出公告，内容为："申请人中国工商银行陆丰市支行不慎遗失空白整存整取存单五十份(附号码)，向本院申请公示催告，本院决定受理，现予以公告。自公告之日起 60 日内，利害关系人应向本院申报权利，届时如无人申报权利，本院将依法作出判决，宣告上述票据无效。在公示催告期间，转让该票据的行为无效。"陆丰市人民法院在同年 2 月 5 日的《人民法院报》上刊登上述公告。公示催告期间届满后，无人向陆丰市人民法院申报权利。陆丰市人民法院遂于同年 4 月 24 日对中国工商银行陆丰市支行申请宣告票据无效一案作出〔1998〕陆民催字第 1 号民事判决，宣告该 50 份存单无效。判决发生法律效力。

该除权判决生效后，四川省安岳县城市信用社(简称安岳信用社)持编号为 1473995，存款数额 900 万元，1996 年 10 月 4 日存入、1997 年 10 月 4 日到期，盖有中国工商银行陆丰市支行人民路储蓄所业务专用章的存单到陆丰工行兑付存款。陆丰工行以该存单已被法院宣告无效为由拒绝兑付，安岳信

① 最高人民法院〔2003〕民二提字第 12 号。

用社即向四川省资阳地区中级人民法院提起诉讼，请求判决陆丰工行归还存款本金及利息。

2000年7月20日，资阳地区中级人民法院一审作出〔1999〕资经初字第44号判决，判决陆丰工行向安岳信用社支付本金及利息。陆丰工行不服，提起上诉。2000年12月11日，四川省高级人民法院二审作出〔2000〕川经终字第265号民事判决，驳回上诉，维持原判，该判决已经发生法律效力。

作为存款关系的双方当事人，陆丰工行与安岳信用社各自持有的生效判决发生了冲突，导致四川省高级人民法院〔2000〕川经终字第265号民事判决难以执行。四川省高级人民法院根据《最高人民法院关于人民法院执行工作若干问题的规定（试行）》第一百二十六条的规定，报请最高人民法院处理。

本案评析：公示催告程序的适用对象

导致本案出现执行难的最大原因在于，陆丰市中级人民法院在先经过公示催告程序对50份存单作出了除权判决，导致票据持有人——安岳信用社的存单无法取现。陆丰市中级人民法院之所以会作出此判决，是因为该院认定，存单属于公示催告程序的适用对象。而根据《中华人民共和国民事诉讼法》第二百一十八条的规定，可以向人民法院申请公示催告的范围，一是“按照规定可以背书转让的票据”；二是“依据法律规定可以申请公示催告的其他事项”。我国票据法规定，票据是指汇票、本票和支票。汇票、本票和支票除出票人记载“不得转让”字样的，均可背书转让。综上，可以依据民事诉讼法申请公示催告的，目前仅限于上述可以背书转让的票据。本案陆丰工行申请公示催告的存单既不属于法律规定的票据范畴，也不属于法律规定可以申请公示催告的事项，且本案存单系空白存单，不具有权利凭证的特征。综上，陆丰市人民法院适用法律错误。

【案例二】 除权判决案件①

申请人上海佰斯特电子工程有限公司申请公示催告一案，法院受理后依法于2013年11月5日发出公告，催促利害关系人在60日内申报权利。现公示催告期间已满，无人向法院提出申报。依照《中华人民共和国民事诉讼法》第二百二十二条的规定，判决如下：

① 上海市徐汇区人民法院〔2013〕徐民催字第8号。

宣告申请人上海佰斯特电子工程有限公司持有的号码为30700041/20026748. 金额为10000元的银行汇票无效。

自本判决公告之日起，申请人上海佰斯特电子工程有限公司有权向支付人请求支付。本判决为终审判决。

本案评析：除权判决的表现形式

本案系除权判决最为常见的表现形式，申请人在经过公示催告程序阶段，无权利申报人或权利申报不成立，经过一段时间后，可以申请法院作出除权判决。本案中判决的两项内容也正好对应了学理上除权判决的两项法律后果：(1)判决的第一项内容意味着票据权利已与票据本身分离，原票据被宣告无效。(2)判决的第二项内容表明，申请人和支付人之间产生一项基于原有票据而确定的债权债务关系，申请人有权不出示原票据而向支付人要求支付，而支付人也有对应支付的义务。

【案例三】　公示催告与票据法的综合案件①

上诉人常州市茂昌金属材料有限公司（以下简称茂昌公司）因与被上诉人常州市太阳动力机械有限公司（以下简称太阳公司）票据损害赔偿纠纷一案，不服常州市天宁区人民法院〔2013〕天商初字第176号民事判决，提起上诉。法院于2013年6月27日立案受理后，依法组成合议庭进行了审理。此案现已审理终结。

原审法院审理认为，第一，关于本案的案由，应确定为票据损害赔偿纠纷，太阳公司与茂昌公司既不是背书的前后手关系又不存在基础交易关系，上述两涉案票据已经茂昌公司的申请而被除权判决，且茂昌公司已经取得票据利益，太阳公司以茂昌公司申请除权判决损害其利益为由提起的诉讼应属于损害赔偿之诉。第二，根据票据法第三十一条“以背书转让的汇票，背书应当连续。持票人以背书的连续，证明其汇票权利；非经背书转让，而已其他合法方式取得汇票的，依法举证，证明其汇票权利”的规定，本案中结合证据情况来看，太阳公司是从张某手中取得了上述涉案汇票，并支付了对价，虽然存在贴息的行为，但是相关法律只是规定以欺诈、盗窃、胁迫等非法手段取得票据或取得票据存在重大过失才成为抗辩理由，太阳公司取得上述两

① 江苏省常州市中级人民法院〔2013〕常商终字第327号。

涉案汇票显然不存在上述情形，且太阳公司取得汇票的时间是2012年5月5日，早于2012年6月12日镇江市京口区人民法院发出公告之日，故太阳公司取得票据善意合法。太阳公司在经营过程中将上述两涉案汇票分别进行了转让，后均因托收被拒故逐手退还至其手中，可认定太阳公司属于上述两涉案汇票的善意持有人及最后持有人，票据权利虽已经过除权判决而丧失，但是票据利益应归其享有。第三，根据《最高人民法院关于审理票据纠纷案件若干问题的规定》第九条“票据诉讼的举证责任由提出主张的一方当事人承担”的规定，茂昌公司提供的证据仅能证明其曾合法持有过上述两涉案汇票。茂昌公司还应对太阳公司取得上述两涉案汇票为非法的事实承担举证责任，但茂昌公司未能举证证明。茂昌公司虽不认可太阳公司提供的张某书写的汇票提供书、徐某的情况说明，但亦未能证明上述证据系伪造。相反，茂昌公司对于其员工丢失上述两涉案汇票的过程无法说明准确的丢失时间、地点与具体过程，丢失汇票金额巨大却未及时采取有效的补救措施，上述两涉案汇票仍处于正常的流转过程，其行为不能对抗合法善意取得票据的第三人。综上，因茂昌公司通过公示催告并申请除权判决取得了票据利益120000元的事实侵害了太阳公司的合法权益，应承担赔偿责任，故对于太阳公司要求茂昌公司赔偿120000元的诉讼请求该院予以支持。关于赔偿利息损失的诉讼请求，因太阳公司只有在向茂昌公司主张权利之后才能要求其赔偿利息，即只有从起诉之日才能计算利息损失，故对太阳公司要求赔偿汇票到期之日至起诉之日止的利息损失的诉讼请求该院不予支持。据此，依照《中华人民共和国票据法》第十条、第十二条、第三十一条、《中华人民共和国民事诉讼法》第六十四条、《最高人民法院关于审理票据纠纷案件若干问题的规定》第九条之规定，遂判决：茂昌公司于判决发生法律效力之日起10日内向太阳公司支付人民币120000元。驳回太阳公司的其余诉讼请求。案件受理费2700元，由太阳公司负担5元，由茂昌公司负担2695元。

上诉人茂昌公司不服一审判决，向二审法院提出上诉称：①一审法院认定被上诉人通过支付116400元对价取得的讼争汇票没有事实依据。本案中，被上诉人只向一审法院提供了一份银行卡转账凭证和张某、徐某的证词，该银行卡转账凭证也只能证明2012年5月5日从该卡的账上转账116400元，首先被上诉人并没有证据证明收取该款的人为张某，而且也不能证明被上诉人转账支付了116400元，毕竟该卡的所有人明显是个人，而不是被上诉人单位。②一审法院认定被上诉人是善意取得该票据无事实和法律依据。首先，被上诉人没有证据证明其是支付对价取得票据。其次，即使按被上诉人的陈述，被上诉人与张某之间也是票据贴现关系，我国金融法律、法规明确规定，任何单位与个人均不能从事金融业务，所以，被上诉人系违法取得票据，并不是善意取得票据。③一审法院适用法律明显错误，被上诉人明知其不能从事票据贴现活动，仍然从张某处通过支付一定对价的方式贴现取得票据，明显违反了诚实信用原则，而且这种行为不仅超出了重大过失的范围，甚至违反相关的法律、法规而非法取得。而一审法院却对票据法断章取义，明显使用错误。④由于票据没有记载背书日期，被上诉人也不应当享有票据权利。票据法第二十九条规定，背书由背书人签章并记载背书日期，背书未记载日期的，视为在汇票到期日期背书。本案中，由于该张汇票均未记载背书日期，应视为在汇票到期日期背书，即2012年10月11日前。而在2012年10月11日前，上诉人因遗失该汇票向法院申请了公示催告，而公示催告期间转让票据时无效的，故由于没有记载背书日期，也应推定被上诉人是在公示催告期间取得票据的，其也不应当享有票据权利。综上，请求撤销一审判决，依法改判驳回被上诉人的诉讼请求。

被上诉人太阳公司答辩称：一审认定事实清楚，适用法律正确，请求驳回上诉人的上诉请求。被上诉人有证据证明是依法取得本案所涉的两张汇票的，江苏省镇江市京口区人民法院判决书〔2012〕京商初字第三百五十九号所认定的事实基本一样，即都是由张某、徐某所转让的承兑汇票。上诉人认为被上诉人取得该票据没有事实和法律依据是错误的，省高院的《会议纪要》也认定了承兑汇票可以作为民间借贷的支付对象，涉及的利息是否扣除、所产生的争议，法院也是支持的，票据法也没有明确反对企业和个人之间的借款标的可以使用承兑汇票，扣除相应的利息也是正常的。票据法上所说的贴息，在民间借贷中来讲就是利息，这并不违法。一审法院适用法律正确。持票人是合法持有本案的两张汇票，应该享有票据权利。上诉人没有证据证明被上诉人是违法取得该票据的。综上，请求驳回上诉人的上诉请求。

本案评析：公示催告程序中错综复杂的证据认定

本案的难点在于，其不是民事诉讼法或某项民事实体法律的单一适用，而是民诉法中的公示催告程序、票据法中的票据法律属性及要件认定以及侵权责任法中的特殊归责相结合的一例复杂案件。在法院审理中还涉及各种错综复杂的证据认定问题。本案系二审案件，当事人双方争议的焦点为：第一，太阳公司是否为本案所涉票据的合法持有人。第二，茂昌公司在公示催告程序中是否存在伪造票据丧失的事实。基于一、二审陈述事实，我们可以作出如下认定：

（一）太阳公司是本案所涉票据的合法持有人

（1）《中华人民共和国票据法》第十条规定："票据的签发、取得和转让，应当遵循诚实信用的原则，具有真实的交易关系和债权债务关系。票据的取得，必须给付对价，即应当给付票据双方当事人认可的相对应的代价。"本案中，太阳公司提供的116400元汇款凭证、证人张某的证言以及证人徐某书写的情况说明，足以证明太阳公司系支付了票据双方当事人所认可的116400元对价后取得了涉案票据。

（2）《中华人民共和国票据法》第十二条规定："以欺诈、偷盗、胁迫等手段取得票据的，或者明知有前列情形的，出于恶意取得票据的，不得享有票据权利。持票人因重大过失取得不符合本法规定的票据的，也不享有票据权利。"此规定列举了不享有票据权利的情形，而本案中太阳公司以支付合理对价116400元的方式从张某处取得票据，并不属于该条款所列举的情形，因此，应当认定太阳公司系善意取得该票据。

（3）上诉人认为太阳公司贴现票据，属于非法行为，其票据转让行为无效。对此，本院认为，《非法金融机构和非法金融活动取缔办法》是规范金融管理秩序的法规。其对违反规定的行为应采取的是行政处罚的办法。贴现票据的行为是否违反该法规与太阳公司是否善意取得票据是两个概念。因承兑汇票具有流通性和无因性的特点，在太阳公司证明其是善意取得后，即可行使票据权利。

（4）关于太阳公司取得涉案票据的时间问题，《中华人民共和国票据法》第二十九条规定，背书由背书人签章并记载背书日期。背书未记载日期的，视为在汇票到期日前背书。本案中，涉案汇票虽未记载背书日期，应视为在汇票到期日前背书，但被上诉人取得票据的时间，并不是上诉人所称的应推定为在公示催告期间。因为，根据被上诉人提供的116400元汇款凭证及证人张某的证言足以证明，被上诉人取得涉案汇票的时间是2012年5月5日，该时间并不在公示催告期间，因此，被上诉人取得票据的时间并不违反法律规定。

（二）茂昌公司在申请公示催告程序中伪报了票据丧失的事实

《中华人民共和国民事诉讼法》第二百一十八条第一款规定，按照规定可以背书转让的票据持有人，因票据被盗、遗失或者灭失，可以向票据支付地的基层人民法院申请公示催告。《最高人民法院关于适用〈中华人民共和国民事诉讼法〉若干问题的意见》第二百二十六条规定，民事诉讼法第一百九十三条规定的票据持有人，是指票据被盗、遗失或者灭失前的最后持有人。可见，票据持有人申请公示催告限定在票据被盗、遗失或者灭失三种情形。本案中，茂昌公司在申请公示催告时，仅陈述票据不慎遗失，却并未提交证据证明其遗失票据这一事实。而且茂昌公司在本案一审过程中对于其员工丢失上述两涉案汇票的过程无法说明准确的丢失时间、地点与具体过程。因此，对茂昌公司提出的不慎遗失票据的主张，可以不予采信。所以，茂昌公司在向法院申请公示催告及申请法院作出除权判决的过程中，伪报了票据遗失的事实，导致法院作出的除权判决损害了票据持有人太阳公司的合法权利，茂昌公司应向太阳公司承担相应的赔偿责任。

茂昌公司在向太阳公司承担相应赔偿责任后，可以要求张某、徐某承担相应责任。针对本案两公司的纠纷，张某、徐某显然存在过错，茂昌公司在赔偿之后，可以追究两人相应的责任。

【案例四】　撤销除权判决的相关案件

1999 年 1 月 7 日，被告陇海路广发支行签发了一份出票人为被告爱迪欧公司、收款人为河南省神鹏实业发展有限公司（以下简称神鹏公司）、付款行为陇海路广发支行、票号为 VII03167872、到期日为 1999 年 4 月 7 月、票面金额为 50 万元的银行承兑汇票。神鹏公司收到后转让给被告亿鑫公司（未加盖背书印章），亿鑫公司又背书转让给被告荣中公司，荣中公司又再次背书转让给被告隆鑫公司。隆鑫公司持该背书受让的汇票向原告开发区工行要求贴现时，原告向被告陇海路广发支行查询该汇票的真实性，陇海路广发支行于1999 年2 月 2 日回电报予以确认，但未将郑州市二七区人民法院向其发出的停止支付该汇票的通知书之事告知原告。原告即于同月 8 日向隆鑫公司办理了贴现 494296. 5 元的贴现支付手续。

被告爱迪欧公司在以其为出票人的上述汇票开出后，以该汇票遗失为理由，于 1999 年 1 月 28 日向郑州市二七区人民法院申请公示催告。该院受理后于次日即向陇海路广发支行送达了止付通知书，并于 2 月 13 日在《人民法院报》上登出了公示催告公告。

1999 年 4 月 6 日，原告向陇海路广发支行提出付款请求，陇海路广发支行以汇票已由郑州市二七区人民法院发给其止付通知书为理由予以拒绝，并表示待法院作出裁定或判决后再作处理。1999 年 4 月 26 日，郑州市二七区人民法院作出除权判决，宣告 VII03167872 号银行承兑汇票无效。原告派人向该院查询时，得知了除权判决的结果。

2000年4月24日，原告向郑州市二七区人民法院提起诉讼，称：爱迪欧公司采取欺骗手段骗取法院除权判决，以达到不支付汇票的目的。该汇票记载事项完整，背书连续，系合法有效的票据，其是汇票的合法善意持有人，享有该汇票所记载的权利。请求依法撤销除权判决，判令各被告立即支付汇票款。

本案评析：对利害关系人权利的救济

本案涉及的知识点为除权判决作出后，对利害关系人，尤其是善意持有人权利的救济。由于除权判决只是根据在公示催告期间无人申报权利或权利申报被驳回这一事实而对票据权利人作出的一种推定，即推定票据的权利人就是公示催告的申请人。但这种推定可能与实际情况冲突，票据的真正持有人可能因为某些客观原因不能在公示催告期间申报权利。为了对利害关系人的权利进行救济，民事诉讼法规定，没有申报权利的利害关系人不服人民法院宣告的除权判决，在法定期间内可以向作出除权判决的人民法院起诉。

根据民事诉讼法的相关规定，利害关系人另行起诉应当满足下列条件：①利害关系人没有申报权利有正当理由；②利害关系人必须在法定期间内进行起诉，即知道或应当知道判决公告之日起1年以内起诉；③利害关系人只能向作出除权判决的人民法院提起诉讼；④利害关系人只能以公示催告申请人为被告提起诉讼。

本案中，原告开发区工行基于对被告陇海路广发支行的确认支付了贴现款。然而随后被告知该票据已经因为在先的除权判决而失效，被告龙海陆广发支行显然存在过错，而另一被告爱迪欧公司将汇票交给收款人后，申请公示催告，骗取法院作出除权判决，也应承担付款责任。

第二节　基本知识

一、公示催告程序的概念和特征

公示催告程序，是指人民法院根据当事人的申请，以公告的方式，告知并催促不明确的利害关系人在一起期限内申报权利，到期无人申报权利的，根据申请人的申请依法作出除权判决的程序。公示催告程序是一种特殊的、独立的审判程序，与其他程序相比，公示催告程序具有以下特征：

1. 非讼性

公示催告程序不解决当事人之间的民事权益实质纠纷，而只是确认失票人的权利。经审查属于票据权利纠纷的，人民法院应当裁定终结公示催告程序，当事人可以另行起诉通过常规诉讼程序解决。公示催告程序的非讼性也决定了该程序只能实行一审终审，且不适用再审程序。人民法院在无利害关系人申报权利的情况下作出的除权判决，一经作出立即发生法律效力。

2. 适用限定性

公示催告程序只能适用于可以背书转让的票据遗失、灭失或者被盗，以及法律规定的可以适用公示催告程序的其他事项。

3. 程序独特性

公示催告程序的程序独特性在于其由公示催告和除权判决两个阶段组成。公示催告阶段是根据申请人的申请，在公示催告阶段，人民法院根据申请人的申请，催告利害关系人申报权利；在除权判决阶段，如果在公示催告阶段无人申报权利，则人民法院根据申请人的申请，依法作出宣告票据无效或其他事项无效的判决。具体对比两个阶段，又有以下特点：

(1)公示催告程序的两个阶段都是由申请人申请而启动。公示催告阶段由申请人申请而启动，在公告到期后，公示催告阶段并不直接进入到除权判决阶段，而是由申请人在一定期限内再提一次申请，请求人民法院作出除权判决方能进入除权判决阶段。

(2)公示催告程序的两个阶段需要分别发布两个不同公告。公示催告阶段的公告目的在于催促可能存在的权利人申报权利，而除权判决阶段的公告目的在于宣告原票据失效，从而恢复票据丢失人的权利。

(3)公示催告程序的两个阶段的审判组织组成方式也有所不同。公示催告阶段可由审判员独任审理，但在除权判决阶段，应组成合议庭进行审理。

二、公示催告案件的审理程序

(一)申请人申请公示催告

如前文所述，公示催告程序应当由申请人申请启动，此为公示催告程序的第一阶段。在这一阶段有以下三方面需要特别注意：

1. 申请主体

根据民事诉讼法的规定，公示催告程序的申请主体必须是按照规定可以背书转让的票据持有人或法律规定的可以申请公示催告的其他事项拥有人。就票据而言，只有可以背书转让的票据被盗、遗失或者灭失时，失票人才能通过公示催告程序获得救济；对于不可以背书转让的票据，失票人只能通过诉讼的方式寻求权利的救济。同时，根据《最高人民法院关于适用〈中华人民共和国民事诉讼法〉若干问题的意见》第二百二十六条的规定，票据持有人应当是票据的最后持有人。

2. 申请方式

申请公示催告应当采取书面方式，申请人应当向法院递交申请书。申请书应当载明以下内容：申请人的基本情况、票据种类、票面金额、发票人、持票人、背书人等票据主要内容，申请事实和理由。

3. 公示催告案件的管辖

根据民事诉讼法的规定，当事人的公示催告申请由票据支付地的基层人民法院管辖。这就说明中级以上人民法院不得管辖公示催告案件。票据支付地，就是票据载明的付款地，如承兑或付款银行的所在地，收款人开户银行所在地等；票据未载明付款地的，以票据付款人住所地或主要营业地为票据支付地。

（二）人民法院审查与受理

人民法院对申请人提出的申请，应当立即进行审查并决定是否受理。人民法院审查的主要内容包括：①申请人主体资格是否合格；②申请对象是否属于公示催告适用范围；③申请事由是否符合法律规定；④受申请人民法院自身是否有管辖权，等等。

通过审查，如果申请人的申请符合法定条件，人民法院应当通知予以受理，并同时通知支付人停止支付；如果申请不符合法定条件，人民法院应当在7日内驳回申请。

（三）发出公示催告公告

人民法院决定受理申请人的申请后，应当在3日内发出公告，催促利害关系人申报权利。公示催告公告应当具备以下内容：①公示催告申请人的姓名、名称；②票据的种类、票面金额、发票人、持票人、背书人等；③申报权利的期间；④在公示催告期间转让票据权利或利害关系人不申报权利的后果；⑤公告法院与公告日期。公示催告的期间由人民法院根据具体情况决定，但最少不得少于60天。

（四）权利申报

权利申报，是指公示催告的利害关系人，在公示催告期间向人民法院主张票据权利的行为。申报权利是利害关系人防止自己的权利受到人民法院宣告票据无效受到损害的重要方式。而是否有权利申报人出现，也是人民院查明票据有无利害关系人、是否应当作出除权判决的重要标准。权利申报也应注意下面几方面：

1. 权利申报主体条件

权利申报主体应当同时满足两个条件：①与票据存在利害关系，即除申请人之外的对遗失、灭失或者被盗的票据或法律规定可以申请公示催告的其他事项主张权利的人。从实践来看，有资格进行权利申报的主体一般为公示催告申请人以外的合法票据持有人、接受非法转让的善意第三人。②应当现实持有票据，即权利申报人必须持有公示催告指向的票据。

2. 权利申报的地点与时间要求

利害关系人应当向发出公示催告的人民法院申报权利，对其他法院的申报不能产生申报的法律效果。利害关系人的申报应当在公示催告期间内或除权判决作出前。超过此期间的，利害关系人只能通过其他方式而非权利申报途径解决纠纷。

3. 权利申报的形式与内容

申报应当采取书面形式，并且应当向人民法院出示票据正本或者法律规定的证据。对于权利申报人的申报，人民法院应当进行审查。

4. 权利申报的法律后果

①权利申报成立，人民法院应当裁定终结公示催告程序；②权利申报不成立，人民法院应当裁定驳回利害关系人的申报。

三、除权判决

（一）除权判决的概念

除权判决，是指在公示催告期间届满后，无利害关系人申报权利或虽有申报但被驳回的，人民法院根据申请人的申请，作出宣告票据无效的判决。

除权判决的作用在于使票据权利的实现与票据本身相分离，是票据权利与票据本身不可分离性的一种例外规定。公示催告阶段不能使原票据失效，更不能将票据权利与票据本身分离开来。因此，仅仅通过公示催告阶段不能恢复申请人的票据权利。只有将公示催告阶段与除权判决阶段联系起来，申请人的票据权利方能恢复。因此，除权判决具有重要意义。

（二）除权判决的程序

1. 申请人申请

如在权利申报期间内无人申报，或申报被驳回，公示催告申请人应当在申报权利期间届满的次日起 1 个月内申请人民法院作出除权判决。

2. 评议、判决与公告

对于当事人就作出除权判决的申请，人民法院应当组成合议庭对案件进行审查和评议。如确信出申请人之外没有其他利害关系人的，应当判决原票据无效。除权判决作出后应当发出公告，并通知支付人。

3. 除权判决的效力

①票据失效，申请人虽不持有票据，但却取得了原票据上载明的权利；②票据债务人与申请人之间产生了债权债务关系；③公示催告程序终结。

第十六章 民事执行程序

第一节 典型案例及其评析

【案例一】 吕某诉王某探望权纠纷案

原告吕某起诉称：2011 年 8 月 22 日，原、被告协议离婚。协议约定：原、被告之子王某某(2010 年 6 月 17 日出生)由被告抚养，原告可随时探望。但最近，在原告要求探望时，遭到了被告的拒绝。为此，要求被告在每周五晚 7 时将儿子送至原告处，在周六晚 7 时，原告将儿子送回被告处；儿子就读幼儿园开始，在每周五，原告自行将儿子接走，周六晚 7 时将儿子送回被告处；儿子读小学开始，每月第二周、第四周周五下午，由原告自行将儿子带领，周一上午将儿子送回学校，并在儿子放寒假时领养 10 天，放暑假时领养 20 天，每年春节正月初五至初十由原告抚养，时间亦可视王某某自身情况而定。为证明以上事实，原告提供离婚证和离婚协议书，以证明原、被告离婚时约定儿子王某某由被告抚养和原告可随时探望的事实。

被告王某答辩称：原、被告离婚后，被告在抚养儿子过程中，并未违反离婚协议的约定，阻止原告探望儿子。请求驳回原告的诉讼请求。被告未向法院提供相应证据。

法院审理认为，离婚协议书，系双方当事人的真实意思表示，协议内容符合法律规定，足以证明原、被告之子王某某由被告抚养时，原告可以探望的事实。

协议约定：原、被告之子王某某由被告负责抚养，原告可随时探望。此后，被告均按约履行了原告探望儿子的约定。但起诉前期，双方因故发生矛盾，致原告探望儿子受阻。

离婚后，不直接抚养子女的父或母，有探望子女的权利，另一方有协助的义务。作为不直接抚养儿子王某某的原告，依法享有探望的权利，为了实现该权利，被告负有协助的义务。但因儿子尚幼，为了使其健康成长，原告不便带领儿子留宿，待就读小学后，可以延长探望时间。依照《中华人民共和国婚姻法》第三十八条的规定，法院判决如下：

(1)自2012年9月起，在每月的第二、第四周周六7时原告吕某自行到被告王某处，将儿子王某某接领，于同日19时将儿子送回被告处；

(2)原、被告之子王某某自读小学起，在每月的第二、第四周周六17时，原告将儿子从被告处接领，至周日17时，将儿子送回被告处；

(3)原、被告之子王某某自读小学起，在放寒假时，原告自行到被告处将儿子领养7天，即自每年的正月初四日起至正月初10日止，在放暑假时将儿子领养15天，即自每年的7月15日至7月30日止；

(4)驳回原告吕某的其他诉讼请求。

本案评析：探望权的执行

本案是关于探望权执行的案例。探望权在国外通称为探视权，起源于英美法系，它为处理离婚后父母探视子女提供了法律依据，为各国立法和法理所接受。我国立法时，或许是为了与对在押囚犯的探视制度相区别，而将其命名为探望权，其定义是：夫妻离婚后，不直接抚养子女的父或母按照协议或者人民法院的判决，遵循一定的方式和时间探望子女的权利。①

探望权是亲权的具体内容。我国立法肯定了父母对子女的探望权，但除父母外是否包括祖父母和外祖父母的问题，在理论上还存在分歧。持否定观点认为：婚姻法第三十八条第一款规定的探望权主体不包括祖父母和外祖父母，因为法律有明文规定，只有不与子女共同生活的父或母一方享有探望权，法律没有赋予其他人探望权。持肯定观点的理由是从我国的国情来看，计划生育是基本国策，大部分离婚当事人的子女都是独生子女，祖父母、外祖父母对孙子女、外孙子女的亲情有利于未成年子女的健康成长。这也是与我国婚姻法、继承法中的隔代抚养、赡养、代位继承的精神相一致的。② 从现在司法现状来看，肯定享有该项权利的是父母，还不包括祖父母和外祖父母。

---

① 马文，莫小春. 浅析探望权的强制执行[J]. 广西社会科学，2003(11)：91.

② 胡克莉. 探望权及其强制执行[J]. 人民司法，2002(2)：51.

探望权执行具有特别的交付内容，其执行内容是探望权及其行使方式。探望权既不是对人身的强制执行，也不是对财产的强制执行。它要求协助义务人履行一定的特殊行为，而且还需要子女的配合。

探望方式一般有两种：一是探望性探视。这种方式时间短，方式灵活。二是逗留性探视。这种方式探视时间较长，可在约定或判令的探视时间内，由探视人领走并按时送回被探视子女。本案中原告诉求的是逗留性探视行为的行使，要求被告积极作为配合其探望权的实现。

由于探望权具有特别的交付内容，它不是要求有关当事人给付货币或财物，而是要求有关当事人履行一定的特殊行为，执行的标的绝不是子女的人身。子女本人既不是父母离婚案件中的当事人，也不是案件执行过程中的被执行人。如果负有协助义务的一方拒不自动履行判决确定的义务，人民法院的执行员也不能简单地对未成年子女的人身直接采取强制措施。

从我国目前的司法实践看，探视权案件判决容易执行难。主要表现在以下三方面：

1. 抚育子女方拒绝对方探望子女

由于离婚双方面临离婚的残局时往往已经结下了怨恨，抚养孩子的一方常常不愿履行协助探视的义务，他们把孩子当成自己的私有财产、当成惩罚对方的工具。探望权人在行使探望权时常遭阻挠，有的甚至藏匿子女、让子女改名换姓、转学搬家、唆使或威胁子女拒绝探望等，不让另一方探望子女，使另一方无法行使探望权。在法院有关探望权问题立案的，也多是探望权的执行纠纷。

2. 子女本人明确表示不愿意被探望

从立法层面上看，探视权的设立，主要是从满足父母亲权的角度进行规制的，所以，它能够较好地满足不直接抚养子女的父或母对子女的关心、抚养、教育的情感需要。另一方面，探视权也是有利于子女健康成长的一项权利，因为不与子女共同生活的父或母的定期探视可以增加子女与他们之间的情感沟通和交流，最大限度地消减因家庭破裂而给子女带来的心理影响。然而，由于种种原因，被探视的子女可能拒绝父或母的正常探视。如北京祁女士拿着法院允许探望女儿小雨的判决书来到宣武法院，申请强制执行，但遭到女儿拒绝。此案成为首例探望权中止执行案。①

① 《女儿拒绝母亲看望，探望权遭遇尴尬》，载《北京晚报》2002 年 02 月 04 日。

3. 案外人阻挠

这里的案外人主要指被探视人的祖父母、外祖父母、叔叔、姑妈、舅舅、阿姨等亲属，尤其是祖父母、外祖父母。由于多种原因，未成年子女在父母离婚后，可能实际上与祖父母或外祖父母共同生活，当该子女的父(母)依法前去探望时，会遭到祖父母或外祖父母直接或间接的拒绝。实践中，执行法官对此也无良策，因为法律并没有规定祖父母或外祖父母等亲属有协助执行探视权的义务。

【案例二】 叶某诉孙某等执行异议纠纷案

原告叶某起诉称：2011 年 11 月 14 日，某公司因拖欠原告借款 631000 元，无力偿还该笔债务，经股东决定将某公司的全部装修及所有的设施、设备一并抵押给原告。2012 年 4 月 26 日，因被告某公司以及吴某无力偿还 500000 元的借款，被告向富阳市人民法院提起诉讼，诉讼过程中保全了某公司的装修设施及设备。2012 年 6 月 15 日，富阳市人民法院作出〔2012〕杭富商初字第 911 号民事判决书，判令吴某、某公司归还原告以上借款。吴某、某公司未按该判决履行付款义务，原告遂向富阳市人民法院申请强制执行，要求执行吴某、某公司的财产，包括富阳市富春街道迎宾路 23 号内的空调(2 台)、地热设备、电动卷帘门和电动玻璃门。2012 年 9 月 19 日，被告孙某向富阳市人民法院提起第三人执行异议，声称其与某公司签订转让协议，将公司内的所有装修、设备转让给被告孙某，要求解除对富阳市富春街道迎宾路 23 号内的空调(2 台)、地热设备、电动卷帘门和电动玻璃门的查封。2012 年 10 月 29 日，富阳市人民法院作出〔2012〕杭富执异初字第 9 号民事裁定，裁定解除对以上财产的查封。原告认为，某公司因无法按约归还原告借款，与原告签订的抵债协议书合法有效。被告孙某以在此之后与某公司签订的转让协议为由，主张对以上财产享有所有权，并基于此要求解除对以上财产的查封，是不合理的，也没有法律依据。某公司在与孙某签订转让协议之前就将公司内的全部装修设备抵押给了原告，被告无权再次取得该批设备的所有权。为此，原告诉至法院，请求法院确认富阳市富春街道迎宾路 23 号某公司内的空调(2 台)、地热设备、电动卷帘门和电动玻璃门为被告某公司所有，并请求法院对富阳市富春街道迎宾路 23 号某公司内的空调(2 台)、地热设备、电动卷帘门和电动玻璃门许可执行。

法院认为：《最高人民法院关于适用〈中华人民共和国民事诉讼法〉执行

程序若干问题的解释》第二十一条规定："申请执行人依照民事诉讼法第二百零四条规定提起诉讼，请求对执行标的许可执行的，应当以案外人为被告；被执行人反对申请执行人请求的，应当以案外人和被执行人为共同被告。"由于本案中原被执行人某公司、吴某反对原申请执行人叶某的请求，故某公司、吴某与原案外异议人孙某均系被告。根据原、被告的诉辩主张，本案的争议焦点在于：①被告孙某与某公司法定代表人陈某之间的店铺转让协议是否合法有效；②本案所涉财产在法院查封之前所有权是否已经发生转移。

针对焦点一，法院认为，陈某作为某公司的法定代表人，其与孙某于2012年2月25日签订的店铺转让协议，是双方的真实意思表示，内容也不违反法律、行政法规的强制性规定，且该协议经某公司其余2名股东的认可，故应属有效。原告诉称该协议是在法院查封后某公司为逃避执行债务所签，依据不足，法院不予采信。针对争议焦点二，法院认为，虽然《中华人民共和国物权法》规定动产物权的转移以交付为准，不动产物权的转移以登记为准，但由于本案所涉财产系已经安装在房屋内的空调、地热、电动卷帘门和电动玻璃门，鉴于孙某从某公司转让店铺后仍作经营使用而非拆卸财产使用，且本案房屋与涉案财产产权人不同，根据当前实际，所涉财产亦无法单独进行登记，故在孙某根据2012年2月25日与陈某所签的协议已于该月将转让款550000元支付给陈某并于当日从陈某处接收了案涉财产房屋钥匙的情况下，法院认定案涉财产在当日所有权已发生转移，即从某公司所有转为孙某所有。原告诉称其与某公司之间就案涉财产存在抵押行为，因其没有提供有效证据证明，故法院不予认可。综上所述，原告的诉请，没有事实和法律依据，法院不予支持。依照《中华人民共和国民事诉讼法》第六十四条第一款，《最高人民法院关于民事诉讼证据的若干规定》第二条和《最高人民法院关于适用〈中华人民共和国民事诉讼法〉执行程序若干问题的解释》第二十四条之规定，判决驳回原告叶某的诉讼请求。

本案评析：案外人执行异议

本案涉及案外人异议这一法律问题。案外人即特定案件民事执行程序中当事人之外的主体。案外人本与原民事执行案件无关联，但因特定的民事执行措施而可能成为利害关系人。民事执行机构在实施强制执行行为时，可能基于被执行标的物外观形式或表面现象，抑或是妄图逃避执行行为制裁之被执行主体的虚假陈述，而识别判断该财产权利属于被执行主体所有，从而误对原本归属于案外人之财产权利为查封、扣押、冻结、拍卖等强制执行举措。

最终损害非执行行为之指向案外人的实体权利。本案中孙某系叶某诉求吴某、某公司归还借款的异议人。本案被执行标的是富阳市富春街道迎宾路23号某公司内的空调(2台)、地热设备、电动卷帘门和电动玻璃门。孙某诉称所涉财产系其所有。根据执行解释规定，案外人对执行标的主张的实体权利范围，包括所有权或其他足以阻止执行标的转让交付的实体权利。具体哪些事由能够让案外人发动异议之诉？学者认为，诸如所有权、用益物权、担保物权、债权等实体权利均可成为异议事由，但这些种类与范围必须以实体法的规定为根据。

案外人对争议执行标的物拥有所有权。所有权是案外人异议中最普遍的异议事由，但并非一切之所有权均可成为异议事由。如债务人将已设定抵押的标的物转让给案外人，案外人取得所有权后，基于抵押权追及之效力并不能以该所有权为由就抵押权人行使抵押权之强制执行提出异议。案外人若对争议之标的物享有共同共有或者按份共有权，此时案外人能否提出异议之诉阻止强制执行行为呢？共同共有相较按份共有其共有基础更为牢固，分割要件更严格。对共同共有物实施分割行为往往会面临更大的困难。因此对债务人与案外人共同共有之争议标的物实施强制执行行为必须首先对其进行分割。而分割行为势必损害案外人之合法共有权益。因此案外人可以对标的物之共同共有权提出异议之诉。而对于按份共有来说，按份共有人请求分割(转让的情形较为随意)对分割行为实施较易。因此为执行债务人对按份共有物的份额而实施强制执行予以分割，不会对该物的其他按份共有案外人造成损害。故按份共有案外人在此种情形下不能提出异议之诉。需要注意的是在分割按份共有之标的物时，还必须保障其他共有人之优先受让权。

对于合法占有人能否提出案外人异议，理论界存在“肯定说”与“否定说”之争。根据我国物权法之相关规定，占有人有权对妨害占有的行为提出排除妨害(消除危险或损害赔偿之请求)。因此，若执行行为以妨害、破坏、阻碍占有人继续实施占有行为，保持占有状态为要件的，则占有能够以占有状态被破坏为由提出异议。若强制执行行为并不会对占有人保持对物之占有、使用和收益，造成损害和妨碍的，则占有人不能提出案外人异议之诉。

案外人对于执行争议标的物享有用益物权能否提出案外人异议之诉？若强制执行争议标的物不影响案外人行使对该物占有、使用和获得收益的权利，则案外人不能提出异议之诉。若对标的物的强制执行将损害、妨碍或者剥夺案外人对标的物享有的用益物权的行使，则案外人可以提出异议之诉。如债务人通过出让方式取得了建设用地使用权，并将它有偿转让与案外第三人享有。在执行中，法院将该建设用地使用权仍视为债务人享有予以查封并准备进行评估拍卖。拍卖后该案外人显然不能继续享有用益物权，则其可就用益物权被侵害而提出异议之诉。

案外人对于执行争议标的物享有担保物权能否提出案外人异议之诉？担保物权包括抵押权、质权、留置权，就抵押权而言，抵押权人对抵押物享有优先受偿权，而对抵押物的强制执行，抵押权人如若作为案外人可以从拍卖、变卖或其他处理方式中得到优先受偿，其权利不会遭受侵害，一般不能提出案外人异议之诉。若案外人对争议执行标的物享有质权，则其必然合法占有该物。对该标的物的强制执行若会导致质权人丧失占有，而其债权又得不到优先受偿，则质权人能够提出异议之诉。对于留置权而言，虽然其同样以占有留置物为要件，但留置权是法定担保物权。案外人对争议标的物享有留置权，对于该物的强制执行必然会首先保证留置债权的兑现。因此留置权案外人其权利不会因为强制执行而遭受侵害，故不能提出异议之诉。

案件中对所涉财产在法院实施执行程序前所有权是否已经发生转移成为判案的关键。孙某与某公司法定代表人陈某签订店铺转让协议，陈某系某公司法定代表人有权出让店铺。本案中认定安装在房屋内的空调、地热、电动卷帘门和电动玻璃门为动产转移，转让店铺后仍作经营使用而非拆卸财产使用，且本案房屋与涉案财产产权人不同，根据当前实际，所涉财产亦无法单独进行登记。在孙某根据 2012 年 2 月 25 日与陈某所签的协议已于该月将转让款 550000 元支付给陈某并于当日从陈某处接收了涉案财产房屋钥匙的情况下，法院认定涉案财产在当日所有权已发生转移，即从某公司所有转为孙某所有。据此驳回了原告请求。

第二节 基本知识

一、执行程序概述

(一)执行的概念

执行是人民法院的民事执行组织依法运用国家强制力将已经生效且具有给付内容的法律文书付诸实现的活动。

(二)执行的条件

(1)必须有执行的根据。执行的根据必须具备两个条件：其一是法律文书已经生效；其二是法律文书具有给付内容。

(2)负有义务的当事人在法律文书确定的时间内，没有履行法律文书所确定的义务。

(3)未过执行时效。执行时效主要是针对当事人申请执行的情形，即当事人申请法院强制执行必须在法定的时间内提出。逾期提出的人民法院不予受理。

(三)执行的原则

1. 执行标的有限原则

执行标的，即执行对象，也就是民事执行活动所指向的客体。执行标的有限原则是指执行活动必须针对法律允许的对象进行，而不能超越这一范围。

执行标的有限原则有两层含义：其一，执行的标的限于财产或行为，而不包括人身。其二，对财产的执行也有一定的范围。换言之，对义务人的有些财产不能予以执行。

2. 保护申请人的权益与依法照顾被申请人的利益相结合的原则

这一原则包含两个方面的含义，即保障权利人的合法权益和兼顾被申请人的合法权益，它是公民在法律面前一律平等的法治原则和民事诉讼中的当事人诉讼权利平等原则在执行程序中的体现。同时它又深刻地反映了执行程序的特点，揭示了执行程序的任务和目的，因而是执行程序的重要原则。

3. 强制与说服教育相结合的原则

强制与说服教育相结合的原则是指人民法院在执行中既要采取强制手段，又要对当事人多做思想教育工作以促使其自动履行。人民法院应尽可能地通过说服教育的方式，促使义务人自动履行生效的法律文书确定的义务，只有在说服教育无效的情况下，才能依法采取强制执行措施。

二、执行程序的一般规定

(一)执行的根据

执行的根据是当事人申请执行和人民法院采取执行措施的生效的法律文书。没有执行的根据法院也无法采取强制措施。在执行的过程中，执行的根据被依法撤销的，应当立即终结执行，对于已执行完毕的案件，还应当恢复到执行前的状态。成为执行的根据必须具备一定的条件：第一，作为执行根据的法律文书必须是生效的法律文书；第二，必须是义务人在法律文书规定的期限内没有履行义务或者其拒不履行义务；第三，生效的法律文书必须是有给付内容的法律文书。生效的法律文书包括：人民法院制作的法律文书

(人民法院制作的发生法律效力的民事判决书和调解书，人民法院制作的民事裁定书，人民法院制作的承认并协助执行外国法院的判决，外国仲裁机构的仲裁裁决的裁定书和执行令，人民法院作出的要求债务人履行债务的支付令，人民法院制作的具有财产内容的已经发生法律效力刑事附带民事判决书和裁定书)和其他机构制作的并应当由人民法院执行的法律文书(仲裁裁决书和调解书，公证机关制作的依法赋予强制执行效力的债权文书)。

（二）执行的主体

执行的主体是指在执行程序中，依据执行法律规范享有权利和承担义务，并能引起执行程序发生、变更或终结的人。一般认为执行的主体包括执行的机构和权利人与义务人。

1. 执行机构

执行机构又称为执行组织，是指国家依法设立的执行生效的法律文书的专门的职能机构。我国民事执行的执行机构设在人民法院内部，是人民法院的内部机构之一。基层人民法院、中级人民法院根据需要，可以设立执行机构。执行机构的职责由最高人民法院规定。

2. 执行当事人

执行当事人，是指执行程序中的民事权利人和义务人。在申请执行的情况下称为申请执行人和被申请执行人。

3. 执行主体变更

在执行实践中常常发生由新的执行当事人更换原来的当事人的情形，这称为执行承担。执行的承担或变更是指，在执行的过程中，因为发生了某种特殊的原因而由新的执行当事人参加到执行程序中来，承担原当事人的权利和义务的制度。

（三）执行的对象

执行的对象，又称为执行的标的或执行客体，是指执行根据中所载明的，能够实现权利人权利的特定的财产和行为。

1. 财产

可以作为执行对象的财产，一般是被执行人享有所有权或管理处分权的财产。另外根据民事诉讼法和其他法律的规定，下列财产不能作为执行的对象:①被执行及其所扶养家属的生活必需费用和生活必需品；②未申请破产的企业法人维持正常的生产所必需的生产设备和厂房；③国家机关进行正常活动所必需的流动资金；④案外人的财产；⑤已设置担保的财产；⑥被执行人享有的专属权利；⑦法律禁止流通的其他财产。

2. 行为

行为是执行根据中确定的当事人应当实施的特定的行为，包括作为和不作为。

三、执行担保

执行担保是指在强制执行中，被执行人向人民法院提供担保，以实现暂缓执行的制度。

（一）执行担保的条件

（1）被执行人须向法院提出执行担保的申请，法院不得依职权主动裁定执行担保。

（2）提供充分、可靠的担保。

（3）须经申请执行人同意。

（4）须经过法院准许。

（二）执行担保的种类

执行担保有两种。其一，财产担保；其二，保证人保证。

（三）执行担保的效力

人民法院裁定准许执行担保以后，会产生以下效力：第一，暂缓执行。其期限可由法院决定；若有担保期限，则与之相同，但是最长不得超过一年。第二，被执行人或者担保人对担保的财产在暂缓执行期间有转移、隐藏、变卖、毁损等行为的，人民法院可以恢复强制执行。第三，执行担保期满后，被执行人仍不履行法律文书所确定的义务时，人民法院可以直接执行担保财产，或者裁定执行担保人的财产，但执行担保人的财产以担保人应当履行义务部分的财产为限。

四、执行异议

所谓执行异议，是指在执行程序进行中，第三人对执行标的提出确有理由的权利主张，致使执行程序暂时中止的法律制度。案外人提出异议，必须符合下列条件：

（1）提出异议的主体只能是执行案件之外的有利害关系的第三人，执行当事人特别是被执行人不能提出执行异议。

（2）提出执行异议的时间只能是在执行程序开始以后尚未终结之前。执行程序尚未开始，第三人不可能提出执行异议；执行程序结束以后，第三人也无法向法院提出执行异议，他只能以提起新的诉讼的方式，实现权利的救济。

(3)第三人提出异议一般应采取书面的方式，并提供相应的证据。以书面方式提出确有困难的，可以允许以口头方式提出。

(4)异议的内容为案外人对执行标的主张权利。

五、申请执行和移送执行

执行开始有两种方式：一是申请执行；二是移送执行。其中申请执行是原则，移送执行是例外和补充。

(一)申请执行

1. 申请执行的概念

申请执行，是指根据生效法律文书享有权利的当事人，因义务人逾期拒不履行义务，为实现其合法权利，而请求法院依法强制执行的行为。生效法律文书的执行，一般应当由当事人依法提出申请。

2. 申请执行的条件

当事人向法院申请执行，必须符合以下条件：

(1)据以申请执行的法律文书已经发生法律效力，并且具有执行内容；

(2)法律文书规定的履行义务期限已经届满，义务人仍未履行义务；

(3)必须在规定的申请执行的期限内提出申请；

(4)必须向有管辖权的法院提出申请。

3. 申请执行应当提交的文件和证件

(1)申请执行书。

(2)生效法律文书副本。

(3)申请执行人的身份证明。

(4)继承人或权利承受人申请执行的，应当提交继承或承受权利的证明文件。

(5)其他应当提交的文件或证件。

申请法院强制执行，应当按照法院诉讼收费办法的规定，缴纳申请执行的费用。

(二)移送执行

1.移送执行的概念

移送执行，是指法院制作的法律文书，发生法律效力后，由审理该案的审判人员依职权直接交付执行机构强制执行的行为。它是申请执行的必要补充。

2.移送执行的范围

移送执行只适用于法院制作的法律文书，对其他机关制作的由法院强制执行的法律文书，不适用移送执行。

需要移送执行的案件主要有三大类：(1)法院制作的具有给付赡养费、扶养费、抚育费内容的生效法律文书；(2)民事制裁决定书；(3)刑事附带民事判决、裁定、调解书。

移送执行时，审判人员应填写移送执行书，写明执行事项和要求等，并连同执行根据一并移送执行组织。

(三)对申请执行书和移送执行书的审查和执行案件的受理

根据最高人民法院有关的司法解释，法院受理执行案件应当符合以下条件：

(1)申请或移送执行的法律文书已经生效；

(2)申请执行人是生效法律文书确定的权利人或其继承人、权利承受人；

(3)申请执行人在法定期限内提出申请；

(4)申请执行的法律文书有给付内容，且执行标的和被执行人明确；

(5)义务人在生效法律文书确定的期限内未履行义务；

(6)属于受申请执行的法院管辖。

执行人员收到当事人的申请执行书(包括口头申请)或者审判人员的移送执行书后，应当依法进行审查，对符合上述条件的申请，应当在7日内予以立案，不符合上述条件之一的，应当在7日内裁定不予受理。

六、执行和解

(一)执行和解的概念和条件

执行和解，是指在执行过程中，双方当事人自愿相互谅解和作出让步，就如何履行生效法律文书的有关内容达成协议，即执行和解协议，经法院审查批准以结束执行程序的一种活动。

这种行为实施应当具备以下条件：①达成执行和解协议必须是双方当事人自愿，是其真实意思表示。②执行和解必须在执行程序开始后到结束前进行。③执行和解协议内容必须符合法律、政策和有关规定，不得有损于社会公共利益和他人的权益。

（二）执行和解的效力及违背执行和解协议的处理

执行和解的效力如下：

（1）执行程序暂停；

（2）双方当事人均应自觉遵守和履行和解协议，否则恢复执行程序；

（3）和解协议履行完毕后，执行程序不再进行。

和解协议不属于法律文书，因而不具有法律上强制执行的效力。在一方当事人不履行或者不完全履行双方达成的执行和解协议时，法院可根据对方当事人的申请，恢复对原生效法律文书的执行，但和解协议已履行的部分应当扣除。和解协议已经履行完毕的，法院不予恢复执行。

七、执行措施

（一）对财产给付的执行措施

根据民事诉讼法，对财产给付执行措施有：冻结、划拨被执行人的存款，扣留、提取被执行人的收入，查封、扣押、拍卖、变卖被执行人的财产，强制交付法律文书指定的财物或者票证，强制被执行人迁出房屋或者退出土地。

1. 冻结、划拨执行人的存款

冻结、划拨被执行人的存款是经常采用的执行措施，主要针对的是被执行人的存款，适用于以金钱为内容的法律文书。

冻结存款是指人民法院向存有被执行人款项的金融机构发出协助执行通知书，不准被执行人在一定的期限内提取和转移其存款的执行措施。

2. 扣留、提取被执行人的收入

扣留、提取被执行人的收入是对被执行人的收入采取的执行措施，适用于以金钱为内容的法律文书和被执行人为公民个人的执行。

3. 查封、扣押、拍卖、变卖被执行人的财产

查封、扣押、拍卖、变卖被执行人的财产是针对被执行人的非金钱财产实施的执行措施。

查封，是指人民法院把被执行人的财产贴上封条，禁止被执行人和其他人转移或处理。

扣押，是指人民法院把被执行人的财产移至另外的场所加以扣留，不准被执行人占有、使用和处分。

拍卖，是指人民法院将被执行人的财产，以公开的方式卖给出价最高的

买受人，并将所得的价款给予权利人。

变卖，是指人民法院将被执行人的财产强制出卖，并将所得的价款直接给付权利人的执行措施。

4. 强制交付法律文书指定的财物或票证

强制交付法律文书指定的财物或票证，涉及的是被执行人的有关财产和某些有关单位制发的、具有民事权利内容的凭证。标的物为特定物的，应当执行原物。被执行人转移或隐匿特定物的，人民法院有权责令其交出，必要时还可以采取搜查措施。

5. 强制迁出房屋或退出土地

强制迁出房屋或退出土地，是指人民法院强行搬出被执行人在所占房屋内或土地上的财物，并将腾出的房屋或土地交付权利人的执行措施。主要适用于法律文书确定的内容为不动产的情形。

6. 针对特殊标的的执行措施

针对特殊标的的执行措施有：

(1)对被执行人的知识产权中的财产权的执行。

(2)对被执行人的财产收益的执行。

(3)对被执行人的投资权益的执行。

(二)对行为的执行措施

当生效的法律文书确定一方当事人有义务履行一定的行为而拒不履行时，债权人有权请求法院强制该当事人履行一定的行为义务。

1. 强制被执行人交付法律文书指定的财物或票证

根据民事诉讼法第二百二十八条规定，强制交付法律文书指定的财物或者票证，可以采取以下方式：①法律文书指定交付的财物或者票证，由执行员传唤双方当事人当面交付，或者由执行员转交，并由被交付人签收。②有关单位持有该项财物或者票证的，应当根据法院的协助执行通知书转交，并由被交付人签收。③有关公民持有该项财物或票证的，法院通知其交出，拒不交出的，强制执行。

2. 强制执行法律文书指定的行为

法律文书所指定的行为，包括作为和不作为。根据民事诉讼法第二百三十一条规定，执行对象的性质、类别不同，其强制执行的方法也不同：①法律文书明确规定执行对象是被执行人不作为的行为，而被执行人已违反该规定而作为的，其执行方法是：责令被执行人将作为后的后果恢复到不得作为前的状态，不能恢复原状的，应赔偿损失。被执行人拒绝恢复原状的，应赔偿损失。被执行人拒绝恢复原状或赔偿损失的，法院可以委托他人代为恢复原状，并由被执行人负担有关费用或者对其应付的赔偿费用直接采取财产执行措施。②执行对象是作为，被执行人拒不履行的是可替代的作为时，法院可以委托有关单位或者其他人完成，费用由被执行人承担；被执行人拒不履行的是不可替代的作为时，法院一般是说服被执行人主动履行，但是经说服教育被执行人仍拒不履行的，应当按照妨害执行行为的有关规定处理；同时决定由被执行人支付迟延履行金给债权人；构成犯罪的，还应追究其刑事责任。

（三）保障性的执行措施

1. 民事搜查

民事搜查，是指法院在特定的情况下，依法对被执行人及其住所或财产隐匿地进行搜查，查找被执行财产的措施。

法院采取搜查措施，必须按照法律规定的程序进行：①首先由法院院长签发搜查令。②搜查人员搜查时，必须按规定着装并出示搜查令和身份证件。③搜查时禁止无关人员进入搜查现场；搜查对象是公民的，应通知被执行人或者他的成年家属到场以及基层组织派员到场；搜查对象是法人或其他组织的，应通知法定代表人或者主要负责人到场，有上级主管部门的，也应通知主管部门有关人员到场。拒不到场的，不影响搜查。搜查妇女身体应由女执行员进行。④搜查中发现被执行人隐匿的财产，应当依法查封、扣押。对于被查封、扣押的财产必须造具清单，由在场人签名。

2. 办理财产权证照转移手续

办理财产权证照转移手续是指，对执行中需要在转移标的物的同时转移财产权证照的，法院强制办理财产权证照转移手续。

法院对这类案件进行执行时，应通知被执行人交出原权利证书，被执行人拒绝交出，法院应向有关单位发出协助执行通知书，说明协助执行的事项和要求，有关单位必须按照协助执行通知书办理证照转移手续，拒不办理的，法院应当依照民事诉讼法第一百零三条规定处理。

3. 强制支付迟延履行利息或迟延履行金

强制支付迟延履行利息、迟延履行金，是指法院对逾期拒不履行义务的被执行人采取的一种强制其交付迟延履行期间的利息或迟延履行金，以迫使其尽快履行义务的经济手段。迟延履行，是被申请人没有在规定的期限履行义务的一种行为，其法律后果因被申请人履行义务的内容不同而有所不同。

被执行人拒不给付迟延履行利息或迟延履行金的，法院应按财产执行措施予以强制执行。

4.继续执行和再执行

在执行程序中，法院采取冻结、划拨被执行人的存款，扣留、提取被执行人的收入，查封、扣押、冻结、拍卖、变卖被执行人的财产等执行措施后，被执行人仍然不能偿还债务的，应当继续履行义务，债权人发现被执行人具有其他财产的，可以随时请求法院执行。债权人请求法院继续执行，不受民事诉讼法规定的申请执行期限的限制。

八、执行回转

(一)执行回转的概念

执行回转，是指在执行完毕后，因执行根据经过法定程序被撤销或变更，以致取得财产的一方当事人，将取得的财产之一部分或全部退还给原来的被申请执行人，恢复至执行程序开始前的状态。

(二)执行回转的原因

执行回转的原因主要有如下几种：①法院制作的先予执行的裁定，执行完毕后，被法院生效的判决或者上级法院的终审判决所撤销，因先予执行而取得财物的一方当事人应将所得归还对方当事人。②法院所制作的判决、裁定或者调解书执行完毕后，由于发现原判决、裁定或者调解书确有错误，依照审判监督程序对案件再审后，被法院或者上级法院撤销的，法院应当采取执行回转措施。③其他机关制作的依法由法院强制执行的法律文书执行完毕后，又被制作机关撤销其所赋予强制执行效力的(如仲裁裁决书、公证债权文书，等等)，经当事人申请运用执行回转措施。

(三)执行回转的条件

执行回转必须具备下列条件：①执行程序已经完毕。②作为执行根据的法律文书被依法撤销或变更。③有执行回转的必要。④执行回转必须根据新的生效法律文书执行。

九、执行中止

执行中止，是指在执行过程中，因发生某种特殊情况而暂时停止执行程序，待特殊情况消失后再恢复执行程序的制度。有下列情形之一的，法院应当中止执行：

(1)申请人表示可以延期执行的。

(2)案外人对执行标的提出确有理由的异议的。

(3)作为一方当事人的公民死亡，需要等待继承人继承权利或承担义务的。

(4)作为一方当事人的法人或其他组织终止，尚未确定权利义务承受人的。

(5)法院认为应当中止执行的其他情形。

法院中止执行，应作书面裁定，写明中止的理由和法律依据，裁定书送达当事人后，立即产生如下效力：①执行程序暂时停止。②在执行中止期间，执行人员不得对该案进行执行活动。③执行当事人和其他参与执行人，在中止执行期间，不得实施与执行程序相违背的行为。

十、执行终结

执行终结，又称执行终止，是指在执行程序中，因发生法律规定的事由，执行程序没有必要或者不可能继续进行，因而依法结束执行程序的制度。

执行终结是执行程序非正常结束的一种方式。有下列情形之一的，法院应当裁定终结执行：

(1)申请人撤销申请的。

(2)据以执行的法律文书被撤销。

(3)作为被执行人的公民死亡，无遗产可供执行，又无义务承担人的。

(4)追索赡养费、扶养费、抚育费案件的权利人死亡的。

(5)作为被执行人的公民因生活困难无力偿还借款，无收入来源，又丧失劳动能力的。

(6)法院认为应当终结的其他情形。

第十七章　涉外民事诉讼程序

第一节　典型案例及其评析

【案例】美国A软件公司诉重庆B整形美容医院有限公司著作权侵权纠纷上诉案①

上诉人A软件公司(以下简称A公司)与被上诉人重庆B整形美容医院有限公司(以下简称B整形医院)著作权侵权纠纷一案，重庆市渝中区人民法院于2013年1月6日作出〔2012〕渝中知民初字第00118号民事判决书，A公司不服，提起上诉。受理后，依法由审判长胡进、审判员严荣源、代理审判员贾友成组成合议庭，于2013年6月19日、9月6日两次公开开庭审理了本案。A公司的委托代理人刘某，B整形医院的委托代理人刘开某到庭参加诉讼。本案现已审理终结。

一审法院认为B整形医院依法不构成侵权，依照著作权法第二条、第十一条第四款，民事诉讼法第一百四十二条的规定，判决驳回A公司的诉讼请求，案件受理费减半收取4555元，由A公司负担。

一审宣判后，A公司不服，提起上诉，请求：撤销重庆市渝中区人民法院〔2012〕渝中知民初字第00118号民事判决，支持上诉人的全部诉讼请求；一、二审诉讼费用由被上诉人承担。理由是：①被上诉人未获得涉案软件著作权人的许可。被上诉人的涉案软件来源于第三方网站，且该第三方网站并没有上诉人的授权许可证明文件。②被上诉人复制并运行涉案软件构成侵权。上诉人没有证据证明其复制并运行涉案软件获得了著作权人的许可，且

① 案件来源：中国涉外商事海事审判网，访问时间：2014年2月18日。

其在30天的试用期后应当立即删除或不再复制运行涉案软件，其“个人版”是面向个人用户的，作为学习的非营利性质使用，故一审法院根据默示许可理论进行裁判没有任何法律依据。③一审法院未正确适用法律。根据《中华人民共和国合同法》第一百七十条、第一百七十一条的规定，试用期满后继续使用，应当视为购买，被上诉人应当支付许可使用费。④一审法院违反法定程序。简易程序只适用于审理事实清楚、权利义务关系明确、争议不大的简单民事案件，本案属涉外案件，案情复杂且争议较大，应当适用普通程序审理。

二审法院认为：本案系著作权纠纷。中国与美国均为《伯尔尼保护文学艺术作品公约》的成员国，A公司系涉案Serv－U 6.4版的计算机软件作品的署名人，A公司对Serv－U 6.4版的计算机软件享有著作权并依法受中国著作权法保护。涉案软件Serv－U 6.4版设置有《许可协议》，在安装过程中，用户必须点击同意该《许可协议》，才能继续安装和使用涉案软件。结合计算机软件保护条例第十八条第一款“许可他人行使软件著作权的，应当订立许可使用合同”及第十九条第二款“没有订立书面合同或者合同中未明确约定为专有许可的，被许可行使的权利应当视为非专有权利”的规定，用户在安装过程中点击了同意该《许可协议》，该《许可协议》实际上使软件著作权人与最终用户之间建立了一份许可合同关系。B整形医院在其计算机服务器中安装了涉案Serv－U 6.4版软件，B整形医院作为涉案软件Serv－U 6.4版的安装人或者被许可使用人，其是否侵害了上诉人A公司所享有的涉案软件的著作权，还应当依据涉案软件《许可协议》中的约定作出综合判断。

综上所述，二审法院认为，一审法院审判程序合法，审判结果正确，应予维持。依据《中华人民共和国民事诉讼法》第一百七十条第一款之规定，判决如下：驳回上诉，维持原判。

本案评析：涉外案件的审理

（一）本案争议点及其分析

本案是上诉人美国A软件公司与被上述人重庆B整形医院计算机软件著作权侵权纠纷一案，不服一审法院的民事判决，向重庆市高级人民法院提起上诉的案件。根据美国A软件公司上诉的理由以及本案的争议，二审的争议焦点一是一审法院根据默示许可理论进行裁判有没有法律依据；二是一审法院适用法律是否正确；三是电子数据是否为证据；四是涉外案件是否可以适用简易程序。这些是本案需要讨论的问题。

根据最高人民法院的司法解释，包括下列三种情形即为涉外案件。一是诉讼主体有一方或多方是外国人、无国籍人本案性质上属于涉外民事诉讼；二是诉讼当事人之间的民事法律关系有涉外因素；三是诉讼标的须涉外。A软件公司注册地为美国，因此此案理所当然为涉外民事诉讼。根据我国民事诉讼法第二百六十五条的规定，美国A软件公司在重庆市中级人民法院起诉重庆B整形医院计算机软件著作权侵权纠纷一案符合涉外民事诉讼管辖规定。美国A软件公司不服原审法院诉讼判决向重庆市高级人民法院提起上诉。其上诉理由并未包括管辖权异议，说明双方当事人已认可了原审法院的管辖权。

确定管辖权之后，法院面临选择法律适用的问题，即选择适用哪一国的实体法作为准据法，进而依法审判。而准据法如何决定，可以说是整个涉外民事案件中最重要的一环。在选择准据法的过程中，首先必须将争议的法律关系确定，进而寻找连接关系，最后完成准据法的选定。各国的国际私法规范不尽相同，定性是选择准据法的第一步。最明显的例子在于侵权案件中，时常伴随着合同关系的存在，此时应如何定性即成为一个重要的问题。

依据我国民事诉讼法第二百六十五条以及第二十八条的规定，因侵权行为提起的诉讼，由侵权行为地或者被告住所地管辖。涉外民事关系法律适用法第四十四条规定，侵权责任，适用侵权行为地法律，但当事人有共同经常居所地的，适用共同经常居所地法律。侵权行为发生后，当事人协议选择适用法律的，按照其协议。第四十八条规定，知识产权的归属和内容，适用被请求保护地法律。故本案应依据我国国际私法的有关规则来确定准据法。中国与美国均为《伯尔尼保护文学艺术作品公约》的成员国，故美国A公司对Serv－U 6.4版的计算机软件享有著作权并依法受中国著作权法保护。因此本案适用我国的法律，那又该是如何适用呢？我国涉外民事关系法律适用法第四十九条规定，当事人可以协议选择知识产权转让和许可使用适用的法律。当事人没有选择的，适用本法对合同的有关规定。因此，根据我国合同法第一百四十五条规定，涉外合同的当事人可以选择处理合同争议所适用的法律，法律另有规定的除外。本案中，因当事人未选择法律，故应依据最密切联系原则来确定本案的准据法。依据特别法优于一般法的原则，结合计算机软件保护条例第十八条第一款“许可他人行使软件著作权的，应当订立许可使用合同”及第十九条第二款“没有订立书面合同或者合同中未明确约定为专有许可的，被许可行使的权利应当视为非专有权利”的规定，用户在安装过程中点击了同意该《许可协议》，该《许可协议》实际上使软件著作权人与最终用户之间建立了一份许可合同关系。故本案准据法应是中华人民共和国的法律，即为调整有关合同纠纷的合同法。只是二审法院认为A公司关于本案应适用《中华人民共和国合同法》第一百七十条、第一百七十一条中的规定不适用，并未否定适用合同法。当然根据民法通则第一百四十二条第二款规定，中华人民共和国缔结或者参加的国际条约同中华人民共和国的民事法律有不同规定的，适用国际条约的规定，但中华人民共和国声明保留的条款除外。本案中，并不存在涉案合同纠纷无法适用合同法进行调整的情形，只是认为法律条款适用错误而已，故本案的准据法适用。关于电子数据是否证据的问题，案件当事人虽然没有提出异议，法院也并没有说明法律依据。通过查找我国最新民事诉讼法第六十三条、第二百五十九条的规定，电子数据来源于美国官方网站，且通过公证处公证，本案的电子数据属于我国民事诉讼法中的证据。如果查找修订前的民事诉讼法可以发现，此电子数据并不属于该法规定的证据范围内。另外，本案的争议焦点不在于涉外因素，而是在于侵权问题。结合本章内容，本案的争论相对简单，法院完全可以发挥主观能动性，可以选择适用简易程序。

综上所述，上诉人美国A软件公司与被上述人重庆B整形医院计算机软件著作权侵权纠纷一案，上诉理由不成立，一审法院审判程序合法，审判结果正确，应予维持。

（二）准据法的适用

涉外民事诉讼案件的裁判管辖的决定，即等同于法院地的决定，而法院地的约定，意味着涉外民事诉讼案件的涉外法律规则的决定。① 换而言之，倘若我国法院具有涉外民事诉讼案件管辖权时，适用于案件实体法律关系的准据法，即必须依照我国的涉外民事法律适用法来决定，因此首先适用法院地法作为判案依据。

根据我民事诉讼法中的先程序后实体的原则，涉外民事案件的裁判管辖权的问题性质上属于程序问题，为诉讼要件之一，法院应根据职权调查案件，不应待当事人在程序上有所主张或抗辩。② 诉讼要件若有欠缺，法院的程序即不合法，不应为实体审理，故不应为实体判决。③ 关于法律的适用选择，我国法院就涉外民事案件须依职权适用涉外民事法律适用法来选择准据

---

① 江伟，李浩．民事诉讼法配套教学案例分析［M］．北京：高等教育出版社，2009：315.

② 张卫平．民事诉讼回归原点的思考［M］．北京：北京大学出版社，2011：264.

③ 洪莉萍．中国《涉外民事关系法律适用法》评析［J］．中国政法大学学报，2012(5).

法。此流程符合民事诉讼先程序后实体的原则同时，也是国际私法基础理论上的原理原则，同时适用涉外著作权财产案件。

关于著作权的准据法，可以分为权利本身的准据法、权利被侵害时的准据法和权利让与时的准据法三个方面。

1.权利本身的准据法

关于著作权的准据法，现行我国民事诉讼法律并未明确规定。在涉外民事关系法律适用法第七章的规定，以知识产权为标的的权利，应适用被请求保护地的法律。此规定，反映了国际社会上对于涉外知识产权保护的主流见解，即应适用被请求保护地的法律。适用被请求保护地法律的根据主要有三点：一是公民平等待遇原则。这主要是因为我国是一些知识产权公约的缔约国，需要遵循公约。二是知识产权独立原则。因为知识产权是智慧财产权，拥有高度的独立性，许多国家把此原则作为适用被请求保护地法律的根据。三是排他性原则。从准据法对物权的规定来看，知识产权属于排他性的支配权，这点与物权类似，故可以类推适用物权的规定。关于著作权的成立、效力、期限等，虽然国际社会上的主流是适用被请求保护地法律，但对于著作权的原始归属人的决定（本案并未涉及），则应为例外处理，不应依请求保护地法律决定，而是应根据一国的法律来统一决定。例如著作物的所在国，在已经发行的情形下，以著作权人本国为著作物的本国。

2.权利侵害的准据法

（1）著作权侵权性质问题。关于涉外著作权侵权的法律关系性质，应定性为侵权行为？或者是著作权的效力问题？为此学界对此还有一定的异议。多数学者认为此性质为侵权行为。① 通过检索北京法院网历年的涉外著作权案件发现，几乎全部定性为侵权行为。② 此案的定性也是如此。

侵权行为的准据法把权利侵害作为侵权行为成立要件时，著作权的有效性或保护期限等先决问题的判断就成为了争议焦点，诸如此案被上诉人提出权利无效的抗辩时，应如何决定准据法？此种问题并非依照侵权行为确定准据法，而应该依著作权本身的准据法决定。在英国法上认为，涉外著作权侵权虽非专属管辖，但当被告或者被上诉人在本诉提出权利无效的抗辩，或提起反诉主张权利无效时，法院应驳回管辖，请原告或者上诉人改至权利登记

① 袁发强．分割法：涉外侵权法律适用中的二元价值追求[J]．法律科学，2013(1)

② 北京法院网，http：//bjgy. chinacourt. org/paper/foreignmore. shtml 访问日期：2014 年 2 月 19 日。

处起诉。①

(2)属地原则的适用。我国现行涉外侵权行为的准据法一般采取经验主义，我国涉外民事关系法律适用法第四十四条规定，侵权责任适用侵权行为地法律，但当事人有共同经常居所地的，适用共同经常居所地法律。侵权行为发生后，当事人协议选择适用法律的，按照其协议。

我国著作法权的立法模式，是采取创作保护主义，即非经登记或者注册，就可成为著作权法的保护客体。② 在我国加入 WTO 后对于著作权法的规范，多次修正，为求符合 TRIPS 协议的最低限度要求。然而著作权法的本质仍为国内法，TRIPS 的要求仅为门槛，因此著作权法最终还须国内法的保障。在采取注册主义的国家内，著作受保护须先经过核准；采取登记主义的国家，则须经过主管机关登记的程序后才开始受保护。在采取创作保护主义的国家，则需要法院对著作权法加以判断是否属于保护的著作及著作权人。因此，属地主义对于著作权来说，仍有重大影响。也因此，著作权的准据法的选择存在一定的争议。

3.权利让与的准据法

涉外著作权的权利转移，在现行涉外民事关系法律适用法中并无明文规定，学说上多认为应该依照物权的准据法的规则来决定准据法。③ 对于著作权的让与合同的准据法，应该根据我国涉外民事关系法律适用法第七章的规定来决定准据法，当事人可以协议选择知识产权转让和许可使用适用的法律。当事人没有选择的，适用本法对合同的有关规定。而本案当事人间的合同属于默示的合意，其理论上可以推定为最为密切的且最为合理的判断。

4.结论与建议

我国涉外著作权案件中，以侵权案件为最多，包括本案也是如此。如涉外民事诉讼是因为侵权行为而提起，且主张所发生的事实在我国境内的，我国为侵权行为地国，我国法院有管辖权，准据法应适用我国法。通过分析美国 A 软件公司起诉重庆 B 整形医院计算机软件著作权侵权纠纷一案可以发现，我国法院在处理含有涉外因素的案件时，已经意识到必须根据国际私法的方法来处理管辖和准据法的选择问题。审视重庆法院的判决理由，可以发

① Martha F. Davis, In the Interests of Justice: Human Rights and the Right to Counsel in Civil Cases, Touro Law Review. 157(2009).

② 张悦仙. 论侵权法律适用中保护当事人利益原则[J]. 河北法学，2013(1).

③ 王承志. 论涉外知识产权审判中的法律适用问题[J]. 法学评论，2012(1).

现我国法院关于国际私法问题的论述，显然存在一定的问题，特别是准据法的适用问题。

涉外著作权的法律适用应该更为细化，我国涉外民事关系法律适用法只对涉外知识产权进行了笼统的规范。著作权不同于专利权和商标权具有自动保护的性质，加之我国法律规定计算机软件是自愿登记，①对侵权判断存在一定的瑕疵。涉外计算机软件著作权的权利取得一般来自于他国，因此，涉外计算软件著作权的法律适用如果能够适用权利来源国的法律，可以避免上述这种侵权判断瑕疵的问题。

其次，计算机软件著作权在交易过程中，往往是使用权的转让，交易方式一般通过合同完成。根据我国涉外民事关系法律适用法第四十九条规定，当事人可以协议选择知识产权转让和许可使用适用的法律。当事人没有选择的，适用本法对合同的有关规定。如此第四十一条规定，当事人可以协议选择合同适用的法律。当事人没有选择的，适用履行义务最能体现该合同特征的一方当事人经常居所地法律或者其他与该合同有最密切联系的法律。但计算机软件著作权的转让往往存在一定的试用期，如果在试用期发生不当得利等因素时，合同之债就会与不当得利之债发生竞合，这种情况应如何规定法律的适用。② 对此我国目前并没有司法解释，此种情况如何确定计算机软件著作权的法律适用，需要待涉外合同以及不当得利等确定法律适用问题后才能确定。

再次，随着科技的进步，计算机软件是著作的衍生产品，其性质发生了许多变化，网络侵权问题在我国日益突出。侵权行为地法律作为涉外知识产权案件的法律适用已非为最佳选择。涉外计算机软件著作权法律关系复杂，如果一概按照属地原则管辖或者被请求国的法律适用，未免太过牵强。涉外侵权与国内侵权有着一定的区别，重点就是“涉外”，但计算机软件著作权仍为私人民事法律关系，涉外法律适应需要横跨法域，以及国与国之间的各种文化、经济等冲突，③因此涉外计算机软件著作权需要回到国与国的对等原则中重新定位。在现代国际私法领域中，国与国之间的礼让是很多国家公认

① 齐爱民，彭振．我国计算机软件著作权登记机制的反思与完善[J]．河北法学，2013(5)．

② Kevin J. Kelly, Placing the Burden Back Where It Belongs：A Proposal to Eliminate the Affirmative Duty from Willful Infringement Analyses, 4 J. Marshall Rev. Intell. Prop. L. 509(2005).

③ Justin P. Huddleson, Objectively Reckless：A Semi – Empirical Evaluation of In re Seagate, 15 B. U. J. SCI. &THCH. L. 102(2009).

的准据法原则。① 人民法院在审理涉外计算机软件著作权时应当达平等对待内外国的法律，在礼让的基础上充分估计外国法适用的可能性和必要性。

（三）涉外电子数据认定

电子证据随着信息技术的发展应运而生，最早出现在20世纪80年代，我国对于电子数据的认定是民事诉讼法第六十三条确立的。但是目前我国现行民事诉讼法并没有对电子证据的含义作出明文规定。法学理论界对于电子证据含义的理解一般是根据法条以及信息技术进行推演。

1.涉外电子证据的认定

对于涉外电子证据的认定首先应考虑涉外因素。在涉外案件中，其电子证据来源含有涉外因素，此类电子证据必然属于涉外电子证据。其二需要认定是电子证据；目前电子证据已经纳入到了我国民事诉讼证据体系中，但是并没有对电子证据进行定义。现在学界对于电子证据有两种不同见解，一种是广义的电子证据，即只要是在电子信息运行中产生的证据就是电子证据；另外一种是狭义的电子证据，即经由一定的电子设备和技术生成的、以数字信息编码形式出现的、用以存储并记载相关信息且可反映特定案情的所有类型的数字化的记录和信息。② 根据本案情形，以及证据类型，狭义的电子证据更符合司法实践。

另外我国现行法律对于电子证据的认定还缺乏一定的认定规则分析，因此应根据证据规则对电子证据进行针对性的分析。首先是可采性规则。由于电子证据性质不同于其他文字或照片，需要一定的专业人员对其进行鉴定，法官对于电子证据的认定是则需要对于电子证据进行相关性规则等进行反驳，只有这样电子证据才能被采用。电子证据与案件要有逻辑关系，这种逻辑关系必须能够支撑电子证据的保存。其次是真实性规则。电子证据的类型不一，运行路径各不相同，且容易受到外界数据的影响。因此，如何保证电子证据的真实性还需要进一步的认定。

最后是电子证据的复制问题。由于电子证据是基于信息和网络技术产生的，存在一定的流动性，其复制件可能和原件有出入，因此复制件的真实性需要鉴定。因此，对电子数据的认定还应该更深入地探讨。

---

① Mark A. Cohen, International Law Firms in China: Market Access and Ethical Risks, Fordham Law Review. 2573(2012).

② 刘显鹏. 论电子证据的认证规则体系——以《民事诉讼法》修订为背景[J]. 大连理工大学学报，2013(2).

2. 调取涉外电子证据的方式

目前我国法律并没有规定调取涉外电子证据的法律。实务当中一般是基于传统的调查取证调取涉外电子证据。电子证据的调取有别于传统证据的调取，这主要是由电子证据的性质决定的。涉外电子证据调取相比与传统证据更为方便，其调取途径也更为广阔，电子证据的调取已经打破了传统的证据调取。其次，电子数据一般需要注册或者备案，其来源途径一般已经过官方审查或审批，且一般对外公布，所以取得电子证据所花费的时间比普通证据少。总的来说，涉外电子证据作为新型的证据类型，已经打破了普通证据的取得，已经影响到了法律适用问题，因此对于涉外电子证据的取得还需要进一步研究。

(四) 简易程序的适用

简易程序是相对于一审普通程序而言的，它是通过对第一审普通程序某些环节或某些要素的简化形成的简单的一审程序。① 从我国传统涉外民事诉讼理论来看，大部分学者并不赞同涉外民事诉讼可以适用简易程序。但在实务中，不少涉外民事案件也适用该程序。因此涉外民事诉讼是否适用简易程序存在一定的争议。

简易程序的适用一般要具备如下要素：首先是案件当事人身份关系明确，不存在争议；其次是案件当事人争议焦点明确，涉案标的金额小；最后是法律适用清晰简单。只有符合这三项基本要素才能适用简易程序。涉外民事诉讼具有涉外因素，难以符合上述三项简易程序要素：首先涉外案件当事人之间主体成分、关系相对国内诉讼主体复杂，难以认定；其次是涉外案件一般涉及法院管辖权和准据法的适用，以及国际外交关系等问题，相对国内民事诉讼复杂得多；最后，域外送达、期间、财产保全、取证等由于时间及距离长的关系，涉外案件一般不适用简易程序。但是如果涉外案件符合简易程序的三要素，且争议焦点不是涉外程序问题，以及送达、期间、财产保全、取证等相对便捷，则可以适用简易程序。

① 江伟. 民事诉讼法[M]. 北京：北京大学出版社，2012：267.

第二节　基本知识

一、涉外民事诉讼的基本概念

国际往来更加密切和频繁，突出表现在贸易、投资、旅游、留学等方面，具有涉外因素的民事案件与日俱增。我国对涉外民事诉讼程序和实体法上的调整，也体现出涉外民事诉讼在民事诉讼体系的重要性。

所谓涉外民事诉讼，指所有应适用于具有涉外关系的民事诉讼的总称。"涉外民事诉讼"一词，源自20世纪初瑞士学者F. Meili出版的著作中，后来此词在大陆法系国家中运用开来，再后来英美法系国家也普遍使用该词。我国也使用此概念。

涉外民事诉讼中的"涉外"，其法源并非来自域外，而是指具有涉外的任务，即规范或调整具有国际性因素的民事案件。因此，涉外民事诉讼与国际私法相类似，该名称就其法源、内容而言并不贴切；此外，性质上二者均为国内法，而非国际法，仅部分法源在国际间透过国际条约予以统一而已。因涉外民事诉讼是专门处理具有涉外关系的诉讼案件的法规整体，所以其客体，主要有审判权(裁判权)、管辖权、外国人的诉讼地位、外国诉讼程序的效力、文书的送达、国际司法协助、国际证据法则、外国法的处置、外国裁判的效力、证据保全、国际仲裁、国际强制执行等。在实务上，尤为以国际管辖及外国裁判的效力为最重要。

二、涉外民事诉讼程序

涉外民事诉讼程序，是指人民法院受理、审判、执行具有涉外因素的民事案件，以及诉讼当事人和其他诉讼参与人进行诉讼活动时所必须遵照的法定诉讼程序。

在我国民事诉讼法中，涉外民事诉讼程序主要包括以下内容：一般原则；管辖；送达；期间；财产保全；送达取证；判决；执行和司法协助等。①

(一)一般原则

涉外民事诉讼的一般原则是指贯穿于涉外民事诉讼的整个过程，或者在重要的诉讼阶段，对涉外民事诉讼活动起指导作用的根本原则。我国民事诉

① 江伟. 民事诉讼法[M]. 北京：北京大学出版社，2012：338-360.

讼法第五条和第四编对涉外民事诉讼的程序原则作了具体的规定，主要有：适用我国民事诉讼法原则、诉讼权利同等和对等原则、适用我国缔结或参加的国际条约的原则、司法豁免原则、使用我国通用的语言文字的原则、委托中国律师代理诉讼的原则等。

1. 适用我国民事诉讼法的原则

依据我国民事诉讼法第四条和第二百五十九条规定，人民法院在审理涉外民事案件时，应当以我国民事诉讼法的规定为准则，涉外民事案件的当事人以及其他诉讼参与人进行诉讼活动时，也应当遵循我国民事诉讼法的规定。

2. 诉讼权利同等和对等原则

在许多方面，诉讼权利同等和对等原则是涉外民事诉讼中最重要的原则之一。①

(1)主权国家间的对等。在国际社会中普遍认为，主权独立的国家是相互平等的，因而一国无权干涉他国，一国对于他国原则上无命令权，亦不能行使司法权，因此一国享有他国司法的豁免权。虽然此豁免在今日已经不再是绝对的，而是相对豁免，但各主权国家间仍处于平等的地位。

(2)各国诉讼法的同等价值。在国际私法中，各国法律制度被认为具有同等价值，就涉外民事诉讼程序而言，各国诉讼法的价值是相等的，而应予以同等的尊重。此并非诉讼法的规定仅是纯粹技术性问题。当足以信赖外国的实体法和外国的诉讼程序，与国内相同时，这种同等价值就反映一种平等互惠关系，在国际法中则是以一种“国民待遇”的形式体现。

(3)外国人在诉讼上的平等对待。我国宪法规定我国公民法律上一律平等，在中国境内的外国人的合法权益同样受到我国法律的保护。基于诉讼当事人平等原则，外国人在我国进行民事诉讼，原则上与我国国民拥有相同的法律地位，外国人享有司法保护请求权，已是各国普遍的观点。

不过，外国人在中国法院进行民事诉讼，绝非毫无限制，我国民事诉讼法第二百六十三条就对此进行了详细规定。

3. 适用我国缔结或参加的国际条约的原则

我国民事诉讼法第二百六十条规定了我国缔结或参加的国际条约的原则。在各国现行法律或司法实务上，仍普遍奉行此种原则，即国内法没有规定涉外民事案件时，原则上依国际准则对待涉外民事诉讼。但是我国声明保

① 杜新丽. 国际民事诉讼与商事仲裁[M]. 北京：中国政法大学出版社，2009：72.

留的条款，是我国未承认或未接受的条款，在我国境内不发生法律效力。

4. 司法豁免原则

我国民事诉讼法第二百六十一条规定，对享有外交特权与豁免权的外国人、外国组织以及国际组织提起民事诉讼，应当依照我国缔结或参加的国际公约以及我国有关法律的规定办理。民事司法豁免是一种有限的豁免，即享有司法豁免权的人其所属国主管机关宣布放弃司法豁免的，或享有司法豁免权的人因私人事务涉及诉讼的，或享有司法豁免权的人向驻在国起诉引起反诉的，均不享有司法豁免权。

5. 使用我国通用的语言文字的原则

我国民事诉讼法第二百六十二条规定，人民法院在审理涉外民事诉讼案件时，应当使用我国通用的语言、文字。当事人在参加诉讼时，也应当遵循此原则。此原则同时也是国家主权原则的体现。

6. 委托中国律师代理诉讼的原则

我国民事诉讼法第二百六十三条规定，外国人、无国籍人、外国企业和组织在人民法院起诉、应诉，需要委托律师代理诉讼的，必须委托中华人民共和国的律师。

（二）管辖

涉外民事诉讼管辖是指我国人民法院对一定范围涉外民事案件的审判权限和各级各类人民法院受理第一审涉外民事案件的分工权限。① 其意义在于决定受诉法院对于涉外民事诉讼有无进行实体审理的权限，若无管辖权的他国法院对于该涉外民事诉讼案件进行审理，其程序不仅违法，实体判决也无效，另外因各国间并不存在移送制度，故受诉法院一旦认为对该涉外民事案件无管辖权，只能以驳回诉讼处理。

1. 涉外民事诉讼管辖的原则

（1）维护国家主权原则。国家主权是各国法院对涉外民事诉讼案件进行管辖的根基。依照维护国家主权的原则，在确定涉外民事诉讼管辖范围时，应根据国家主权合理确定涉外民事案件的管辖，以维护我国公民以及法人组织的合法权益；同时，在确定涉外民事诉讼管辖范围时应当尊重他国主权。

（2）诉讼与法院所在地实际联系的原则。根据我国民事诉讼法第二百六十五条的规定，凡是诉讼与我国法院所在地存在一定的实际联系时，人民法院都有管辖权。通过我国民事诉讼法对于涉外民事诉讼管辖的深入分析发

① 赵秀文. 国际私法学原理与案例教程[M]. 北京：中国人民大学出版社，2012：220.

现，我国涉外民事诉讼管辖以属地管辖原则作为基本的划分依据，另外结合特殊管辖原则，适当地减少了属人管辖原则。显然，这种设计除了考虑到属地管辖的地域性外，还实际考虑了对国家管理的实际控制因素。

(3)尊重当事人意愿的原则。尊重当事人意愿原则，又称为协议管辖原则，是指某些涉外民事案件可以基于当事人的合意而确定管辖法院。2012 年我国民事诉讼法修订后，涉外民事诉讼管辖的规定删减了两条有关协议管辖的条文，但并不代表民事诉讼法不重视尊重当事人意愿，而强化专属管辖，适当控制协议管辖，能充分保护弱势群体的当事人。

2. 涉外民事诉讼管辖的种类

根据我国民事诉讼法的规定，我国涉外民事诉讼管辖大致可以分为以下几类：

(1)普通管辖。我国涉外民事诉讼管辖中的普遍管辖以被告住所地作为依据，采用原告就被告的原则确定管辖。简而言之，只要涉外民事诉讼案件中的被告住所地在我国境内，不论该被告是外国人、无国籍人或者是外国企业、组织，我国法院均有管辖权。

(2)特殊管辖。除了普通管辖以外，对于在合同或财产权益纠纷中，对在我国境内没有住所的被告提起民事诉讼时，可以由与案件有实际联系地点的法院管辖。

(3)协议管辖。协议管辖是指在涉外民事诉讼案件的当事人以协议约定，由某一国家的法院受理当事人可能发生的争端。我国民事诉讼法将协议管辖条款合并为一条，其余条款并入国内民事诉讼管辖之中，目的是为了扩大国内案件的协议管辖。但遗憾的是并没有充分考虑涉外民事案件的特殊性。所以我国现行民事诉讼法关于涉外民事诉讼协议管辖存在一定的缺陷。

(4)专属管辖。专属管辖是指特定的涉外民事诉讼案件只能由特定国家的法院予以管辖。根据我国民事诉讼法第二百六十六条的规定，因在中华人民共和国履行中外合资经营企业合同、中外合作经营企业合同、中外合作勘探开发自然资源合同发生纠纷提起的诉讼，由中华人民共和国人民法院管辖。

(三)送达、期间与财产保全

1. 送达

涉外民事诉讼中的送达方式与国内民事诉讼中的送达方式有一点的区别，送达方式依受送达人居住的地点不同而有所不同。如果当事人在我国领域内居住，送达方式适用我国民事诉讼法的一般规定；如果当事人在我国领域内没有住所，则按照涉外民事诉讼程序的特别规定送达。对于涉外民事诉讼程序的特别规定，主要规定在我国民事诉讼法第二百六十七条。

(1)依条约规定的方式送达。涉外民事诉讼案件程序的特别送达，优先适用国际条约的原则，这一方式是我国法院向域外送达诉讼文书的首选方式，即依照受送达人所在国与我国缔结或共同参加的国际条约中的规定送达。

(2)通过外交途径送达。通过外交途径送达，是指人民法院将需要送达的文书交给我国外交部门，由我国外交部门转交给受送达人所在国驻我国的外交机构，再转交给该国的外交部门，然后由该国外交机关将文书转交给该国有管辖权的法院，最后由法院将文书送达给受送达人。

(3)委托我国驻外国使、领馆代为送达。对在我国领域内没有住所的具有中国国籍的受送达人，可以由我国司法机关直接委托我国驻受送达人所在国使、领馆代为送达中文文书。

(4)向受送达人的诉讼代理人送达。根据我国民事诉讼法第二百六十七条第四项规定，向受送达人委托的有权代其接受送达的诉讼代理人送达。

(5)向受送达人设在我国的代表机构或有权接受受送达的分支机构送达。根据我国民事诉讼法第二百六七条第五项规定，向受送达人在中华人民共和国领域内设立的代表机构或者有权接受送达的分支机构、业务代办人送达。这种送达方式主要是针对受送达人是外国企业或者组织。

(6)邮寄送达。根据我国民事诉讼法第二百六七条第六项规定，受送达人所在国的法律允许邮寄送达的，可以邮寄送达，自邮寄之日起满 3 个月，送达回证没有退回，但根据各种情况足以认定已经送达的，期间届满之日视为送达。

(7)采用传真、电子邮件等能够确认受送达人收悉的方式送达。根据我国民事诉讼法第二百六十七条第六项规定，采用传真、电子邮件等能够确认受送达人收悉的方式送达。随着社会科学技术的进步，我国最新民事诉讼法新增了此条规定。

(8)公告送达。根据我国民事诉讼法第二百六十七条第八项规定，上述方式均不能送达的，公告送达，自公告之日起满 3 个月，即视为送达。

2. 期间

涉外民事诉讼中的期间，我国民事诉讼法规定，如果当事人在我国领域内有住所的，适用民事诉讼法关于期间的一般规定。如果当事人不在我国领域内居住的，则应适用我国民事诉讼法涉外诉讼程序中的特别规定。对于涉外民事诉讼期间的规定，我国民事诉讼法主要规定在第二百六十八、二百六

十九、二百七十条。第二百六十八条规定，被告在中华人民共和国领域内没有住所的，人民法院应当将起诉状副本送达被告，并通知被告在收到起诉状副本后30日内提出答辩状。被告申请延期的，是否准许，由人民法院决定。第二百六十九条规定，在中华人民共和国领域内没有住所的当事人，不服第一审人民法院判决、裁定的，有权在判决书、裁定书送达之日起30日内提起上诉。被上诉人在收到上诉状副本后，应当在30日内提出答辩状。当事人不能在法定期间提起上诉或者提出答辩状，申请延期的，是否准许，由人民法院决定。第二百七十条规定，人民法院审理涉外民事案件的期间，不受本法第一百四十九条、第一百七十六条规定的限制。

3. 涉外财产保全

涉外财产保全，是指在涉外民事诉讼中，可能因涉外民事纠纷一方当事人的行为或其他原因，使法院判决不能执行或难以执行的案件，根据双方当事人的申请，采取扣押被申请人的财产等措施。① 我国现行的民事诉讼法对涉外财产保全作出了重大修改，涉外财产保全章节已经全部删除，对于涉外财产保全的实施完全参照国内民事诉讼财产保全的规定实施。

（四）司法协助

司法协助是指不同国家的法院之间，根据本国缔结或者参加的国际条约，或者按照互惠的原则，在司法事务上相互协助，为对方代为一定的民事诉讼行为或与诉讼有关的行为制度。

1. 司法协助的前提

根据我国民事诉讼法和我国缔结或参加的有关国际条约的规定，人民法院与外国法院相互进行司法协助时，应当符合以下前提：

(1)两国之间存在司法协助的条约关系，或者存在互惠关系。此前提是两国之间存在司法协助的根基。

(2)外国法院请求协助的事项有损我国主权、安全或者社会公共利益的，人民法院不予执行。

(3)请求的事项应当属于被请求国法院的职权范围。对于此点我国民事诉讼法未作明确规定，但我国与一些国家签订了双边司法协助协议对此点有规定。

(4)请求司法协助时所用的语言、文字应当符合要求。外国法院请求人民法院提供司法协助的请求书及其所附文件，应当附有中文译本或者国际条

① 樊崇义. 诉讼原理[M]. 北京：法律出版社，2009：590.

约规定的其他文字文本。我国人民法院请求外国法院协助时同样如此。

(5)请求提供司法协助一方应按照被请求国的法规的程序和方式进行。我国缔结或参与的有关司法协助的国际条约一般都规定，在执行司法协助请求时，被请求方应当适用其本国的法律。我国民事诉讼法第二百七十九条对此也有规定。

2. 一般司法协助

根据我国民事诉讼法的规定，一般司法协助主要是指人民法院和外国法院可以相互请求、代为送达文书、调查取证及其他诉讼行为。我国人民法院与外国法院之间的司法协助有两种途径：一是依照我国缔结或者参加的国际条约所规定的途径进行；二是没有条约关系的通过外交途径进行。此外这种途径必须符合司法协助的前提。

3. 特殊司法协助

特殊司法协助是指两国法院相互承认或执行各自已经发生法律效力的法院裁决和仲裁机构的裁决。法院裁决主要包括法院作出的民事判决、裁定、调解书、支付令以及刑事附带民事案件中有关赔偿的判决；仲裁机构的裁决则包括仲裁机构作出的仲裁裁决和仲裁调解书。

(1)我国法院的裁决在外国的承认与执行。根据我国民事诉讼法第二百八十条规定，我国法院的裁决请求外国法院承认和执行我国的裁判应当符合以下条件：①必须是我国法院作出的裁决且是已经生效的裁判；②被执行人或者财产不在我国领域内；③当事人可以直接向外国法院申请或由我国法院提出；④被申请执行国须与我国存在相互承认和执行法院裁判的条约或者互惠关系。

(2)外国法院裁判在我国的承认与执行。根据我国民事诉讼法第二百八十一条规定，外国法院的裁决请求我国法院承认和执行应当符合以下条件：①必须是外国法院作出的裁决且是已经生效的裁判；②必须由当事人向我国有管辖权的中级人民法院申请或者由外国法院向我国法院提出承认和执行的请求；③申请承认和执行的当事人所在国或请求法院所在国必须与我国存在司法协助条约关系或互惠关系；④申请承认和执行外国法院裁判时，不得违反我国法律的基本原则和损害国家主权、安全以及社会公共利益。

(3)我国法院对外国法院裁判的审查和处理。人民法院对申请或者请求承认和执行的外国法院作出的发生法律效力的判决、裁定，依照我国缔结或者参加的国际条约，或者按照互惠原则进行审查后，认为不违反我国法律的基本原则或者国家主权、安全、社会公共利益的，裁定承认其效力，需要执行的，发出执行令，依照本法的有关规定执行。违反中华人民共和国法律的基本原则或者国家主权、安全、社会公共利益的，不予承认和执行。

4. 仲裁裁决的承认与执行

(1)我国法院对外国仲裁裁决的承认和执行。根据我国民事诉讼法第二百七十三和第二百八十三条以及仲裁公约的规定，我国承认和执行外国仲裁裁决制度的主要内容是：①我国仅对在仲裁公约中另一缔约国领土内作出的仲裁裁决的承认和执行适用该公约。对于在非缔约国作出的仲裁裁决，需要我国法院承认和执行的，应当按照我国与申请人所在国缔结的其他条约或者互惠协议执行。②我国对国际条约有保留的，我国仅对按照我国法律术语契约性和非签约性民事关系所引起的争议适用公约。③申请我国法院承认和执行在公约的另一缔约国领土内作出的仲裁裁决，应当由当事人向我国有管辖权的中级人民法院提出。④申请我国法院承认和执行的外国仲裁裁决应在我国民事诉讼法规定的申请执行期限内提出。

(2)我国涉外仲裁裁决在外国的承认与执行。根据我国民事诉讼法第二百七十八条第二款以及仲裁公约的规定，主要内容包括：①我国涉外仲裁机构的仲裁裁决需要在外国承认和执行的，如该国是公约成员国，则按照公约的规定的程序予以执行；②如果该国是公约的成员国，但该国与我国之间存在含有承认与执行仲裁裁决内容的其他单边或多边条约关系，则应当由当事人根据该条约向外国法院申请；③如果该国既不是公约成员国，与我国也不存在含有承认与执行仲裁裁决内容的其他单边或多边条约关系，则根据互惠原则，由当事人向有管辖权的外国法院申请。

5. 司法协助中的法律适用

司法协助是一种司法行为，其必须按照一定的法律规章实施，也就是说在司法协助过程中是适用请求国的程序法还是被请求国的程序法的问题。

(1)适用被请求国法律。各国立法和实践表明，一般情况下规定司法协助适用被请求国法律。对于司法协助应适用的法律，我国法律以及与国外缔结的条约或者参加的国际公约均作出了明确规定。例如，我国民事诉讼法第二百七十七条的规定和《中法司法协助协定》第四条的规定。

(2)适用请求国法律。适用请求国法律一般是在特殊情况下才能适用。换而言之，当请求国要求被请求国依某一特别程序或方式提供司法协助时，只要这类特别程序或方式不与被请求国法律以及被请求国法律或公共利益相冲突，就可适用请求国法律。例如，在调查取证中，某些国家需要证人宣誓，如果没有宣誓，其证人证言为无效。例如，我国民事诉讼法第二百七十七条的规定和《中波司法协助协定》第一十一条的规定。

第十八章　民事公益诉讼

第一节　典型案例及其评析

【案例一】　泰州市环保联合会诉江苏A农化有限公司等环境污染公益诉讼案

原告泰州市环保联合会、支持起诉机关泰州市人民检察院与被告江苏A农化有限公司(以下简称A公司)、泰兴B化工有限公司(以下简称B公司)、江苏C药业股份有限公司(以下简称C公司)、泰兴市D化工有限公司(以下简称D公司)、泰兴市E化工有限公司(以下简称E公司)、泰兴市F化工有限公司(以下简称F公司)环境污染公益诉讼一案，于2014年8月4日向法院提起诉讼，法院依法受理后，于2014年8月9日向被告送达了起诉状副本、支持起诉意见书副本、应诉通知书和举证通知书。法院依法组成合议庭，于2014年8月25日组织各方当事人进行了证据交换，于2014年9月1日召开庭前会议听取了各方当事人意见，于2014年9月10日公开开庭审理了本案。原告泰州市环保联合会法定代表人，委托代理人，A公司委托代理人，B公司委托代理人，C公司法定代表人，委托代理人，D公司委托代理人，E公司委托代理人，F公司委托代理人到庭参加诉讼。支持起诉机关泰州市人民检察院指派检察官出庭支持起诉。本案现已审理终结。

原告泰州市环保联合会诉称，2012年1月至2013年2月间，被告A公司、B公司、C公司、D公司、E公司、F公司等违反国家环境保护法律和危险废物管理规定，将其生产过程中产生危险废物——废盐酸、废硫酸总计25934.795吨(其中：A公司废盐酸12561.785吨、B公司废盐酸5673.339吨、C公司废盐酸2686.68吨、D公司废盐酸4746.99吨、E公司废硫酸216

吨、F公司废硫酸50吨)，以支付每吨20～100元不等的价格，将危险废物交给无危险废物处理资质的主体(所涉人员因环境污染罪已被泰兴市人民检察院提起公诉)偷排于泰兴市如泰运河、泰州市高港区古马干河中，导致水体严重污染，造成重大环境损害，需要进行污染修复。根据环境保护部《关于开展环境污染损害鉴定评估工作的若干意见》(环发〔2011〕60号)附件《环境污染损害数额计算推荐方法》第四、第五条关于污染修复费用推荐污染虚拟成本法计算，并根据受污染影响区域的环境功能敏感程度确定的一定倍数计算的规定，受污染河流如泰运河为IV类地表水，计算倍数为3～4.5倍，古马干河为III类地表水，计算倍数为4.5～6倍。因两河流各自倾倒数量难以确定，故均按照4.5倍计算污染修复费用。根据江苏省环境科学学会〔2014〕苏环学鉴字第140401号《泰兴市12.19废酸倾倒事件环境污染损害评估技术报告》鉴定意见，六被告在该污染事件中违法处置的危险废物在合法处置时应花费的成本(虚拟治理成本)合计36620644元，其中A公司18939279元，B公司9470108元，C公司1880676元，D公司5878957元，E公司378931元，F公司72693元。上述虚拟治理成本按4.5倍计算后的污染修复费用分别为：污染修复费用总额164792898元，A公司为85226755.5元，B公司为42615486元，C药业公司为8463042元，D公司为26455306.5元，E公司为1705189.5元，F公司为327118.5元。为保护环境公共利益，请求判令被告A公司赔偿85226755.5元，B公司赔偿42615486元，C公司赔偿8463042元，D公司赔偿26455306.5元，E公司赔偿1705189.5元，F公司赔偿327118.5元，合计164792898元，用于环境修复；并承担本案的鉴定评估费用(10万元)和诉讼费。

被告F公司答辩称，对于泰州市环保联合会能否作为民事公益诉讼的起诉主体资格，目前法律尚未作出明确规定。新修订的环境保护法2015年1月1日才实施，而且泰州市环保联合会才成立，其作为原告，主体不适格。请求法院驳回原告的起诉。

经庭审质证，被告对原告提供的37份证据的真实性予以认可。被告认为原告提供的第一组证据不能证明原告具有诉讼主体资格；认为原告提供的第二组证据中的刑事判决书尚未生效，戴某等人供述的被告对其倾倒废酸知情不是事实，被告与其之间副产盐酸买卖经过公安部门备案是合法买卖，江苏省环境科学学会的技术评估意见将副产盐酸鉴定为危险废物与法律规定不符；认为原告提供的第三组证据不能证明被告被倾倒的数量，被告的副产盐酸是好酸，多数被戴某等人卖掉了；认为原告提供的第四组证据中江苏省环境科学学会的环境污染损害评估技术报告没有鉴定评估人签字形式不合法，所污染的河流已经自我修复，整体水质达到标准，无须采取人工措施进行修复，环境污染损害的评估前提也不存在。原告对于六被告提供的证据的真实性予以认可。原告认为六被告提供的证据与本案没有关联性，其副产盐酸是否符合产品标准，对于副产盐酸被抛弃后定为危险废物没有影响；被告签订的1元1吨的合同是以合法形式掩盖非法处置的目的；江中公司、鑫源公司、祥峰公司、全慧公司具有危险化学品经营许可证，不代表其具有处置危险废物的经营许可证；2013年两条河流水质恢复，并不代表损害后果已经不存在，损害后果包括对水体、生物、生态平衡、人体健康、土壤等一系列的危害。

经被告A公司、C公司、D公司申请，本院通知泰兴市环境监测站田乐君、王翔，江苏省环境监测中心高某出庭接受了质询。经原、被告申请，本院通知江苏省环境科学学会贺某出庭接受了质询。经原告申请，本院通知专家辅助人东南大学吕某出庭提供了咨询意见。

依照《中华人民共和国侵权责任法》第十五条第一款第(六)项、第六十五条、《中华人民共和国固体废物污染环境防治法》第八十五条的规定，一审判决如下：

(1)被告江苏A农化有限公司、泰兴B化工有限公司、江苏C药业股份有限公司、泰兴市D化工有限公司、泰兴市E化工有限公司、泰兴市F化工有限公司在本判决生效后9个月内分别赔偿环境修复费用人民币82701756.8元、41014333.18元、8463042元、26455307.56元、1705189.32元、327116.25元，合计160666745.11元，用于泰兴地区的环境修复；上述款项交付至江苏省泰州市中级人民法院执行款账户(开户行：中信银行泰州新区支行，账号：7357310183100000623)。

(2)被告江苏A农化有限公司、泰兴B化工有限公司、江苏C药业股份有限公司、泰兴市D化工有限公司、泰兴市E化工有限公司、泰兴市F化工有限公司在本判决生效后10日内给付原告泰州市环保联合会已支付的鉴定评估费用10万元，其中：江苏A农化有限公司给付51473.5元，泰兴B化工有限公司给付25527.5元，江苏C药业股份有限公司给付5267.5元，泰兴市D化工有限公司给付16466元，泰兴市E化工有限公司给付1061.5元，泰兴市F化工有限公司给付204元。

案件受理费50元，由被告江苏A农化有限公司、泰兴B化工有限公司、江苏C药业股份有限公司、泰兴市D化工有限公司、泰兴市E化工有限公司、泰兴市F化工有限公司负担。

本案评析

(一)关于泰州市环保联合会是否具备环境民事公益诉讼原告资格以及一审是否违反法定程序问题

1. 本案中，泰州市环保联合会依据现行法律规定提起诉讼，具备环境民事公益诉讼的原告资格

《中华人民共和国民事诉讼法》第五十五条规定："对污染环境、侵害众多消费者合法权益等损害社会公共利益的行为，法律规定的机关和有关组织可以向人民法院提起诉讼"。泰州市环保联合会经泰州市民政局核准成立，并以提供环境决策建议、维护公众环境权益、开展环境宣传教育、政策技术咨询服务为其业务范围，属于依法成立的专门从事环境保护公益活动的社会组织，有权提起环境民事公益诉讼。虽然修订后的《中华人民共和国环境保护法》第五十八条对环境民事公益诉讼主体资格范围作出了新的规定，但该法至本判决作出之日尚未生效，不适用本案。

2. 本案符合共同诉讼条件

《中华人民共和国民事诉讼法》第五十二条第一款规定："当事人一方或者双方为二人以上，其诉讼标的是共同的，或者诉讼标的是同一种类、人民法院认为可以合并审理并经当事人同意的，为共同诉讼"。本案纠纷源于上诉人和原审被告因各自处置的副产酸被倾倒进如泰运河和古马干河，泰州市环保联合会提起诉讼后，一审法院因本案诉讼标的属同一种类而进行了合并审理。上诉人和原审被告在一审程序中从未对此提出异议，应视为同意将本案作为共同诉讼，故一审法院决定将本案合并审理并无不当。

3. 本案不存在遗漏诉讼当事人情形

《中华人民共和国侵权责任法》第十二条规定："二人以上分别实施侵权行为造成同一损害，能够确定责任大小的，各自承担相应的责任。"泰州市环保联合会选择以A公司等六家公司为被告提起诉讼是原告的权利，且此项权利的行使并不必然导致其他人责任的免除，故本案不存在漏列倾倒者为被告问题。由于对环境损害无法作出准确估量，泰州市环保联合会主张以虚拟治理成本为基数计算环境修复费用。所主张的修复费用与倾倒副产酸的种类、浓度和数量相关，与其他企业是否倾倒不具备关联性。因此，本案不存在遗漏副产酸也被倾倒的其他企业为被告的问题。

4. 一审程序未损害上诉人举证权、答辩权

一审法院在开庭前组织了庭前会议，并进行了两次证据交换。第二次证据交换后，上诉人和原审被告均未要求延期补充证据，庭审中各方当事人对举证期限问题也未提出异议。一审法院充分保障了各方当事人的举证、质证权利。根据《诉讼费用交纳办法》第十二条规定，诉讼过程中发生的鉴定费用负担问题由人民法院决定，不属于当事人增加的诉讼请求，六家公司在一审和上诉期间均未对泰州市环保联合会在一审庭审中所提交的鉴定费用相关证据提出质疑，一审法院对鉴定费用的负担决定并无不当。

(二)关于上诉人和原审被告处置其生产的副产酸行为与如泰运河和古马干河环境污染损害结果之间是否存在因果关系问题

1. 上诉人与原审被告负有防范其生产的副产酸污染环境的义务

《中华人民共和国水污染防治法》第二十九条规定，禁止向水体排放油类、酸液、碱液或者剧毒废液。向水体倾倒数万吨酸液必然会导致环境污染，这是人所共知的常识。泰兴市环境监测站环监(水)字〔2013〕第(002)号《水质监测报告》表明，2012 年 11 月 22 日，如泰运河各监测点的 pH 在 3. 01 至 4. 03 之间，其酸浓度在正常河流允许最高浓度的 100 倍至 1000 倍之间。化学需氧量、氨氮、总磷监测结果也全面超标。在二审庭审中，上诉人对江苏省环境科学学会于 2014 年 4 月出具的《评估技术报告》评估程序、危险废物鉴别检测取样方法和样本数量等事项提出质疑，试图以此说明其处置的副产酸不属于危险废物。但上诉人并未否认其处置案涉副产酸的浓度以及 pH 值的测试结论。实际上，无论案涉副产酸是否属于危险废物，法律都已明文禁止向水体排放。上诉人与原审被告作为副产酸的生产厂家，在明知副产酸的市场需求弹性不足的情况下，应当预见到相当数量副产酸不可能作为原料进入生产领域，过剩副产酸的无序流转存在极大环境风险。上诉人与原审被告对案涉副产酸的处置行为必须尽到谨慎注意义务并采取一切必要的、可行的措施防止其最终被倾倒。但上诉人与原审被告在明知副产酸极有可能被非法倾倒情况下，却对此持放任态度。其向并不具备副产酸处置能力和资质的企业销售副产酸，应视为是一种在防范污染物对环境污染损害上的不作为，该不作为与环境污染损害结果之间存在法律上的因果关系。

2. 上诉人与原审被告的补贴销售行为是违法倾倒案涉副产酸得以实施的必要条件，也是造成如泰运河和古马干河环境污染的直接原因

上诉人在二审庭审中主张其与江中公司等企业之间就副产酸销售订立买卖合同、同时向买方以运费或其他产品销售价格让利等形式支付补贴属行业

惯例，以此证明其处置行为的合法性。但各上诉人均未能就运费价格的计算依据作出合理解释，所支付的补贴远不足填补对副产酸作无害处理所需费用。如果上诉人对其处分副产酸方式的性质果真认知为合法行为和行业惯例，那么完全可以直接与有副产酸处置资质的企业签订委托处置合同并向其支付报酬，而根本无需采取此种先以象征性价格出售再远超售价进行补贴的方式。上诉人与原审被告的工作人员在公安机关的询问笔录中均表示，由于当时化工行业不景气，副产酸无法销售导致胀库，为降低处置成本，规避责任，以销售的形式做掩护处置副产酸。二审庭审中，A公司、B公司、D公司提交了相关公司职员的书面说明，试图将公安机关对上述人员询问笔录中对副产酸的"处理"解释为"销售"，以此证明其无非法处置副产酸的主观故意。但此种事后的书面情况说明并不足以推翻此前向公安机关所作相关陈述，且将"处理"解释为"销售"并不能改变处置行为的性质。对上诉人及原审被告而言，以每吨1元的象征性价格并支付每吨20元至100元不等的补贴向倾倒者销售，案涉副产酸实际上已经处于被抛弃状态。其将实际上已经处于被抛弃状态的副产酸补贴销售给江中公司等企业，不仅给倾倒者提供了污染源，而且客观上使倾倒者获取了非法利益，其行为与如泰运河、古马干河环境污染损害结果之间存在事实上的因果关系。

3.《中华人民共和国侵权责任法》

《中华人民共和国侵权责任法》第六十五条规定，因污染环境造成损害的，污染者应当承担侵权责任；第六十六条规定，因污染环境发生纠纷，污染者应当就法律规定的不承担责任或者减轻责任的情形及其行为与损害之间不存在因果关系承担举证责任。上述规定体现了环境侵权责任的归责原则，即无论上诉人与原审被告是否存在过错，只要其行为与造成的环境损害之间存在因果关系，都应当对其造成的环境损害承担侵权责任。上诉人及原审被告并未举证证明其存在法律规定的不承担责任或者减轻责任的情形，也未证明其行为与损害结果之间不存在因果关系。因此，上诉人及原审被告应当对其造成的环境损害承担侵权责任。

（三）关于原审判决对赔偿数额的认定是否正确问题

1.一审判决对被倾倒副产酸数量的认定准确

上诉人及原审被告均为依法设立的有限责任公司，应当根据《中华人民共和国公司法》和《中华人民共和国会计法》的规定设置完备的财务账簿，其对副产酸的销售与补贴数量完全可以通过提交记录完整、凭证齐全的财务账簿加以证明。各上诉人虽然就一审判决认定被倾倒副产酸数量提出异议，但均未完成此项举证，根据《最高人民法院关于民事诉讼证据的若干规定》第七十五条规定，其不利后果应当由各上诉人负担。具体分述如下：

一审法院根据A公司、B公司销售副产酸的增值税专用发票以及戴某、姚某、丁某等人的供述，认定A公司、B公司销售给江中公司的副产酸分别为17598.92吨、8224.97吨。两公司销售总量减去其中被江中公司以开票方式销售的7170.71吨，再减去江中公司以不开票方式销售的1508.92吨，剩余为被江中公司倾倒的17143.86吨。按照A公司、B公司各自销售数量的比例分配，A公司被倾倒11683.68吨，B公司被倾倒5460.18吨。A公司另有销售并被丁某倾倒的副产酸505.94吨，A公司总计被倾倒12189.62吨。由于A公司和B公司的副产酸被江中公司混合倾倒，无法准确查明各自被倾倒的数量，一审法院按照两公司销售副产酸的比例确定各自被倾倒副产酸数量，认定方法合理。

A公司以讯问笔录、记账本以及刑事判决证明该公司仅仅被江中公司倾倒副产酸3598.14吨。但公安机关侦查期间曾经对戴某、姚某等人多次讯问。在公安机关调取了A公司和B公司向江中公司销售副产酸的增值税专用发票复印件后，戴某、姚某在公安机关的讯问笔录中承认A公司和B公司销售给其的副产酸是分别是17598.92吨、8224.97吨，并且承认两人之前所作的A公司被倾倒副产酸3598.14吨的供述不实。本案审理期间，〔2014〕泰环刑初字第0001号刑事判决尚未生效，该判决所认定的事实不能作为本案认定事实的依据。

B公司以运输费票据证明该公司补贴销售副产酸仅为1702.27吨，未补贴的不可能被倾倒。但戴某、姚某的讯问笔录和B公司职员杨某的询问笔录均证实B公司以报销运输费和加油票两种形式进行销售补贴。单凭运输费票据不能得出B公司仅仅补贴销售副产酸1702.27吨的结论。B公司主张有一笔副产酸销售于2011年，应该从销售总额中扣除。该笔数量为455.42吨的副产酸虽然销售于2011年12月29日，但被江中公司在2012年上账，已经被纳入江中公司购买、销售和倾倒副产酸总量核算，B公司要求对其进行核减的理由不能成立。

C公司主张戴某记账本所记录的运输总量和日运输量超过该公司的设计产能和储存能力。但C公司向一审法院提交的（苏）WH安许证字〔M00080〕《安全生产许可证》表明，该公司副产酸的设计年产能为2.1736万吨，并非其主张的2000吨。戴某记账本所记载的副产酸运输量未超过该公司的设计产能。

D公司主张其被倾倒副产酸被重复计算，但记账单与磅码单的运输时间并不重合，现有证据无法得出重复计算的结论。

2.一审判决对修复费用的计算方法适当

由于如泰运河、古马干河水体处于流动状态，且倾倒行为持续时间长、倾倒数量大，污染物对如泰运河、古马干河及其下游生态区域的影响处于扩散状态，难以计算污染修复费用。《推荐方法》(第Ⅰ版)对此类情况推荐采用虚拟治理成本法计算污染修复费用。《评估技术报告》以治理本案所涉副产酸的市场最低价为标准，认定治理六家公司每吨副产酸各自所需成本，该成本即《推荐办法》所称的虚拟治理成本。一审法院根据六家公司副产酸的虚拟治理成本、被倾倒的数量，再乘以Ⅲ类地表水环境功能敏感程度推荐倍数4.5~6倍的下限4.5倍，判决A公司承担污染修复费用82701756.8元、B公司承担41014333.18元、C公司承担8463042元、D公司承担26455307.56元、E公司承担1705189.32元、F公司承担327116.25元，六家公司合计承担160666745.11元并无不当。

根据《中华人民共和国环境保护法》第一条、第四条规定，治理和预防污染是环境保护法的立法目的。环境公益诉讼程序作为环境保护法的重要实施途径，应当在追究环境侵权责任的同时，采取有利于防治污染的环境司法政策，实现修复环境、预防污染的立法意图，使环境保护同经济建设和社会发展相协调，促进经济社会可持续发展。本案各上诉人和原审被告处置其副产酸行为是导致副产酸被倾倒从而造成如泰运河、古马干河被污染的直接原因，应当就其造成的环境污染损害承担侵权责任。相关被污染河道的生态环境已经遭受损害，需要及时修复。同时，大量副产酸的无序流转，造成了极高的环境污染风险，需要采取预防措施以避免污染再次发生。根据《中华人民共和国循环经济促进法》第二条、第三条规定，对具有明显环境风险的副产酸进行减量化、再利用和资源化，是从源头预防副产酸污染环境的有效途径。本案上诉人和原审被告在二审庭审中都明确表示必须从本案中汲取教训，加大科技投入和技术改造力度，从根本上控制污染源，并分别提出即将实施循环利用、无害化处理等技术改造方案。检察机关在二审庭审中也向各上诉人和原审被告提出履行环保义务、承担社会责任的要求。根据国务院《排污费征收使用条例》规定，重要污染源防治、区域性污染防治、污染防治新技术、新工艺的开发利用，是环境保护专项资金的使用方向。尽管本案各上诉人和原审被告承担的环境修复费用有别于排污费，但在将其中主要部分用于环境修复的同时将其余部分用于预防污染，符合《中华人民共和国环境保护法》和《中华人民共和国循环经济促进法》的立法目的。

【案例二】 北京市朝阳区某环境研究所、福建省某环境友好中心诉谢某某等葫芦山植被被毁坏案①

2015年1月1日，也就是新修订的环保法正式生效的当天，一审原告北京市朝阳区某环境研究所、福建省某环境友好中心依法就葫芦山植被被毁坏一案向福建省南平市中级法院提起诉讼。南平中院于2015年10月29日作出一审判决，判令谢某某、倪某、郑某、李某4名被告在5个月内，清除矿山工棚、机械设备等，恢复被破坏的28.33亩林地的生态功能，在林地上补种林木，并抚育保护3年。如不能在指定期间内恢复林地植被，则应共同赔偿生态环境修复费用110.19万元；共同赔偿生态环境受损恢复原状期间的服务功能损失127万元，用于原地的生态修复，或异地公共生态修复；共同支付原告支出的评估费、律师费、为诉讼支出的其他合理费用16.5万余元。一审宣判后，被告谢某某、倪某、郑某不服，向福建高院上诉。福建高院依法组成合议庭，对该案进行了开庭审理。福建高院经审理认为，上诉人谢某某、倪某、郑某的上诉理由和原审被告李某的答辩意见缺乏事实和法律依据，不能成立，对其上诉请求不予支持。被上诉人某及原审第三人延平区林业局的答辩意见成立，予以支持。原判决认定事实清楚，适用法律正确，应予维持。同年12月18日，福建高院进行公开开庭宣判，法院依法作出终审判决，驳回上诉人谢某某、倪某、郑某的上诉，维持原判。因是在新修订的环境保护法正式生效当天起诉的，故本案被称为全国首例环境民事公益诉讼案。

本案评析：社会力量如何积极参与环境民事公益诉讼？

本案作为新修订的环境保护法实施后全国首例由社会组织提起的和全国首例法院立案受理的环境民事公益诉讼案，对今后环境民事公益诉讼案件审理具有多重示范意义：第一，有利于鼓舞更多社会力量积极参与环境民事公益诉讼。虽然新环保法允许符合条件的社会组织提起环境民事公益诉讼，但囿于环境民事诉讼本身的专业性强、诉讼成本高、证据提取难、败诉风险大等原因，目前，很多有资质的社会组织其实没有能力和意愿起诉。本案启示

① 颜运秋：《还我青山绿水，司法大有作为——从全国首例环境民事公益诉讼案看环境司法的时代使命》，《中国法制实施报告》（2015），法律出版社2016年版，第523－526页。

我们，社会组织完全可以采取“抱团取暖”方式，还可以寻求专业机构、地方检察机关的支持，避免孤军奋战而败诉。第二，该案判决结果对那些正在或者潜在破坏生态环境的行为有所警示，不要以刑代罚，也不要以罚代赔。本案三名被告曾因犯非法占用农用地罪，被法院判处刑罚。但是刑罚并不足以替代和弥补行为人破坏生态环境的民事赔偿责任。本案的意义在于使这些危害程度大的污染行为在承担刑事责任后，还要承担民事损害赔偿责任，从而大大提高行为人破坏环境的违法成本，真正起到震慑效果。第三，该案的判决结果凸显了环境民事公益诉讼裁判方式的创新。福建法院区别以往简单的责令恢复原状或赔偿损失的方式，将审理环境民事公益诉讼案件与生态恢复性司法有机结合，判罚四名被告在指定期限恢复被毁坏林地植被，并赔偿生态环境受到损害至恢复原状期间服务功能损失127万元，使案件裁判的法律效果和社会效果得到有机统一。第四，该案的审理引入专家辅助人出庭制度，让判决结果更加专业公正，并对那些肆意破坏环境的人提出警醒，让社会看到司法在生态环境保护中的重要作用。

近年来，全国各级法院在环境保护法治建设上做出了不少有益的尝试：如积极探索环境公益诉讼制度，建立司法与行政执法相互衔接、协调配合、联动互动的环境保护执法新机制，成立三审合一的专门环境保护法庭等，并取得了一定成效。但同时在生态环境司法实践中也存在诸多亟待解决的难题：如当事人存在起诉难、举证难、胜诉难问题；法院存在审理难、判决难、执行难等问题；各地法院环境保护审判尺度不一；存在一定程度的地方保护主义现象。为了解决这些问题，近年来国家在立法层面做了一系列工作，如修改民事诉讼法，确立环境公益诉讼制度；修改环境保护法，进一步明确环境公益诉讼制度；出台司法解释专节对公益诉讼作出解释；出台专门的环境民事公益诉讼司法解释等。这些措施都足以表明国家在环境公益诉讼制度建设方面的决心和力度。2015年1月6日发布的《最高人民法院关于审理环境民事公益诉讼案件适用法律若干问题的解释》和最高人民法院、民政部、环境保护部联合发布《关于贯彻实施环境民事公益诉讼制度的通知》，进一步明确了环境民事公益诉讼程序、受理条件、原告资格、办理程序、赔偿责任方式等内容。这标志着我国对生态环境的司法保护进入新阶段，也是全国法院认真贯彻践行党的十八届三中、四中全会精神和落实国家生态环境保护战略，积极回应人民群众，大力推进司法改革的一项重大举措。

新环境保护法第五十八条的规定，似乎为民间社会组织提起环境民事公益诉讼扫清了法律准入障碍，但是，我们应当清醒看到其举步维艰的诸多无奈和尴尬。法学界曾期待的环境民事公益诉讼“井喷”现象并未出现，该法实施至今，符合诉讼主体要求的700多家社会组织，提起环境公益诉讼的微乎其微。为什么会如此？其背后有深层次原因：一是部分民间环保组织挂靠企业或政府的体制缺陷，致其在提起公益诉讼时面临多方阻力，难以坚持原则，无法真正独立；二是相关民间社会组织缺乏环境方面的专业复合型人才和专业技术，面对公益诉讼专业化程度高、调查取证难、诉讼参与度高等难题无所适从；三是，诉讼成本过高，让许多经费不足、自身难以为继的社会组织，对提起环境民事公益诉讼“望洋兴叹”。所以，为确保环境民事公益诉讼制度有效发挥作用，必须跨越三道坎：一是社会公益组织真正独立的制度之坎。目前，国务院已出台了行业协会商会与政府脱钩的总体方案，设定了时间表，相关责任部门应以此为契机，让符合提起环境民事公益诉讼条件的民间社会组织彻底与政府或企业脱钩，确保其独立性。二是民间社会组织自身能力不足这道坎。要大力引进精通环境与法律方面的专业性复合型人才，切实破解因专业人才匮乏而导致的信心壁垒。三是诉讼成本过高执行难之坎。应该看到，高额诉讼成本，对于规模较小、经费严重不足的部分社会组织来说，往往是制约其提起环境民事公益诉讼难以越过的门槛。

此外，法官树立正确的生态环境理念和生态环境司法观，不断提高生态环境保护司法水平，也是关键。具体而言要做到：妥善审理各类环境保护纠纷案件，切实将各项环保制度落实到审判实践中，加大对资源浪费、污染环境行为的惩罚力度，引导高污染、高能耗、发展低效益的企业退出市场；准确认定环境污染与损害后果间的侵权因果关系，合理分配各方举证责任，惩罚与补偿并重，全面及时地维护生态环境利益；以生态修复、保护环境为目的，创新环境案件判决和执行方式，积极探索污染环境、破坏资源等案件的生态补偿判决执行长效机制；各地法院根据司法资源配置和环保案件审理实际情况，有计划有步骤的推广成立环保案件巡回法庭和专业环保合议庭，实现环保案件审理专业化，提升环保司法水平；探索环保案件民事、行政、刑事“三审合一”审理机制，克服环境专业知识要求高、受害人诉讼困难的瓶颈，拓展环保案件司法救济途径；搭建环境保护联动平台，完善行政和司法机关的工作衔接机制，加强与检察、公安、环保执法机关的沟通协调，以环境保护领域内涉嫌犯罪案件的执法衔接为重点，实现各单位间信息互联互通的准确性、部门协作配合的规范性、案件移送的及时性，使环境保护工作在管理模式创新、信息资源整合、执法衔接紧密、打击合力强化等方面得到有效提升。

第二节　基本知识

公益诉讼作为一种广受社会关注的新的社会现象和法律现象，是当下中国法学理论界与实务界的热点问题。《中华人民共和国民事诉讼法》第五十五条规定："对污染环境、侵害众多消费者合法权益等损害社会公共利益的行为，法律规定的机关和有关组织可以向人民法院提起诉讼。"《中华人民共和国消费者权益保护法》第四十七条："对侵害众多消费者合法权益的行为，中国消费者协会以及在省、自治区、直辖市设立的消费者协会，可以向人民法院提起诉讼。"《中华人民共和国环境保护法》第五十八条规定："对污染环境、破坏生态，损害社会公共利益的行为，符合下列条件的社会组织可以向人民法院提起诉讼：①依法在设区的市级以上人民政府民政部门登记；②专门从事环境保护公益活动连续5年以上且无违法记录。符合前款规定的社会组织向人民法院提起诉讼，人民法院应当依法受理。提起诉讼的社会组织不得通过诉讼牟取经济利益。"为正确审理环境民事公益诉讼案件，根据《中华人民共和国民事诉讼法》《中华人民共和国侵权责任法》《中华人民共和国环境保护法》等法律的规定，结合审判实践，2014年12月8日最高人民法院审判委员会第1631次会议通过了自2015年1月7日起施行的《最高人民法院关于审理环境民事公益诉讼案件适用法律若干问题的解释》（以下称为《解释》）。这些都给我国公益诉讼发展带来了新的机遇和挑战。

一、关于受案范围

《解释》规定，法律规定的机关和有关组织依据民事诉讼法第五十五条、环境保护法第五十八条等法律的规定，对已经损害社会公共利益或者具有损害社会公共利益重大风险的污染环境、破坏生态的行为提起诉讼，符合民事诉讼法第一百一十九条第二项、第三项、第四项规定的，人民法院应予受理。

二、关于诉讼主体

《解释》规定，依照法律、法规的规定，在设区的市级以上人民政府民政部门登记的社会团体、民办非企业单位以及基金会等，可以认定为环境保护法第五十八条规定的社会组织。设区的市，自治州、盟、地区，不设区的地级市，直辖市的区以上人民政府民政部门，可以认定为环境保护法第五十八条规定的"设区的市级以上人民政府民政部门"。社会组织章程确定的宗旨和主要业务范围是维护社会公共利益，且从事环境保护公益活动的，可以认定为环境保护法第五十八条规定的“专门从事环境保护公益活动”。社会组织提起的诉讼所涉及的社会公共利益，应与其宗旨和业务范围具有关联性。社会组织在提起诉讼前5年内未因从事业务活动违反法律、法规的规定受过行政、刑事处罚的，可以认定为环境保护法第五十八条规定的“无违法记录”。

三、关于管辖

《解释》规定，第一审环境民事公益诉讼案件由污染环境、破坏生态行为发生地、损害结果地或者被告住所地的中级以上人民法院管辖。中级人民法院认为确有必要的，可以在报请高级人民法院批准后，裁定将本院管辖的第一审环境民事公益诉讼案件交由基层人民法院审理。同一原告或者不同原告对同一污染环境、破坏生态行为分别向两个以上有管辖权的人民法院提起环境民事公益诉讼的，由最先立案的人民法院管辖，必要时由共同上级人民法院指定管辖。经最高人民法院批准，高级人民法院可以根据本辖区环境和生态保护的实际情况，在辖区内确定部分中级人民法院受理第一审环境民事公益诉讼案件。中级人民法院管辖环境民事公益诉讼案件的区域由高级人民法院确定。

四、关于诉讼材料

《解释》规定，提起环境民事公益诉讼应当提交下列材料：①符合民事诉讼法第一百二十一条规定的起诉状，并按照被告人数提出副本；②被告的行为已经损害社会公共利益或者具有损害社会公共利益重大风险的初步证明材料；③社会组织提起诉讼的，应当提交社会组织登记证书、章程、起诉前连续5年的年度工作报告书或者年检报告书，以及由其法定代表人或者负责人签字并加盖公章的无违法记录的声明。

五、关于法院义务

《解释》规定，人民法院认为原告提出的诉讼请求不足以保护社会公共利益的，可以向其释明变更或者增加停止侵害、恢复原状等诉讼请求。人民法院受理环境民事公益诉讼后，应当在立案之日起5日内将起诉状副本发送被告，并公告案件受理情况。有权提起诉讼的其他机关和社会组织在公告之日起30日内申请参加诉讼，经审查符合法定条件的，人民法院应当将其列为共同原告；逾期申请的，不予准许。公民、法人和其他组织以人身、财产受到损害为由申请参加诉讼的，告知其另行起诉。人民法院受理环境民事公益诉讼后，应当在10日内告知对被告行为负有环境保护监督管理职责的部门。

六、关于证据

《解释》规定，原告请求被告提供其排放的主要污染物名称、排放方式、排放浓度和总量、超标排放情况以及防治污染设施的建设和运行情况等环境信息，法律、法规、规章规定被告应当持有或者有证据证明被告持有而拒不提供，如果原告主张相关事实不利于被告的，人民法院可以推定该主张成立。对于审理环境民事公益诉讼案件需要的证据，人民法院认为必要的，应当调查收集。对于应当由原告承担举证责任且为维护社会公共利益所必要的专门性问题，人民法院可以委托具备资格的鉴定人进行鉴定。当事人申请通知有专门知识的人出庭，就鉴定人作出的鉴定意见或者就因果关系、生态环境修复方式、生态环境修复费用以及生态环境受到损害至恢复原状期间服务功能的损失等专门性问题提出意见的，人民法院可以准许。专家意见经质证，可以作为认定事实的根据。原告在诉讼过程中承认的对己方不利的事实和认可的证据，人民法院认为损害社会公共利益的，应当不予确认。已为环境民事公益诉讼生效裁判认定的事实，因同一污染环境、破坏生态行为依据民事诉讼法第一百一十九条规定提起诉讼的原告、被告均无需举证证明，但原告对该事实有异议并有相反证据足以推翻的除外。对于环境民事公益诉讼生效裁判就被告是否存在法律规定的不承担责任或者减轻责任的情形、行为与损害之间是否存在因果关系、被告承担责任的大小等所作的认定，因同一污染环境、破坏生态行为依据民事诉讼法第一百一十九条规定提起诉讼的原告主张适用的，人民法院应予支持，但被告有相反证据足以推翻的除外。被告主张直接适用对其有利的认定的，人民法院不予支持，被告仍应举证证明。

七、关于诉讼请求

《解释》规定，环境民事公益诉讼案件审理过程中，被告以反诉方式提出诉讼请求的，人民法院不予受理。对污染环境、破坏生态，已经损害社会公共利益或者具有损害社会公共利益重大风险的行为，原告可以请求被告承担停止侵害、排除妨碍、消除危险、恢复原状、赔偿损失、赔礼道歉等民事责任。原告为防止生态环境损害的发生和扩大，请求被告停止侵害、排除妨碍、消除危险的，人民法院可以依法予以支持。原告为停止侵害、排除妨碍、消除危险采取合理预防、处置措施而发生的费用，请求被告承担的，人民法院可以依法予以支持。原告请求恢复原状的，人民法院可以依法判决被告将生态环境修复到损害发生之前的状态和功能。无法完全修复的，可以准许采用替代性修复方式。人民法院可以在判决被告修复生态环境的同时，确定被告不履行修复义务时应承担的生态环境修复费用；也可以直接判决被告承担生态环境修复费用。生态环境修复费用包括制定、实施修复方案的费用和监测、监管等费用。原告请求被告赔偿生态环境受到损害至恢复原状期间服务功能损失的，人民法院可以依法予以支持。原告请求被告承担检验、鉴定费用，合理的律师费以及为诉讼支出的其他合理费用的，人民法院可以依法予以支持。

八、关于生态环境修复费用

《解释》规定，生态环境修复费用难以确定或者确定具体数额所需鉴定费用明显过高的，人民法院可以结合污染环境、破坏生态的范围和程度、生态环境的稀缺性、生态环境恢复的难易程度、防治污染设备的运行成本、被告因侵害行为所获得的利益以及过错程度等因素，并可以参考负有环境保护监督管理职责的部门的意见、专家意见等，予以合理确定。人民法院判决被告承担的生态环境修复费用、生态环境受到损害至恢复原状期间服务功能损失等款项，应当用于修复被损害的生态环境。其他环境民事公益诉讼中败诉原告所需承担的调查取证、专家咨询、检验、鉴定等必要费用，可以酌情从上述款项中支付。

九、关于调解、和解与撤诉

《解释》规定，环境民事公益诉讼当事人达成调解协议或者自行达成和解协议后，人民法院应当将协议内容公告，公告期间不少于 30 日。公告期满后，人民法院审查认为调解协议或者和解协议的内容不损害社会公共利益的，应当出具调解书。当事人以达成和解协议为由申请撤诉的，不予准许。调解书应当写明诉讼请求、案件的基本事实和协议内容，并应当公开。负有环境保护监督管理职责的部门依法履行监管职责而使原告诉讼请求全部实现，原告申请撤诉的，人民法院应予准许。法庭辩论终结后，原告申请撤诉的，人民法院不予准许，但本解释规定的情形除外。

十、关于另行起诉

《解释》规定，环境民事公益诉讼案件的裁判生效后，有权提起诉讼的其他机关和社会组织就同一污染环境、破坏生态行为另行起诉，有下列情形之一的，人民法院应予受理：①前案原告的起诉被裁定驳回的；②前案原告申请撤诉被裁定准许的，但本解释规定的情形除外。环境民事公益诉讼案件的裁判生效后，有证据证明存在前案审理时未发现的损害，有权提起诉讼的机关和社会组织另行起诉的，人民法院应予受理。法律规定的机关和社会组织提起环境民事公益诉讼的，不影响因同一污染环境、破坏生态行为受到人身、财产损害的公民、法人和其他组织依据民事诉讼法第一百一十九条规定提起诉讼

十一、关于公益诉讼与私益诉讼的关系

《解释》规定，被告因污染环境、破坏生态在环境民事公益诉讼和其他民事诉讼中均承担责任，其财产不足以履行全部义务的，应当先履行其他民事诉讼生效裁判所确定的义务，但法律另有规定的除外。

《解释》规定，发生法律效力的环境民事公益诉讼案件的裁判，需要采取强制执行措施的，应当移送执行。

十二、关于诉讼费用

《解释》规定，原告交纳诉讼费用确有困难，依法申请缓交的，人民法院应予准许。败诉或者部分败诉的原告申请减交或者免交诉讼费用的，人民法院应当依照《诉讼费用交纳办法》的规定，视原告的经济状况和案件的审理情况决定是否准许。

参考文献

[1] 蔡虹．民事诉讼法学[M]．北京：北京大学出版社，2009.
[2] 柴发邦．民事诉讼法学新编[M]．北京：法律出版社，1992.
[3] 常怡．民事诉讼法学[M]．北京：中国政法大学出版社，2003.
[4] 陈刚．比较民事诉讼法[M]．北京：中国人民大学出版社，2004.
[5] 陈桂明．诉讼公正与程序保障[M]．北京：中国法制出版社，1996.
[6] 陈荣宗．强制执行法[M]．台北：三民书局股份有限公司，2000.
[7] 董少谋．中国民事诉讼法学[M]．厦门：厦门大学出版社，2007.
[8] 樊崇义．诉讼原理[M]．北京：法律出版社 2009.
[9] 范愉．非诉讼纠纷解决机制研究[M]．北京：中国人民大学出版社，2000.
[10] 傅郁林．民事司法制度的功能与结构[M]．北京：北京大学出版社，2006.
[11] 顾培东．社会冲突与诉讼机制[M]．北京：法律出版社，2004.
[12] 景汉朝．司法实践中的理论探索[M]．北京：法律出版社，2003.
[13] 江必新．新民事诉讼法理解适用与实务指南[M]．北京：法律出版社，2012.
[14] 江伟，李浩．民事诉讼法配套教学案例分析[M]．北京：高等教育出版社，2009.
[15] 江伟，肖建国．民事诉讼法(第四版)[M]．北京：中国人民大学出版社，2008.
[16] 韩波，郑其斌．民事诉讼法[M]．北京：中国政法大学出版社，2011.
[17] 何家弘．新编证据法学[M]．北京：法律出版社，2000.
[18] 李祖军．民事诉讼目的论[M]．北京：法律出版社，2000.
[19] 梁书文．关于《民事诉讼证据的若干规定》新释解[M]．北京：人民法院出版社，2011.
[20] 廖中洪．中国民事诉讼程序制度研究[M]．北京：中国检察出版社，2004.
[21] 刘家兴，潘剑锋．民事诉讼法[M]．北京：北京大学出版社，2013.
[22] 刘金友．证据法案例教程[M]．北京：知识产权出版社，2005.
[23] 刘敏．论裁判请求权[M]．北京：中国人民大学出版社，2003.
[24] 刘品新．美国电子证据规则[M]．北京：中国检察出版社，2004.
[25] 刘荣军．程序保障的理论视角[M]．北京：法律出版社，1999.
[26] 罗玉珍．民事证明制度与理论[M]．北京：法律出版社，2003.
[27] 潘牧天．民事诉讼法学[M]．北京：中国政法大学出版社，2011.

[28] 齐树洁．民事上诉制度研究[M]．北京：法律出版社，2006.
[29] 邵明．民事诉讼法理研究[M]．北京：中国人民大学出版社，2004.
[30] 史长青，何燕．民事诉讼法学案例教程(第二版)[M]．北京：北京大学出版社，2010.
[31] 宋朝武．民事诉讼法学(第三版)[M]．北京：中国政法大学出版社，2012.
[32] 宋朝武．民事证据法学[M]．北京：高等教育出版社，2003.
[33] 孙邦清．民事诉讼管辖制度研究[M]．北京：中国政法大学出版社，2008.
[34] 谭兵，李浩．民事诉讼法学(第二版)[M]．北京：法律出版社，2013.
[35] 唐东楚．民事诉讼法学[M]．长沙：中南大学出版社，2008.
[36] 汤维建．民事诉讼法学[M]．北京：北京大学出版社，2008.
[37] 田平安．民事诉讼法学[M]．北京：法律出版社，2005.
[38] 颜运秋．公益诉讼理念研究[M]．北京：中国检察出版社，2002.
[39] 王福华．民事诉讼法学[M]．北京：清华大学出版社，2012.
[40] 王亚新．社会变革中的民事诉讼[M]．北京：中国法制出版社，2001.
[41] 吴光陆．强制执行法[M]．台北：三民书局股份有限公司，2007.
[42] 武文举．民事诉讼证据制度研究[M]．北京：中国政法大学出版社，2012.
[43] 肖建华．民事诉讼法学[M]．厦门：厦门大学出版社，2011.
[44] 肖建华．民事诉讼当事人研究[M]．北京：中国政法大学出版社，2002.
[45] 徐昕．论私力救济[M]．北京：中国政法大学出版社，2005.
[46] 杨秀清，史飚．民事诉讼法学[M]．北京：高等教育出版社，2011.
[47] 杨荣新．民事诉讼法学[M]．北京：中国政法大学出版社，1997.
[48] 杨荣馨．民事诉讼原理[M]．北京：法律出版社，2003.
[49] 杨与龄．强制执行法论[M]．北京：中国政法大学出版社，2002.
[50] 张晋红．民事之诉研究[M]．北京：法律出版社，1996.
[51] 颜运秋．公益诉讼法律制度研究[M]．北京：法律出版社，2008.
[52] 张卫平．民事诉讼法(第三版)[M]．北京：法律出版社，2013.
[53] 章武生．民事司法现代化的探索[M]．北京：中国人民公安大学出版社，2005.
[54] 章武生，齐树洁，吴英姿，翁晓斌．民事诉讼法学[M]．杭州：浙江大学出版社，2010.
[55] 赵钢，占善刚，刘学在．民事诉讼法(第二版)[M]．武汉：武汉大学出版社，2010.

图书在版编目(CIP)数据

民事诉讼法典型案例评析/颜运秋,余彦主编.
—长沙:中南大学出版社,2016.8
ISBN 978-7-5487-2423-0

Ⅰ.民... Ⅱ.①颜...②余... Ⅲ.民事诉讼法-案例-中国
Ⅳ.D925.105

中国版本图书馆 CIP 数据核字(2016)第 189769 号

民事诉讼法典型案例评析

颜运秋 余 彦 主编

□责任编辑 沈常阳
□责任印制 易红卫
□出版发行 中南大学出版社
社址:长沙市麓山南路 邮编:410083
发行科电话:0731-88876770 传真:0731-88710482
□印 装 长沙市宏发印刷有限公司

□开 本 730×960 1/16 □印张 20 □字数 355 千字
□版 次 2016 年 8 月第 1 版 □印次 2016 年 8 月第 1 次印刷
□书 号 ISBN 978-7-5487-2423-0
□定 价 39.00 元